汽车维修工等级考试必读丛书

汽车维修电工等级考试必读

主 编 舒 华 姚建军
主 审 薛乃恩 李晓峰

金盾出版社

内 容 提 要

　　本书以问答形式介绍了汽车电器与电子控制系统的功用、组成、类型、结构特点与使用维护；详细介绍了检测工具、仪器仪表与试验设备的使用方法；重点介绍了总成拆装、分解、调整与试验、零部件检测与维修、故障诊断测试与排除方法。内容新颖、通俗易懂。

　　本书主要供汽车维修电工等级考试学习之用，还可供汽车专业师生和从事汽车设计制造、汽车运输管理、汽车维修管理的工程技术人员以及汽车修理工与驾驶人阅读参考。

图书在版编目(CIP)数据

汽车维修电工等级考试必读/舒华，姚建军主编. —北京:金盾出版社,2009.4
(汽车维修工等级考试必读丛书)
ISBN 978-7-5082-5610-8

Ⅰ.汽…　Ⅱ.①舒…②姚…　Ⅲ.汽车—电工—水平考试—自学参考资料　Ⅳ.U463.6

中国版本图书馆 CIP 数据核字(2009)第 028217 号

金盾出版社出版、总发行

北京太平路 5 号(地铁万寿路站往南)
邮政编码:100036　电话:68214039　83219215
传真:68276683　网址:www.jdcbs.cn
封面印刷:北京百花彩印有限公司
正文印刷:京南印刷厂
装订:桃园装订有限公司
各地新华书店经销
开本:787×1092 1/16　印张:15　字数:406 千字
2009 年 4 月第 1 版第 1 次印刷
印数:1~10 000 册　定价:30.00 元

(凡购买金盾出版社的图书,如有缺页、
倒页、脱页者,本社发行部负责调换)

编写说明

我国汽车产销量、保有量剧增，汽车技术的不断更新，推动了汽车维修行业迅速发展。目前，全国汽车维修企业有近40万家，汽车维修服务对象与维修作业形式也不断变化，特约维修站、4S店、汽车快修店、"私家车保姆"服务公司、专项维修店等多种经营模式应运而生，形成了相当规模的汽车维修市场体系，同时为社会提供了大量的就业机会。据有关资料统计，我国现有汽车维修行业从业人员近400万人，并以每年约10%的速度递增。但是，在目前的从业人员中，受过中等职业技能培训的不到1/3，受到高等职业教育的更少。汽车维修行业丛业人员职业技能和素质不高，已成为制约汽车行业迅速、健康、持续发展的主要问题。

为满足汽车维修行业从业人员的实际需要，提高从业人员素质，加强从业人员资格管理，提高维修企业服务质量及水平，确保机动车维修质量，我们根据劳动和社会保障部发布的《国家职业标准》和交通部《中华人民共和国机动车维修技术人员从业资格考试大纲》的要求，结合机动车维修岗位必备技能鉴定培训的需要，精心编写了这套《汽车维修工等级考试必读丛书》。本丛书由以下四册图书组成：

- 汽车修理工（含技师）等级考试必读
- 汽车维修电工等级考试必读
- 汽车钣金工等级考试必读
- 汽车涂装工等级考试必读

本套丛书有以下特点：

内容紧扣技能等级鉴定标准。本丛书围绕相应工种的国家职业标准，严格按照技能鉴定培训的要求进行编写，每本图书的内容均包括本工种各级别从业人员应了解的工作原理和应掌握的实际技能，针对性、实用性强。

重点突出。丛书对汽车构造、工作原理只作简要介绍，重点介绍操作技能、工艺流程、故障诊断与排除方法等。

具有一定的前瞻性。丛书在满足目前汽车维修需要的基础上介绍了新技术，能够代表当今汽车维修技术的先进水平。

浅显易懂，便于自学。内容由浅入深，语言简单明了，便于读者自学。

本丛书的读者对象为职业技术院校汽车运用维修专业的学生；具有初中以上文化程度的热爱汽车维修、立志自学成才，正准备参加汽车维修职业技能鉴定考试、申领汽车维修职业资格证书的社会人士；在部队服现役的士兵、士官等。

金盾出版社

前　言

本书从提高汽车维修电工的专业技术水平和实际动手能力出发,以国产汽车为例,用问答形式介绍了汽车电源系统、起动系统、电子点火系统、照明与信号系统、信息显示系统、辅助电器系统、全车线路、发动机燃油喷射系统 EFI、微机控制点火系统(MCIS)、发动机辅助控制系统,汽车防抱死制动系统(ABS)、制动力分配系统(EBD)、制动辅助控制系统(EBA)、驱动轮防滑转控制系统(ASR)、车身稳定性控制系统(VSC)、安全气囊系统(SRS)、坐椅安全带控制系统(SAMS)、自动变速系统(ECT)、汽车巡航控制系统(CCS)和悬架调节系统(EMS)等汽车电器与电子控制系统的功用、组成、类型、结构特点与使用维护;详细介绍了检测工具、仪器仪表与试验设备的使用方法;重点介绍了总成拆装、分解、调整与试验、零部件检测与维修、故障诊断测试与排除方法。不仅参考了国内出版的同类教材和图书,而且参考了国外近几年出版的汽车电器与电子技术书籍,并对许多技术数据和维修方法进行了具体测量和验证。

本书由军事交通学院舒华教授和天津工业大学姚建军副教授主编,舒展和魏仲文副主编,薛乃恩和李晓峰主审。参加编写的还有孟金法、赵劲松、许玉新、杨玉琦、董宏国、孟健、李振兴、陈建勤、李文杰、马洪文、范卫新、白雪峰、门君、朱峰、王连玉、张万刚、王守朝、杨广荣、代旭、余伟、陈房山、高长桥、刘磊、张绪鹏、高斐、刘凯、陈适、裴庆银、巴威、张芳凌、黄昭祥、周增华、唐亮文等。全书由舒华教授统稿。

在编写过程中,得到了天津市优耐特汽车电控技术有限公司、上海大众汽车有限公司、南京军区空军汽车修理厂、沈阳军区汽车检测维修中心、湖南长丰汽车制造股份有限公司、军事交通学院图书馆以及军交运输研究所等单位的大力支持,在此一并表示感谢!

由于编者水平有限,书中不妥之处在所难免,恳请读者批评指正。

作　者

目　录

第1章 汽车维修初级电工

第1节 概 述

1.1.1 汽车电子控制技术的发展经历了哪几个阶段？今后发展趋势如何？

汽车电子控制技术的发展过程，大致可分为电子电路控制、微型计算机控制和车载局域网控制三个阶段。

第一阶段（1953～1975年）：电子电路控制阶段，即采用分立电子元件或集成电路组成电子控制器进行控制。汽车电子设备主要采用分立电子元件组成电子控制器，从而揭开了汽车电子时代的序幕。主要产品有二极管整流式交流发电机、电子式电压调节器、电子式点火控制器、电子式闪光器、电子式间歇刮水控制器、晶体管收音机、数字时钟等。

第二阶段（1976～1999年）：微型计算机控制阶段，即采用模拟计算机或数字计算机进行控制，控制技术向智能化方向发展。汽车电子设备普遍采用8位、16位或32位字长的微处理器进行控制，主要开发研制专用的独立控制系统和综合控制系统。主要产品有微机控制发动机点火系统、电子控制发动机燃油喷射系统、发动机燃油喷射与点火综合控制系统、发动机空燃比反馈控制系统、巡航控制系统、电子控制自动变速系统、防抱死制动系统、牵引力控制系统、四轮转向控制系统、车身高度自动调节系统、轮胎气压控制系统、安全气囊系统、坐椅安全带收紧系统、自动防追尾碰撞系统、前照灯光束自动控制系统、超速报警系统、车辆防盗系统、电子控制门锁系统、自动除霜系统、通信与导航协调系统、安全驾驶监测与警告系统和故障自诊断系统等。

第三阶段（2000年至今）：车载局域网控制阶段，即采用车载局域网LAN对汽车电器与电子控制系统进行控制。国内外中高档轿车目前都已开始采用车载局域网LAN技术。采用LAN技术的国外轿车有奔驰、宝马、保时捷、美洲豹、

劳斯莱斯等。例如，在宝马公司2004年新推出的BMW 7系列轿车上，就装备了70多个微处理器（电控单元），利用8种车载局域网分别按这些电控单元的作用连接起来。其中，连接多媒体装置的网络选用了多媒体定向系统传输（MOST）网络通信协议。MOST协议是21世纪车载多媒体设备不可缺少的高速网络协议。采用LAN技术的国内轿车有一汽宝莱Bora、奥迪A6、上海帕萨特B5、波罗、广州本田、东风雪铁龙等。电子控制器网络化的多路集中控制系统不仅是汽车电器线束分布方式和电子控制系统控制技术的发展方向，而且也是火车、船舶、机器人、机械制造、医疗器械以及电力自动化等领域控制技术的发展方向。

现代汽车电子化、智能化和网络化，使汽车已不仅仅是一个代步工具，而且还具有交通、娱乐、办公和通信的多种功能。就目前发展趋势看，汽车采用LAN技术是汽车电子控制技术发展的必然趋势。

随着世界原油价格不断攀升以及汽车排放法规和安全法规要求的提高，汽车工业必须与时俱进，不断开发研制技术更先进、性能更优良的新型产品来满足能源消耗、环境保护、交通安全等政策和法规越来越严格限制的要求。就目前科学技术水平而言，解决汽车能源、环境保护和交通安全问题的有效途径主要有：

①采用电子控制技术，提高汽车整体性能。

②实施严格的油耗、排放和安全法规。

③开发利用新能源，燃用替代燃料。

④开发电动汽车和混合动力汽车。

1.1.2 汽车电气设备具有哪些特点？

汽车种类繁多，电气设备形式各异，但其结构原理大同小异，电气系统的特点也基本相同，都具有"两个电源、低压直流、并联单线、负极搭铁"四个特点。

①两个电源。即蓄电池和发电机。在汽车装备的两个电源中，蓄电池是辅助电源，发电机

是主要电源。蓄电池主要在起动发动机时供电，发电机在汽车运行过程中，既向用电设备供电，又向蓄电池充电。

②低压直流。汽车电气系统的标称电压有12V、24V两种等级，汽油发动机汽车普遍采用12V电系、柴油发动机汽车大多数采用24V电系。12V、24V电系的额定电压分别为14V和28V。为了满足汽车电器装置日益增多、用电量愈来愈大对电源系统供电功率增大的要求，目前世界各国都在研究开发42V电源系统。

汽车采用直流电气系统的原因是发动机靠电力起动机起动，起动机采用直流电动机且由蓄电池供电，而蓄电池必须使用直流电充电，所以汽车电气系统为直流电系。

③并联单线。汽车电路均为并联电路。蓄电池与发电机并联工作，整车电器与电子控制系统均与两个直流电源并联连接。

单线是指从电源到用电设备只用一根导线连接，汽车发动机、底盘等金属机体作为另一根公用导线，又称为单线制。由于单线制节省导线，安装维修方便，且电器总成部件不需与车体绝缘，因此现代汽车普遍采用单线制。但在特殊情况下，为了保证电气系统(特别是电子控制系统)

的工作可靠性，也需采用双线制。

④负极搭铁。在单线制中，将电器产品的壳体与车体连接作为电路导电体的方法，称为"搭铁"。将蓄电池的负极连接到车体上称为"负极搭铁"；反之，将蓄电池的正极连接到车体上则称为"正极搭铁"。根据中华人民共和国汽车行业标准QC/T 413—2002《汽车电气设备基本技术条件》规定，汽车电气系统一般规定为负极搭铁。

1.1.3 汽车电气设备由哪两大部分组成？每一部分又由哪些子系统组成？

现代汽车电气设备由汽车电器系统与汽车电子控制系统两部分组成，每一部分又由若干个子系统组成。

(1)汽车电子控制系统

汽车电子控制系统的主要功能是提高汽车的整体性能。根据控制对象不同，可分为发动机电子控制系统、底盘电子控制系统和车身电子控制系统。根据控制目标不同，可分为动力性、经济性、排放性、安全性、舒适性、操纵性、通过性等电子控制系统。

汽车电子控制系统的主要控制项目和控制功能见表1-1。其中，经济性与排放性控制系统具有双重功能，既能降低燃油消耗量，又能降低有害气体的排放量。

表 1-1 汽车电子控制系统的控制目标与控制项目

类型	控制目标	系 统 名 称	主 要 控 制 项 目
汽车电子控制系统	动力性	发动机燃油喷射系统(EFI)	喷油时刻(喷油提前角)；喷油量(喷油持续时间)；喷油顺序；喷油器；燃油泵
		微机控制点火系统(MCIS)	点火时刻(点火提前角)；点火导通角
		爆燃控制系统(EDCS)	点火提前角
		急速控制系统(ISCS)	急速转速
		电子控制变速系统(ECT)	发动机输出转矩；液力变矩器锁止时机
		发动机进气控制系统(IACS)	切换进气通路提高充气效率；可变气门定时
		涡轮增压控制系统(ETC)	泄压阀控制；废气涡轮增压器控制
		控制器局域网(CAN)	发动机电控单元(EEC)；自动变速电控单元(ECT ECU)；防抱死制动电控单元(ABS ECU)等
	经济性与排放性	空燃比反馈控制系统(AFC)	空燃比
		断油控制系统(SFIS)	超速断油；减速断油；清除溢流
		废气再循环控制系统(EGR)	排气再循环率
		燃油蒸气回收系统(FECS)	活性炭罐电磁阀控制
	安全性	防抱死制动系统(ABS)	车轮滑移率；车轮制动力
		电子控制制动力分配系统(EBD)	车轮制动力
		电子控制制动辅助系统(EBA)	车轮制动力
		车身动态稳定性控制系统(VSC)	车轮制动力；车身偏转角度
		驱动轮防滑转调节系统(ASR)	发动机输出转矩；驱动轮制动力；防滑转差速器锁止程度
		安全气囊控制系统(SRS)	气囊点火器点火时机；系统故障报警控制
		坐椅安全带收紧系统(SRTS)	安全带收紧器点火时机

续表 1-1

类型	控制目标	系 统 名 称	主 要 控 制 项 目
汽车电子控制系统	安全性	雷达车距警报系统(RPW)	车辆距离;报警;制动
		前照灯光束控制系统(HBAC)	焦距;光线角度
		安全驾驶监控系统	驾驶时间;转向盘状态;驾驶人脑电图、体温和心率
		防盗警报系统(GATA)	报警;遥控门锁;数字密码点火开关;数字编码门锁;转向盘自锁
		电子仪表系统	汽车状态信息显示与报警
		故障自诊断测试系统(OBD)	故障报警;故障代码存储;部件失效保护;故障应急运行
	舒适性	电子调节悬架系统(EMS)	车身高度;悬架刚度;悬架阻力;车身姿态(点头、侧倾、俯仰)
		坐椅位置调节系统(SAMS)	向前、向后方向控制;向上、向下高低控制
		自动空调系统(AHVC)	通风;制冷;取暖
		CD音响、DVD播放机	娱乐欣赏
		信息显示系统(IDS)	交通信息;电子地图
		车载电话(CT)	通信联络
		车载计算机(OBC)	车内办公
	操纵性	电子控制动力转向系统(EPS)	助力油压、气压或电动机电流控制
		巡航控制系统(CCS)	恒定车速设定;安全(解除巡航状态)
		中央门锁控制系统(CLCS)	门锁遥控;门锁自锁;玻璃升降
	通过性	驱动防滑控制系统(ASR)	发动机输出转矩;驱动轮制动力;防滑转差速器锁止程度
		轮胎中央充放气系统(CIDC)	轮胎气压
		自动驱动管理系统(ADM)	驱动轮驱动力控制
		差速器锁止控制系统(VDLS)	防滑转差速器锁止程度控制

(2)汽车电气系统

汽车电气系统的主要功能是保证汽车正常行驶,可分为电源系统、起动系统、点火系统、照明与信号系统、信息显示与警报系统、辅助电器系统、配电装置和汽车线路等。

目前广泛使用的汽车分为柴油发动机汽车和汽油发动机汽车两种。因为柴油燃点低,所以柴油发动机采用压燃式点火。因此,为了保证柴油发动机汽车能够可靠起动,必须装备电源系统和起动系统。汽油的燃点比柴油高,所以汽油发动机采用电火花点火。因此,为了保证汽油发动机汽车能够可靠起动,必须装备电源系统、起动系统和点火系统。

为了保证汽车安全行驶,必须装备照明系统、信号系统、信息显示系统与警报系统等。

照明系统包括车内外各种照明灯,用以提供夜间或雾天安全行车必须的灯光照明。其中,前照灯是最重要的照明装置。

信号系统包括各种信号灯、闪光器、电喇叭与蜂鸣器等,提供安全行车必须的警告信号。

信息显示系统包括电流表、电压表、油压表、温度表、燃油表、车速里程表、发动机转速表等,用于监测发动机和整车的运行状态。

警报系统包括警告报警装置和各种警报灯,如蓄电池充放电指示灯、紧急情况警报灯、油压过低警报灯、气压过低警报灯、冷却液温度过高警报灯以及各种电子控制系统的故障警报灯等。

此外,为了便于查找和排除汽车电气设备故障,需要装备配电装置,包括各种控制开关、保险装置、中央继电器接线盒、配电线束和连接器等。装备电子控制系统时,必须装备故障自诊断系统及故障诊断插座。

第2节 电源系统的结构特点与使用维护

1.2.1 汽车电源系统的功用是什么?由哪几部分组成?

汽车电源系统主要由蓄电池、发电机和调节器组成,其功用是向整车用电设备提供电能。

蓄电池是一种可逆的低压直流电源,既能将化学能转换为电能,又能将电能转换为化学能。

蓄电池分为碱性蓄电池和酸性蓄电池两大类：碱性蓄电池的电解液为化学纯净的氢氧化钠（NaOH）溶液或氢氧化钾（KOH）溶液；酸性蓄电池的电解液为化学纯净的硫酸（H_2SO_4）溶液。由于酸性蓄电池极板上活性物质的主要成分是铅，因此称为铅酸蓄电池。因为汽车配装蓄电池的主要目的是起动发动机，所以汽车用铅酸蓄电池又称为起动型铅酸蓄电池，通常简称为蓄电池。

交流发电机是汽车的主要电源，其功用是：当发动机在怠速以上转速运转时，向除起动机以外的用电系统供电，同时还向蓄电池充电。

调节器是一种电压调节装置，其功用是：当发电机转速变化时，自动调节发电机输出电压并使电压保持恒定，防止由于输出电压过高而损坏用电设备和避免蓄电池过量充电。

按汽车电子调节器的安装方式不同，电源系统的布置形式可分为分离式和整体式两种。整体式交流发电机电源系统的组成与线路连接关系如图1-1所示，调节器一般都采用多功能集成电路（IC）调节器。

当汽车电源系统采用分离式形式布置时，由于发电机与调节器之间需用导线连接，因此，电源系统的故障率较高。这种布置形式的优点是：当电源系统发生故障时，能够就车诊断出故障发生在交流发电机还是发生在电子调节器，只需更换故障部件即可继续行驶。电子调节器只有调节发电机输出电压一项功能，并采用电流表指示蓄电池的充放电状态。由于电流表安装在组合仪表盘上需要占用较大空间，因此，这种布置形式适用于电源系统结构简单、安装空间足够富余的载货汽车。

当汽车电源系统采用整体式形式布置时，由图1-1所示电路可见，交流发电机与IC调节器之间无需再使用导线连接，因此电源系统线路大大简化，故障率大大降低。其缺点是一旦电源系统发生故障时，不能就车诊断出故障发生在交流发电机还是发生在电子调节器，需要更换整体式交流发电机才能继续行驶。

1.2.2 汽车用蓄电池有哪几种类型？

汽车用蓄电池按其结构可分为橡胶槽蓄电池和塑料槽蓄电池两类；按其性能可分为湿荷电蓄电池、干荷电蓄电池和免维护蓄电池三类。现代汽车普遍采用干荷电和免维护型蓄电池。

蓄电池加注电解液后，极板才能保存充电过程中所得电量的蓄电池，称为湿式荷电蓄电池，简称湿荷电蓄电池。

极板在干燥状态下，能在较长时间（一般2年）内保存制造过程中所得电量的蓄电池，称为干式荷电蓄电池，简称干荷电蓄电池。

蓄电池在有效使用期（一般4年）内无需再进行添加蒸馏水等维护工作的蓄电池，称为免维护蓄电池或无需维护蓄电池，英文名称是Maintenance-Free Battery，简称MF蓄电池。

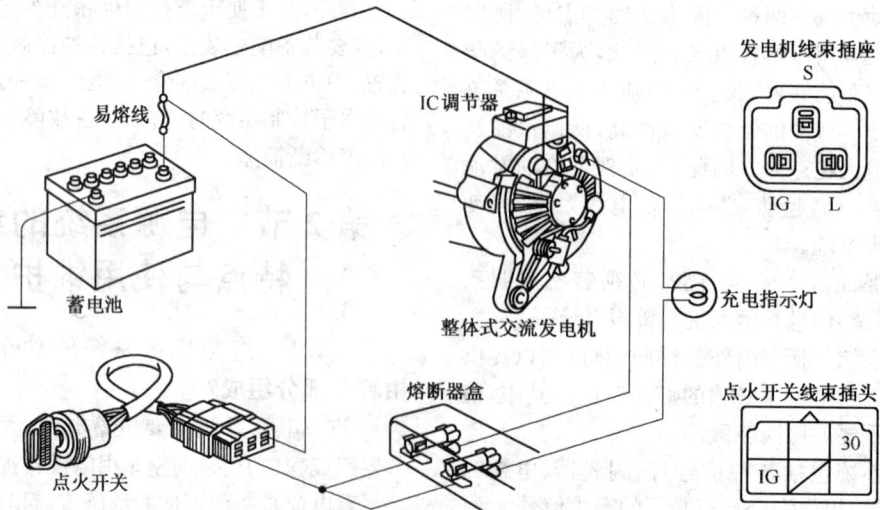

图1-1 整体式交流发电机电源系统线路

1.2.3　汽车用蓄电池的功用有哪些? 具有什么特点?

当汽车发动机正常工作时,用电系统所需电能主要由发电机供给,蓄电池的功用如下:

①起动发动机。当起动发动机时,向起动系统和点火系统供电。

②备用供电。当发动机低速运转、发电机不发电或电压较低时,向交流发电机磁场绕组、点火系统以及其他用电设备供电。

③存储电能。当发动机中高速运转、发电机正常供电时,将发电机剩余电能转换为化学能储存起来。

④协同供电。当发电机过载时,协助发电机向用电系统供电。

⑤稳定电源电压、保护电子设备。蓄电池相当于一只大容量电容器,不仅能够保持汽车电系的电压稳定,而且还能吸收电路中出现的瞬时过电压,防止损坏电子设备。

当接通起动开关起动发动机时,蓄电池在3~5s内必须向起动机连续供给强大电流(汽油发动机汽车一般为200~600A;柴油发动机汽车一般为800A以上)。由此可见,蓄电池的主要功用是起动发动机。

汽车用起动型铅酸蓄电池具有以下特点:

①价格低廉。铅酸蓄电池与其他蓄电池(如锂电池、铬-镍电池和钠-硫电池等)相比,制作成本较低,是一种物美价廉的蓄电池,适合于大批量生产汽车采用。

②内阻很小。起动型铅酸蓄电池的内部电阻值为毫欧姆级。因此,在短时间内能够提供较大电流,具有较强的起动能力。

③单池电压高。蓄电池单格电池电压的高低取决于极板材料。起动型铅酸蓄电池的正极板上的活性物质为二氧化铅,负极板上的活性物质为纯铅,开路电压(即静止电动势)为2.1V,工作电压为1.5~2.1V。

④可靠性不高。使用寿命较短(湿荷电蓄电池约1.5年,干荷电蓄电池约为2年,免维护蓄电池约4年),需要定期充电(就车使用时每2个月需要充电一次,存储期间每1个月需要充电一次),容易产生故障(如蓄电池内部断路,脱落的活性物质将极板组短路等)。当极柱与电缆接头接触不良时,容易导致起动电路不通或接触电阻

产生大量热量将极柱烧坏)。

1.2.4　蓄电池由哪几部分组成?

汽车用各型蓄电池的构造基本相同,都是由极板、隔板、电解液和壳体四部分组成。桑塔纳系列轿车用干荷电蓄电池的结构如图1-2所示。

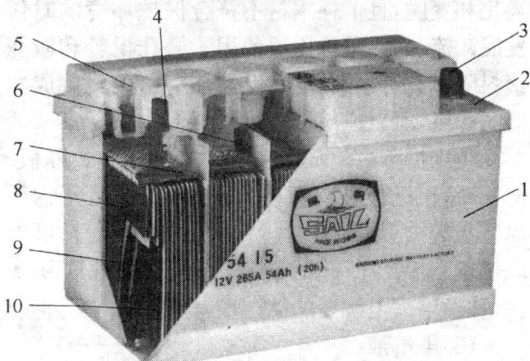

图1-2　塑料槽蓄电池的构造
1. 塑料电池槽　2. 塑料电池盖　3. 正极柱　4. 负极柱
5. 加液孔螺塞　6. 穿壁连条　7. 汇流条　8. 负极板
9. 隔板　10. 正极板

车用蓄电池由6个单格电池串联而成,每个单格电池的标称电压为2V,串联成12V供汽车选用。12V电系汽车选用一只电池;24V电系汽车选用两只电池。干荷电蓄电池的主要特点是极板制造工艺有所不同,免维护蓄电池的主要特点是极板材料和隔板结构有所不同。

(1)极板

极板是蓄电池的核心部件,由栅架与活性物质组成。在蓄电池充放电过程中,电能与化学能的相互转换,依靠极板上的活性物质与电解液中的硫酸产生化学反应来实现。活性物质是指极板上参加化学反应的工作物质,主要由铅粉与一定密度的稀硫酸混合而成。铅粉是活性物质的主要原料,由铅块放入球磨机研磨而成。

蓄电池的极板分为正极板和负极板两种。正极板上的活性物质为二氧化铅(PbO_2),呈深棕色。负极板上的活性物质为海绵状纯铅(Pb),呈深灰色。目前国内外都已采用1.1~1.5mm厚的薄型极板(正极板比负极板稍厚)。薄型极板对提高蓄电池的比能量(即单位质量所提供的容量)和起动性能都十分有利。

(2)隔板

为了减小蓄电池内阻和尺寸,正、负极板应尽可能靠近。隔板的功用就是将正、负极板隔

开,防止相邻正、负极板接触而短路。

蓄电池隔板应具有多孔性,以便电解液渗透,同时还应具有良好的耐酸性和抗氧化性。隔板材料有木质、纸质、微孔橡胶和微孔塑料等。木质和纸质隔板耐酸性能差,在硫酸作用下容易炭化和变脆,且消耗木材不符合保护环境的时代发展潮流,因此早已不再使用。微孔橡胶和微孔塑料隔板具有耐酸、耐高温性能好、寿命长、成本低的优点,所以广泛使用。

免维护蓄电池普遍采用聚氯乙烯袋式隔板。使用时,正极板被隔板袋包住,脱落的活性物质保留在袋内,不仅可以防止极板短路,而且可以取消壳体底部凸起的筋条,使极板上部容积增大,从而增大电解液的储存量。

(3)电解液

电解液由密度为 $1.84g/cm^3$ 的浓硫酸与蒸馏水按一定比例配制而成,电解液的相对密度为 $1.23\sim1.30$。

电解液纯度是影响蓄电池电气性能和使用寿命的重要因素。因此,蓄电池用电解液必须符合机械行业标准 JB/T 10052—1999《铅酸蓄电池用电解液》规定,所用硫酸必须符合化工行业标准 HG/T 2692—2007《蓄电池用硫酸》规定,所用蒸馏水必须符合机械行业标准 JB/T 10053—1999《铅酸蓄电池用水》规定。由于工业用硫酸和普通水中含铜、铁等杂质较多,会加速蓄电池自放电,因此不能用于蓄电池。

(4)壳体

蓄电池壳体的功用是盛装电解液和极板组。蓄电池壳体应耐酸、耐热、耐振动、耐冲击等。目前使用的干荷电与免维护蓄电池普遍采用聚丙烯透明塑料壳体,电池槽与电池盖之间采用热压工艺粘合为整体结构。不仅耐酸、耐热、耐振动冲击,而且壳壁薄而轻(厚约2mm),易于热封合,外形美观,成本低廉,生产效率高。

蓄电池壳体由电池槽和电池盖两部分组成。

电池槽由隔壁分成6个互不相通的单格,底部制有凸起的筋条,以便放置极板组。筋条与极板底缘组成的空间可以积存极板脱落的活性物质,防止正、负极板短路。对于采用袋式隔板的免维护蓄电池,因为脱落的活性物质存积在袋内,所以没有设置筋条。蓄电池各单格电池之间采用铅质连条串联。干荷电与免维护蓄电池普遍采用穿壁式点焊连接,所用连条尺寸很小,并设置在壳体内部,如图1-3所示。

图1-3 穿壁连接结构
1. 连条 2. 隔壁 3. 隔板 4. 汇流条

蓄电池盖上设有加液孔,并用螺塞或盖板密封,防止电解液溢出,如图1-4所示。旋下加液孔

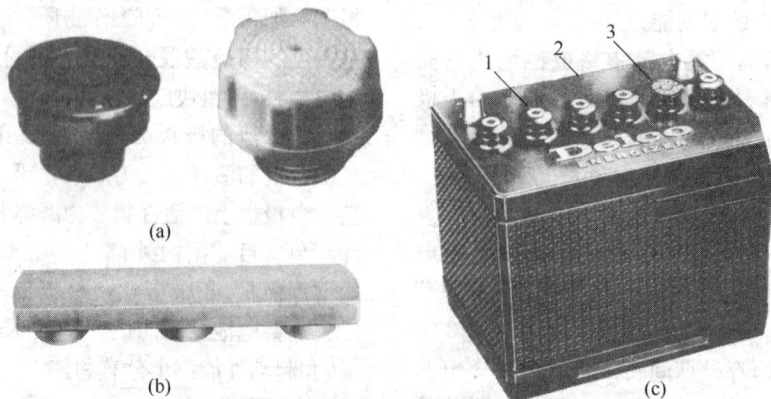

图1-4 密封螺塞与密封盖的结构
(a)密封螺塞 (b)密封盖 (c)整体蓄电池
1. 密封螺塞 2. 电池盖 3. 技术状态指示器

螺塞或打开加液孔盖板,即可加注电解液和检测电解液的相对密度。在加液孔螺塞和盖板上设有通气孔,以便排出化学反应放出的氢气和氧气。该通气小孔在使用过程中必须保持畅通,防止壳体胀裂或发生爆炸事故。

1.2.5　蓄电池技术状态指示器的结构是怎样的?指示器怎样指示蓄电池的技术状态?

为了便于观察蓄电池的技术状况,干荷电和免维护蓄电池盖上大都设有一只蓄电池技术状态指示器(Maintenance-Free Battery Indicator),结构如图1-5a所示。

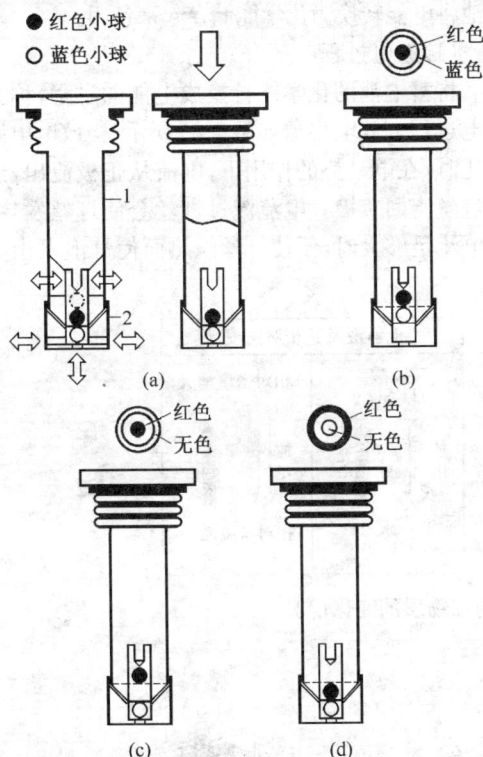

图1-5　蓄电池技术状态指示器结构原理
(a)指示器结构　(b)存电充足
(c)充电不足　(d)电解液不足
1. 透明塑料管　2. 指示器底座

蓄电池技术状态指示器又称为内装式密度计,由透明塑料管、底座和两只小球(一只为红色,另一只为蓝色)组成,借助于螺纹安装在蓄电池盖上,两只颜色不同的小球安放在塑料管与底座之间的中心孔中,红色小球在上,蓝色小球在下。由于两只小球是由密度不同的材料制成,因此,小球

可随电解液的相对密度变化而上下浮动。

蓄电池技术状态指示器是根据光学折射原理来反映蓄电池技术状态的。当蓄电池存电充足,电解液相对密度大于1.22时,两只小球向上浮动到极限位置,经过光线折射小球的颜色,从指示器顶部观察到的结果如图1-5b所示,中心呈红色圆点,周围呈蓝色圆环,表示蓄电池技术状态良好,英文标示为"OK"。

当蓄电池充电不足,电解液相对密度过低时,蓝色小球下移到极限位置,观察结果如图1-5c所示,中心呈红色圆点,周围呈无色透明圆环,表示蓄电池充电不足,应及时补充充电,英文标示为"Charging necessary"。

当电解液液面过低时,两只小球都将下移到极限位置,观察结果如图1-5d所示,中心呈无色透明圆点、周围呈红色圆环,表示电解液不足,蓄电池无法继续使用,必须更换蓄电池。如果这种指示器安装在干荷电蓄电池上,则表示必须添加蒸馏水,英文标示为"Add distilled water"。

1.2.6　蓄电池型号的含义是什么?

车用蓄电池的型号目前仍按机械行业标准JB/T 2599—1993《铅蓄电池产品型号编制方法》的规定进行编制。该标准规定蓄电池型号由三部分组成,各部分之间用短横线分开,型号内容及排列情况如图1-6所示。

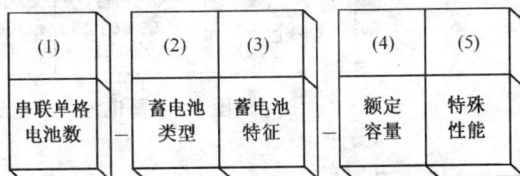

图1-6　蓄电池型号内容及其排列

①串联单格电池数。指一个整体壳体内所包含的单格电池数目,用阿拉伯数字表示。

②电池类型。根据蓄电池主要用途划分。起动型蓄电池用"Q"表示,代号"Q"是汉字"起"的第一个拼音字母。

③电池特征。为附加部分,仅在同类用途的产品具有某种特征,而在型号中又必须加以区别时采用。如为干荷电蓄电池,则用汉字"干"的第二个拼音字母"A"表示;如为无需(免)维护蓄电池,则用"无"字的第一个拼音字母"W"来表示。

当产品同时具有两种特征时,原则上应按表1-2中的顺序用两个代号并列表示。

④额定容量。是指20h放电率(简称20h率)的额定容量,用阿拉伯数字表示,单位为安培·小时(A·h),在型号中可略去不写。

表1-2 蓄电池产品特征代号

序号	产品特征	代号	序号	产品特征	代号
1	干荷电	A	7	半密封式	B
2	湿荷电	H	8	液密式	Y
3	免维护	W	9	气密式	Q
4	少维护	S	10	激活式	I
5	防酸式	F	11	带液式	D
6	密封式	M	12	胶质电解液式	J

⑤特殊性能。在产品具有某些特殊性能时,可用相应的代号加在型号末尾表示。如"G"表示薄型极板的高起动率电池,"S"表示采用工程塑料外壳与热封合工艺的蓄电池。

例1:北京BJ2020型吉普车用6-QA-60型蓄电池。表示由6个单格电池组成,额定电压为12V,额定容量为60 A·h的起动型干荷电蓄电池。

例2:东风EQ1090型载货汽车用6-Q-105型蓄电池。表示由6个单格电池组成,额定电压为12V,额定容量为105A·h的起动型蓄电池。

例3:东风EQ2102型越野汽车用6-QW-180型蓄电池。表示由6个单格电池组成,额定电压为12V,额定容量为180A·h的起动型免维护蓄电池。

1.2.7 蓄电池的工作原理是怎样的?

蓄电池通过其内部可逆的电化学反应来完成充、放电的过程。在充放电过程中,蓄电池内部物质的变化情况如图1-7所示。蓄电池的工作过程就是化学能与电能的转换过程。放电时,蓄电池将化学能转换为电能供用电设备使用;充电时,蓄电池将电能转换为化学能储存起来备用。

(1)放电过程

将蓄电池的化学能转换成电能的过程,称为放电过程。放电现象如图1-8a所示,当放电电路接通时,在电动势的作用下,电流从正极流出,经过灯丝流回负极。电流流过灯丝会使灯丝发热,当电流足够大时,便使灯丝炽热而使灯泡发出亮光。

图1-7 蓄电池充放电过程中内部物质的变化情况

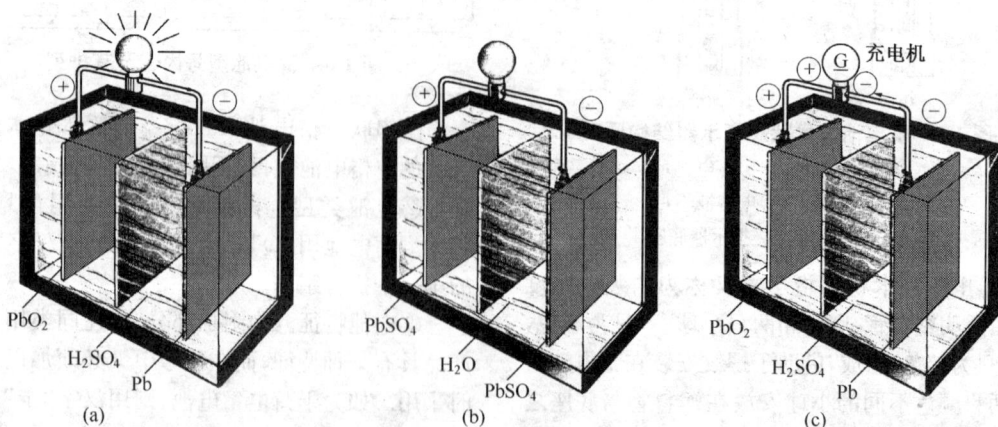

图1-8 蓄电池充放电现象
(a)放电过程 (b)放电终了 (c)充电过程

蓄电池的单格电池是由浸渍在电解液中的正极板和负极板组成,电解液是硫酸水溶液。当放电尚未开始时,正极板是二氧化铅,负极板是纯铅,电解液是硫酸溶液。由于正、负两极不同物质与电解液发生化学反应,使正极板具有正电位,约为 2.0V;负极板具有负电位,约为 -0.1V。正、负两极间的电动势 E 为:

$$E=2.0-(-0.1)=2.1(V)$$

在放电过程中,正极板上的二氧化铅和负极板上的纯铅不断与电解液发生化学反应,二氧化铅和纯铅逐渐转变成硫酸铅,正极电位逐渐降低,负极电位逐渐升高,使正负极间的电位差逐渐减小。电解液中的硫酸成分逐渐减少,水分逐渐增多,使电解液的相对密度逐渐减小。当电位差减小时,流过灯丝的电流就会减小,灯泡亮度变弱,直到不能发光为止,如图 1-8b 所示。

当蓄电池的端电压下降到规定的放电终止电压(20h 放电率的放电终止电压为 1.75V)时,应当停止放电,如继续放电则为过度放电。过度放电不仅没有使用意义(试验证明,3～5min 内电压就会下降到 0V),而且不利于充电时活性物质还原。放电终止电压的高低与放电电流的大小有关,见表 1-3。放电电流越大则放完电的时间就越短,允许放电的终止电压就越低。蓄电池放电终了的特征是:

①电解液的相对密度降低到最小允许值。

②蓄电池端电压降到放电终止电压。

表 1-3　起动型蓄电池的放电率与终止电压的关系

放电率	20h	10h	3h	30min	5min
放电电流(A)	$0.05C_{20}$	$0.1C_{20}$	$0.25C_{20}$	C_{20}	$3C_{20}$
终止电压 (单格电池,V)	1.75	1.70	1.65	1.55	1.5

注:C_{20} 为蓄电池的额定容量(A·h)。

（2）充电过程

将电能转换成蓄电池的化学能的过程称为充电过程。充电时,蓄电池必须连接直流电源,电池正极接电源正极,电池负极接电源负极,如图 1-8c 所示。

将完全放电的蓄电池与直流电源接通时,电流就会按与放电时相反的方向流过蓄电池。此时蓄电池内部将发生与放电过程相反的化学反应,正、负极板上的硫酸铅将分别还原为二氧化

铅和纯铅,电解液中硫酸成分逐渐增多,而水分逐渐减少,电解液的相对密度逐渐增大。充电一直进行到极板上的活性物质完全恢复到放电前的状态。

在充电过程中,当端电压达到 2.4V 左右时,电解液中开始产生气泡,此现象说明蓄电池已基本充足,极板上的活性物质已基本转变为二氧化铅(PbO_2)和铅(Pb),部分充电电流已用于电解水,产生了氢气与氧气。随着充电时间增长,电解水的电流增大,产生的氢气和氧气增多,就会呈现所谓的"沸腾"现象。由于氢离子在极板上与电子的结合速度比较缓慢,因此,在靠近负极板处会积存较多的正离子"H^+",使极板与溶液之间产生附加电位差(称为氢过电位,约 0.33V),使端电压急剧升高到 2.7V 左右。

当蓄电池的端电压达到 2.7V 左右时继续对蓄电池进行充电,称为过充电。在蓄电池过量充电时,由于极板内部产生大量气泡会形成局部压力而加速活性物质脱落,使极板过早损坏,因此应尽量避免长时间过量充电。在实际充电中,为了保证蓄电池充电彻底充足,通常需要进行 2～3h 的过充电。

在蓄电池充电末期,电解液的相对密度将升高到最大值,充电电流将用于电解水,因此,在电解液中将产生大量气泡。蓄电池充电终了的特征是:

①蓄电池内产生大量气泡,即出现所谓"沸腾"现象。

②蓄电池端电压和电解液的相对密度均上升至最大值,且在 2～3h 内不再增加。

1.2.8　蓄电池的性能指标及影响性能指标的因素有哪些?

（1）静止电动势

静止电动势 E_s 是指蓄电池在静止状态(不充电也不放电)时,正负极板之间的电位差(即开路电压)。静止电动势的高低与电解液的相对密度和温度有关,在相对密度为 1.05～1.30 的范围内,可由下述公式近似计算:

$$E_s=0.85+\rho_{25℃}$$

式中:$\rho_{25℃}$ 为标准温度 25℃时电解液的相对密度。

汽车用蓄电池电解液的相对密度在充电时

升高,放电时降低,变化范围在 1.12～1.30 之间,因此其静止电动势相应地在 1.97～2.15V 之间变化。

(2)内阻

蓄电池内阻的大小反映了蓄电池带负载的能力。在相同条件下,内阻越小,输出电流越大,带负载能力越强。蓄电池的内阻包括极板电阻、隔板电阻、电解液电阻、连条电阻和极柱电阻。

极板电阻很小,且随极板上活性物质的变化而变化。充电时电阻变小,放电时电阻变大,特别是在放电终了时,由于活性物质转变成为导电性能极差的硫酸铅,内阻显著增加。隔板电阻与多孔性材料的孔径和孔率等因素有关。电解液的电阻值与电解液的温度和相对密度有关。例如,当电解液温度为 40℃时,6-Q-75 型蓄电池的内阻为 0.010Ω,而当电解液的温度为 -20℃时,内阻则为 0.019Ω,可见内阻随温度降低而增大。电解液的相对密度为 1.20 时,硫酸的离解度最大、黏度较小,所以电阻最小。连条电阻与蓄电池单格之间的连接形式有关。内部穿壁式连条的电阻比外露式大大减小。

总而言之,汽车用蓄电池的内阻很小,因此能够提供强大电流来起动发动机。对于完全充足电的蓄电池,在标准温度 25℃时的内阻 R_i 可按下述经验公式计算。

$$R_i = \frac{U_e}{17.1 C_{20}}$$

式中:U_e 为蓄电池的额定电压(V);C_{20} 为蓄电池的额定容量(A·h)。

(3)容量

①蓄电池的容量是指在规定的放电条件(放电电流、放电温度和终止电压)下,蓄电池能够输出的电量,用 C 表示。当恒流放电时,蓄电池的容量等于放电电流与放电时间之积,即

$$C = I_f \cdot t_f$$

式中:C 为蓄电池容量(A·h);I_f 为放电电流(A);t_f 为放电持续时间(h)。

蓄电池的容量是反映蓄电池对外供电能力、衡量蓄电池质量优劣以及选用蓄电池的重要指标。容量越大,可提供的电能越多,供电能力也就越大;反之,容量越小,供电能力就越小。

目前,汽车用蓄电池容量的表示方法有额定容量和储备容量两种。因为蓄电池容量与放电电流、电解液温度、放电终止电压和放电持续时间有关。所以,蓄电池出厂时规定的额定容量或储备容量都是在一定的电解液温度、一定的放电电流和一定的终止电压下测得的。

a. 额定容量。根据国家标准 GB/T 5008.1—2005《起动用铅酸蓄电池技术条件》规定,以 20h 率的额定容量作为起动型蓄电池的额定容量。放电率是以放电时间来表示的放电速率,即以一定的放电电流连续放电至蓄电池输出额定容量时所需的时间。

蓄电池的 20h 率额定容量是指完全充足电的蓄电池在电解液温度为(25±5)℃条件下,以 20h 率的放电电流(即 $0.05C_{20}$ 安培电流)连续放电至 12V 蓄电池的端电压降到(10.5±0.05)V 时输出的电量,用 C_{20} 表示,单位为安培·小时(A·h)。

额定容量是检验蓄电池质量的重要指标。新蓄电池必须达到该指标,否则就为不合格产品。例如,在电解液温度为(25±5)℃条件下,对新产品 6-QA-105 型蓄电池以 5.25A 电流连续放电至电压降到(10.5±0.05)V 时,若放电时间大于或等于 20h,则其容量为 $C = I_f \cdot t_f \geqslant 105$A·h,达到或超过了额定容量 105A·h,因此该蓄电池为合格产品;若放电时间小于 20h,则其容量为 $C = I_f \cdot t_f < 105$A·h,低于额定容量值 105A·h,因此就为不合格产品。

b. 储备容量。国际蓄电池协会和美国汽车工程师协会(SAE)规定蓄电池容量用储备容量表示。我国国家标准 GB/T 5008.1—2005《起动用铅酸蓄电池技术条件》对储备容量的定义和试验方法也有明确规定:额定储备容量是指完全充足电的蓄电池在电解液温度为(25±5)℃条件下,以 25A 电流连续放电至 12V 蓄电池电压降到(10.5±0.05)V 时,放电所持续的时间,用 $C_{r.n}$ 表示,单位为分钟(min)。

储备容量表达了在汽车充电系统失效的情况下,蓄电池能为照明和点火系统等用电设备提供 25A 恒定电流的能力。例如,北京切诺基吉普车用 58-475 型蓄电池的额定储备容量为 82min;6-QA-60 型蓄电池的额定储备容量为 94min。

额定储备容量 $C_{r.n}$ 与额定容量 C_{20} 的换算公式如下:

$$C_{20} = \sqrt{17778 + 208.3 C_{r \cdot n}} - 133.3$$

$$C_{r \cdot n} = \frac{(C_{20} + 133.3)^2 - 17778}{208.3}$$

式中：C_{20} 为蓄电池额定容量（A·h）；$C_{r \cdot n}$ 为蓄电池额定储备容量（min）。当 $C_{20} \geqslant 200$A·h 或 $C_{r \cdot n} \geqslant 480$min 时，上式则不适用。

②蓄电池容量与很多因素有关，归纳起来分为两类：一类是与生产工艺及产品结构有关，如活性物质的数量、极板的厚薄、活性物质的孔率等；另一类是使用条件，如放电电流、电解液温度和电解液的相对密度等。

a. 放电电流的影响。放电电流越大，则电压下降越快，放电至终止电压的时间越短，因此容量越小。如图 1-9 所示为 6-Q-135 型蓄电池在不同放电电流情况下的放电特性。这是因为蓄电池放电时，极板上生成的硫酸铅的摩尔体积为二氧化铅的 1.92 倍，为海绵状铅的 2.68 倍，所以在大电流放电时，极板表面活性物质的孔隙会很快被生成的硫酸铅堵塞，使极板内层的活性物质不能参加化学反应，因此放电电流增大时，蓄电池容量减小。如图 1-10 所示为 6-Q-75 型蓄电池在电解液温度为 30℃时，蓄电池容量与放电电流的关系。

由图可见，放电电流越大，电压下降越快，越容易出现放电"终了"现象。如继续放电，则将导致放电过度而影响蓄电池使用寿命。因此在起动发动机时，必须严格控制起动时间，每次接通起动机的时间不得超过 5s，再次起动应间隔 15s 以上。

b. 电解液温度的影响。当环境温度降低，蓄电池容量将减小，这是由于温度降低时，电解液的黏度增加，渗入极板内部困难，使离子扩散速度和化学反应速度降低；同时电解液电阻也增大，使蓄电池内阻增加，电动势消耗在内阻上的压降增大，蓄电池端电压降低，允许放电时间缩短，因此容量减小。如图 1-11 所示为 6-Q-75 型蓄电池电解液温度分别为 +30℃ 和 -18℃ 的情况下，以 225A 电流放电时的端电压与放电时间的关系。如图 1-12 所示为 6-Q-75 型蓄电池以 225A 电流放电时，在不同温度条件下输出的容量。可见，蓄电池温度降低，实际输出容量越小，起动能力也越小。

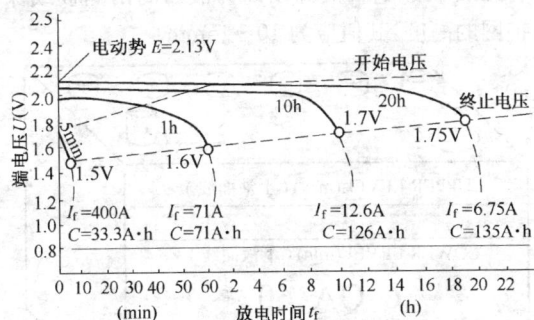

图 1-9　不同放电电流时的放电特性

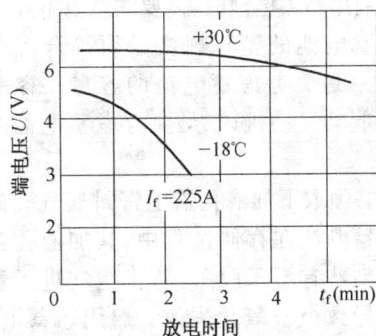

图 1-11　温度对放电特性的影响

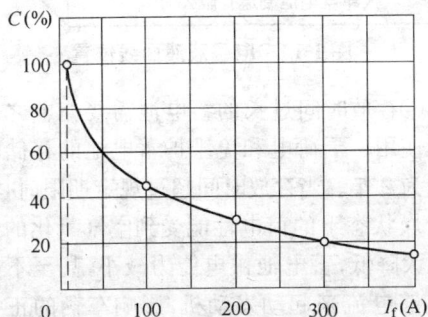

图 1-10　蓄电池容量与放电电流的关系

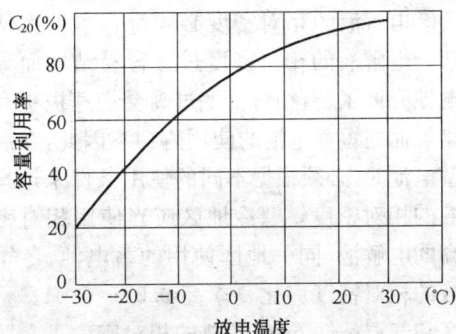

图 1-12　温度对容量的影响

温度对蓄电池输出容量的影响给我国北方寒冷地区冬季汽车运行带来了一定困难,因此,冬季应对蓄电池采取保温措施。

c. 电解液相对密度的影响。适当增大电解液的相对密度,可以提高电解液的渗透速度和蓄电池的电动势,延长放电时间,从而提高蓄电池输出容量。但是,当相对密度超过一定值时,由于电解液黏度增大使浸透速度降低,内阻和极板硫化增加,因此蓄电池输出容量又会减小。电解液的相对密度约为 1.23 时,蓄电池输出容量最大。综合考虑电解液相对密度对蓄电池性能的影响,汽车用起动型蓄电池充足电时的相对密度,应当选择在1.23~1.30 范围内。

1.2.9　新蓄电池怎样启用和安装?应注意哪些问题?

(1)新蓄电池的启用

目前,汽车用蓄电池均为干荷电或免维护蓄电池。两种类型的新蓄电池在首次使用之前,加注规定相对密度和数量的电解液并静止放置30min 后,即可装车使用。

在启用新蓄电池时,需要注意以下几点:

①蓄电池的型号规格必须符合汽车设计要求。一是要考虑蓄电池的容量。容量过小则无法起动发动机;二是要考虑蓄电池的外形尺寸。

②必须取下加液孔盖上密封通气孔的不干胶条。蓄电池在存储过程中,其加液孔盖上的通气孔粘贴有不干胶条,防止空气进入蓄电池内部而导致极板氧化失效。启用新蓄电池时,不干胶条必须取下。否则,蓄电池充放电产生的气体不仅会使壳体胀裂,甚至还会导致蓄电池爆炸。

③电解液的相对密度必须符合本地区使用要求。电解液的相对密度过低容易结冰而导致蓄电池壳体胀裂,相对密度过高会加速极板和隔板腐蚀而缩短蓄电池的使用寿命。因此,在启用新蓄电池时,必须根据不同的使用条件来选择电解液的相对密度。寒冷地区应当使用相对密度较高的电解液,同一地区使用的蓄电池,冬季电解液的相对密度应比夏季高 0.02~0.04。不同地区和气温条件下,电解液的相对密度可参照表1-4 或蓄电池制造厂家的规定进行选择。

表 1-4　不同地区和气温条件下电解液相对密度的选择范围

气候条件	完全充电蓄电池在25℃时电解液的相对密度	
	冬季	夏季
冬季低于-40℃的地区	1.30	1.26
冬季高于-40℃的地区	1.28	1.25
冬季高于-30℃的地区	1.27	1.24
冬季高于-20℃的地区	1.26	1.23
冬季高于0℃的地区	1.23	1.23

④电解液液面高度必须符合规定要求。液面过高时,电解液容易溢出;液面过低时,露出液面的部分极板不能参加化学反应,蓄电池输出容量就会降低。在蓄电池静置 30min 后,由于部分电解液渗透到了极板内部,因此电解液液面高度会有所降低,此时应补充到规定高度。在启用新蓄电池时,蓄电池电解液液面的高度应保持在壳体上标示的上液面线位置,如图 1-13 所示。当壳体上没有液面线或液面看不清(如蓄电池壳体为黑色)时,可用孔径为 3~5mm 的玻璃管进行测量,方法如图 1-14 所示,先将玻璃管垂直插入蓄电池加液孔内,直到与保护网或隔板上缘接触为止,然后用拇指堵住管口,取出玻璃管。此时,管内吸取的电解液高度即为液面高出隔板或保护网的高度,其值应为 10~15mm。

图 1-13　电解液液面线位置

⑤存放时间过长的蓄电池需要充电之后再装车使用。干荷电和免维护蓄电池的存储时间一般为 2 年。当存放时间超过规定期限时,极板在干燥状态下的荷电性能受到空气氧化的影响会大大降低,蓄电池供电能力减小,甚至不能提供足够电流来起动发动机,影响车辆的正常使用,因此,必须进行充电。

电。同理,在拆卸蓄电池时,应先拆卸负极电缆,后拆卸正极电缆。因为如果先拆卸正极电缆,那么,当扳手不小心搭铁时,就会导致蓄电池短路放电。

将蓄电池安装到汽车上使用时,需要将蓄电池的正极柱与通往起动机的电缆(即火线电缆)连接,将蓄电池的负极柱与搭铁电缆(即搭铁线)连接。在蓄电池充电时,需要将蓄电池的正极柱与充电机的正极连接,将蓄电池的负极柱与充电机的负极连接。因此,必须正确识别蓄电池极柱的极性,才能正确连接蓄电池电路。

根据 GB/T 5008.3—2005《起动用铅酸蓄电池端子的尺寸和标记》规定,在蓄电池正极柱上或正极柱周围的蓄电池盖上标有"+"或"P"标记;在负极柱上或负极柱周围的蓄电池盖上标有"−"或"N"标记。对于使用一段时间后标记模糊不清难以辨别的蓄电池,可用下述方法进行判别。

①观察极柱颜色进行判别。使用过的蓄电池,其正极柱呈深棕色,负极柱呈深灰色。

②用直流电压表检测判别。将电压表连接蓄电池的正负极柱,按表针偏摆方向判断其正负极性。如表针正摆(即向右偏摆),则表的正极所连极柱为蓄电池正极;若表针反摆(即向左偏摆),则表的负极所连极柱为蓄电池正极。

③用电解方法进行判别。将蓄电池的两个极柱各连接一根导线,并将导线的另一端分别插入电解液中(注意导线端头切勿相碰),此时导线周围产生气泡较多者所连极柱即为蓄电池负极。

1.2.10 如何对蓄电池进行维护?

(1)使用中蓄电池的维护

为使蓄电池经常处于完好状态,延长其使用寿命,对使用中的蓄电池需要定期(汽车行驶 6000~7500km 或 30~45 天)进行下列维护工作。

①检查调整电解液的液面高度。蓄电池就车使用过程中,电解液的液面高度应保持在蓄电池壳体上标示的上、下液面线之间,即液面应高出隔板或保护网 10~15mm。当液面过低时,应补充蒸馏水。除确知液面降低是由电解液溅出所致外,不允许补充硫酸溶液。这是因为电解液液面正常降低是由电解液中蒸馏水电解和蒸发

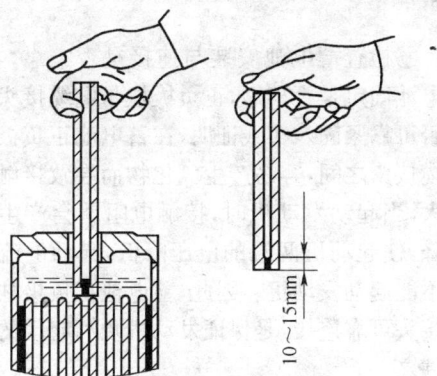
图 1-14 检查液面高度

(2)蓄电池的安装和拆卸

将蓄电池安装到汽车上时,应按下述步骤进行:

①检查蓄电池型号规格是否适合该型汽车使用。

②检查电解液的相对密度和液面高度是否符合技术要求,不符合时应予调整。

③根据正、负极柱和正、负电缆端子的相对位置,将蓄电池安放到固定架上。

④将正、负电缆端子分别与正、负极柱连接(注意:先连接正极电缆,后连接负极电缆)。

⑤在正、负极柱及其电缆端子上涂抹一层润滑脂,以防柱和端子氧化腐蚀。

⑥安装固定夹板,拧紧夹板固定螺栓。

从汽车上拆卸蓄电池时,应按下述程序进行:

①将点火开关置于"断开(OFF)"位置。

②拆下蓄电池固定夹板的固定螺栓,取下固定夹板。

③拧松蓄电池正、负极柱上的电缆接头紧固螺栓,取下电缆(注意:先拆卸负极电缆,后拆卸正极电缆)。

④从汽车上取下蓄电池。

⑤检查蓄电池壳体上有无裂纹和电解液渗漏痕迹,发现裂纹和渗漏应予更换蓄电池。

在安装蓄电池时应注意,车用蓄电池内部电阻很小,一旦发生短路就会形成大电流放电,不仅损失电能,而且还有烧坏电缆或电器线束的危险。应先连接正极电缆,后连接负极电缆。这是因为如果先连接负极电缆,那么,在连接正极电缆时,扳手不小心搭铁就会导致蓄电池短路放

所致。

②检测蓄电池电解液的相对密度。电解液的相对密度可用吸式密度计或光学检测仪器进行检测。用吸式密度计检测电解液相对密度的方法如图 1-15 所示，先用拇指适当压下橡胶囊后再将密度计的橡胶吸管插入电解液中，然后缓慢放松拇指，使电解液吸入玻璃管中，吸入玻璃管中电解液的多少以使浮子浮起为准，此时液面与浮子相交的刻度即为电解液的相对密度值。因为相对密度的大小与温度密切相关，所以，在测量电解液的相对密度时，必须同时测量电解液的温度，以便利用相对密度的计算公式将不同温度时测得的相对密度值换算成标准温度（25℃）时的相对密度值。

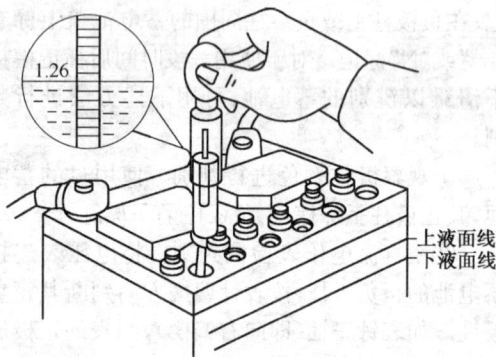

图 1-15　测量电解液的相对密度和温度

③检查蓄电池的放电程度。由蓄电池恒流放电特性可知，电解液的相对密度与放电时间成直线规律下降。因此，蓄电池的放电程度可以通过检测电解液的相对密度进行换算。实践证明，蓄电池从充足电到放电终了，其电解液的相对密度下降约为 0.16。因此，电解液的相对密度每下降 0.04，相当于蓄电池放电约 25%。当冬季放电程度超过 25%，夏季放电程度超过 50% 时，就应对蓄电池进行补充充电。

④检查加液孔盖或螺塞上的通气孔是否畅通。如果通气孔通气不畅，蓄电池内部化学反应产生的气体就可能将壳体胀裂，甚至引起爆炸事故。

⑤检查并清洁蓄电池。检查蓄电池槽表面有无电解液渗漏痕迹，发现渗漏应予更换蓄电池。清除蓄电池盖上的灰尘和泥土，擦去电池盖上的电解液；清除正负极柱和电缆接头上的氧化物。

⑥检查蓄电池安装与连接是否牢靠。检查蓄电池固定是否牢靠，正负极柱与电缆接头连接是否可靠紧固。实践证明，在蓄电池正负极柱与电缆接头之间，容易产生氧化物而导致接触电阻增大，当起动发动机时，接触电阻就会产生较大压降，使起动机两端的电压降低，起动电流减小而不能起动发动机。因此，蓄电池正负极柱与电缆接头可靠连接，是保证发动机顺利起动的必要条件之一。

（2）蓄电池的储存

蓄电池是一种能量转换装置，其技术状态在存放期间也会发生变化。因此，无论新蓄电池还是使用过的旧蓄电池，都需要妥善进行保存。新蓄电池的储存是指未灌电解液蓄电池的储存。在储存期间，需要注意以下几点：

①储存时间不宜过长。干荷电或免维护型新蓄电池的储存时间不应超过产品使用说明书的规定，自出厂之日起计算，最长储存时间应不超过 2 年。如果储存时间超过 2 年，那么在首次使用之前，应先进行充电之后再装车使用，以免影响车辆的正常使用。

②合理选择储存场所。蓄电池储存室应当保持阴凉干燥（温度低于 40℃，相对湿度低于 80%），通风良好。

③合理选择存放位置。蓄电池不能被阳光曝晒，距离热源（如暖气设备、锅炉等）的最近距离应不少于 1m。

④妥善放置蓄电池。蓄电池不要重叠搁置，也不要直接放在地上，应按行排放于木架上。

⑤通气孔要密封。蓄电池储存期间，加液孔螺塞应旋紧，螺塞上的通气孔应用胶带纸加以密封。对于采用密封盖密封的蓄电池，其密封盖应盖紧，密封盖上的通气孔也要用胶带纸加以密封。

旧蓄电池的储存是指灌注电解液后蓄电池的储存。蓄电池灌注电解液后，无论是否装车使用，在储存期间都需要注意以下两点：

①做好储存准备工作。先将蓄电池充足电，液面调整到正常高度；然后拧紧加液孔螺塞，密封通气孔，目的是减少蒸发，防止氧化；再存放于阴凉干燥的室内。

②定期补充充电。灌注电解液后的蓄电池在存放期间，每月应补充充电一次。

1.2.11　汽车交流发电机如何分类？

按总体结构不同，汽车用交流发电机可分为：

①普通交流发电机。既无特殊装置，也无特殊功能和特点，使用时配装电压调节器的汽车交流发电机，称为普通交流发电机。如东风 EQ1090 型载货汽车用 JF132N 型交流发电机。

②整体式交流发电机。发电机和调节器制成一个整体的发电机。如二汽蓝鸟、颐达，一汽捷达、上海桑塔纳轿车用 JFZ1913Z 型 14V 90A 发电机，南京依维柯汽车用 JFZ1912Z 型 14V 85A、JFZ1714Z 型 14V 45A 交流发电机。

③无刷交流发电机。即没有电刷和集电环的交流发电机。如东风 EQ2102 型越野汽车用 JFW2621 型 28V 45A 整体式发电机。

④带泵交流发电机。即带真空制动助力泵的交流发电机。如仙游电机厂生产的 JFB1712 型交流发电机。

按磁场绕组搭铁形式不同，汽车用交流发电机分为：

①内搭铁型交流发电机。即发电机磁场绕组的一端与发电机壳体连接的交流发电机。如东风 EQ1090 型载货汽车用 JF132N 型交流发电机。

②外搭铁型交流发电机。即磁场绕组的一端经调节器后搭铁的交流发电机。如捷达、桑塔纳轿车用 JFZ1913Z 型 14V 90A 发电机，解放 CA1091 型载货汽车用 JF1522A 型交流发电机，东风 EQ2102 型越野汽车用 JFW2621 型 28V 45A 整体式发电机等。

目前，大多数汽车都采用外搭铁型交流发电机。

1.2.12　汽车用交流发电机的构造是怎样的？

汽车用交流发电机的基本结构都是由定子、转子、整流器和端盖四部分组成。整体式交流发电机的不同点是在基本结构的基础上增加了电压调节器，且都采用集成电路调节器。整体式交流发电机的零部件组成如图 1-16 所示，主要零部件有转子总成 5、定子总成 6、整流器总成 4、集成电路调节器与电刷组件总成 2、电刷端盖 3、驱动端盖 7、风扇 8、驱动带轮 9 和抗干扰电容器 1 等。

（1）转子总成

转子的功用是产生磁场，它由两块爪极、磁场绕组、铁心和集电环组成，如图 1-17 所示。爪极有两块，每块爪极上制有六个鸟嘴形磁极。两块爪极压装在转子轴上，爪极间的空腔内装有铁心，铁心压装在转子轴上，磁场绕组绕在铁心上。

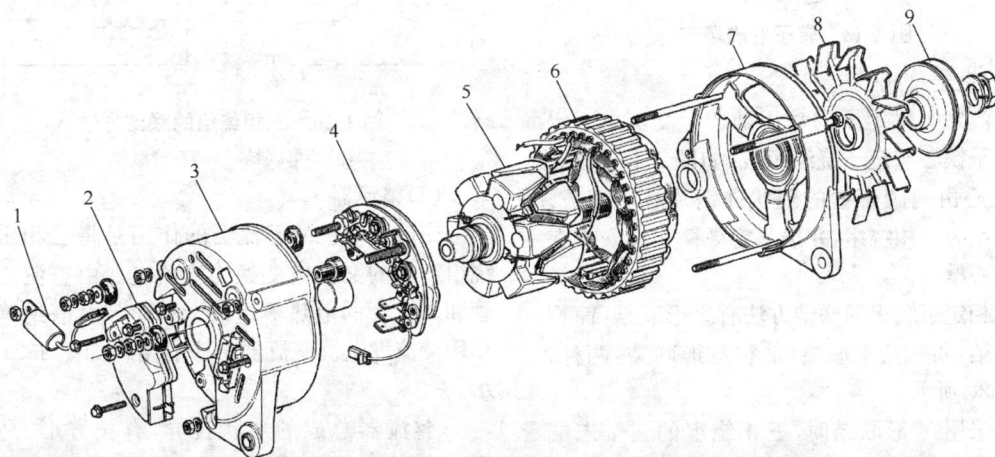

图 1-16　整体式交流发电机零部件组成
1. 抗干扰电容器　2. 集成电路调节器与电刷组件总成　3. 电刷端盖
4. 整流器总成　5. 转子总成　6. 定子总成　7. 驱动端盖　8. 风扇　9. 驱动带轮

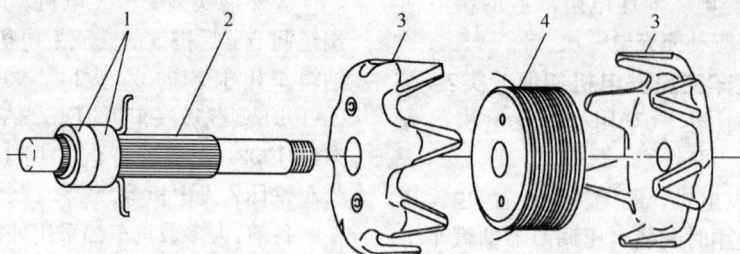

图1-17 转子的结构

1. 集电环 2. 转子轴 3. 爪极 4. 磁场绕组与铁心

集电环又称为滑环,由彼此绝缘的两个铜环组成。集电环压装在转子轴的一端并与转子轴绝缘。磁场绕组的两端分别焊接在两个集电环上。两个铜环分别与发电机后端盖上的两个电刷相接触。当两个电刷与直流电源接通时,磁场绕组中便有电流流过,并产生轴向磁通,使一块爪极磁化为北极(即N极),另一块爪极磁化为南极(即S极),从而形成六对相互交错的磁极,如图1-18所示。

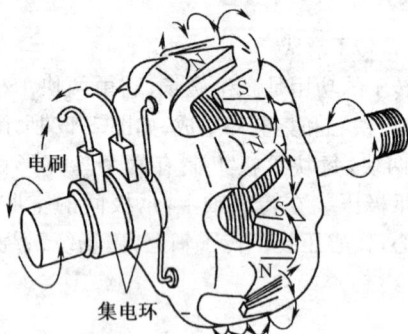

图1-18 转子的磁场

（2）定子总成

交流发电机定子的功用是产生交流电。定子由定子铁心与定子绕组组成,如图1-19所示。定子铁心由内圆带槽的环状硅钢片叠压而成。定子绕组为三相绕组,并按一定规律对称安放在定子铁心槽内。

三相定子绕组的联结方法有星形联结(简称Y形联结)和三角形联结(简称△形联结)两种,如图1-20所示。

当采用Y形联结时,三相绕组的三个末端X、Y、Z联结在一起,称为中性点,三个始端U、V、W作为交流发电机的输出端,如图1-20a所示。当采用△形联结时,一相绕组的始端与另一相绕组末端联结,共有三个结点,这三个结点即

为交流发电机的输出端,如图1-20b所示。

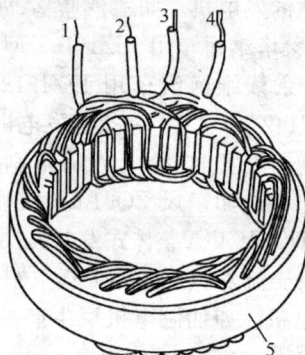

图1-19 定子总成的结构

1、2、3、4. 绕组引线 5. 定子铁心

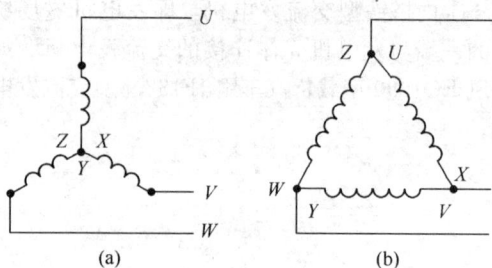

图1-20 三相绕组的联结方法

(a)Y形联结 (b)△形联结

（3）整流器

交流发电机的整流器的作用是将三相定子绕组产生的交流电变换为直流电。由整流二极管和二极管的散热板组成。奥迪与桑塔纳等轿车用交流发电机整流器总成的结构如图1-21所示。

整流器总成的形状各异,有长方形、马蹄形、半圆形和圆形等,定子绕组与整流器的连接关系如图1-22所示。

目前整流器总成大多数都装于交流发电机后端盖的外侧,在整流器总成外面再加装一个用

图 1-21　整流器总成的结构

1. 输出端子"B+"　2. 输出端子"D+"　3. 正整流板
4. 防干扰电容器连接插片　5. 电刷架压紧弹片
6. 磁场二极管　7. 输出整流二极管

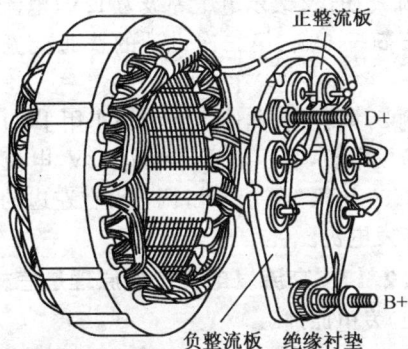

图 1-22　定子总成与整流器的连接

薄铝板或薄铁板冲压而成的防护盖。这与整流器总成装于交流发电机后端盖内侧相比具有两大优点：一是便于散热冷却；二是便于维修。

①整流管。汽车交流发电机用整流二极管有正极管与负极管之分，工作电流大，反向电压高。一只普通交流发电机具有三只正极管和三只负极管。引出电极为二极管正极的称为正极管，其上标有红色标记；引出电极为二极管负极的称为负极管，其上标有绿色或黑色标记。

②整流板。安装整流二极管的铝质散热板，称为整流板。现代汽车交流发电机的整流器多数都有两块整流板。安装三只正极管的整流板，称为正整流板；安装三只负极管的整流板，称为负整流板。

交流发电机的"输出"端子是从正整流板引出的。在正整流板上制有一个螺孔，称为"输出"端子安装孔，螺栓由此从后端盖引出，作为发电机的"输出"端子，该端子为发电机的正极，标记为"B"、"B+"、"A"或"+"。

（4）端盖

交流发电机的前、后端盖均用铝合金压铸或用砂模铸造而成。采用铝合金材料的主要目的是减少漏磁。因为铝合金为非导磁材料，且具有质量轻、散热性能好等优点。

（5）电刷组件

交流发电机的电刷组件安装在后端盖上，由电刷、电刷架和电刷弹簧组成，如图 1-23 所示。

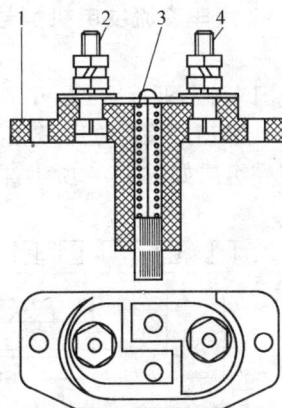

图 1-23　电刷组件

1. 电刷架　2、4."磁场"端子　3. 电刷与电刷弹簧

电刷用铜粉和石墨粉模压而成；电刷架用酚醛玻璃纤维塑料模压而成。电刷安装在电刷架的孔内，借弹簧张力使电刷与集电环保持良好接触。每只交流发电机有两只电刷，每只电刷都有一根引线直接引到发电机后端盖的接线端子上或后端盖上。

电刷组件的安装形式有外装式和内装式两种。如图 1-23 所示为外装式结构，其电刷的拆装和更换在电机外部即可进行，拆装检修十分方便，因此交流发电机普遍采用。内装式电刷组件的电刷拆装是在电机内部进行，由于拆装不便，因此已很少采用。

（6）散热装置

交流发电机的通风散热依靠风扇来完成。散热风扇有 1～2 个，用铝合金板或钢板冲压或焊接而成，其安装形式如下。

对于只有一个风扇的发电机，其风扇均装在前端盖与驱动带轮之间；对于有两个风扇的发电机，其风扇的安装形式有两种情况：

①一个风扇安装在前端盖与驱动带轮之间，另一个风扇安装在后端盖与转子爪极之间。如北京切诺基吉普车用交流发电机。

②在前、后端盖内的转子爪极两侧各安装一个风扇。如丰田和夏利轿车用交流发电机。

在前、后端盖上制有通风口，前端盖之前装有驱动带轮，由发动机通过驱动带驱动带轮旋转。当风扇与驱动带轮一起转动时，空气便从进风口流入，经发电机内部再从出风口流出，由此便将内部热量带出，达到散热目的。

1.2.13 汽车交流发电机型号的含义是什么？

根据我国汽车行业标准 QC/T 73—1993《汽车电气设备产品型号编制方法》规定，汽车交流发电机的型号组成如图1-24所示，图中代号的含义如下：

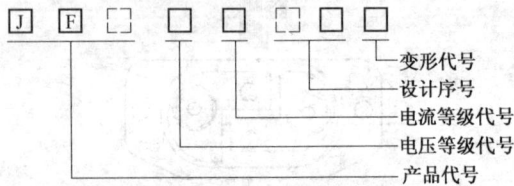

图1-24 交流发电机型号组成

（1）产品代号

交流发电机的产品代号为 JF、JFZ、JFB、JFW 四种，分别表示交流发电机、整体式交流发电机、带泵交流发电机和无刷交流发电机（字母"J"、"F"、"Z"、"B"和"W"分别为"交"、"发"、"整"、"泵"和"无"字的汉语拼音第一个大写字母）。

（2）电压等级代号和电流等级代号

分别用1位阿拉伯数字表示，其含义分别见表1-5和表1-6。

表1-5 电压等级代号

电压等级代号	1	2	3	4	5	6
电压等级(V)	12	24	—	—	—	6

表1-6 电流等级 (A)

电流等级 产品名称	1	2	3	4	5	6	7	8	9
普通交流发电机									
整体式交流发电机		≥20	≥30	≥40	≥50	≥60	≥70	≥80	
带泵交流发电机	~19	~29	~39	~49	~59	~69	~79	~89	≥90
无刷交流发电机									
永磁式交流发电机									

（3）设计序号

按产品设计先后顺序，用1～2位阿拉伯数字表示。

（4）变形代号

交流发电机以调整臂位置作为变形代号。从驱动端看，在中间不加标记；在右边时用 Y 表示；在左边时用 Z 表示。

例1：JF152 表示电压等级为12V，电流等级为大于50～59A，第二次设计的普通交流发电机。

例2：桑塔纳、奥迪100型轿车用 JFZ1913Z 型交流发电机，表示电压等级为12V，电流等级为大于90A，第13次设计，调整臂在左边的整体式交流发电机。

1.2.14 交流发电机工作原理是怎样的？

（1）发电原理

交流发电机是根据电磁感应原理而产生交流电的。发电机的三相定子绕组按一定规律分布在定子铁心槽中，如图1-25a所示，彼此相差120°电角度。当转子旋转时，因为定子绕组与磁力线之间会产生相对运动，定子绕组就会切割磁力线，所以在三相绕组中就会感应产生频率相同、幅值相等、相位互差120°电角度的正弦交流电动势 u_U、u_V、u_W，波形如图1-25b所示。

（2）整流原理

交流发电机定子绕组中感应产生的交流电，要靠二极管组成的整流器转变成为直流电。

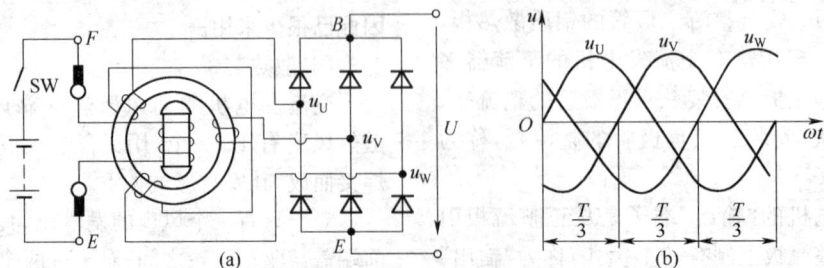

图1-25 交流发电机的工作原理
(a)汽车交流发电机电路 (b)感应电动势输出波形

二极管具有单向导电特性,当给二极管加上正向电压(即正极电位高于负极电位)时,二极管导通,呈现低阻状态;当给二极管加上反向电压(即正极电位低于负极电位)时,二极管截止,呈现高阻状态。

根据正、负二极管的导通原则,交流发电机整流器的整流电路及电压波形如图 1-26 所示。

在 $t=0$ 到 t_1 时间内,W 相电位最高,V 相电位最低,所以二极管 VD_5、VD_4 获得正向电压而导通。电流从 W 相出发,经二极管 VD_5、负载电阻 R_L、二极管 VD_4 回到 V 相构成回路。因为二极管的内阻很小,所以 W 相与 V 相之间的线电压都加在负载电阻 R_L 上。

在 $t_1 \sim t_2$ 时间内,U 相电位最高,V 相电位最低,所以二极管 VD_1、VD_4 获得正向电压而导通,电流从 U 相出发,经二极管 VD_1、负载电阻 R_L、二极管 VD_4 回到 V 相。U、V 两相之间的线电压加在负载电阻 R_L 上。

在 $t_2 \sim t_3$ 时间内,U 相电位最高,而 W 相电位变为最低,所以二极管 VD_1、VD_6 获得正向电压而导通。U、W 两相之间的线电压加在负载电阻 R_L 上。

在 $t_3 \sim t_4$ 时间内,二极管 VD_3、VD_6 导通,V、W 相之间的线电压加在负载电阻 R_L 上。

六只二极管导通与截止依次循环,周而复始,在负载电阻两端就可得到一个比较平稳的直流脉动电压 U,电压波形如图 1-26c 所示,一个周期内有六个纹波。正极接三相绕组始端 U、V、W 的二极管 VD_1、VD_3、VD_5 为正极管;负极接三相绕组始端 U、V、W 的二极管 VD_2、VD_4、VD_6 为负极管。

1.2.15　电压调节器的作用及原理是什么?有哪些分类?

交流发电机的电压随转速变化而变化,因此需要调节器来使其输出电压在某规定范围内。汽车用各种调节器都是通过调节磁场电流使磁极磁通改变来调节发电机的输出电压。20 世纪 80 年代以后,汽车交流发电机的输出电压普遍采用电子式调节器进行调节。

交流发电机输出电压 U 与其感应电动势成正比,即 $U \propto E_\Phi = C_e \Phi n$,而感应电动势 E_Φ 与发电机转速 n 和每极磁通 Φ 成正比。因此,当发电机转速变化时,如要保持发电机电压恒定,就必须改变磁极磁通。因为磁极磁通的多少取决于磁场电流的大小,所以在发电机转速变化时,只要自动调节磁场电流,就能使发电机的输出电压保持恒定。可见,调节器的调节原理是通过调节磁场电流使磁极磁通改变,从而使发电机输出电压保持恒定。

当发电机转速一定时,电压调节过程如图 1-27 所示。当发电机转速 n 达到一定值(即 $n=C=$ 常数),其输出电压 U 达到调节电压上限值 U_2 时,调节器开始进行调节并使磁场电流 I_f 减小,因此,磁通 Φ 减少,电动势 E_Φ 下降,输出电压随之下降。

当输出电压降到调节电压下限值 U_1 时,调节器又进行调节并使磁场电流 I_f 增大,因此,磁通 Φ 增多,电动势 E_Φ 升高,输出电压随之升高。

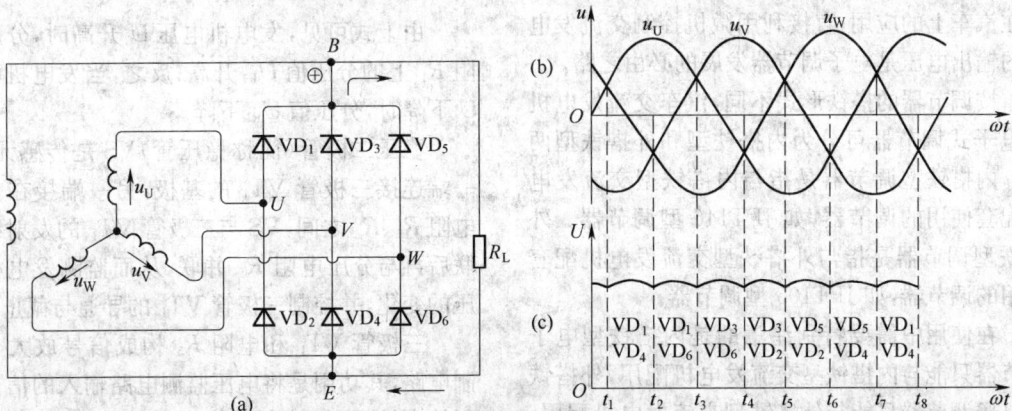

图 1-26　三相桥式整流电路及电压波形
(a)整流电路　(b)绕组电压波形　(c)整流电压波形

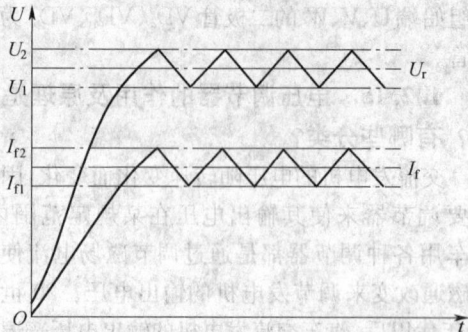

图 1-27 发电机转速 n 一定时的电压调节过程

当输出电压再次升高到调节电压上限值 U_2 时,调节器重复上述调节过程,使发电机输出电压 U 在调节电压上下限 U_2、U_1 之间脉动,从而保持平均电压 U_r 不变。

按结构形式不同,汽车交流发电机用电子式调节器可分为分立元件式和集成电路式两种类型。分立元件式调节器是指利用分立电子元件组成的调节器,如解放 CA1091 型载货汽车用 JFT106 型电子调节器和东风 EQ1090 型载货汽车用 JFT149 型电子调节器。集成电路式调节器是指利用集成电路(IC)组成的调节器。集成电路调节器大都为混合集成电路调节器,常用的集成电路有厚膜集成电路、薄膜集成电路和单片集成电路。目前,大多数汽车(如捷达、桑塔纳、天津夏利、奥迪轿车,北京切诺基、长丰猎豹 PAJERO 型汽车、斯太尔 SX2190 和东风 EQ2102 型越野汽车等)都采用了集成电路调节器。现代汽车已广泛采用交流发电机和集成电路调节器组装在一起的整体式交流发电机。随着微机控制技术在汽车上的应用,直接利用微机控制交流发电机的输出电压是电子调节器发展的必由之路。

按调节器的搭铁形式不同,汽车交流发电机用电子式调节器可分为内搭铁型和外搭铁型两种。内搭铁型调节器是指与内搭铁型交流发电机配套使用的调节器,如 JFT146 型调节器。外搭铁型调节器是指与外搭铁型交流发电机配套使用的调节器,如 JFT106 型调节器。

在使用中需要特别注意的是内搭铁型电子调节器只能与内搭铁型交流发电机配用,外搭铁型电子调节器只能与外搭铁型交流发电机配用。否则交流发电机的磁场绕组将与电子调节器的大功率三极管并联连接,磁场绕组将无电流流

过,发电机将只靠剩磁发电而不能正常输出电压。

下面以外搭铁型电子调节器为例说明调节器的电路原理及工作过程。如图 1-28 所示,外搭铁型电子调节器由信号电压监测电路、信号放大与控制电路、功率放大电路以及保护电路四部分组成,其显著特点是接通与切断磁场电流的大功率三极管 VT_2 为 NPN 型三极管(内搭铁型为 PNP 型管),且串联在磁场绕组与电源负极"E"端子(内搭铁型为电源正极"B"端子)之间。

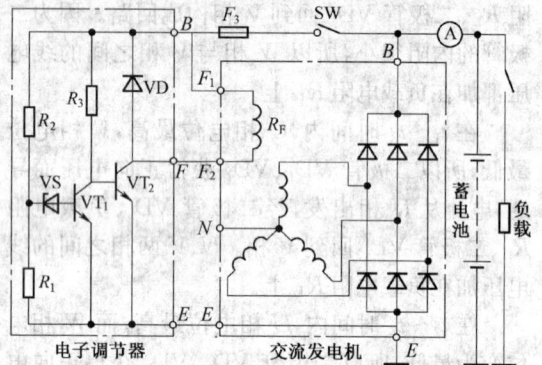

图 1-28 外搭铁型电子调节器基本电路

电阻 R_1、R_2 和稳压管 VS 构成信号监测电路,电阻 R_1、R_2 串联在交流发电机输出端子"B"与搭铁端子"E"之间,构成一只分压器,直接监测发电机输出电压 U 的变化,从分压电阻 R_1 上取出发电机输出电压 U 的一部分 U_{R1} 作为调节器的输入信号电压,R_1 上的分压为

$$U_{R1} = \frac{R_1}{R_1 + R_2} U$$

由上式可见,发电机电压 U 升高时,分压电阻 R_1 上的分压值 U_{R1} 升高;反之,当发电机电压 U 下降时,分压值 U_{R1} 下降。

稳压二极管(简称稳压管)VS 是传感元件,一端连接三极管 VT_1 的基极,另一端接在分压电阻 R_1、R_2 之间,VS 与三极管 VT_1 的发射结串联后再与分压电阻 R_1 并联,从而监测发电机电压的变化,并控制三极管 VT_1 的导通与截止。

三极管 VT_1 和电阻 R_3 构成信号放大与控制电路,其功用是将电压监测电路输入的信号进行放大处理后,控制功率三极管 VT_2 导通与截止。电阻 R_3 既是三极管 VT_1 的负载电阻,又是功率三极管 VT_2 的偏流电阻。三极管 VT_1 为小

功率三极管,接在大功率三极管 VT_2 的前一级,起功率放大作用,也称前级放大。

功率三极管 VT_2 通常采用达林顿三极管构成功率放大电路。磁场绕组的电阻为 VT_2 的负载电阻。VT_2 导通时,磁场电流接通;VT_2 截止时,磁场电流切断。因此,通过控制三极管 VT_2 导通与截止,就可改变磁场电流,使发电机输出电压稳定。

续流二极管 VD 构成保护电路,其功用是防止磁场绕组产生的自感电动势击穿功率三极管 VT_2 而造成损坏。

外搭铁型与内搭铁型电子调节器调节交流发电机输出电压的过程基本相同。

①接通点火开关 SW,发电机电压 U 低于蓄电池电压时,三极管 VT_1 截止,三极管 VT_2 导通,磁场电流 I_f 接通,发电机他励发电(即磁场电流由蓄电池供给)。

当点火开关 SW 接通,发电机未转动或转速低,电压 U 低于蓄电池电压时,蓄电池电压经点火开关 SW 加在分压电阻 R_1、R_2 两端。由于发电机电压低于调节电压上限值,因此分压电阻 R_1 上的分压值 U_{R1} 小于稳压管 VS 的稳定电压 U_w 与三极管 VT_1 发射结压降 U_{be1} 之和,由稳压管的导通条件可知,VS 处于截止状态,VT_1 基极无电流流过也处于截止状态。此时蓄电池经点火开关、电阻 R_3 向三极管 VT_2 提供基极电流,VT_2 导通并接通磁场电流,其电路为:蓄电池正极→电流表 A→点火开关 SW→熔断丝 F_3→发电机"磁场"端子 F_1→发电机磁场绕组 R_F→发电机"磁场"端子 F_2→调节器"磁场"端子 F→三极管 VT_2(c→e)→调节器"搭铁"端子 E→发电机"搭铁"端子 E→蓄电池负极。此时若发电机转动,则其电压将随转速升高而升高。

②当发电机电压上升到高于蓄电池电压但尚低于调节电压上限值 U_2 时,发电机自激发电(即磁场电流由发电机自己供给)。

当发电机电压高于蓄电池电压但低于调节电压上限值 U_2 时,VS 与 VT_1 仍然截止,VT_2 保持导通。此时磁场电路为:发电机定子绕组→正极管→发电机"输出"端子 B→点火开关 SW→熔断丝 F_3→发电机"磁场"端子 F_1→发电机磁场绕组 R_F→发电机"磁场"端子 F_2→调节器"磁场"端子

子 F→三极管 VT_2(c→e)→调节器"搭铁"端子 E→发电机"搭铁"端子 E→发电机负极管→定子绕组。

③当发电机电压随转速升高而升高到调节电压上限值 U_2 时,VS、VT_1 导通,VT_2 截止,磁场电流切断,发电机电压降低。

当发电机电压升高到调节电压上限值 U_2 时,由稳压管导通条件可知,此时 VS 导通,其工作电流从三极管 VT_1 基极流入,并从 VT_1 发射极流出。因为 VS 的工作电流就是 VT_1 的基极电流,所以 VT_1 导通。当 VT_1 导通时,VT_2 发射结几乎被短路,流过电阻 R_3 的电流经 VT_1 集电极和发射极构成回路,VT_2 因无基极电流而截止,磁场电流被切断,磁极磁通迅速减少,发电机电压迅速下降。

④当发电机电压降到调节电压下限值 U_1 时,VS、VT_1 截止,VT_2 导通,磁场电流接通,发电机电压升高。

当发电机电压降到调节电压下限值 U_1 时,由稳压管截止条件可知,VS 截止,VT_1 随之截止,其集电极电位升高,发电机又经 R_3 向 VT_2 提供基极电流使 VT_2 导通,磁场电流接通,磁极磁通增多,发电机电压重又升高。

当发电机电压再次升高至调节电压上限值 U_2 时,调节器重复③、④工作过程,将发电机电压控制在某一平均值 U_r 不变。

在 VT_2 由导通转为截止瞬间,磁场绕组产生的自感电动势(F 端为正,B 端为负)经二极管 VD 构成回路放电,防止 VT_2 击穿损坏。因为放电电流流经 VD,所以 VD 称为续流二极管。

1.2.16 怎样维护及检修交流发电机?

(1)日常使用交流发电机与调节器的注意事项

汽车发动机一旦起动,交流发电机就会向蓄电池充电。如果交流发电机或调节器发生故障,不仅影响整车供电,而且影响蓄电池的使用寿命。为了保证电源系统的使用性能,交流发电机与调节器在使用中应注意以下几点:

①汽车交流发电机均为负极搭铁,蓄电池搭铁极性必须与发电机一致,否则蓄电池将正向加在整流二极管上,使二极管烧坏。

②发电机运转时,不能短接交流发电机的

B、E端子(即用试火花的方法)来检查发电机是否发电,否则容易烧坏整流二极管。

③一旦发现发电机不发电或充电电流很小时,就应及时找出原因并排除故障。如果继续运转,那么故障就会扩大。当一只二极管短路后,就会导致其他二极管和定子绕组被烧坏。

④当整流器的六只整流二极管与定子绕组连接时,禁止使用220V交流电源检查发电机的绝缘情况,否则将会损坏二极管。

⑤调节器与交流发电机的搭铁形式、电压等级必须一致,否则充电系统不能正常工作。对于外搭铁型发电机和外搭铁型调节器,磁场电流由电源正极,经点火开关SW、磁场绕组、调节器"磁场"端子F流入调节器,再经调节器内部大功率三极管(NPN型三极管)后,从调节器"搭铁"端子流回电源负极。对于内搭铁型发电机与内搭铁型调节器,磁场电流则是由电源正极,经点火开关SW,从调节器"+"端子流入,先经内部大功率三极管(PNP型),从调节器"磁场"端子F流出,再经发电机磁场绕组、搭铁回到电源负极。由此可见,内搭铁型调节器只能与内搭铁型发电机配用;外搭铁型调节器只能与外搭铁型发电机配用,否则发电机就没有磁场电流而不能输出电压,蓄电池使用寿命将大大缩短。当调节器与发电机的搭铁形式不匹配而又急需使用时,只能通过改变发电机磁场绕组的搭铁形式,使发电机与调节器的搭铁形式一致。

⑥交流发电机的功率不得超过调节器所能匹配的功率。调节器所能匹配的功率,取决于大功率三极管的功率。发电机功率愈大,磁场电流亦愈大(如14V/750W交流发电机的磁场电流为3~4A,14V/1000W交流发电机,其磁场电流为4~5A)。磁场电流越大,对大功率三极管的技术要求就越高,成本也就越高。大功率发电机的调节器配小功率发电机使用时,虽然不会影响充电系统工作,但成本较高,不经济。然而小功率发电机的调节器则不能与大功率发电机配用,因为一方面是调节器会因超负荷工作而使使用寿命大大缩短,另一方面是控制磁场电流的三极管的管压降增大,磁场电流最大值减小,发电机空载转速和额定转速都将增高,交流发电机的输出性能将降低。

⑦汽车停驶时应断开点火开关,以免蓄电池长时间向磁场绕组放电。在汽车上,一旦接通电源,调节器的大功率管就始终处于导通状态,汽车停驶时大功率管始终导通(夜间停驶也是如此),而且此时磁场电流接近最大值,不仅会使电子调节器使用寿命大为缩短,而且还会导致蓄电池亏电。试验证明:当调节器不受开关控制而直接与充足电的蓄电池连通时,使用5~7天,蓄电池便不能起动发动机,调节器的使用寿命也只有100天左右。

(2)交流发电机的分解

各型交流发电机的结构千差万别,分解方法各不相同,下面以奥迪、桑塔纳系列轿车用JFZ1913Z型整体式交流发电机为例说明其分解步骤与方法。

①拆下固定电刷组件和调节器总成的两个固定螺钉,取下电刷组件和调节器。

②分别用直径为14mm和8mm的套筒扳手拆下"输出"端子(B+)和"磁场输出"端子(D+)上的紧固螺母(注意:勿用开口扳手拆卸,以免损坏绝缘架)。

③拆下绝缘架固定螺钉,取下绝缘架。

④拆下防干扰电容器(2.2μF/100V)固定螺钉,拔下电容器引线插头,取下电容器。

⑤拆下前、后端盖联接螺栓(六个),分离前、后端盖,并使定子与后端盖在一起。

⑥拆下整流器总成固定螺钉(六个),从后端盖上取下整流器与定子总成。

⑦用(30~50)W/220V电烙铁焊开定子绕组引线与整流二极管引出电极间的四个焊点,即图1-29中P_1、P_2、P_3、P_4四个焊点,使定子总成与整流器总成分离。

在一般情况下,分解到此即可进行检测。不必分解传动带轮、风扇和前端盖等部件。发电机分解后,应用压缩空气吹净内部灰尘,并用汽油清洗各部油污(绕组、电刷组件除外),然后再进行检修。

(3)交流发电机的维护

汽车每行驶30000km,应将交流发电机从车上拆下检修一次,主要检查电刷和轴承磨损情况。新电刷高度为14mm,磨损至7~8mm时,应当换用新电刷;轴承如有显著松动,应予换用新

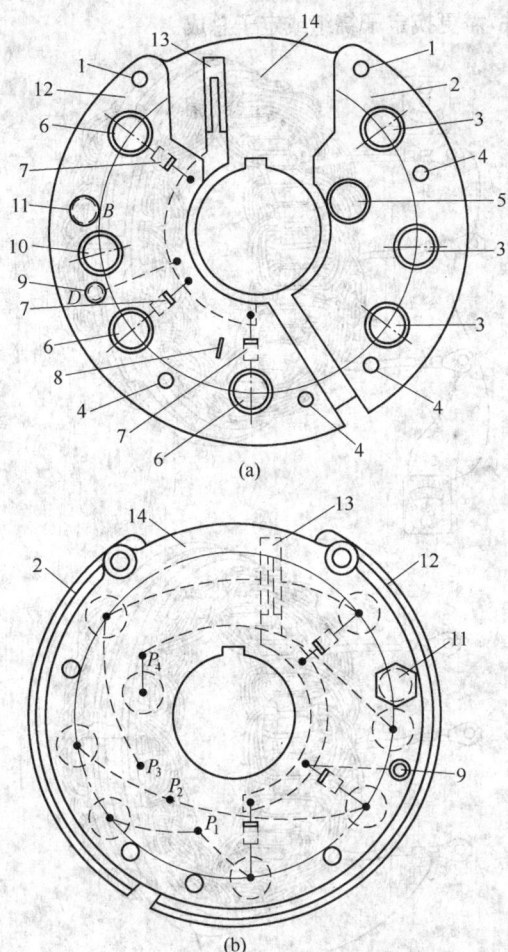

图 1-29 JFZ1913Z 型发电机整流元件的安装位置

(a)从后端盖一侧视 (b)从前端盖一侧视

1. IC 调节器安装孔(二个) 2. 负整流板 3. 负极管
(三只) 4. 整流器总成安装孔(四个) 5. 中性点二
极管(负极管) 6. 正极管(三只) 7. 磁场二极管(三
只) 8. 防干扰电容器连接插片 9. "D+"端子 10.
中性点二极管(正极管) 11. "B+"端子 12. 正整流板
13. 电刷架压紧弹片 14. 硬树脂绝缘胶板

品。汽车每行驶 15000km,应当进行以下检查:

①检查驱动带外观。用肉眼观察驱动带有
无裂纹和破损现象,如有则应更换驱动带。驱动
带安装情况应当符合图 1-30a 要求,如果安装情
况如图 1-30b 所示,则应更换驱动带。

②检查驱动带挠度。检查驱动带挠度的方
法如图 1-31 所示。检查时,在两个驱动带轮之
间驱动带的中央部位施加 100N 压力,此时驱动
带的挠度应符合规定指标。新驱动带(即从未用
过的驱动带)一般为 5～7mm,旧驱动带(即装车

随发动机转动过 5min 或 5min 以上的驱动带)一
般为 10～14mm。具体指标以车型手册规定为
准,挠度不符规定应予调整。

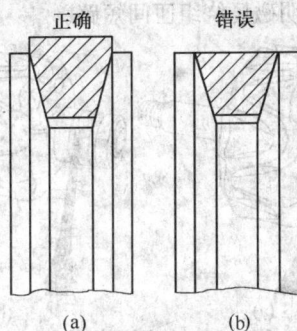

图 1-30 驱动带的外观检查

(a)安装正确 (b)安装错误

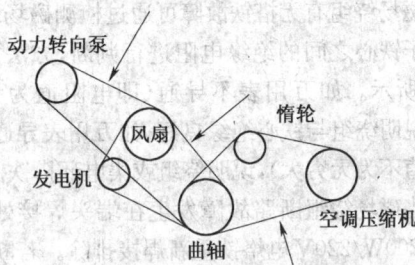

图 1-31 检查驱动带的挠度

③检查导线连接。一是检查各导线的连接
部位是否正确;二是发电机 B 端子必须加垫弹簧
垫圈;三是对于采用线束连接器连接的发电机,
其插头与插座必须用锁紧卡簧锁紧,不得有松动
现象。

④检查有无噪声。在交流发电机出现故障特
别是机械故障(如轴承破碎、转子轴弯曲等)后,当
发电机运转时,都会发出异常响声。检查时,逐渐
加大发动机油门,同时监听发电机有无异常响声。
如有异常响声,则需拆下发电机分解检修。

(4)交流发电机的检修

交流发电机的检修主要是磁场绕组、定子绕
组和整流器的检修,各型交流发电机检修方法基
本相同。

①磁场绕组的检修。磁场绕组的故障有短
路、断路和搭铁三种。在使用过程中,其端头的
焊点易受振动影响而发生断路故障。因此可用
万用表(指针式拨到 R×1Ω 挡,数字式拨到
OHM×200Ω 挡)进行检测,检测磁场绕组电阻

的方法如图 1-32a 所示。若电阻值符合标准数值
（一般为 3～5Ω），说明磁场绕组良好；若电阻值
为无穷大，说明磁场绕组断路；若电阻值小于标
准阻值，说明磁场绕组匝间短路。

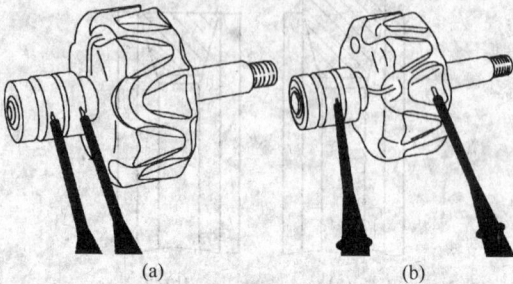

(a)　　　　　　　　(b)

图 1-32　检测磁场绕组

(a)检测磁场绕组电阻　(b)检测磁场绕组搭铁

　　磁场绕组有无搭铁故障可通过检测磁场绕组
与转子铁心之间的绝缘电阻进行判断，方法如图
1-32b 所示。如万用表不导通（即电阻值为无穷
大），说明绕组与铁心绝缘良好；如万用表导通（即
电阻值不为无穷大），说明绕组或集电环搭铁。

　　当磁场绕组断路故障发生在端头焊接处时，
可用 200W/220V 电烙铁重新焊接排除。若断路、
短路和搭铁故障无法排除，则需更换转子总成。

　　②定子绕组的检修。定子绕组的故障有短
路、断路和搭铁三种。因为定子绕组的电阻很
小，一般仅为 200～800mΩ，所以，测量电阻值难
以检测有无短路故障，最好是在发电机分解之
前，通过台架试验检测其输出功率进行判断。

　　检测定子绕组断路故障的方法如图 1-33a 所
示。检测时，将指针式万用表拨到 $R \times 1\Omega$ 挡（数
字式万用表拨到 $OHM \times 200\Omega$ 挡），两只表笔分
别接定子绕组的两个引出端子进行检测。如万
用表均导通，说明定子绕组良好；如万用表有一
次不导通（即电阻值为无穷大），说明定子绕组有
断路故障。如能找到断路部位，可用 50W/220V
电烙铁焊接修复；如找不到断路部位，则需更换
定子绕组或定子总成。

　　检测定子绕组搭铁故障的方法如图 1-33b
所示。检测时，将指针式万用表拨到 $R \times 1\Omega$ 挡
（数字式万用表拨到 $OHM \times 200\Omega$ 挡），两只表笔
的一只接定子绕组的任意一个引出端子，另一只
接定子铁心进行检测。如万用表不导通，说明定
子绕组良好；如万用表导通，说明定子绕组有搭

铁，需更换定子绕组或定子总成。

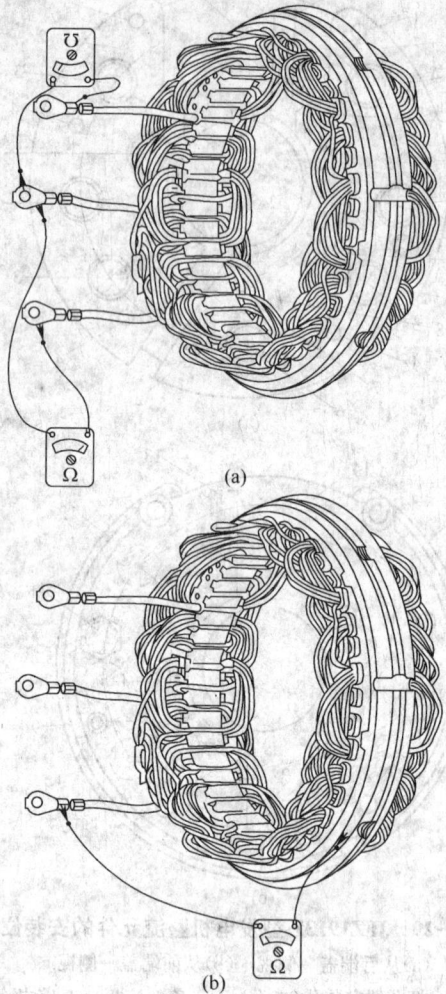

(a)

(b)

图 1-33　定子绕组的检测

(a)检测定子绕组电阻　(b)检测定子绕组搭铁

　　③整流器的检修。整流器的检修主要是整流
二极管的检修。当二极管的引出端子与定子绕组
的引线端子拆开后，即可用万用表对每只二极管进
行检测。由于二极管的电阻值随外加电压的高低
而发生变化，因此在检测时，万用指针式表应置于 $R \times 1\Omega$ 挡，数字式万用表应置于$OHM \times 200\Omega$ 挡位，
否则检测结果就会出现较大误差。

　　检测二极管时，先将万用表的两只表笔分别接
在被测二极管的两极上检测一次，然后交换两表笔
的位置再检测一次。若两次测得电阻值为一大
（10kΩ 以上）一小（8～10Ω），说明该二极管良好；若
两次检测电阻值均为无穷大，则说明该二极管断
路；若两次检测电阻值均为零，则被测二极管短路。

目前汽车常用整流二极管的安装方式有焊接式和压装式两种。对于二极管为焊接式的整流器，只要有一只二极管短路或断路，该二极管所在的正整流板总成或负整流板总成就需换用新品；对于二极管为压装式的整流器，当二极管短路或断路后，只需更换故障二极管即可。更换整流板总成或二极管之前，需要特别注意二极管的极性。

各型发电机整流器的检修方法基本相同，但检测位置可能有所不同，下面以奥迪、桑塔纳系列轿车用发电机整流器总成检修为例说明。检测其整流器可参考图 1-29 进行，检测正极管和正极型中性点二极管时，先将万用表（R×1Ω 挡）红表笔接正整流板 12，黑表笔分别接二极管电极引线 P_1、P_2、P_3、P_4 端，万用表均应导通，如不导通，说明该正极管断路，应予更换整流器总成；再调换两表笔检测部位进行检测，此时万用表应不导通，如导通，说明该正极管短路，亦应更换整流器总成。

检测负极管和负极型中性点二极管时，先将万用表黑表笔接负整流板 2，红表笔分别接负极管引线 P_1、P_2、P_3、P_4 端，万用表均应导通，如不导通，说明该负极管断路，应予更换整流器总成；再调换两表笔检测部位进行检测，此时万用表应不导通，如导通，说明该负极管短路，亦应更换整流器总成。

检测磁场二极管时，万用表红表笔接电刷架压紧弹片 13，黑表笔分别接整流二极管引线 P_1、P_2、P_3 端，万用表均应导通，如不导通，说明该二极管断路，应予更换整流器总成；再调换两表笔检测部位进行检测，此时万用表应不导通，如导通，说明该二极管短路，亦应更换整流器总成。

④电刷组件的检修。电刷与电刷架应无破损或裂纹，电刷在电刷架中应能活动自如，不得出现发卡现象。电刷长度又叫电刷高度，是指电刷露出电刷架的长度 l，如图 1-34 所示。

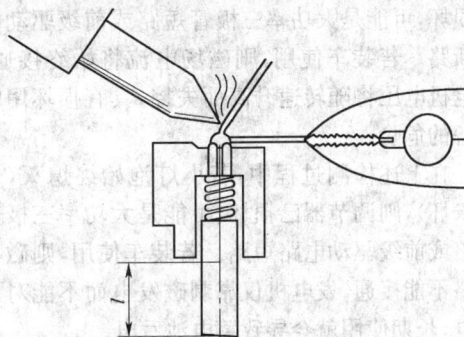

图 1-34　电刷高度及其更换方法

电刷长度可用钢板尺或游标卡尺测量。新电刷高度为 14mm 左右，磨损至 7～8mm 时，应当换用新电刷。更换电刷的方法如图 1-34 所示，先将电刷弹簧和新电刷装入电刷架，然后用鲤鱼钳或尖嘴钳夹住电刷引线，使电刷露出高度符合规定数值（一般为 14mm 左右），再用电烙铁将电刷引线与电刷架焊牢即可。

1.2.17　怎样检测电子调节器的技术状态？

检测电子调节器技术状况好坏时，外搭铁型调节器按图 1-35a 所示线路连接；内搭铁型调节器按图 1-35b 所示电路连接。检测线路接好后，

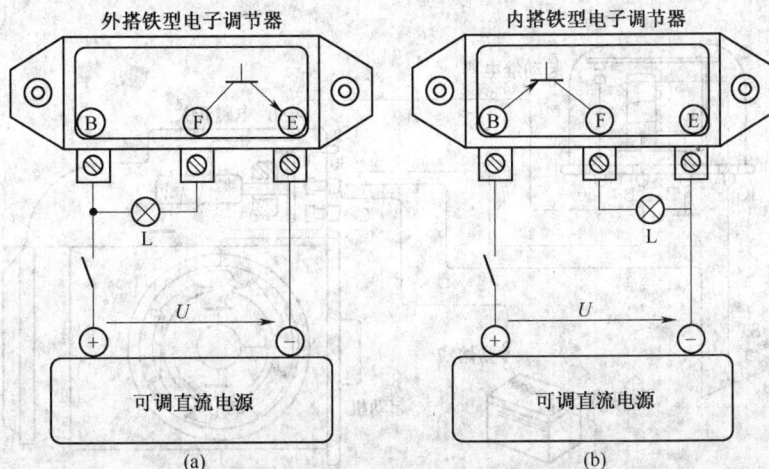

图 1-35　电子式调节器检测电路
(a)外搭铁型电子调节器　(b)内搭铁型电子调节器

先接通开关,然后由零逐渐调高直流电源电压,此时小灯泡的亮度应随电源升高而增强。

当电压调高到调节电压值[14V调节器为(14.2±0.25)V,28V调节器为(28±0.3)V]或略高于调节电压值时,若小灯泡熄灭,则调节器技术状态良好;若小灯泡始终发亮,说明调节器已经损坏,可能是大功率三极管短路或前级驱动电路断路。若装车使用,则磁场电流将始终接通,发电机电压将随转速升高而失控,具有损坏用电设备的危险。

在上述检测过程中,若小灯泡始终熄灭(灯泡未坏),则调节器已损坏,可能是大功率三极管断路或前级驱动电路短路。若装车使用,则磁场电路不能接通,发电机仅靠剩磁发电而不能对外供电,长期使用就会导致蓄电池亏电。

第3节　起动系统的结构特点与使用维修

1.3.1　汽车起动系统的功用是什么?如何组成?

汽车发动机由静止状态转为运转状态的过程称为起动。发动机进入正常工作循环之前,必须借助外力来起动。起动系统的功用是在控制装置的控制下,以蓄电池为动力电源,通过离合器将电动机的电磁转矩传递给飞轮使发动机起动。

电磁控制式起动系统是借起动开关或起动按钮来控制电磁铁,再由电磁铁控制电动机主电路接通或切断来起动发动机。由于电磁铁可以远距离控制,且操作方便省力,因此,现代汽车发动机普遍采用电磁控制式起动系统进行起动。

汽车电磁控制式起动系统主要由蓄电池、起动机、起动继电器和点火起动开关(通常简称点火开关)等组成,如图1-36所示。起动机由直流电动机、单向离合器和电磁开关三部分组成。蓄电池是动力源,直流电动机是将电能转换为机械能的装置;单向离合器是传动装置;电磁开关、起动继电器和点火开关是控制装置。

1.3.2　起动机分为哪些类型?

按总体结构不同,起动机可分为电磁式、永磁式和减速式起动机。

①电磁式起动机。电动机的磁场为电磁场的起动机。电磁场是指由线圈通电而在铁心中产生的磁场,如桑塔纳轿车用QD1225型、东风EQ2102型汽车用QD2623型24V 4.5kW起动机以及东风EQ1090型汽车用QD124、QD1212型和解放CA1091型汽车用QD1215型起动机,均为电磁式起动机。

②减速式起动机。传动机构设有减速装置的起动机。其电动机一般采用高速小型电动机,质量和体积比电磁式起动机减小30%～35%,但结构和工艺比较复杂。主要用于小轿车和轻型越野汽车,如桑塔纳2000GSi型轿车、丰田轿车、切诺基吉普车用DW1.4型起动机和南京依维柯用QDJ1317型12V 2.5kW起动机。

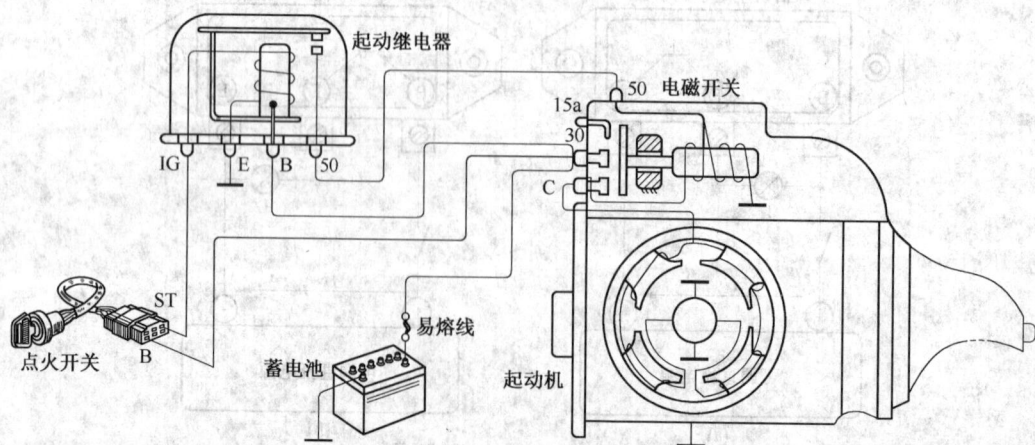

图1-36　电磁控制式起动系统的组成

③永磁式起动机。电动机的磁场由永久磁铁产生的起动机。由于磁极采用永磁材料（铁氧体或钕铁硼等）制成，不需要磁场绕组，因此电动机结构简单，体积小，质量轻。主要用于小轿车和轻型越野汽车，如奥迪 100 型轿车、BJ2021 和 BJ2020 型吉普车用起动机。

按传动机构啮合方式不同，起动机可分为强制啮合式、电枢移动式和同轴齿轮移动式起动机。

①强制啮合式起动机。利用电磁力拉动杠杆机构，使驱动齿轮强制啮入飞轮齿圈的起动机。主要优点是工作可靠性高，因此现代汽车广泛采用。

②电枢移动式起动机。利用磁极产生的电磁力使电枢产生轴向移动，从而将驱动齿轮啮入飞轮齿圈的起动机。其特点是结构比较复杂，主要用于大功率发动机汽车，东欧汽车采用较多，如太脱拉 T111、T138、斯柯达 706R、却贝尔 D250、D420、D450 型等汽车起动机。

③同轴齿轮移动式起动机。利用电磁开关推动电枢轴孔内的啮合推杆移动，使驱动齿轮啮入飞轮齿圈的起动机。主要用于大功率发动机汽车，如斯泰尔 SX2190 型汽车用 QD2745 型 24V 5.4kW 起动机和奔驰 Benz2026 型汽车用 KB 型起动机。

1.3.3　起动机型号的含义是什么？

根据中华人民共和国汽车行业标准 QC/T 73—1993《汽车电气设备产品型号编制方法》规定，汽车起动机型号组成如图 1-37 所示，各代号的含义如下：

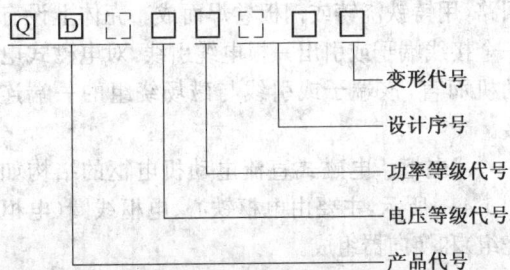

图 1-37　起动机型号的组成

①产品代号。有 QD、QDJ、QDY 三种，分别表示普通电磁式起动机、减速式起动机、永磁式起动机或永磁式减速起动机。字母"Q"、"D"、

"J"、"Y"分别为汉字"起"、"动"、"减"、"永"汉语拼音的第一个大写字母。

②电压等级代号。用 1 位阿拉伯数字表示，含义见前述表 1-5。

③功率等级代号。用 1 位阿拉伯数字表示，含义见表 1-7。

④设计序号。按产品设计先后顺序，以 1～2 位阿拉伯数字组成。

表 1-7　起动机功率等级代号的含义　（kW）

功率等级代号	1	2	3	4	5	6	7	8	9
普通起动机功率	≤1	>1~2	>2~3	>3~4	>4~5	>5~6	>6~7	>7~8	>8
减速起动机功率									
永磁起动机功率									

⑤变型代号。主要电气参数和基本结构不变的情况下，一般电气参数的变化和结构的某些改变称为变型，以汉语拼音大写字母 A、B、C⋯⋯顺序表示。

例如，QD1225 表示额定电压为 12V、功率为 1～2kW、第 25 次设计的普通电磁式起动机。

1.3.4　电磁控制式起动机的组成是怎样的？

各型电磁式起动机的结构大同小异，解放 CA1091 型载货汽车用 QD1215 型起动机零部件组成如图 1-38 所示。由图 1-38 可见，起动机主要由直流电动机（中右部分）、传动装置（左下部分的单向离合器和移动叉）和控制装置（上半部分的电磁开关）三部分组成。

（1）直流电动机

同普通直流电动机一样，汽车起动机用直流电动机也是由磁极、电枢和电刷组件等部件组成。磁极的功用是产生磁场，电枢的功用是产生电磁转矩，电刷组件的功用是将直流电引入电枢绕组。

①磁极。电磁式直流电动机的磁场为电磁场，其磁极由铁心和磁场线圈（磁场绕组）两部分组成（永磁式直流电动机的磁场为永久磁场）。铁心用低碳钢制成马蹄形，并用螺钉固定在电动机壳体的内壁上，如图 1-39 所示，磁场绕组套装在铁心上。当磁场绕组接通电流时，在磁场铁心中就会产生磁场（即电磁场）。

起动机用直流电动机的显著特点是磁极多，磁场绕组的横截面面积大，目的是增大起动机的

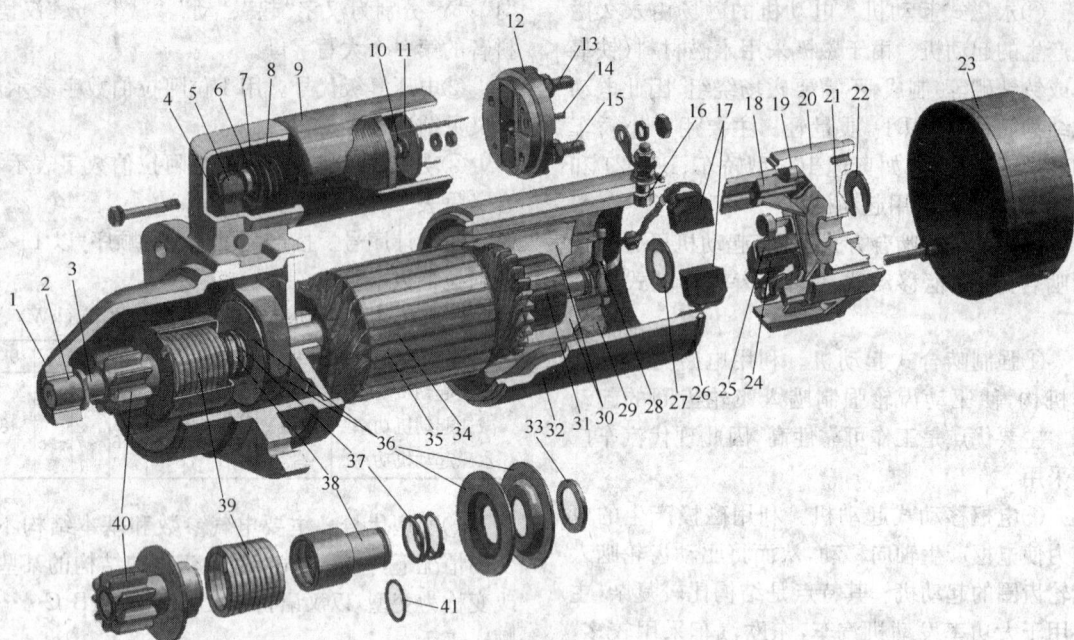

图 1-38 QD1215 型起动机结构

1. 驱动端盖 2、21. 铜轴套 3. 电枢轴 4. 铁心 5. 移动叉 6. 卡环 7、33. 挡圈 8. 复位弹簧 9. 电磁开关壳体 10. 弹簧 11. 触盘 12. 接线座 13. 电源端子"30"(连接蓄电池) 14. 接线端子"50" 15. 磁场线圈端子"C" 16. 磁场线圈引线连接端子 17. 负电刷 18. 负电刷架 19. 电刷弹簧 20. 换向器端盖 22. 锁片 23. 防尘盖 24. 正电刷架 25. 正电刷 26. 密封橡胶圈 27. 承推垫圈 28. 磁场线圈连接片 29. 磁场线圈 30. 磁极 31. 换向器 32. 电动机壳体 34. 电枢线圈 35. 电枢铁心 36. 滑环 37. 弹簧 38. 离合器驱动座圈 39. 驱动弹簧 40. 驱动齿轮 41. 卡环

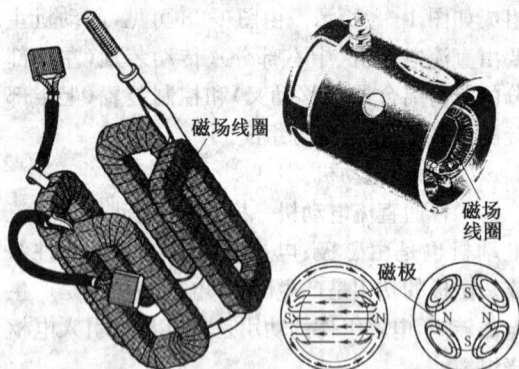

图 1-39 电磁式直流电动机磁极的结构

电磁转矩。起动机一般采用四个磁极,功率超过 7kW 的起动机一般采用六个磁极。磁场绕组一般用矩形裸体铜线绕制,QD124 型起动机采用了 1.25mm×6.0mm 矩形铜线;QD121 型起动机采用了 1.25mm×5.5mm 矩形铜线,并与电枢绕组串联,如图 1-40 所示。

磁场绕组的连接方式有两种:一种是四个绕组串联后再与电枢绕组串联,如图 1-40a 所示;另一种是两个绕组先串联后并联,然后再与电枢绕组串联,如图 1-40b 所示。现代汽车起动机普遍采用后一种连接方式,其目的是减小电阻,增大电流和电磁转矩。无论采用哪一种连接方式,其磁场绕组通电产生的磁极都必须满足 N、S 极相间排列的要求。

电动机壳体的功用是固定机件和构成导磁回路,用铸铁浇铸或钢板卷焊而成。壳体上设有一个接线端子或引出一根电缆引线,对电磁式电动机而言,该端子或引线与磁场绕组的一端连接。

②电枢。电磁式直流电动机电枢的结构如图 1-41a 所示,主要由电枢铁心、电枢线圈(电枢绕组)和换向器组成。

电枢铁心由相互绝缘的硅钢片叠装而成,其圆周上制有安放电枢绕组的线槽,内孔借花键槽压装在电枢轴上。电枢绕组绕制在电枢铁心的线槽内,绕组两端分别焊接在换向器的铜片上。为了获得较大的电磁转矩,流经电枢绕组的电流很大(小功率起动机 300A 左右,大功率起动机 1000A 以上),因此电枢绕组也采用横截面面积较大的矩形或圆形(切诺基吉普车)裸体铜线绕制。

换向器的功用是保证电枢绕组产生的电磁转矩的方向保持不变。换向器由截面呈燕尾形的铜片围合而成,如图 1-41b 所示。燕尾形铜片称为换向片,换向片与换向片之间以及换向片与轴套、压环之间均用云母绝缘。

③电刷组件。电磁式直流电动机电刷组件的结构如图1-42所示,主要由电刷、电刷架和电刷弹簧组成。电刷用铜粉与石墨粉模压而成,起动机电刷的含铜量为 80% 左右,石墨含量为 20% 左右。加入较多铜粉的目的是减小电阻,提高导电性能和耐磨性能。电刷安装在电刷架内,借弹簧压力紧压在换向器上,电刷弹簧的压力一般为 12~15N。

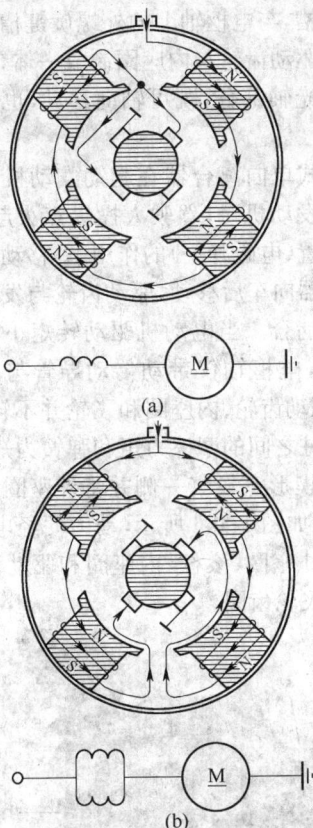

图 1-40 磁场绕组连接方式
(a)串联电路 (b)先串联后并联电路

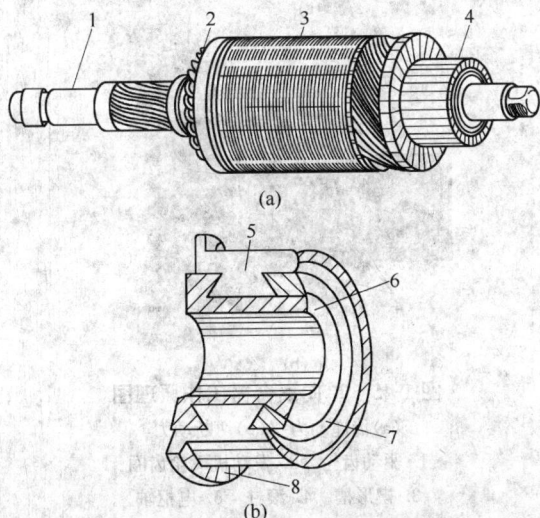

图 1-41 起动机电枢的结构
(a)电枢总成 (b)换向器结构
1. 电枢轴 2. 电枢绕组 3. 铁心 4. 换向器
5. 换向片 6. 轴套 7. 压环 8. 焊线凸缘

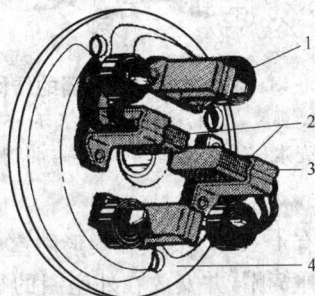

图 1-42 电刷组件的结构
1. 电刷弹簧 2. 电刷 3. 电刷架 4. 电刷端盖

一只起动机有四个或六个电刷架,固定在电刷支架或端盖上,直接固定在支架或端盖上的电刷称为负电刷架,安装在负电刷架内的电刷称为负电刷;电刷架与电刷支架或端盖之间安装有绝缘垫片的电刷架称为正电刷架,安装在正电刷架内的电刷称为正电刷。

(2)传动装置

起动机的传动装置由单向离合器和移动叉组成。单向离合器的功用是单方向传递力矩,即起动发动机时,将电动机的驱动转矩传递给发动机曲轴(传递动力);当发动机起动后又能自动打滑(切断动力),以免损坏电动机。这是因为发动机飞轮与起动机驱动齿轮之间的传动比为 1:10~1:15,当发动机起动后如果动力联系不及时切断,飞轮就会带动电枢以 8000~15000r/min 的转速高速旋转,从而导致电枢绕组从铁心槽中甩出而损坏电枢。

起动机传动装置采用的离合器有滚柱式、弹簧式和摩擦片式三种。滚柱式和弹簧式离合器主要用于功率较小的汽油发动机起动机,摩擦片式离合器可以传递较大转矩,主要用于柴油发动机起动机。

①滚柱式单向离合器。滚柱式单向离合器的结构如图1-43所示。传动导管与外座圈制成一体,外座圈内圆制成"十"字形空腔。驱动齿轮另一端的内座圈伸入外座圈的空腔内,将"十"字形空腔分割成楔形腔室,如图1-44所示。

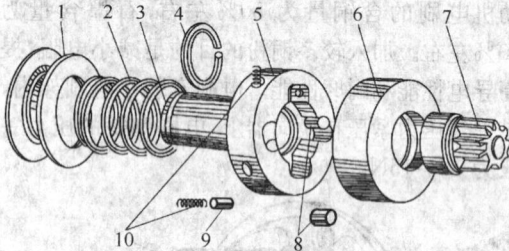

图1-43 滚柱式单向离合器的结构

1. 滑环 2. 弹簧 3. 传动导管 4. 卡环 5. 驱动座圈 6. 壳体 7. 驱动齿轮 8. 滚柱 9. 弹簧帽 10. 弹簧

滚柱有4~6只,安放在楔形腔室内。弹簧一端套有弹簧帽,并安放在外座圈的径向小孔中。弹簧帽压在滚柱上,弹簧另一端压在铁皮外壳上,铁皮外壳将内外座圈卷压包装在一起。当起动机尚未投入工作时,弹簧张力将滚柱压向楔形室较窄一端。

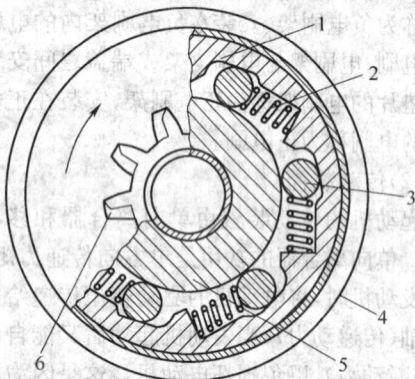

图1-44 单向离合器楔形槽的结构

1. 驱动座圈 2. 滚柱弹簧 3. 滚柱 4. 壳体 5. 内座圈 6. 驱动齿轮

传动导管套装在电枢轴上,导管内圆制有

内螺旋键槽,与电枢轴上的外螺旋键槽配合而传递动力。驱动齿轮与内座圈制成一体,并套装在电枢轴的光轴部分,既可轴向移动,也可绕轴转动。

滚柱式单向离合器在起动发动机时传递动力。起动发动机时,驾驶人操纵点火起动开关,在控制装置(电磁开关)的作用下,移动叉下端便拨动离合器向车后移动,驱动齿轮与发动机飞轮齿圈进入啮合。当电动机驱动转矩小于发动机阻力矩时,电枢轴仅带动传动导管与外座圈转动,此时驱动齿轮、内座圈和飞轮并不转动,在内座圈与滚柱之间的摩擦力矩和弹簧力矩作用下,滚柱滚向楔形室较窄一侧并将外座圈与内座圈卡成一体,如图1-45a所示,动力便经电枢轴、传动导管和外座圈、滚柱、内座圈和驱动齿轮传递到发动机飞轮齿圈。

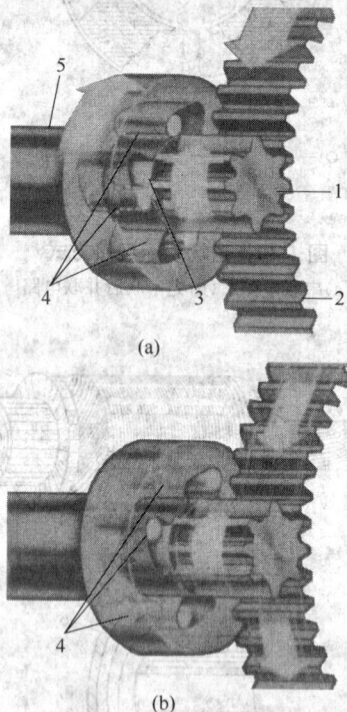

(a)

(b)

图1-45 单向离合器工作原理图

(a)传递动力 (b)切断动力

1. 驱动齿轮 2. 发动机飞轮齿圈 3. 楔形槽 4. 滚柱 5. 电枢轴

当电动机驱动转矩达到或超过发动机阻力矩时,驱动齿轮便带动飞轮旋转,直到发动机被起动为止。在起动发动机时,离合器驱动齿轮为主动部件,发动机飞轮为被动部件。

滚柱式单向离合器在起动发动机后切断动力。发动机起动后,曲轴在活塞的作用下高速旋转,发动机飞轮转为主动部件,单向离合器驱动齿轮转为被动部件。由于飞轮齿圈与驱动齿轮之间的传动比较大,因此发动机一旦被起动,飞轮就会带动驱动齿轮高速旋转。由于驱动齿轮转速远远高于电枢轴转速,因此内座圈与滚柱之间的摩擦力矩便使滚柱克服弹簧力矩滚向楔形室较宽一侧,如图 1-45b 所示,滚柱将在内、外座圈之间跳跃滚动,发动机的动力不会传递给电枢轴,即动力联系切断。此时电枢轴仅由电枢绕组产生的电磁转矩驱动而空转,从而避免电枢超速旋转而损坏。

②弹簧式单向离合器。解放 CA1092 系列大型运输车辆用 QD1215 型起动机采用了弹簧式单向离合器,其结构如图 1-46 所示,主要由驱动齿轮、扭力弹簧、传动导管、缓冲弹簧和移动滑环等部件组成。

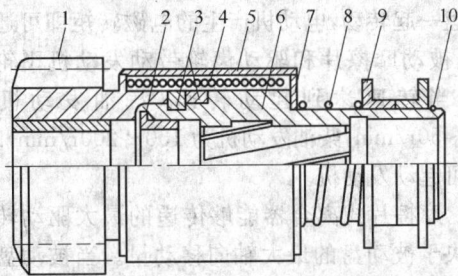

图 1-46　弹簧式单向离合器
1. 驱动齿轮　2. 挡圈　3. 月牙形垫圈
4. 扭力弹簧　5. 护套　6. 传动导管　7. 挡圈
8. 缓冲弹簧　9. 移动滑环　10. 卡环

传动导管内缘制作有内螺旋键槽,套装在电枢轴的外螺旋键上。驱动齿轮套装在起动机电枢轴的光轴上。在驱动齿轮与传动导管之间,采用两个月牙形垫圈进行连接,其目的是使驱动齿轮与传动导管之间只能产生相对转动,不能产生轴向移动。

扭力弹簧安放在驱动齿轮与传动导管的外缘上。扭力弹簧两端分别箍紧在驱动齿轮尾部与传动导管上。

当起动发动机时,电枢轴的电磁转矩通过其外螺旋键和传动导管的内螺旋键槽传递到传动导管。因为扭力弹簧两端分别箍紧在驱动齿轮尾部与传动导管上,所以当电枢轴的电磁转矩小于发动机的阻力矩时,电磁转矩就会通过传动导管使扭力弹簧张紧,并使驱动齿轮与传动导管联成一体,动力便经电枢、电枢轴外螺旋键、传动导管内螺旋键槽、传动导管、扭力弹簧和驱动齿轮传递到发动机飞轮齿圈。当电磁转矩达到或超过发动机阻力矩时,驱动齿轮便会带动飞轮旋转,直到发动机被起动为止。

在起动发动机时,离合器驱动齿轮为主动部件,发动机飞轮为从动部件。

当发动机起动后,发动机飞轮转为主动部件,驱动齿轮转为从动部件。由于飞轮齿圈与驱动齿轮之间的传动比较大,因此,发动机飞轮就会带动驱动齿轮高速旋转,扭力弹簧就会放松,使驱动齿轮与传动导管之间的动力联系切断,防止电枢超速运转而损坏。此时驱动齿轮将随发动机飞轮旋转,电枢轴仅由电枢绕组产生的电磁转矩驱动空转。

弹簧式单向离合器的优点是结构简单,成本低廉,工作可靠。但是,由于扭力弹簧轴向尺寸较大,因此,一般仅在载货汽车用体积较大的起动机中采用。

③摩擦片式单向离合器。摩擦片式单向离合器的构造如图 1-47 所示,主要由传动导管与主动盘 2、被动盘 5、主动摩擦片 8、被动摩擦片 9、锥面盘 13、保险弹性垫圈 15、驱动齿轮轴套 10 等部件组成。

传动导管 2 内缘制有螺旋键槽,套装在制有外螺旋键的电枢轴上,既可随电枢轴转动,也可在电枢轴上作轴向移动。主动盘的一端制有四个缺口,主动摩擦片 8 外缘的四个凸起安放在主动盘的缺口内,以便主动盘带动主动摩擦片转动。

被动盘 5 内缘制有螺旋键槽,套装在驱动齿轮轴套 10 的外螺旋键上。被动盘外缘制有四个凹槽,被动摩擦片 9 内缘的四个凸起分别安放在被动盘的四个凹槽内,以使被动盘能随被动摩擦片一起转动。主动摩擦片与被动摩擦片相间排列,并能在主动盘与被动盘上作轴向移动。驱动齿轮轴套 10 套装在电枢轴的光轴部分。轴套的一端(图 1-47 中右端)制有驱动齿轮,另一端(图 1-47 中左端)制有螺旋键。在螺旋键的端部制有环槽,以便锁圈 4、卡簧 3 将被动盘上的零部件锁

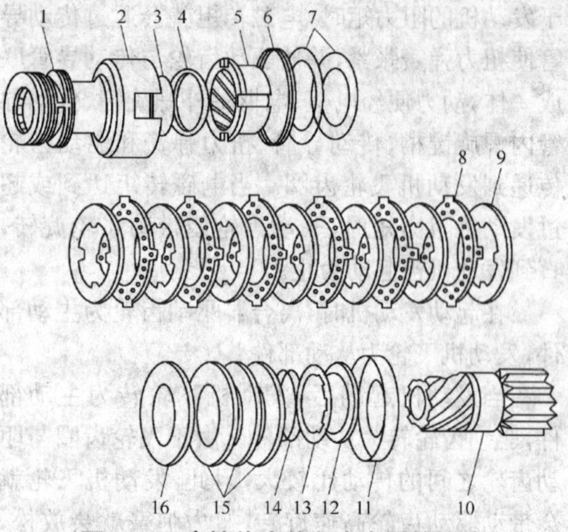

图 1-47 摩擦片式单向离合器的构造

1. 拨叉环 2. 传动导管与主动盘 3. 卡簧 4. 锁圈
5. 被动盘 6. 压盘 7. 调整垫圈 8. 主动摩擦片
9. 被动摩擦片 10. 驱动齿轮轴套 11. 后端盖
12. 挡圈 13. 锥面盘 14. 卡环 15. 保险弹性垫圈
16. 承推环

住。锥面盘 13、保险弹性垫圈 15 和承推环 16 依次套装在驱动齿轮轴套的外螺旋键上,弹性垫圈一侧(图 1-47 中右侧)装有卡环 14,用以限定弹性垫圈的安装位置。弹性垫圈一面(图 1-47 中右面)中央部分靠在锥面盘 13 上,另一面(图 1-47 中左面)靠在承推环圆的凸起上。在被动盘上装套有压盘 6,压盘与摩擦片之间装有调整垫圈 7。

摩擦片式单向离合器在起动发动机时传递动力。如图 1-48,起动发动机时,在控制装置的作用下,拨叉推动离合器右移,使离合器驱动齿轮与发动机飞轮齿圈进入啮合。

当起动机电枢转动时,电枢轴便通过传动导管带动主动盘和主动摩擦片转动,主动摩擦片与被动摩擦片之间的摩擦力便将电动机动力传递到被动摩擦片和被动盘。

在起动开关刚刚接通时,发动机阻力矩很大,驱动齿轮及轴套并不转动。因此,主、被动摩擦片之间的摩擦力就会使被动盘沿驱动齿轮轴套上的螺旋键转动(从驱动齿轮一端查看,被动盘沿顺时针方向转动)。如果把被动盘看成螺母,驱动齿轮轴套上的螺旋键看成螺栓,那么,被动盘沿顺时针方向转动相当于拧紧螺母,并沿轴向右移。因为保险弹性垫圈右侧装有卡环限位,

所以被动盘右移将使主、被动摩擦片之间的正向压力增大,能够传递的摩擦力矩也随之增大。

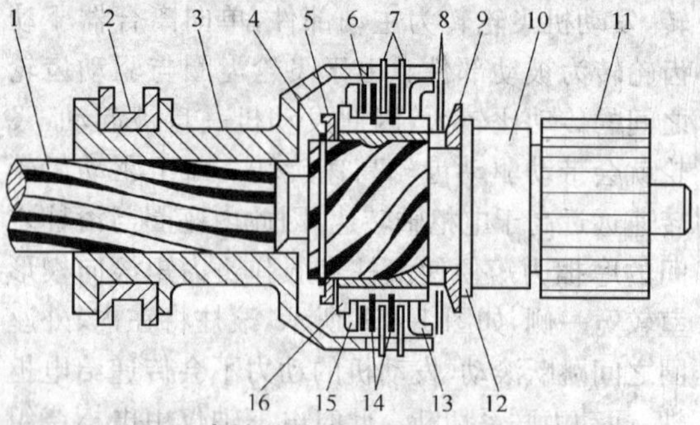

图 1-48 摩擦片式单向离合器装配示意图

1. 电枢轴 2. 拨叉环 3. 传动导管与主动盘 4. 卡环
5. 锁圈 6. 调整垫圈 7. 主动摩擦片 8. 保险弹性垫
圈 9. 锥面盘 10. 驱动齿轮轴套 11. 驱动齿轮
12. 挡圈 13. 承推环 14. 被动摩擦片 15. 压盘
16. 被动盘

当摩擦片间传递的摩擦力矩达到或超过发动机阻力矩时,被动盘将停止轴向移动,而随主动盘一起转动,电动机产生的电磁转矩即可通过主、被动摩擦片和驱动齿轮带动发动机飞轮旋转,当转速达到起动转速(汽油发动机为 30~50r/min,柴油发动机为 150~200r/min)时,即可起动发动机。

摩擦片式离合器能够传递的最大驱动转矩取决于被动盘的最大轴向移动量。当被动盘轴向右移到极限位置(即被动盘右端抵住保险弹性垫圈的内缘)时,主、被动摩擦片间的压力将达到极限值,离合器所能传递的驱动转矩也达到最大值。如果发动机阻力矩超过这一极限值,则主、被动摩擦片之间将产生滑摩现象,从而避免电枢轴超负荷而折断,同时也防止电动机由于长时间处于制动状态而烧坏。

摩擦片式离合器能够传递的最大转矩,又称为打滑力矩。因为打滑力矩取决于被动盘的最大轴向移动量,所以,通过增加或减少调整垫圈,就可调整离合器的打滑力矩。在使用过程中,主、被动摩擦片都会磨损,摩擦片厚度就会变薄,被动盘轴向右移量就会减小,摩擦片间的正压力也会减小,从而导致离合器的打滑力矩减小。因此,可以增加调整垫圈进行调整。

发动机起动后,若未及时断开起动开关,驱动齿轮将被飞轮带动高速旋转,其转速将远远高

于电枢转速。此时被动盘在惯性作用下,将在驱动齿轮轴套的螺旋键上沿逆时针方向转动,并沿轴向左移。被动盘将沿螺旋键向左退出,相当于拧松螺母,摩擦片间的压力消失使离合器分离,切断飞轮与电枢之间的动力联系。

(3)控制装置

起动机的控制装置由电磁开关、起动继电器和点火起动开关等部件组成。其中,电磁开关与

直流电动机安装在一起;起动继电器安装在靠近起动机的位置,以便节约导线;点火起动开关安装在仪表台或转向柱管上便于驾驶人操作的位置。电磁开关受起动继电器控制,起动继电器受点火起动开关控制。

各型汽车起动机的控制电路大同小异,东风EQ1090型载货汽车用QD124型起动机控制电路如图1-49所示。

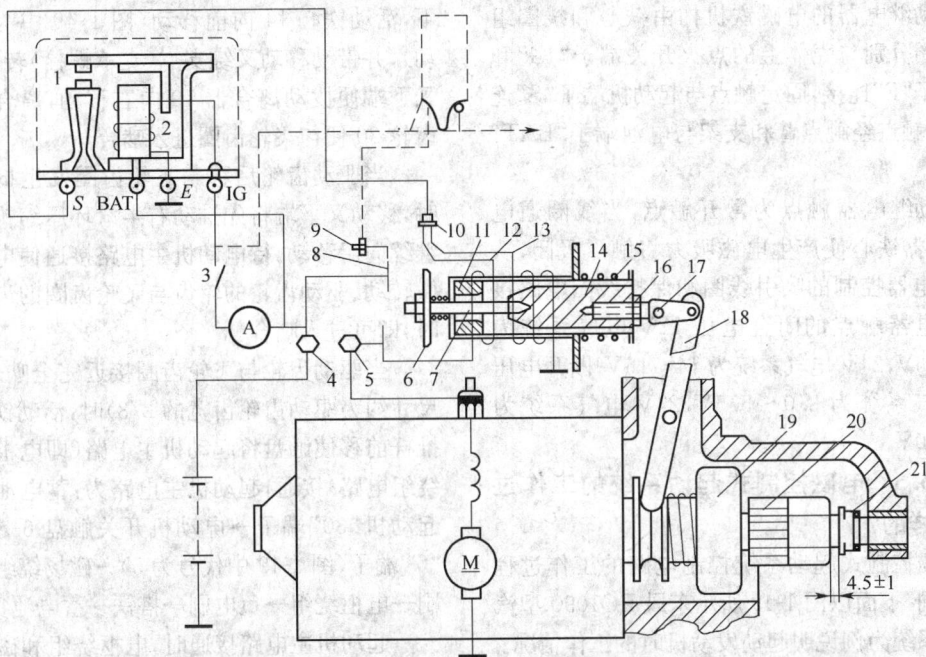

图1-49 QD124型起动机控制电路

1.起动继电器触点 2.起动继电器线圈 3.点火起动开关 4.起动机电源端子"30" 5.起动机磁场端子"C" 6.电动机开关触盘 7.推杆 8.电动机开关触点 9.附加电阻短路开关接线端子"15a" 10.吸引线圈与保持线圈接线端子"50" 11.固定铁心 12.吸引线圈 13.保持线圈 14.活动铁心 15.复位弹簧 16.调节螺栓 17.联接销 18.移动叉 19.滚柱式单向离合器 20.驱动齿轮 21.止推垫圈

①电磁开关。起动机用电磁开关主要由电磁铁机构和电动机开关两部分组成。

电磁铁机构由固定铁心、活动铁心、吸引线圈和保持线圈等组成。固定铁心与活动铁心安装在一个铜套内。固定铁心固定不动,活动铁心可在铜套内做轴向移动。活动铁心前端固定有推杆,推杆前端安装有开关触盘;活动铁心后端用调节螺栓和联接销与移动叉连接。铜套外面安装有一个复位弹簧,其作用是使活动铁心等可移动部件复位。在电磁开关的接线座上,一般设有四个接线端子,如图1-50所示。

电动机开关由开关触盘和触点组成。触盘

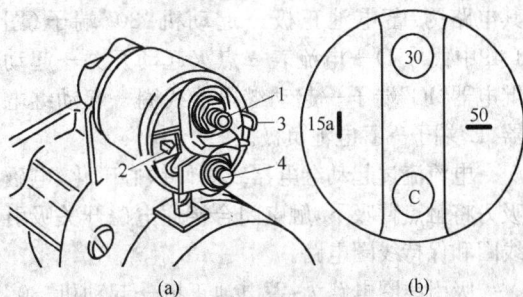

图1-50 电磁开关端子位置

1."30"端子 2."15a"端子 3."50"端子 4."C"端子

固定在活动铁心推杆的前端;两个触点分别与连接引线端子"C"和电源端子"30"的螺柱制成一

体。在开关触点旁边,设有一个小铜片制成的附加电阻短路开关,并与接线端子"15a"相连,该铜片的端面应稍微偏后于电动机开关触点所在的平面,以便触盘接通开关触点时,短路开关能可靠接通,附加电阻能被可靠短路。

②起动继电器。起动继电器的结构简图如图1-49左上角部分所示,由电磁铁机构和触点总成组成。

起动继电器的电磁铁机构由铁心和线圈组成。线圈分别与壳体上的点火开关端子"IG"和搭铁端子"E"连接,固定触点与起动机端子"S"连接,活动触点经触点臂和支架与电池端子"BAT"连接。

起动继电器触点为常开触点,当线圈通电时,继电器铁心便产生电磁吸力将触点吸闭,从而将继电器控制的吸引线圈和保持线圈电路接通。继电器触点的闭合电压12V电气系统为6.0~7.6V,24V电气系统为14~16V;断开电压12V电气系统为3.0~5.5V,24V电气系统为4.5~8.0V。

1.3.5 电磁控制式起动系统的工作过程是怎样的?

电磁控制式起动系统控制电路的工作过程基本相同,下面以图1-49所示东风EQ1090型汽车起动系统为例说明起动发动机时的工作情况。

①接通起动开关,起动继电器工作,电磁开关电路接通。当点火起动开关未接通"起动"档时,起动机驱动齿轮与发动机飞轮处于分离状态。

当起动发动机时,将点火开关转到起动位置,起动继电器线圈电路接通。由图1-49可见其电路为:蓄电池正极→起动机"30"端子(图1-49中代号4)→电流表→点火起动开关→起动继电器"IG"端子→起动继电器线圈→起动继电器"E"端子→蓄电池负极。

电流流过起动继电器线圈使铁心磁化,电磁吸力将触点臂吸下,触点闭合接通电磁开关吸引线圈和保持线圈电路。

吸引线圈电路为:蓄电池正极→起动机"30"端子→起动继电器"BAT"端子→继电器支架、触点臂→继电器触点→继电器"S"端子→起动机"50"端子→吸引线圈12→起动机"C"端子→起动机磁场绕组、电枢绕组→搭铁→蓄电池负极。

保持线圈电路为:蓄电池正极→起动机"30"端子→起动继电器"BAT"端子、支架、触点→继电器"S"端子→起动机"50"端子(图1-49中代号10)→保持线圈13→搭铁→蓄电池负极。

②电磁开关与传动机构工作,起动机主电路接通并起动发动机。当吸引线圈和保持线圈刚刚接通电流时,两线圈产生的磁通方向相同,使固定铁心和活动铁心磁化,在其磁力的共同作用下,活动铁心14向前移动(图1-49中为向左移动),并带动移动叉绕支点(支承螺栓)转动,移动叉下端便拨动离合器19向右移动,离合器驱动齿轮20便与飞轮齿圈进入啮合。

当驱动齿轮后移与飞轮齿圈发生抵住现象时,移动叉下端将先推动右半滑环压缩锥形弹簧继续向后移动,待电动机主电路接通使电枢轴稍微转动、驱动齿轮的轮齿与飞轮齿圈的齿槽对正时,即可进入啮合。

当驱动齿轮与飞轮齿圈接近完全啮合(啮合尺寸约为驱动齿轮齿宽的2/3)时,活动铁心带动推杆前移使触盘将起动机主电路(即电枢和磁场绕组电路)接通,起动机主电路为:蓄电池正极→起动机"30"端子→电动机开关触盘6→起动机"C"端子(图1-49中代号为5)→磁场绕组→正电刷→电枢绕组→负电刷→搭铁→蓄电池负极。

起动机主电路接通时,电枢绕组和磁场绕组通过电流很大(QD124、QD1212型起动机为600A左右),当电枢产生的电磁转矩超过发动机阻力矩时,就会驱动飞轮旋转。

当转速达到一定值时,发动机便被起动。当驱动齿轮沿电枢轴的螺旋键槽向后移动(实为又转又移)时具有惯性力作用,后移直到抵住安装在电枢轴上的止推垫圈21为止。止推垫圈内装卡环,卡环安装在电枢轴上,因此限位螺母的作用是:将驱动齿轮向后移动的惯性冲击力加到电枢轴上,防止冲击力作用到后端盖上而打坏端盖。

③当主电路接通时,吸引线圈被触盘短路,保持线圈继续工作。在触盘6将电动机开关触点接通(即将起动机端子"30"与"C"接通)之前,吸引线圈的电流是从起动机"30"端子经起动继电器触点、起动机"50"端子、吸引线圈12流到起动机"C"端子。当触盘将电动机端子"30"与"C"

直接连通时,吸引线圈12便被触盘短路,吸引线圈没有电流流过而磁力消失。此时保持线圈继续通电。因为此时活动铁心14与固定铁心11之间的气隙很小,所以保持线圈13的磁力能够将活动铁心保持在吸合位置,故将线圈13称为保持线圈。

④断开起动开关起动继电器触点断开。当发动机起动后,放松点火钥匙,点火开关将自动转回一个角度,切断起动继电器线圈电路。继电器线圈电流切断后,磁力消失,在支架的弹力作用下,触点迅速断开。

⑤吸引线圈电流改道,电动机开关断开,齿轮分离。当起动继电器触点刚刚断开时,吸引线圈12中的电流电路改道,其电路为:蓄电池正极→起动机"30"端子→触盘9→起动机"C"端子→吸引线圈12→起动机"50"端子→保持线圈13→搭铁→蓄电池负极。

可见,此时吸引线圈12重又通电,但其电流和磁通方向与起动时相反。由于保持线圈13的电流和磁通方向没有改变,因此两个线圈产生的磁力相互抵消。在复位弹簧15作用下,活动铁心14立即右移复位,并带动推杆和触盘向右移动,使起动机主电路切断而停转。与此同时,移动叉带动单向离合器19向左移动,使驱动齿轮与飞轮齿圈分离,起动过程结束。

1.3.6 使用起动机时,需要注意哪些问题?检修起动机零部件的要求有哪些?

起动机工作时电流大、转速高,对蓄电池和起动系统机件的使用寿命都有较大影响。因此,在使用起动机时,应特别注意以下几点:

①每次接通起动机的时间不得超过5s,连续两次接通起动机应间隔15s以上,当连续三次接通起动机仍不能起动发动机时,应查明原因并排除故障后再使用起动机。

②接通起动机时,如检测蓄电池端电压低于9.6V,说明蓄电池存电不足或有硫化、短路等故障,应及时补充充电或更换电池。

③汽车每行驶6000～7500km,应检查起动机工作是否正常,有无异常噪声;每行驶12000～15000km,应检查起动机外观、导线连接与紧固情况,并用发动机检测仪或专用仪器检测起动电流和起动电压。

各型起动机零部件的检修项目、检修方法与技术要求见表1-8。起动机磁场绕组的检修主要是

表1-8 起动机零部件的检修项目、检修方法与技术要求

	检测项目	检测方法	技术要求	处理方法
磁场部分	磁场线圈	目测	无断路	焊接
		2V直流电	无短路	更换
		交流试灯	无搭铁	更换
电枢部分	电枢绕组	目测	无断路	焊接
		电枢检测仪	无短路	更换
		交流试灯	无搭铁	更换
	换向器	千分表测	失圆度不大于0.05mm	车圆
		目测	无烧蚀、脏污	磨光
	换向器铜片厚度	直尺测	不小于2mm	更换
	电枢轴弯曲度	千分表测	摆差不大于0.15mm	矫直
电刷部分	电刷高度	直尺测	不小于7mm	换新
	电刷接触面	目测	不小于60%	磨合
	电刷弹簧	弹簧秤	11.76～14.7N	矫正或换新
电磁开关	触点	目测	无烧蚀	磨光
	触盘	交流试灯	绝缘良好	更换
		直尺测	不小于1.5mm	换新
		目测	无烧蚀、脏污	磨光
	保持线圈	万用表	(0.97±0.10)Ω	焊接或换新
	吸引线圈	万用表	(0.6±0.05)Ω	换新
离合器	驱动齿轮	直尺测	齿长不小于16mm	换新
	单向滑轮	扭力扳手	不小于29.4N	换新

检查磁场绕组有无断路、搭铁和短路故障;电枢的检修主要是检查电枢绕组有无断路、搭铁和短路故障以及电枢轴是否弯曲。

1.3.7 怎样分解起动机?

分解各型起动机之前,首先清洁起动机表面的油污和脏物。起动机结构不同,拆装顺序也不相同。下面以 QD1255 型起动机为例,说明起动机的分解方法。

①拆下电磁开关固定螺栓,取下电磁开关总成。

②拆下电动机夹紧螺栓和换向器端盖固定螺栓,取下换向器端盖。

③适当移动电刷架位置,以便检测电刷弹簧压力,并拆下电刷总成。

④拆下磁场线圈与电动机壳体总成。

⑤拆下移动叉支点螺栓,取下移动叉、电枢总成和离合器。

⑥拆下电枢轴上的限位卡环,将电枢总成与离合器分离。

分解各型起动机时,一般情况下只需将其分解成电磁开关、电枢、磁场线圈与电动机壳体总成、单向离合器、端盖等总成即可。分解之后,必须注意电枢绕组、磁场绕组、离合器与电刷等部件不能用洗油清洗,只能用棉纱蘸少量汽油擦拭,其余部件可用洗油清洗。

1.3.8 起动机的磁场绕组怎样进行检修?

(1)磁场绕组断路

起动机磁场绕组断路故障可用万用表或220V交流试灯进行检查。方法如图1-51所示,两只表笔分别连接磁场绕组引线端头和正电刷,试灯应当发亮或万用表指示的电阻值应当接近于零。如试灯不亮(或电阻值为无穷大),说明磁场绕组断路。

断路故障一般都是磁场线圈与电刷引线连接部位焊点松脱或虚焊所致,修理时先用钢丝钳夹紧连接部位,然后用 200W/220V 电烙铁将连接点焊牢即可。

(2)磁场绕组搭铁

起动机磁场绕组搭铁故障可用万用表或220V交流试灯进行检查。方法如图1-52所示,两只表笔分别连接磁场绕组引线端头和起动机壳体,万用表应不导通(即电阻值应为无穷大)或

试灯应不发亮。如万用表导通(即电阻值约为零)或试灯发亮,说明磁场线圈绝缘损坏而搭铁,需要更换磁场线圈或起动机。

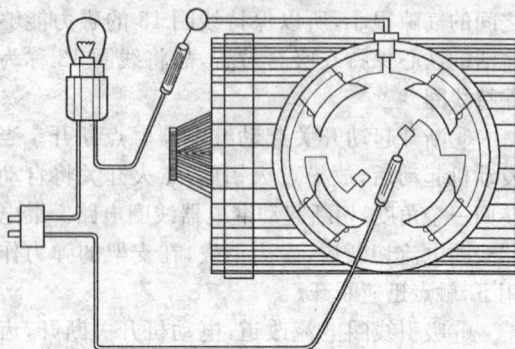

图 1-51 检查磁场绕组断路

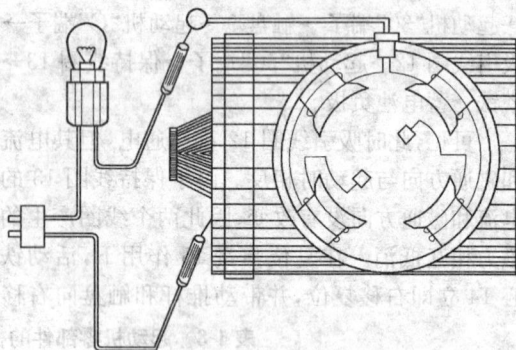

图 1-52 检查磁场绕组搭铁

(3)磁场绕组短路

起动机磁场绕组短路故障可用如图1-53所示方法进行检查。当开关接通时(通电时间不超过 5s),用旋具检查每个磁极的电磁吸力是否相同。如某一磁极吸力过小,说明该磁极上的磁场线圈匝间短路。磁场线圈一般不易发生短路,如有短路故障则需重新绕制或更换起动机。

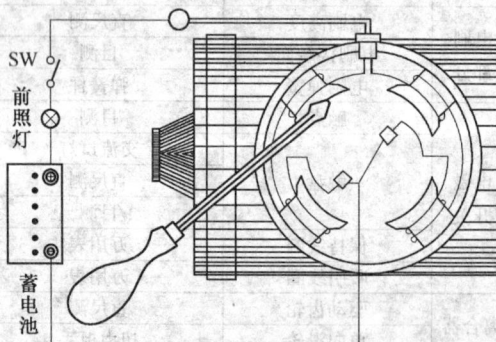

图 1-53 检查磁场绕组短路

1.3.9 起动机的电枢绕组怎样进行检修?

(1)电枢绕组搭铁

起动机电枢绕组搭铁故障可用万用表或220V交流试灯进行检查。方法如图1-54所示,两只表笔分别连接电枢铁心与换向片,万用表应不导通(试灯应不发亮)。如万用表导通或试灯发亮,说明电枢绕组搭铁,需要更换电枢总成。

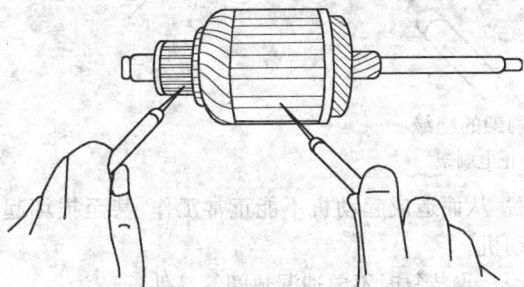

图 1-54 电枢绕组搭铁的检查

(2)电枢绕组断路

起动机电枢绕组采用截面积较大的矩形导线绕制,因此一般不会发生断路故障。如有断路发生,通过外观检查即可判断。发现断路时,可用200W/220V电烙铁焊接修复。

(3)电枢绕组短路

起动机电枢绕组流过电流较大,当绝缘纸烧坏时就会导致绕组匝间短路。除此之外,当电刷磨损的铜粉将换向片间的凹槽连通时,也会导致绕组短路。电枢绕组短路故障只能利用电枢检验仪进行检查,方法如图1-55所示。先将电枢放在检验仪的"U"形铁心上,并在电枢上部放一块钢片(如锯条),然后接通检验仪电源,再缓慢转动电枢一周,钢片应不跳动。如钢片跳动,说明电枢绕组有短路故障。由于绕制电枢绕组的导线截面积较大,因此绕线形式均采用波形绕法,所以当换向器有一处短路时,钢片将在四个槽上出现跳动现象。

当同一个线槽内的上、下两层线圈短路时,钢片将在所有槽上出现跳动现象。当短路发生在换向器片之间时,可用钢丝刷清除换向片间的铜粉即可排除。当短路发生在电枢线圈之间时,只能更换电枢总成。

1.3.10 怎样检修起动机的电刷组件?

(1)检修电刷架

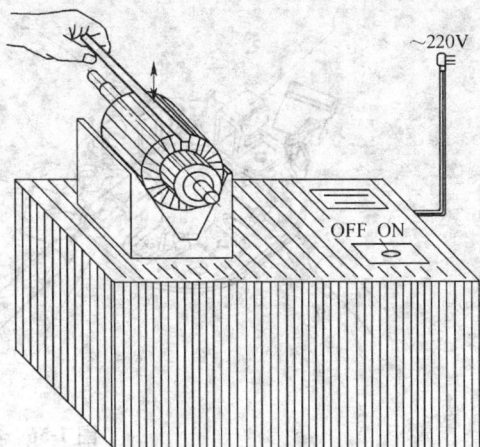

图 1-55 检查电枢绕组短路

检修起动机的电刷架时,将万用表的两只表笔分别接正电刷架与负电刷架或电刷架底板,如图1-56所示,万用表应不导通(即电阻值应为无穷大)。如万用表导通(即电阻值为零),说明该正电刷架搭铁,应更换电刷架的绝缘垫片或电刷架总成。

(2)检修电刷

检修起动机电刷的高度(长度)时,可用钢板尺或游标卡尺进行测量。国产起动机新电刷高度为14mm,极限高度为8mm。低于极限高度时,应予换用新电刷。此外,电刷与换向器的接触面积应在75%以上。

(3)检修电刷弹簧

起动机电刷弹簧的压力,可用弹簧秤沿弹簧切线方向拉动弹簧进行检测。当弹簧刚刚离开电刷时,弹簧秤指示的压力应为 $11.7\sim14.7N$。如压力不足,可逆着弹簧的螺旋方向扳动弹簧来增加弹力,如仍无效,则应换用新品。

1.3.11 怎样检修起动机电磁开关的吸引线圈和保持线圈?

起动机电磁开关的吸引线圈和保持线圈可用万用表测量线圈的电阻值进行检测。指针式万用表置于 $R\times1\Omega$ 挡,数字式万用表置于 $OHM\times200\Omega$ 挡。

检测吸引线圈时,两只表笔分别连接电磁开关"50"端子和"C"端子,电阻值应为 0.5Ω 左右。

检测保持线圈时,两只表笔分别连接电磁开关"50"端子和开关外壳,电阻值应为 1.0Ω 左右。如电阻值为无穷大,说明线圈断路;如电阻值过

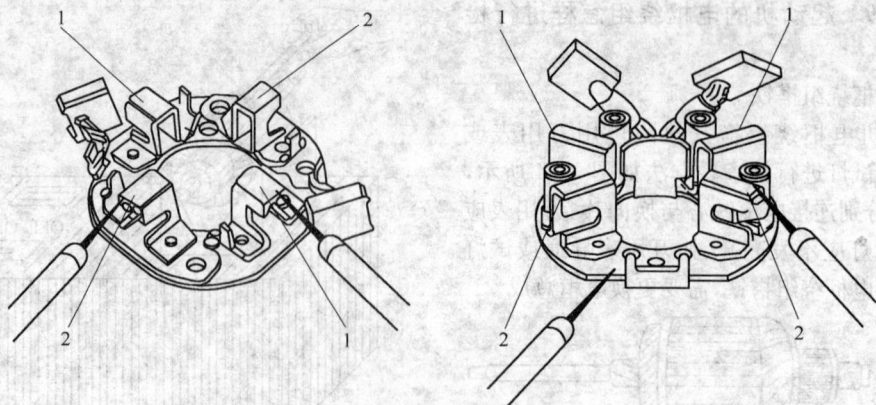

图1-56 检查电刷架的绝缘

1. 负电刷架　2. 正电刷架

小,说明线圈匝间短路。断路一般都是线圈端头与接线端子的焊点脱焊或虚焊所致,用50W/220V电烙铁焊接即可;线圈短路则需重新绕制或更换电磁开关总成。绕制线圈时,导线的直径、匝数、绕线方向必须与原线圈相同。

1.3.12 怎样组装及调整起动机?

(1)组装起动机

起动机形式不同,具体组装程序也不尽相同,但基本原则都是按分解时的相反顺序进行。组装起动机的一般步骤是:先将离合器和拨叉装入后端盖内,再装轴中间的支撑板,将电枢轴插入后端盖内,装上电动机壳体和电刷端盖,并用长螺栓结合连紧,然后装上电刷和防尘罩;电磁开关的组装顺序可先亦可后。在组装起动机过程中应特别注意以下几点:

①注意检查各轴承的同心度。电枢轴由三个轴承支撑,往往不易同轴。若不同轴度过大,就会增加电枢轴运转的阻力。检查的方法是:各轴颈与各铜套配合时,既能转动自如,又感觉不出有明显的间隙(中间轴承间隙可稍大一点)。在中间轴承支撑与后端盖结合好后,应将电枢轴装入试转,此时应转动自如,无卡住现象。装上前端盖后,再次转动电枢,也应转动灵活,否则为轴承不同心。发现轴承不同心时,轻者可以修刮轴承,严重时应更换个别铜套。

②各铜套、电枢轴颈、止推垫圈等摩擦部位,都应使用机油予以润滑。

③固定中间轴承支撑板的螺钉,一定要带弹簧垫圈。否则,工作中支撑板振动会使螺钉松

脱,从而造成起动机不能正常工作,甚至损坏起动机。

④装复时不要遗漏垫圈等零件。

⑤磁极与电枢铁心间应有0.82~1.80mm间隙,最大不应超过2mm,切不可有相互碰刮现象。

⑥电枢轴轴向间隙不宜过大,一般为0.2~0.7mm,间隙不当时,可改变轴前端或后端垫圈的厚度进行调整。

(2)装复后调整

①配合行程的调整。在驱动齿轮端面与限位螺母之间没有间隙的情况下接通起动机时,驱动齿轮向后移动就会撞击限位螺母而打坏驱动端盖。因此,在组装起动机之后,必须调整接通时机。

起动机间隙的调整如图1-57所示。在静止状态下,将活动铁心1向前推到底,然后用油标卡尺或钢板尺测量驱动齿轮端面与限位螺母之间的间隙应当符合表1-9规定。间隙不当时,可取下联接销4,拧松锁紧螺母2,转动调整螺钉3即可进行调整。

表1-9 起动机调整技术参数 mm

起动机型号	电动机开关接通时驱动齿轮端面与限位螺母之间的间隙	驱动齿轮端面与端盖凸缘间的间隙
QD124	4.5±1	29.0~32
QD321	4.0~5	32.5~34
QD121	4.5±1	31.0~32

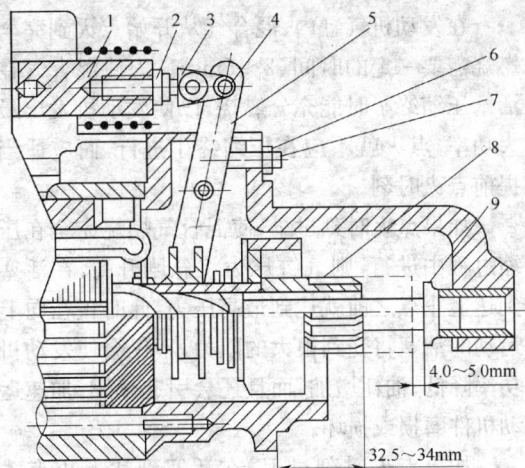

图 1-57 QD321 型起动机的调整方法

1. 活动铁心 2. 锁紧螺母 3. 调整螺钉 4. 联接销
5. 拨叉 6. 锁紧螺母 7. 限位螺钉 8. 驱动齿轮
9. 限位螺母

②端盖凸缘与驱动齿轮端面距离的调整。在起动机处于静止状态下,驱动齿轮端面与端盖凸缘之间的间隙应当符合表 1-9 规定。如该间隙过大,当发动机飞轮运转时,其齿圈上的齿轮就有可能与驱动齿轮发生碰撞而打坏。因此,在组装起动机之后,必须调整驱动齿轮端面与端盖凸缘之间的间隙。

当间隙不当时,可拧松锁紧螺母 6,再转动限位螺钉 7 进行调整。

③起动继电器的检验。起动继电器的闭合电压是指继电器触点由断开状态转为闭合状态时,作用在继电器线圈两端的电压。当闭合电压过高(高于电源电压)时接通起动开关,起动继电器触点就不能闭合,起动机就不会工作。检测起动继电器闭合电压的电路如图 1-58 所示。由图 1-58 可见,在继电器线圈电路中,需要串联一个可变电阻;电压表直接并联在线圈两端,电源用 12V 蓄电池或直流电源均可。

在检测之前将可变电阻阻值调到最大。检测时,缓慢调小可变电阻阻值,使作用在继电器线圈两端的电压逐渐升高。当触点闭合时,电压表指示的电压即为继电器的闭合电压,其值应当符合表 1-10 中规定。

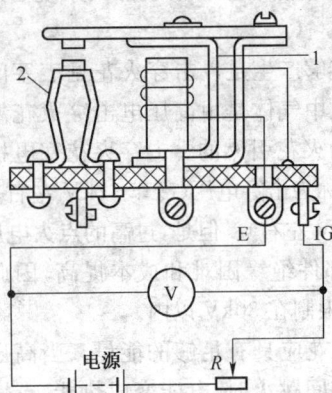

图 1-58 起动继电器检验电路

1. 调整钩 2. 静触点支架

表 1-10 起动继电器的调整数据 (V)

名 称	12V 电系	24V 电系
继电器闭合电压	6.0～7.6	14.0～16.0
继电器张开电压	3.0～5.5	4.5～8.0

起动继电器的断开电压是指继电器触点由闭合状态转为断开状态时,作用在继电器线圈两端的电压。当断开电压过高时,就会导致起动机的活动铁心产生连续不断地往复运动,即产生"打机枪"似的"哒、哒……"声而不能起动发动机。除断开电压过高之外,电磁开关的保持线圈断路或蓄电池严重亏电时,起动机也会产生"打机枪"现象。

检测断开电压的电路与检测闭合电压相同。检测时,先接通电源使继电器触点闭合,然后逐渐调大可变电阻阻值,使线圈两端电压缓慢降低。触点断开时电压表指示的电压即为继电器的断开电压。如断开电压不符合表 1-10 中的规定,应改变触点间隙进行调整。

第 4 节 电子点火系统的结构特点与使用维修

1.4.1 汽油发动机的点火系统必须满足哪些要求?

为了保证汽油发动机在各种工况和使用条

件下都能可靠并适时点火,点火系统必须满足以下要求:

①能够产生足以击穿火花见表塞间隙的电压。气缸中气体是由高压电击穿火花塞电极间隙产生的火花引燃的。击穿火花塞电极间隙时的电压,称为击穿电压(冷车17kV左右;满载、低速时10kV左右)。但是,过高的点火电压又会造成系统部件绝缘困难和成本提高,因此点火电压,通常限制在30kV以内。

②火花应具有足够的能量。当高压电在电极间隙之间跳火时,电能变成热能,点燃可燃混合气。点燃混合气必须的能量与发动机工况、混合气成分和浓度、电极间隙和形状等因素有关。当发动机正常工作时,由于压缩终了时混合气的温度已接近其自燃温度,因此所需火花能量很小,一般只需1~5mJ。实测表明,任何点火系统的总能量都在50mJ以上,足以点燃可燃混合气。但在发动机起动、怠速和加速时,由于混合气难以点燃,因此需要较高的火花能量。当燃烧过量空气系数为1.2~1.25的稀混合气来提高发动机的燃油经济性时,由于稀混合气难以点燃,因此也需要增大火花能量。为了保证可靠点火,点火系统应能保证提供50~80mJ的点火能量。

③点火时间应适应发动机的工况。点火系统应按发动机各气缸的点火顺序在准确的时刻,分别在各缸产生电火花,点燃混合气,使各气缸循环做功。点火时刻用点火提前角来控制。

1.4.2　什么是点火提前角？什么是最佳点火提前角？

点火系统必须在最有利的时刻点火,点火时刻是用点火提前角来表示的。从火花塞开始跳火到活塞运行至上止点的时间内曲轴转过的角度,称为点火提前角,用字母θ表示。当负荷一定时,发动机发出功率最大和油耗最低时的点火提前角,称为最佳点火提前角。试验证明,如果点火时刻恰当,混合气燃烧产生的最高压力出现在上止点后10°~15°时,发动机发出的功率最大。点火时刻是否适当,可根据发动机发出的功率、燃料消耗量和排出的有害气体量(简称排放)

来衡量。发动机发出的功率越大、油耗越低、排出的有害气体越少,则点火时刻越适当。

在发动机气缸内,混合气从开始点火到完全燃烧需要一定的时间(2~5ms)。为使混合气在活塞压缩终了时能充分燃烧,以使发动机发出最大功率,点火就不应在压缩终了时进行,而应适当提前点火时刻。

如果点火时刻过早,使混合气燃烧完全在压缩过程中进行,则气缸压力将急剧升高,在活塞到达上止点之前就达到最高压力,此时正在向上运动的活塞将受到很大的阻力,不仅会使发动机功率降低、油耗增加,而且还会引起爆燃,加速运动机件磨损或损坏。

如果点火时刻过迟,在活塞到达上止点才进行点火,则会出现混合气一边燃烧、活塞一边下行的现象,燃烧过程将在气缸容积增大的情况下进行。这会导致燃烧最高压力降低,发动机功率下降;同时由于高温气体与缸壁接触的面积增大,使热传导损失增加,因此容易导致发动机过热,耗油量也会大大增加。

1.4.3　电子点火系统由哪些部件组成？各部件的功用分别是什么？

电子点火系统采用的零部件主要由低压电源(蓄电池或发电机)、点火线圈、分电器(内部安装霍尔式、磁感应式或光电式等不同形式的点火信号发生器)、点火控制器、火花塞等组成。如图1-59所示为桑塔纳、奥迪100、红旗CA7220型轿车用霍尔式电子点火系统的组成。

①低压电源。点火系统的低压电源为蓄电池或交流发电机,标称电压一般为12V。低压电源的功用是供给点火系统所需的电能。

②点火线圈。构造与自耦变压器相似,主要由铁心、一次侧绕组和二次侧绕组组成,其功用是将12~14V低压电源转变为17~30kV的高压电源。

③点火控制器。又称为点火电子组件或电子点火器,由半导体元器件(如二极管、三极管、电阻等)组成电子开关电路,主要作用是根据点火信号发生器产生的点火脉冲信号,接通和切断点火线圈一次侧绕组电路。

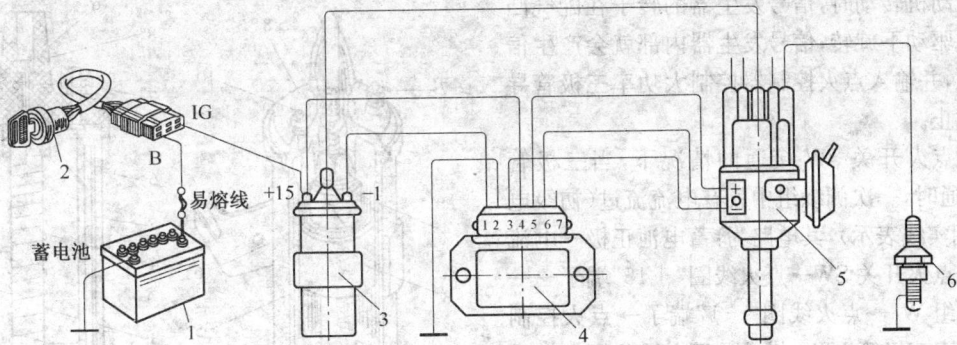

图 1-59　电子点火系统的组成
1. 蓄电池　2. 点火开关　3. 点火线圈　4. 点火控制器　5. 光电式分电器　6. 火花塞

④分电器。由点火信号发生器、配电器和点火提前机构组成。点火信号发生器又称为点火信号传感器,其功用是根据发动机气缸点火时刻要求,产生控制点火的脉冲信号。配电器由分电器盖和分火头组成。分电器盖上设有旁电极(旁电极数等于气缸数),当分火头旋转时,其上的导电片轮流与各旁电极靠近,从而将点火线圈产生的高压电按气缸工作顺序送往各缸火花塞。点火提前机构的作用是随发动机转速和负荷的变化调节点火提前角。

⑤火花塞。其作用是将点火线圈二次侧绕组产生的高压电引入气缸燃烧室,产生电火花点燃可燃混合气。

⑥点火开关。全称是点火起动开关,其功用是控制点火系统的初级电路,点火开关一旦断开,发动机就会立即熄火。

1.4.4　电子点火系统的工作原理是怎样的?

点火系统电路分为低压和高压两条电路。初级电流 i_1 流经的电路称为低压电路或初级电路。高压电流 i_2 流经的电路称为高压电路,在图 1-60 中用虚线表示,流过的路径为:二次侧绕组 W_2→点火线圈"+15"端子→点火开关 SW→电流表 A→蓄电池→搭铁→火花塞旁电极→中心电极→配电器旁电极→分火头→点火线圈高压插孔"4"→二次侧绕组。在使用过程中,仅将点火线圈高压插孔 4 至火花塞之间的电路称为高压电路。

点火系统是利用互感原理(一个线圈中的电流变化而使另一个线圈产生感应电动势的现象,称为互感现象),先由点火线圈将低压电源转变为高压电源,然后再由配电器将高压电分配到各缸火花塞产生电火花,电子点火系统的工作原理如图 1-60 所示。

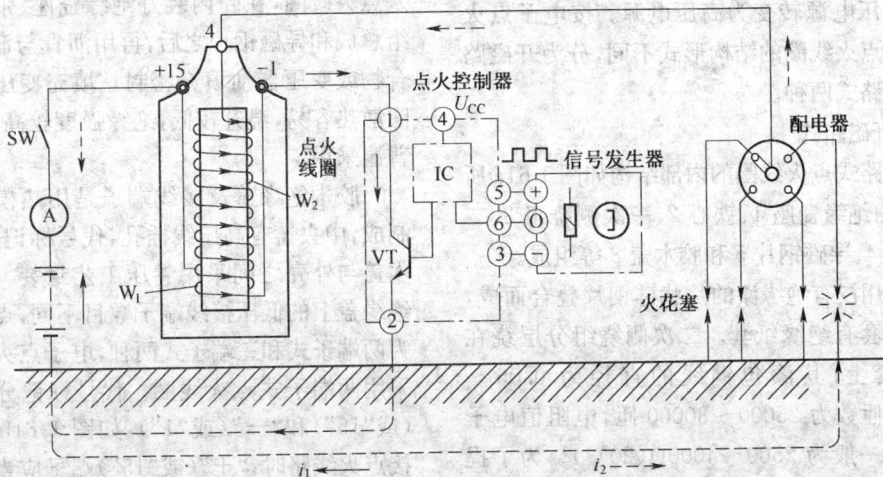

图 1-60　电子点火系统工作原理

发动机转动时,信号发生器的转子在配气凸轮轴的驱动下旋转,信号发生器内部就会产生信号电压,并输入点火控制器控制大功率三极管导通与截止。

在点火开关 SW 接通的情况下,当三极管 VT 导通时,一次侧绕组中就有电流流过(初级电流 i_1 用实线表示),其电路为:蓄电池正极→电流表 A→点火开关 SW→点火线圈"+15"端子→一次侧绕组 W_1→点火线圈"-1"端子→点火控制器大功率三极管 VT→搭铁→蓄电池负极。电流流过线圈时,便在铁心中形成磁场。

当三极管 VT 截止时,初级电路被切断,初级电流消失,铁心中的磁通量迅速变化,在一次侧绕组 W_1 和二次侧绕组 W_2 中都会感应产生电动势。由于二次侧绕组匝数多,因此能够感应产生足以击穿火花塞电极间隙的高压电动势。

点火控制器的大功率三极管每截止一次,点火线圈就产生一次高压电。分电器轴每转一转,配电器就按发动机的点火顺序,轮流向各缸火花塞输送一次高压电。发动机工作时,信号发生器转子在发动机凸轮轴驱动下连续旋转,并不断产生点火信号控制三极管导通与截止,点火线圈就不断产生高压电并由配电器按点火顺序分配到各缸火花塞产生电火花点燃混合气,保证发动机正常工作。如要发动机停止工作,只需断开点火开关,切断低压电路即可。

1.4.5 点火线圈分哪几类?

点火线圈是点火系统的重要部件之一,其功用是将低压电源转变为高压电源。按电子点火系统采用点火线圈的结构形式不同,分为开磁路式和闭磁路式两种。

(1)开磁路式

开磁路式点火线圈的内部结构如图 1-61a 所示,主要由绝缘瓷座 1、铁心 2、一次侧绕组 3、二次侧绕组 4、导磁钢片 5 和胶木盖 8 等组成。

铁心用浸有绝缘漆的片状硅钢片叠合而成,铁心外面套有绝缘纸套。二次侧绕组分层绕在绝缘纸套上,其漆包铜线的直径为 $0.06 \sim 0.10$mm,匝数为 25000~30000 匝,电阻值电子点火系统一般为 2500~4000Ω(20℃)。为了提高绝缘强度,每层绕组之间都用绝缘纸隔开。因

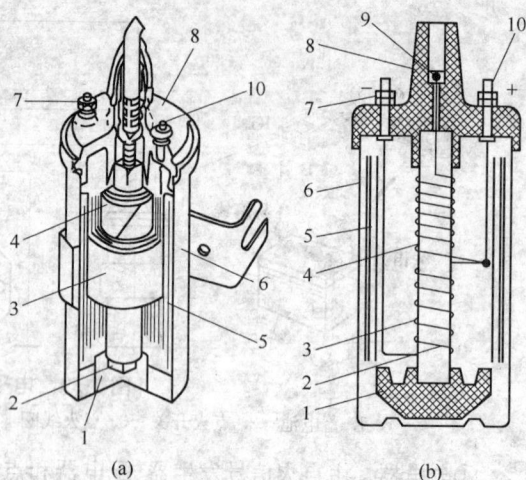

图 1-61 开磁路式点火线圈的结构

(a)内部结构图 (b)原理图

1. 绝缘瓷座 2. 铁心 3. 一次侧绕组 4. 二次侧绕组 5. 导磁钢片 6. 壳体 7. "-"(或"1")端子 8. 胶木盖 9. 高压插孔 10. "+"("15"或"开关")端子

为一次侧绕组流过电流较大,通电时间较长,产生热量较多,因此将其分层绕在二次侧绕组的外面,以利散热;一次侧绕组漆包铜线的直径为 $0.5 \sim 1.0$mm,匝数为 230~380 匝,电阻值电子点火系统一般为 $0.5 \sim 1.0$Ω(20℃)。一次侧绕组和二次侧绕组绕好后,再置于真空环境中渗以石蜡和松香的混合物,用以提高绝缘强度。

导磁钢片安放在外壳与绕组之间,用来构成导磁回路。绝缘瓷座装在壳内底部,防止高压电向外壳放电。为了提高绝缘强度和防止潮气侵入点火线圈,在壳内装好绝缘瓷座、带铁心的绕组总成和导磁钢片之后,再用沥青与润滑油的混合物或变压器油填充密封。填充变压器油的线圈散热容易,温升较低,绝缘强度较高,现代汽车普遍采用。

胶木绝缘盖及接线端子是用热模压铸工艺制成,中央铸有高压线插孔,代号标记为"4"。胶木盖与外壳之间采用卷压工艺封装。根据胶木绝缘盖上的低压接线端子数目不同,点火线圈分为两端子式和三端子式两种,电子点火系统普遍采用两端子式点火线圈。代号标记分别为"+"(或"15")和"-"(或"1"),如图 1-61b 所示。连接点火线路时,"+"(或"15")端子应当连接点火开关,"-"(或"1")端子应当连接点火控制器。

当初级电流流过一次侧绕组时,产生的磁通是由铁心经导磁钢片构成回路。因为磁路上、下两部磁通是从空气中穿过,铁心与导磁钢片未构成闭合磁路,所以称为开磁路式点火线圈。

(2)闭磁路式

国内外生产的小轿车目前都已普遍采用闭磁路式点火线圈,结构如图 1-62a 所示。铁心由浸有绝缘漆的导磁钢片叠合成"口"字形或"日"字形,分别如图 1-62b、图 1-62c 所示。

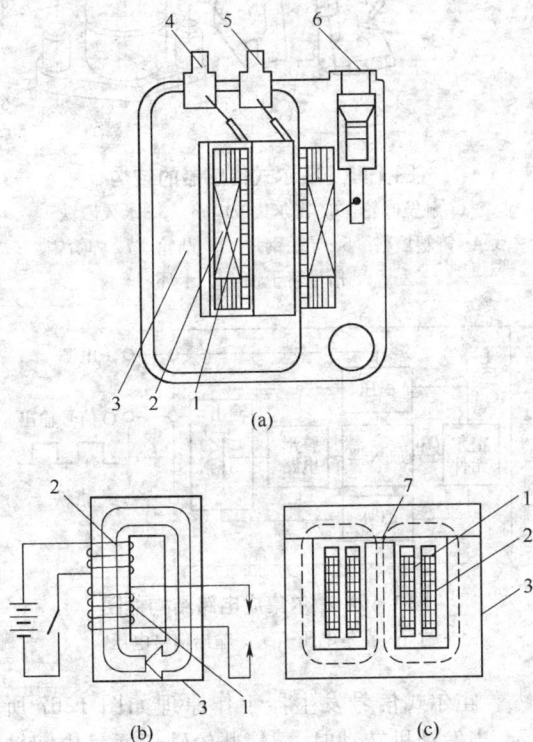

图 1-62　闭磁路式点火线圈的结构

(a)结构图　(b)口字形铁心　(c)日字形铁心

1. 二次侧绕组　2. 一次侧绕组　3. 铁心　4、5. 一次侧
绕组接线端子　6. 高压插孔　7. 气隙

铁心内绕一次侧绕组,外绕二次侧绕组。壳体采用热熔性塑料注塑而成,填充剂采用热熔性树脂作为绝缘填充物,因此具有较好的绝缘性能和密封性能。为了减少磁滞现象,铁心设有一个微小的气隙,如图 1-62c 所示。因为磁路几乎是闭合回路,所以称为闭磁路式点火线圈。

闭磁路式点火线圈的显著优点是漏磁少、磁阻小,因此能量损失小,其能量转换效率可达75%(开磁路式点火线圈只有 60%)。与开磁路式点火线圈相比,在产生相同次级电压的条件下,绕组匝数大大减少。除此之外,还有体积小、结构紧凑的优点。因此,有的汽车(如丰田和夏利系列轿车)便将点火线圈设装在分电器内部。

1.4.6　点火线圈型号的含义是什么?

根据汽车行业标准 QC/T 73—1993《汽车电气设备产品型号编制方法》规定,点火线圈型号的编制方法如图 1-63 所示。

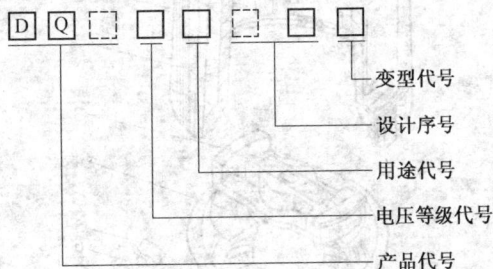

图 1-63　点火线圈型号的编制方法

①产品代号。点火线圈的产品代号为 DQ、DQG、DQD 三种,分别表示点火线圈、干式点火线圈和电子点火系统用点火线圈(早期代号为JDQ,表示晶体管点火用线圈)。

②电压等级代号:"1"表示 12V。

③用途代号。点火线圈的用途代号用 1 位阿拉伯数字表示,其含义是"1"表示单、双缸发动机用,"2"表示四、六缸发动机用;"3"表示四、六缸发动机用(带附加电阻),"4"表示六、八缸发动机用(带附加电阻),"5"表示六、八缸发动机用,"6"表示八缸以上发动机用,"7"表示无触点点火系统用,"8"表示高能点火系统用,"9"表示其他(包括三、五、七缸发动机)点火系统用。

④设计序号。按产品设计先后顺序,用1~2位阿拉伯数字表示。

⑤变形代号。调节器汉语拼音大写字母 A、B、C……顺序表示(但不能用 O 和 I 两个字母)。

1.4.7　电子点火系统用分电器如何组成?

电子点火系统用分电器是由点火信号发生器、离心提前装置、真空提前装置和配电器等组成。

(1)点火信号发生器

信号发生器又称为信号传感器,分为霍尔式、磁感应式和光电式三种。目前,电子点火系统常用的有霍尔式与磁感应式两种分电器,霍尔式分电器的结构如图1-64所示。各种电子点火系统配装的分电器除点火信号发生器之外,其他部件的结构原理大同小异。

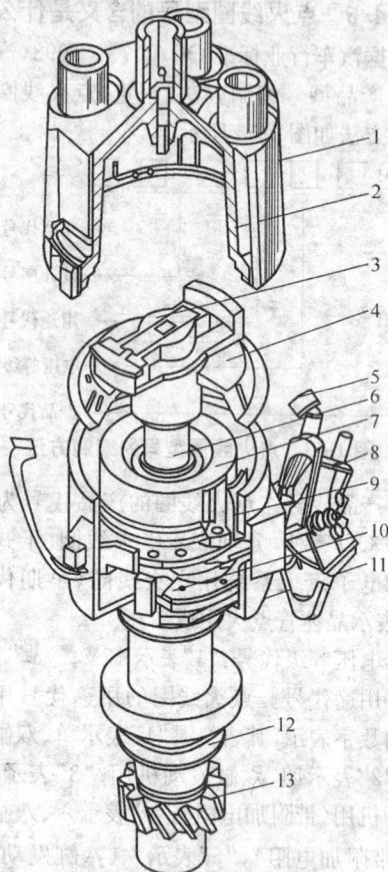

图 1-64 霍尔式分电器的结构

1. 抗干扰屏蔽罩 2. 分电器盖 3. 分火头 4. 防尘罩 5. 分电器盖弹簧夹 6. 信号转子轴 7. 触发叶轮 8. 真空提前装置 9. 霍尔式信号发生器 10. 离心提前装置 11. 分电器壳体 12. 橡胶密封圈 13. 驱动斜齿轮

①霍尔式信号发生器。霍尔式信号发生器根据霍尔效应制成,基本结构如图1-65所示,主要由触发叶轮1、霍尔集成电路2、导磁钢片5与永久磁铁3等组成。

触发叶轮1装在转子轴8上,叶轮上制有叶片,叶片数与发动机气缸数相等。触发叶轮上部和下部均用卡环锁定,轴向用定位销与转子轴定位。

霍尔集成电路由霍尔元件、放大电路、稳压电路、温度补偿电路、信号变换电路和输出电路等组成,电路结构如图1-66所示。霍尔集成电路用连接器与点火控制器连接,连接器插座上标有"+"、"O"、"-"标记。端子"+"为电源端子,"O"为信号输出端子,"-"为搭铁端子。

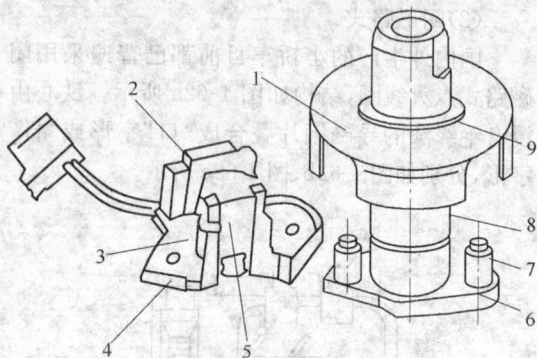

图 1-65 霍尔式传感器的结构

1. 触发叶轮 2. 霍尔集成电路 3. 永久磁铁 4. 铸塑填料 5. 导磁钢片 6. 凸轮 7. 弹簧销 8. 信号转子轴 9. 卡环

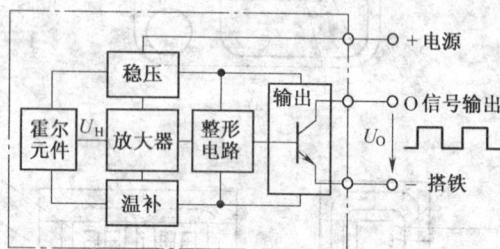

图 1-66 霍尔集成电路结构框图

U_H. 霍尔电压 U_O. 输出信号电压

霍尔式信号发生器工作原理如图1-67所示,当发动机转动时,配气凸轮轴便通过中间轴驱动分电器轴转动,分电器轴托板上离心提前装置的弹簧便通过凸轮带动转子轴转动。当转子轴上的触发叶轮转动时,叶片便在霍尔集成电路与永久磁铁之间转动。

当叶片进入气隙时,如图1-67a所示,霍尔集成电路的磁场被叶片旁路,霍尔电压U_H为零,霍尔集成电路输出级的三极管截止,信号发生器输出的信号电压U_O为高电平(实测表明:当电源电压$U_{cc}=14.4V$时,信号电压$U_O=9.8V$;当电源电压$U_{cc}=5V$时,信号电压$U_O=4.8V$),此时点火线圈一次侧绕组的电流将被接通。

当叶片离开气隙时,如图1-67b所示,永久磁铁的磁通便经霍尔集成电路和导磁钢片构成回路,霍尔元件产生电压($U_H = 1.9 \sim 2.0V$),输出级三极管导通,输出信号电压 U_O 为低电平(实测表明:当电源电压 $U_{CC} = 14.4V$ 或 5V 时,信号电压均为 $U_O = 0.1 \sim 0.3V$)。此时点火线圈的初级电流将被切断,二次侧绕组将感应产生高压电。

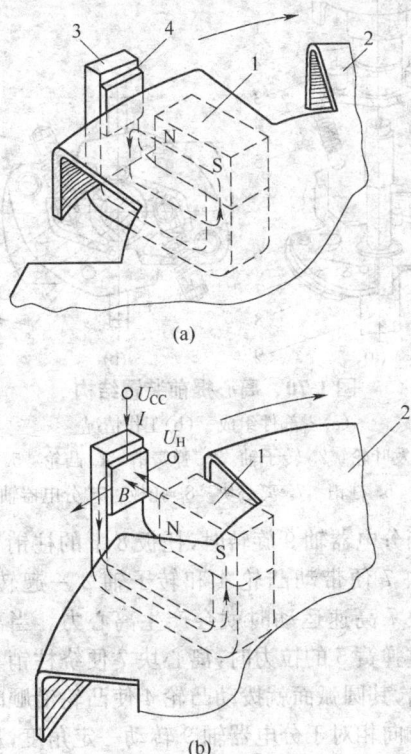

(a)

(b)

图 1-67　霍尔信号发生器工作原理
(a)叶片进入气隙,磁场被旁路
(b)叶片离开气隙,磁场饱和
1. 永久磁铁　2. 触发叶轮　3. 磁轭
4. 霍尔集成电路

②磁感应信号发生器。解放 CA1092 型载货汽车用磁感应式信号发生器的结构如图 1-68 所示。主要由信号转子 2、定子 4、塑性永久磁环 5 和信号线圈(又称为传感线圈)3 等组成。

固定底板 7 和传感线圈 3 固定在分电器壳体内不动;定子 4 上有六个向上弯曲的爪极,定子下面为塑性永久磁环 5 和导磁板(又称活动底板)6;定子 4、塑性永久磁环 5 和导磁板 6 用铝质铆钉铆合后套在固定底板的轴套上,受真空提前装置拉杆的约束。信号转子上有六个向下弯曲的爪极(爪极数等于气缸数),转子用定位销固定在转子轴的上端,并随转子轴一同旋转。

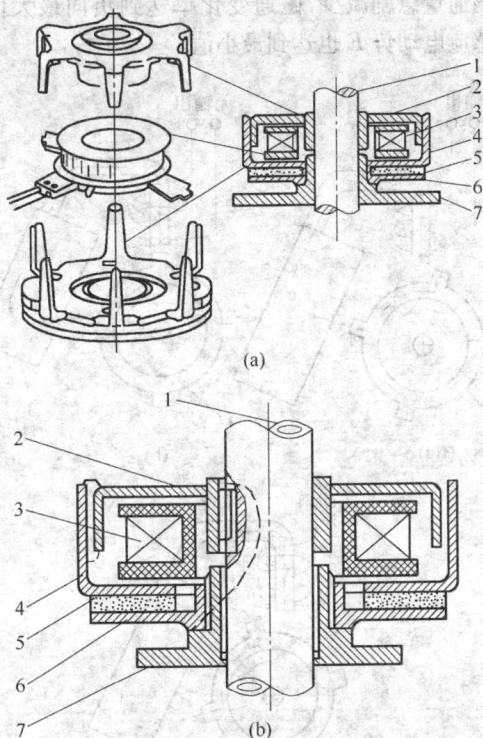

(a)

(b)

图 1-68　磁感应式信号发生器的结构与磁路
(a)结构　(b)磁路
1. 转子轴　2. 信号转子　3. 传感线圈　4. 定子
5. 塑性永久磁环　6. 活动底板　7. 固定底板

磁感应式信号发生器工作原理如图 1-69 所示,磁力线穿过的路径为:永久磁铁 N 极→定子与转子间的气隙→转子爪极(凸齿)→转子爪极与定子磁头间的气隙→磁头→导磁板→永久磁铁 S 极。

当信号转子按顺时针方向旋转时,转子爪极与磁头间的气隙减小,磁路磁阻减小,磁通量增多,磁通变化率增大,感应电动势为正。当转子爪极接近磁头边缘时,磁通量急剧增多,磁通变化率最大,感应电动势 E 最高。

当转子旋转到转子爪极的中心线与磁头的中心线对齐时,如图 1-69b 所示,虽然转子爪极与磁头间的气隙最小,磁路的磁阻最小,磁通量最多,但由于磁通量不可能继续增加,磁通变化率为零,因此感应电动势为零。

当转子沿顺时针方向继续旋转,转子爪极离开磁头时,如图 1-69c 所示,爪极与磁头间的气隙增大,磁路磁阻增大,磁通量减少,所以感应电动势 E 为负值。当爪极转到将要离开磁头边缘时,磁通量急剧减少,磁通变化率达到负向最大值,感应电动势 E 也达到最小值。

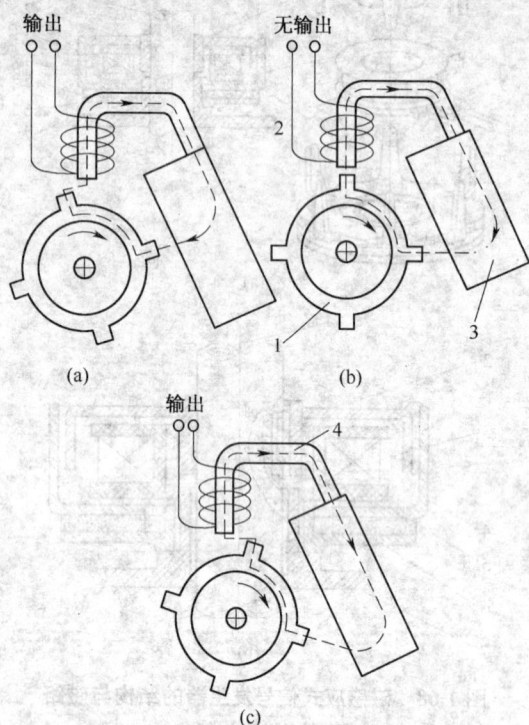

图1-69　磁感应式信号发生器工作原理

(a)接近　(b)对正　(c)离开

1. 信号转子　2. 传感线圈　3. 永久磁铁　4. 磁轭

信号转子每转过一个爪极,传感线圈中就会产生一个周期的交变电动势,即电动势出现一次最大值和一次最小值,传感线圈也就相应地输出一个交变电压信号。转子每转一圈(发动机曲轴转两圈,分电器轴转一圈,转子轴就带动信号转子转一圈),传感线圈就会产生与发动机气缸数相同个数的交变电压信号输入点火控制器。每当信号电压达到一定值时,控制器便切断点火线圈初级电流,二次侧绕组中就会感应产生高压电使火花塞跳火。

(2)离心提前装置

各型汽车分电器用离心提前装置的结构原理基本相同,桑塔纳轿车JFD452型霍尔式分电器离心提前装置结构如图1-70所示,主要由托板8、离心块7、弹簧5、凸轮4和转子轴2等组成。

分电器轴9与托板8压接成一体,离心块7的一端套装在托板8上的柱销6上,另一端可随离心力大小而绕柱销6转动;弹簧5共有两根,

一粗一细。弹簧一端挂在托板8的挂钩上,另一端挂在凸轮4上的弹簧销3上。凸轮4与转子轴2压装成一体,转子轴2与分电器轴9的小头为动配合。

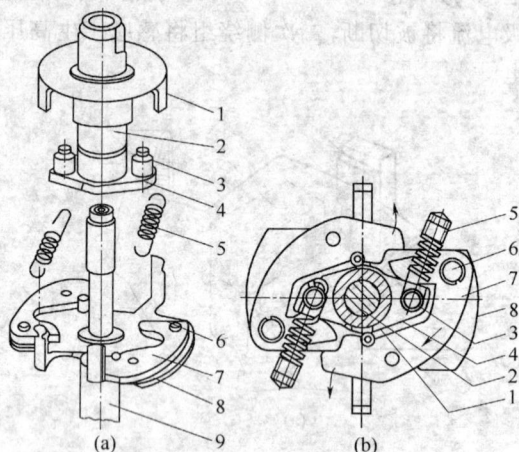

图1-70　离心提前装置结构

(a)零部件组成　(b)工作情况

1. 触发叶轮　2. 转子轴　3. 弹簧销　4. 凸轮　5. 弹簧　6. 柱销　7. 离心块　8. 托板　9. 分电器轴

当分电器轴9旋转时,托板8上的柱销6和离心块7便带动凸轮4和转子轴2一起转动。离心块7高速运动时就会产生离心力。当离心力超过弹簧5的拉力时,离心块7便绕柱销6向外甩出,其圆弧面就拨动凸轮4使凸轮沿顺时针旋转方向相对于分电器轴9转动一定角度,从而使转子轴2及其轴上触发叶轮1的叶片提前进入或离开气隙,信号发生器输出的信号电压 U_o 在时间上提前产生,驱动点火控制器实现点火提前。发动机转速越高,离心块的离心力越大,点火提前角随之增大;发动机转速降低时,离心力减小,点火提前角随之减小。

当分电器轴旋转时,刚度较小的弹簧先起作用,待转速达到一定值时,刚度较大的弹簧才起作用。当转速继续升高到某一值时,离心块7受托板8上挡片的限位作用而不再外甩,可见离心提前装置的工作特性曲线是由三段线段组成,如图1-71所示。

(3)真空提前装置

各型汽车真空提前装置的结构原理基本相同,桑塔纳轿车JFD452型霍尔式分电器真空提前装置结构如图1-72a所示。真空提前装置是通

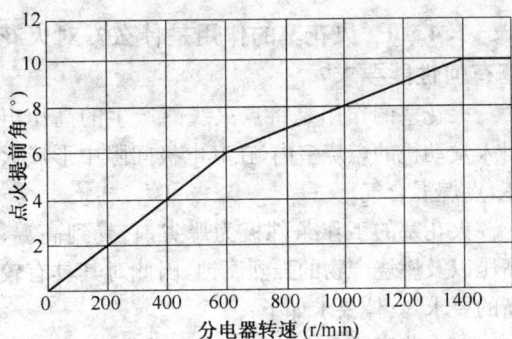

图 1-71 离心提前装置工作特性

过拉杆 8 拉动霍尔元件及其底板来调节点火提前角。

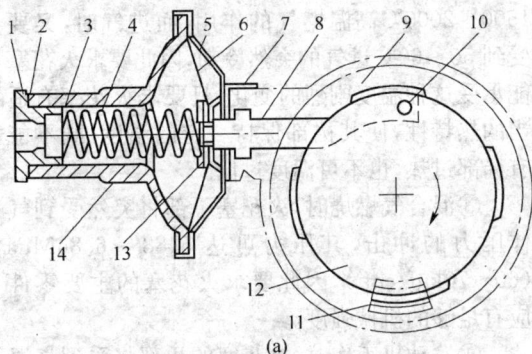

(a)

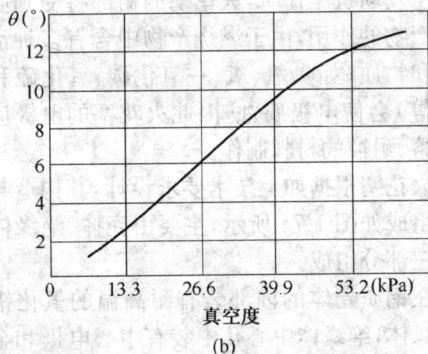

(b)

图 1-72 真空提前装置结构与工作特性

(a)结构图 (b)工作特性

1. 接头螺母 2. 密封垫圈 3. 调整垫圈 4. 弹簧 5. 大气室壳 6. 膜片 7. 连接件 8. 拉杆 9. 霍尔元件组件底板 10. 拉杆销 11. 霍尔元件 12. 触发叶轮 13. 弹簧座 14. 壳体

接头螺母 1 通过真空软管与节气门侧面的空气小孔相连;拉杆 8 的右端用销钉 10 套装在霍尔元件的底板上,底板可绕轴套转动。当发动机不工作时,提前装置的真空室和大气室均受大气压力作用,膜片在弹簧张力的作用下向右拱曲。

当发动机负荷小时,节气门(油门)开度小,

节气门空气小孔处气体的流速快、压力低,真空室的真空度大,真空吸力克服弹簧的张力使膜片左移,并带动拉杆拉动霍尔元件及其底板沿逆时针方向(即逆着触发叶轮的旋转方向)转动一定角度,使触发叶轮的叶片提前进入或离开霍尔元件的气隙,信号发生器输出电压在时间上提前产生,触发电子控制器实现提前点火,即发动机负荷减小时,点火提前角增大,如图 1-72b 所示。

当发动机负荷增大时,节气门开度增大,节气门空气小孔处气体的流速减慢,压力增高,真空室的真空度减小,在弹簧张力的作用下,膜片慢慢右移复位,并通过拉杆推动底板及霍尔元件沿顺时针方向(即顺着触发叶轮的旋转方向)转动一定角度,使触发叶片推迟进入或离开气隙,输出电压在时间上推迟产生,触发电子控制器推迟点火,即发动机负荷增大时,点火提前角减小。

(4)配电器

配电器的功用是分配高压电,由分电器盖和分火头组成。分电器盖和分火头一般用胶木粉热模压铸而成。沿盖内圆周上压铸有与发动机气缸数相等的旁电极,这些旁电极分别与盖上的旁插孔相通,旁插孔用于插接各缸高压分线。盖的中央压铸有中央高压线插孔和中心电极,中心电极中装有带弹簧的炭精柱,使其弹性地压在分火头的导电片上。

分火头套装在转子轴顶端,随转子和分电器轴一同转动。当轴转动时,分火头上导电片的端部便在距旁电极间隙为 0.25～0.80mm 的圆周上旋转,从而将高压电分配到火花塞。

1.4.8 分电器型号的含义是什么?

根据汽车行业标准 QC/T 73—1993《汽车电气设备产品型号编制方法》规定,分电器的型号组成如图 1-73 所示。

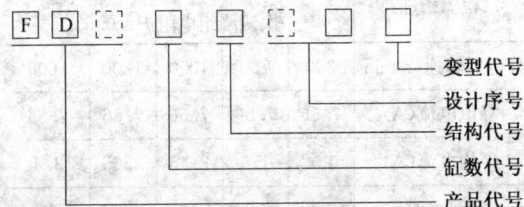

图 1-73 分电器型号组成

①产品代号。分电器的产品代号为 FD、FDW 两种,FD 表示有触点分电器,FDW 表示无

触点分电器(早期代号为 JFD,表示晶体管点火用分电器)。

②缸数代号。用 1 位阿拉伯数字表示,其含义是"2"表示两缸发动机用,"3"表示三缸发动机用,"4"表示四缸发动机用,"6"表示六缸发动机用,"8"表示八缸发动机用。

③结构代号。用 1 位阿拉伯数字表示,传统分电器用来表示离心提前机构和真空提前机构的结构形式,其含义见表 1-11;无触点分电器用来表示触发脉冲形式,其含义见表 1-12。

表 1-11　点火提前机构的结构形式代号

代号	1	2	3	4	5	6	7	8
结构	无离心	无真空	拉偏心	拉同心	拉外壳	—	特殊结构	—

表 1-12　点火触发脉冲形式代号

代号	3	4	5	6	7
触发脉冲形式	电磁振荡式	光电式	霍尔式	磁脉冲式	—

1.4.9　点火控制器的功用是什么? 具有哪些特点?

点火控制器的基本功能是控制点火线圈初级电路的接通与切断。除此之外,大多数点火控制器还有限流控制、导通角控制、停车断电控制和过压保护控制等功能。点火控制器是电子点火系统的核心部件,又称为点火电子组件或点火器。普遍采用混合集成电路制成,并用导热树脂封装在铸铝散热板上以利散热。点火控制器的性能高低和技术状态好坏,直接影响点火系统的工作性能和工作状态。桑塔纳与奥迪轿车点火控制器的控制参数见表1-13。

表 1-13　点火控制器技术参数

检测条件	电源电压 $U=14\text{V}$; 一次侧绕组电阻 $R=0.65\Omega$				
分电器转速(r/min)	300	750	1000	1200	1600
峰值电流(A)	7.56	7.56	7.56	7.56	7.56
平均电流(A)	1.4	1.9	2.45	2.65	3.4
导通角(°)	20	32	43	49	63
限流时间(ms)	4.5	0.95	0.66	0.68	0.2
相对导通率(%)	22	36	48	54	70

1.4.10　火花塞的作用是什么? 对火花塞有何性能要求?

火花塞的作用是将点火线圈产生的高压电引入发动机的燃烧室内,在其电极间隙中形成火花,点燃混合气。

火花塞的工作条件极为恶劣,它受到高温、高压以及燃烧产物的强烈腐蚀,因此对其具有较高的要求,具体要求如下:

①火花塞承受冲击性高电压的作用,因此要求绝缘体应有足够的绝缘强度,能承受 30kV 的高压。

②混合气燃烧时,火花塞的下部将受到1500～2000℃高温燃气的作用,而进气时,又要受到 50～60℃进气的突然冷却,因此要求火花塞能承受这种温度剧烈的变化,且要求火花塞有适当的热特性,使其裙部保持一定的温度,既不能有局部过热,也不可温度过低。

③混合气燃烧时,火花塞下部将突然受到气体压力的冲击,其压力可达 5.88～6.86MPa (60～70kgf/cm^2),因此要求火花塞的主要零件应有足够的机械强度。

④发动机工作时,火花塞的裙部将受到高温燃烧产物的作用,由于燃烧产物中含有多种活性气体和物质(如臭氧、氧、一氧化碳、氧化硫和氧化铅等)会使电极腐蚀,因此火花塞的电极应采用难熔、耐蚀的材料制作。

火花塞根据如上技术要求设计,其构造与零部件组成如图 1-74 所示,主要由壳体、绝缘体和电极三部分组成。

在钢质壳体的内部装有耐高温的氧化铝陶瓷绝缘体,绝缘体中心孔中装有中心电极和金属杆,金属杆上端安装有接线端子,用于连接高压分线。金属杆与中心电极之间加装电阻填料或氧化铝陶瓷绝缘材料进行密封,铜质密封垫圈起密封和导热作用。为了便于拆装,壳体上部制有六角平面,下部制有固定螺纹,螺纹下端焊接弯曲的侧电极。

火花塞电极用镍锰合金制成,具有较好的耐高温、耐腐蚀性能。为了提高耐热性能,有的采用镍包铜电极。普通火花塞的电极间隙为 0.6～0.8mm。采用高能电子点火时,电极间隙可增大至 1.1～1.3mm。

火花塞与气缸盖座孔之间应密封良好,密封

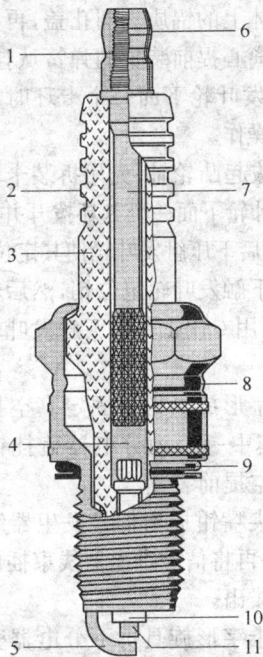

图 1-74　火花塞的构造

1. 接线端子联接螺纹　2. 泄流障栅　3. 绝缘体
4. 电阻填料　5. 侧电极　6. 接线端子联接螺母
7. 金属杆　8. 钢质壳体与固定螺纹　9. 密封垫圈
10. 绝缘体裙部　11. 中心电极

方式有平面密封和锥面密封两种。平面密封时，在火花塞与座孔之间应加垫铜包石棉垫圈；锥面密封是利用火花塞壳体的锥面与气缸盖座孔相应的锥面进行密封，不需要垫圈。

1.4.11　什么是火花塞的热特性？国产火花塞的热特性怎样表示？怎样选用火花塞？

火花塞的热特性是指火花塞绝缘体裙部的温度和热传导性能。为了保证火花塞正常工作，其绝缘体裙部的温度应保持在500℃～750℃，这样才能使落在绝缘体上的油滴立即被烧掉而不致形成积炭。绝缘体裙部能将滴落油滴立即烧掉的最低温度，称为自净温度。

火花塞热特性的标定方法各国不尽相同。国产火花塞是用热值1、2、3、4、5、6、7、8、9、10、11、12……等阿拉伯数字表示。其中，热值为1、2、3时，表示为低热值火花塞，该火花塞为热型；热值为4、5、6时，表示为中热值火花塞，该火花塞为中热型；热值在7以上时，表示为高热值火花塞，该火花塞为冷型。即数字越小，表示火花塞越热；数字越大，表示火花塞越冷。

对于大功率、高压缩比和高转速发动机，由于其燃烧室温度相对较高，为了防止产生炽热点火，应当采用"冷型"火花塞；对于小功率、低压缩比和低转速发动机，由于其燃烧室温度相对较低，为了防止形成积炭，应采用"热型"火花塞。

1.4.12　火花塞型号的含义是什么？

根据国家专业标准 ZBT 37003—89《火花塞产品型号编制方法》规定，火花塞的型号由三部分组成。

第一部分(首位字母)为汉语拼音字母，表示火花塞结构类型和主要尺寸规格。

第二部分为阿拉伯数字，表示火花塞的热值。由热型到冷型用1、2、3、4、5、6、7、8、9、10、11、12……表示。

第三部分(末尾字母)为汉语拼音字母，表示火花塞派生产品的结构特征、发火端特性、材料特性以及特殊技术要求。无字母者为普通型火花塞。在同一产品型号中，需要用两个字母表示时，按P、R、B、T、Y、J、H、U、V、C、G、F……的先后次序进行排列，各字母的含义见表1-14。为了便于使用，下面举例说明。

表 1-14　火花塞产品的结构特征代号

特征代号	含　义	特征代号	含　义
B	半导体型火花塞	C	镍铜复合电极火花塞
F	非标准火花塞	G	贵金属电极火花塞
H	环状电极火花塞	J	多电极型火花塞
P	屏蔽型火花塞	R	电阻型火花塞
T	绝缘体凸出型火花塞	U	电极缩入型火花塞
V	"V"形电极火花塞	Y	沿面跳火型火花塞

例1：E4T 型火花塞。即为拧入发动机气缸盖的螺纹旋回长度 12.7mm、壳体六角对边 20.8mm、热值代号4、螺纹规格 M14×1.25 的绝缘体凸出型平座火花塞。

例2：K7RT 型火花塞。即为螺纹旋回长度 19mm、壳体六角对边 16mm、热值代号7、螺纹规格 M14×1.25 带电阻的凸出型平座火花塞。

例3：F6RTC 型火花塞。即为螺纹旋合长度 19mm、壳体六角对边 20.8mm、热值代号6、带电阻及镍铜复合电极的凸出型火花塞。

1.4.13　怎样进行点火线圈的检修？

点火线圈的检修主要是检测一次侧绕组和

二次侧绕组有无断路、短路故障,可用万用表检测绕组电阻值进行判断。电子点火系统采用两端子式点火线圈,检修方法如下。

(1)一次侧绕组的检修

将万用表置于 R×1Ω(数字式万用表置于 OHM×200Ω挡,两只表笔分别连接点火线圈端子"+15"、"-1",如图 1-75a 所示,测得电阻值:电子点火系统应为 0.5～1.0Ω(20℃),传统点火系统应为 1.5～3.0Ω(20℃)。如电阻值为无穷大,说明一次侧绕组断路,应予换用新品。

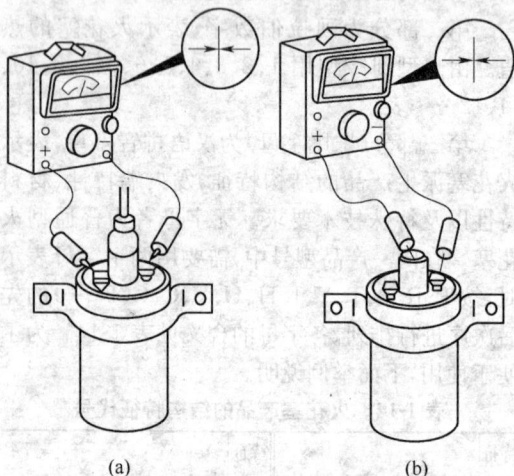

图 1-75 检测点火线圈阻值
(a)检查一次侧绕组   (b)检查二次侧绕组

(2)二次侧绕组的检修

将万用表拨到 R×1kΩ(数字式万用表拨到 OHM×20kΩ)挡,一只表笔接点火线圈的高压插孔,另一只表笔接"+15"与"-1"中任意一个端子,如图 1-75b 所示,测得电阻值:电子点火系统应为 2500～4000Ω(20℃)。如电阻值为无穷大,说明二次侧绕组断路;如电阻值过小,说明二次侧绕组短路,无论断路或短路都应更换点火线圈。

1.4.14 怎样进行分电器的分解?

各型汽车电子点火系统分电器的分解程序与方法大同小异,下面以桑塔纳系列轿车用霍尔式分电器的分解为例说明。分解方法如下:

①拆下分电器盖,拔下分火头,取下防护罩。

②取下凸轮轴顶端的毛毡,拆下分电器轴顶端的凸轮轴轴向限位螺钉,然后用一字形旋具拆

下分电器壳体上的铝质椭圆孔盖,再用镊子伸入椭圆孔中将离心提前装置的弹簧从挂钩上拨下,以便拆卸触发叶轮下面一个卡环时有足够的轴向间隙进行操作。

③向上拔起凸轮轴,先用拆装卡环用的专用工具将触发叶轮下面一个卡环拨开并将其向下移出卡环槽,然后下压触发叶轮使其定位销露出。

④先取下触发叶轮定位销,然后转动并拔下触发叶轮,再用专用工具拆下触发叶轮下面一个卡环。

⑤用十字形旋具拆下固定真空提前装置的两个螺钉(其中一个为分电器盖挂钩的固定螺钉),取下真空提前装置。

⑥先用尖嘴钳拔出信号发生器线束插座上的塑料螺钉,再将信号发生器线束插座从分电器壳体的槽中拔出。

⑦先用十字形旋具拆下分电器壳体上固定霍尔信号发生器底板的两个螺钉,然后取出信号发生器底板和信号发生器,再从分电器轴上取下凸轮轴。

⑧拆下分电器轴下端的横销,从分电器壳体内取出分电器轴和离心提前装置。

如需更换霍尔信号发生器,则在信号发生器底板和信号发生器拆下之后,先将信号发生器底板上的卡环拆下,然后取下信号发生器,再将新品装到底板上即可。

1.4.15 怎样进行分电器轴的检修?

电子点火系统的分电器轴弯曲以及分电器轴与轴承(铜衬套)之间的配合间隙过大时,都会影响点火信号发生器正常工作,因此需要在分解分电器时进行检查,以便进行修理或更换零部件。

①检查分电器轴的弯曲度。先将千分表触针垂直顶在轴的上端,再转动分电器轴一周,千分表指针的摆差应不大于 0.05mm,否则应予矫直或更换分电器轴。

②检查分电器轴与轴承(铜衬套)的配合间隙。先将千分表触针垂直顶在轴的上端,再沿触针轴线方向推拉分电器轴,千分表指针的摆差应为 0.02～0.04mm,最大不得超过 0.07mm,否则应当更换轴承(铜衬套)。

1.4.16 怎样进行配电器的检修?

电子点火系统配电器的检修方法如下:

①分火头的检修。检查分火头有无烧蚀、裂纹，并通过检查分火头导电片的表面状态判断分电器盖中央插孔内的炭精柱是否过度磨损，弹簧张力是否过弱，常见故障发生的部位如图 1-76 所示。如有裂纹，则需更换分火头；如有烧蚀，可用细砂布打磨干净；如果炭精柱过度磨损或弹簧张力过弱，可以通过拉伸弹簧，使其张力增大进行修复。

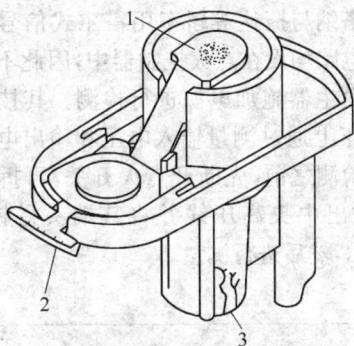

图 1-76　分火头常见故障

1. 弹簧弹力过弱　2. 烧蚀　3. 裂纹

②分电器盖的检修。检查分电器盖有无破损、裂纹、烧蚀、炭迹与磨损等故障，常见故障发生的部位如图 1-77 所示。如有破损、裂纹或炭迹，则需更换分电器盖；电极烧蚀可用细砂布打磨修复。

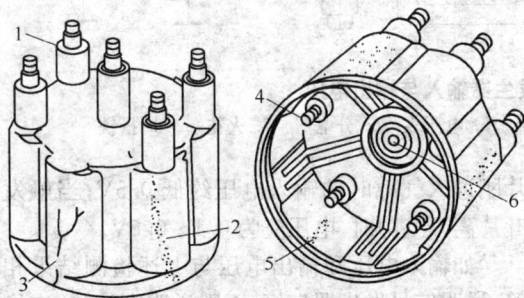

图 1-77　分电器盖常见故障

1. 破损　2、5. 炭迹　3. 裂纹　4. 烧蚀
6. 炭精柱磨损

1.4.17　怎样进行点火提前机构的检修?

点火提前机构的检修包括离心提前装置和真空提前装置的检修。

①离心提前装置的检修。离心提前装置的离心弹簧不得有锈蚀、变形或折断现象，否则应换用新品。检修分电器时，离心块销孔与销配合处应加注几滴润滑油。检查离心提前装置技术状态的简易方法如图 1-78a 所示，一手捏住分电器轴，另一手将信号转子轴沿分电器轴工作时的旋转方向转动到极限位置，当放松转子轴时应能迅速复位。如果转子轴不能复位或出现卡滞现象，应当更换离心提前装置总成。

②真空提前装置的检修。真空提前装置的膜片不得有漏气现象。检查其技术状态的简易方法如图 1-78b 所示，用嘴吸吮真空管接头时，拉杆应能随之移动，否则应予换用新品。

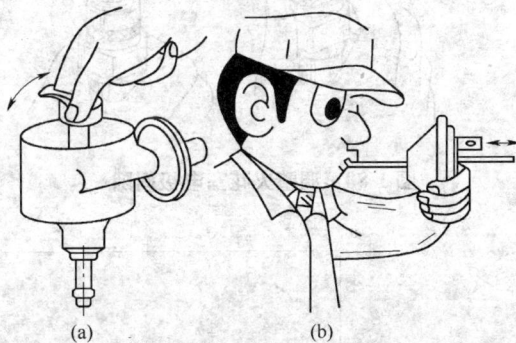

图 1-78　检查点火提前机构

(a)检查离心提前机构　(b)检查真空提前机构

1.4.18　怎样检查火花塞的技术状态?

火花塞的技术状态正常时，绝缘体裙部呈褐色或棕褐色，电极只有轻微的损耗，如图1-79所示。

图 1-79　火花塞的正常状态

当火花塞出现绝缘体破碎、电极熔化、电极烧蚀或过热（即绝缘体发白并有泡状凸起、电极腐蚀）现象时，应当更换火花塞，并检查调整点火正时。

当火花塞出现严重油污、结垢或积炭时，则应更换火花塞。当出现轻微炭迹、油污、结垢或积炭时，可在清除后继续使用。清除积炭、油污或结垢时，先用汽油或酒精浸泡，然后用毛刷进行清洗。

实践证明，汽车每行驶 1600km，火花塞电极烧蚀约为 0.025mm。因此，汽车行驶一段时间后，应当检查调整电极间隙。在一般情况下,汽车每行驶 15000～20000km(长效火花塞 30000km)或电极严重烧蚀时,应检查调整火花塞的电极间隙,方法如图 1-80 所示。

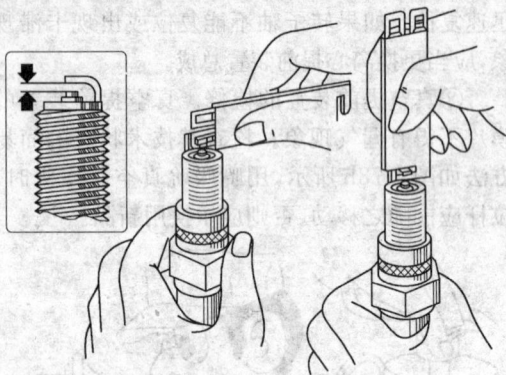

图 1-80 调整火花塞电极间隙

电极间隙应当使用火花塞专用量规进行测量和调整,标准间隙桑塔纳轿车 JV/AFE 型发动机为 0.7～0.9mm,AJR 型电喷发动机为 0.9～1.1mm,切诺基吉普车为 0.84～0.97mm。其他车辆用火花塞的标准间隙可参照《维修手册》规定进行调整。

1.4.19 怎样进行霍尔式信号发生器的检修?

桑塔纳与捷达等轿车用霍尔式信号发生器的保护电路均设在点火控制器中,因此不能直接向信号发生器施加电源进行检测。其技术状态可在汽车上通过测量输入电压和输出电压进行判断。检测之前,先断开点火开关,再拆下分电器盖,拔出中央高压线并将其端头搭铁,如图 1-81 所示,然后进行测量。

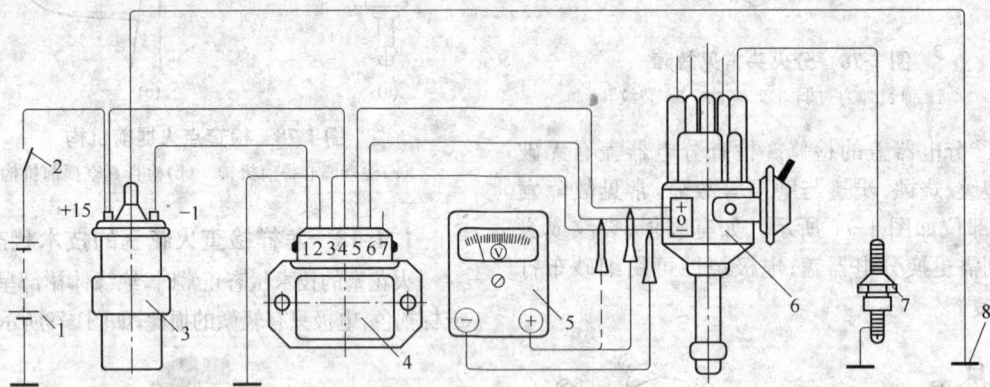

图 1-81 检测霍尔式信号发生器输入与输出电压
1.蓄电池 2.点火开关 3.点火线圈 4.点火控制器 5.电压表 6.分电器 7.火花塞 8.搭铁

①检测输入电压。将直流电压表正极与信号发生器插座上"+"端子引线(红黑色导线)连接,电压表负极与插座上"一"端子引线(棕白色导线)连接;再接通点火开关,无论触发叶轮的叶片是否进入气隙,电压表显示的电压都应接近于电源电压(当电源电压为 14.4V 时,输入电压应为 13～13.5V;当叶片刚进入气隙时,虽然输入电压约为 10.3V,但会迅速上升到 13～13.5V)。

②检测输出电压。首先断开点火开关,然后将直流电压表正极改接到信号发生器插座"O"端子连接的引线上(即绿白色信号输出线上),如图 1-81 虚线所示;再接通点火开关,转动触发叶轮。当触发叶片进入气隙时,电压应为 9.8V,即比叶片刚进入气隙时的输入电压约低 0.5V;当触发叶片离开气隙时,电压应为 0.1～0.5V。

如输入电压和输出电压与上述检测结果相符,说明信号发生器良好,否则说明有故障,应换用新品。

1.4.20 怎样对磁感应式信号发生器进行检修?

磁感应式信号发生器线圈是否良好可用万用表检测信号线圈的电阻值进行判断。检测电阻值时,将万用表拨到电阻 R×1Ω(数字式万用表拨到 OHM×2kΩ)挡,两只表笔分别连接信号线圈引线端子进行检测,标准电阻值应为(800±400)Ω。电阻值为无穷大说明线圈断路,电阻值过小说明线圈短路。无论断路或短路,都应换用新品。

信号发生器转子凸齿与定子磁头之间的气隙可用塞尺进行检查,标准气隙应为 0.2～0.4mm,否则应予调整。

磁感应式信号发生器的技术状态也可用交流电压表或万用表交流电压挡进行检查。方法如下:将万用表拨到交流电压 ACV×10V 挡,两只表笔分别连接分电器线束插座上信号线圈两端引线连接的端子,然后快速转动分电器轴,如万用表指示有 2V 左右的电压,说明信号发生器良好;如万用表指示电压为 0,说明信号发生器有故障,应予修理或换用新品。

1.4.21　怎样检修霍尔式电子点火系统的点火控制器?

电子控制器从车上拆下后,首先检查底部有无明显的烧蚀现象。如有烧蚀痕迹,说明控制器已经烧坏,应换用新品。点火控制器类型不同,检修方法也不相同。桑塔纳与捷达等轿车霍尔式点火控制器可在汽车上进行检查,方法如下:

①首先断开点火开关,然后拔下分电器上信号发生器的线束插头。

②将直流电压表正极接点火线圈"+15"端子,负极接点火线圈"-1"端子。

③接通点火开关,电压表读数应为 6V 左右,且在 1～2s 内降低到 0V。如电压不下降到 0 或保持 6V 不降低,说明点火控制器失效,应换用新品。

1.4.22　怎样检修磁感应式电子点火系统的点火控制器?

切诺基吉普车磁感应式点火控制器检测线路如图 1-82 所示,检查方法如下:

①用导线将四端子插座上的 C_1 端子搭铁。

②在 C_4 端子与蓄电池正极之间串接一只小灯泡(2W/12V 左右)。

③用导线将两端子插座上的 E_1、E_2 端子连接 12V 蓄电池正极。

④在四端子插座的 C_2、C_3 端子之间连接 2V 左右的直流电压(两节 5 号电池也可)作为信号源,同时观察小灯泡工作情况。

⑤对调 C_2、C_3 端子与 2V 电源的连接极性,如小灯泡一次发亮一次不亮,说明点火控制器良好;如对调前后小灯泡始终发亮或始终不亮,说明点火控制器失效,应换用新品。

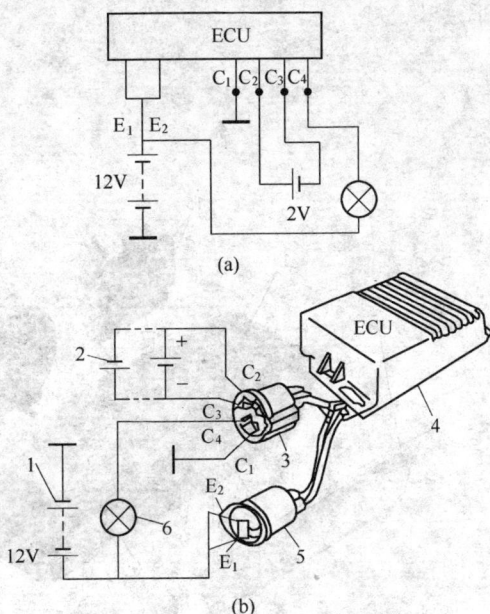

图 1-82　检查磁感应式电子控制器
(a)检测原理图　(b)检测线路图
1. 12V 电源　2. 2V 电源　3、5. 连接器插座
4. 点火控制器　6. 小试灯(2W/12V)

第 5 节　仪表照明信号系统的结构特点与使用维修

1.5.1　汽车仪表由哪几部分组成?常用仪表有哪些?

汽车仪表一般都是由传感器和指示表两部分组成。常用仪表按功能不同可分为电流表、机油油压表、冷却液温度表、燃油表、车速表与里程表等;按结构不同可分为指针式和电子显示式两种类型;按工作原理不同分为电磁驱动式、电热驱动式(双金属片式)、磁感应式(如车速里程表)和电子控制式四种。

汽车仪表通常都安装在仪表板上组成一个总成,称为组合仪表盘。桑塔纳 2000GSi 型轿车装备的组合仪表盘的结构如图 1-83 所示。

1.5.2　汽车充电系统的工作状态怎样指示?不同指示方式各有什么特点?

在现代汽车上,充电系统工作状态的指示方式有电流表指示、电压表指示和充电指示灯指示三种。

(1)电流表指示

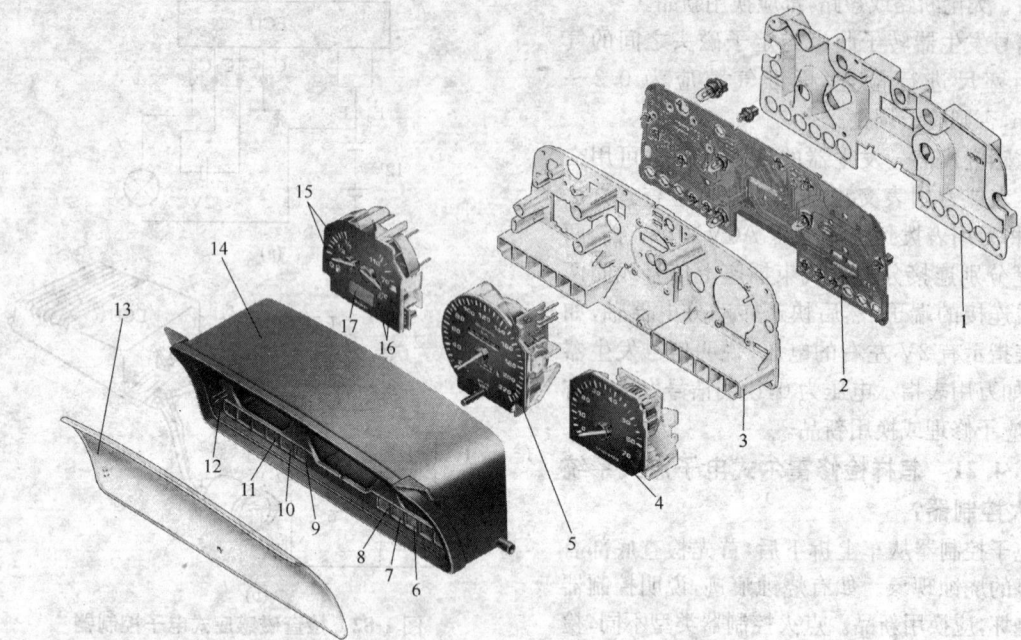

图1-83　桑塔纳2000GSi型轿车组合仪表盘的结构

1. 组合仪表盘后盖　2. 印刷电路板　3. 导光板　4. 发动机转速表　5. 车速与里程表　6. 冷却液不足警告灯
7. 后风窗电加热器指示灯　8. 前照灯远光指示灯　9. 充电指示灯　10. 机油压力过低警告灯
11. 制动系统故障与手制动指示灯　12. 数字时钟调整按钮　13. 透明护板　14. 仪表台　15. 燃油表及油面过低警告灯
16. 冷却液温度表及警告灯　17. 数字时钟

电流表的功用是指示充电系统的工作状态。电流表串接在蓄电池与发电机之间的电路中使用。当蓄电池向用电设备放电时,其指示值为负值,当发电机向蓄电池充电时,其指示值为正值。电流表不仅能够指示充电系统的充放电状态,而且还能指示充放电电流的大小,适合于整车负载电流相对较小、仪表盘安装空间相对较大的载货汽车选装。

现代汽车常用电流表有电磁式和动磁式两种类型。电磁式电流表的结构原理如图1-84所示。

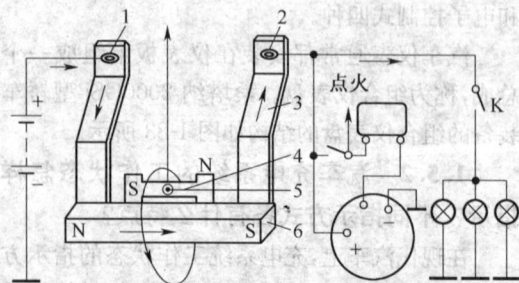

图1-84　电磁式电流表的结构原理

1、2. 接线端子　3. 黄铜板条　4. 软钢转子与指针
5. 转轴　6. 永久磁铁

黄铜板条3固定在绝缘底板上,两端与接线端子1和2相连,下面夹有永久磁铁6。在磁铁内侧的转轴5上装有带指针的软钢转子4。

电磁式电流表的两个接线端子具有正负极之分,使用时标有正极"＋"标记的端子应与交流发电机的输出端子"B"相连,标有负极"－"标记的端子应与蓄电池正极端子"BAT"相连。

(2)电压表指示

电压表的功用是指示电源系统的工作情况。因为电压表能够通过指示电压的高低来反映发电机、调节器和蓄电池的技术状况,所以比电流表和充电指示灯更为直观实用。这正是装备电压表的汽车逐年增多的原因。

北京切诺基(BJ2021型)汽车用电磁式电压表由两只十字交叉布置的电磁线圈、永久磁铁、转子、指针及刻度盘组成,结构原理如图1-85所示。两只电磁线圈与稳压管VS以及阻值为112Ω的限流电阻R串联。在电磁线圈电路中串联稳压管的目的是当电源电压达到一定数值时,电磁线圈才有电流流过,电压表电路才能接通。

电源电压越高,通过电磁线圈的电流就越大,电流的合成磁场就越强,因此指针偏转的角度就越大。

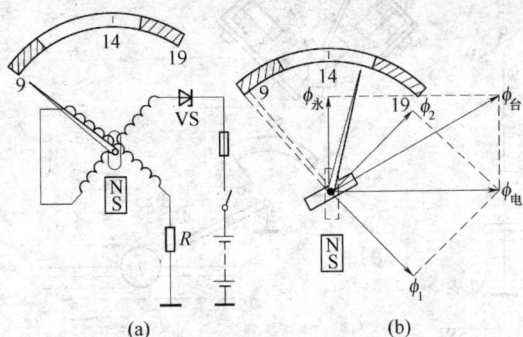

图 1-85　电磁式电压表结构原理
(a)无电流流过时　(b)有电流流过时

(3)充电指示灯指示

充电指示灯只能指示充电系统的充放电状态,不能指示充放电电流的大小,适合于整车负载电流相对较大、仪表盘安装空间相对较小的轿车选装。

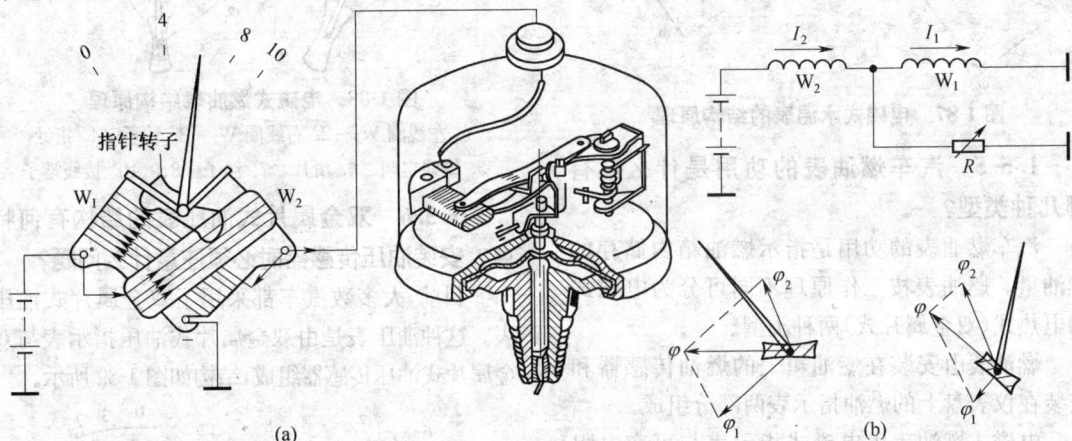

图 1-86　电磁式油压表

1.5.4　汽车水温表的功用是什么? 有哪几种类型?

水温表的标准名称是冷却液温度表,其功用是指示发动机冷却液的工作温度。汽车水温表按工作原理不同可分为电磁式和电热式(双金属片式)两种类型。

水温表由安装在发动机冷却水道上的温度传感器和安装在仪表盘上的温度指示表两部分组成。

电磁式水温表由电磁式温度指示表和热敏

1.5.3　汽车油压表的功用是什么? 有哪几种类型?

油压表是发动机润滑油压力表的简称,又称为机油压力表,其功用是指示发动机润滑油压力的高低。油压表由安装在仪表板盘上的油压指示表和安装在发动机主油道或粗滤器上的油压传感器两部分组成。

汽车油压表按工作原理不同可分为电磁式和电热式(双金属片式)两种类型。

电磁式油压表由电磁式油压指示表与可变电阻式油压传感器组成,结构原理如图 1-86 所示。可变电阻式油压传感器是利用油压大小推动滑臂来改变可变电阻阻值的传感器。当压力升高时,电阻值减小;当压力降低时,电阻值增大。油压指示表中设有两个电磁线圈 W_1 和 W_2 和铁磁转子,电磁线圈 W_1 与传感器电阻并联连接。转子上固定指针,称为指针转子,指针转子套装在轴上,由电磁线圈产生的合成磁场驱动而摆动。

电阻式传感器组成,结构原理如图 1-87 所示。水温指示表中设有两个电磁线圈 W_1、W_2 和铁磁转子,电磁线圈 W_2 与传感器的热敏电阻并联连接。转子上固定指针,称为指针转子,指针转子套装在轴上,由电磁线圈产生的合成磁场驱动而摆动。

热敏电阻式传感器的电阻值随冷却液温度变化而变化。当温度降低时,热敏电阻的电阻值增大;反之,当温度升高时电阻值减小。发动机正常工作时,水温一般在 85℃ 左右。

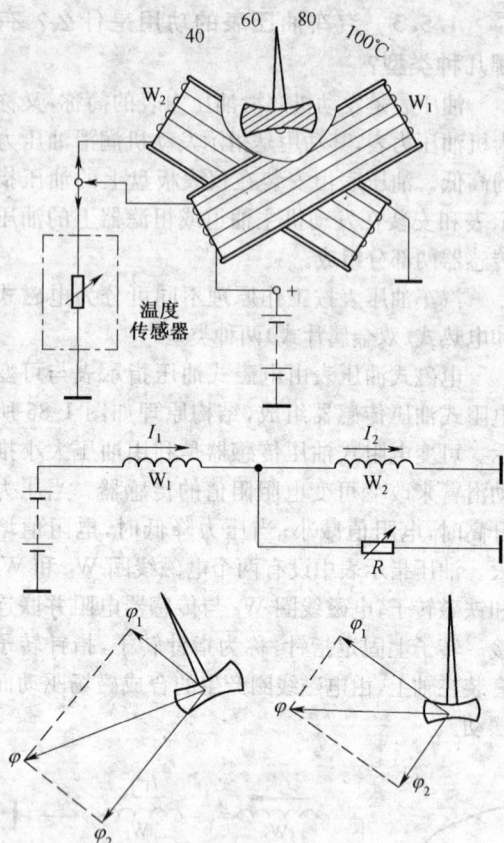

图 1-87 电磁式水温表的结构原理

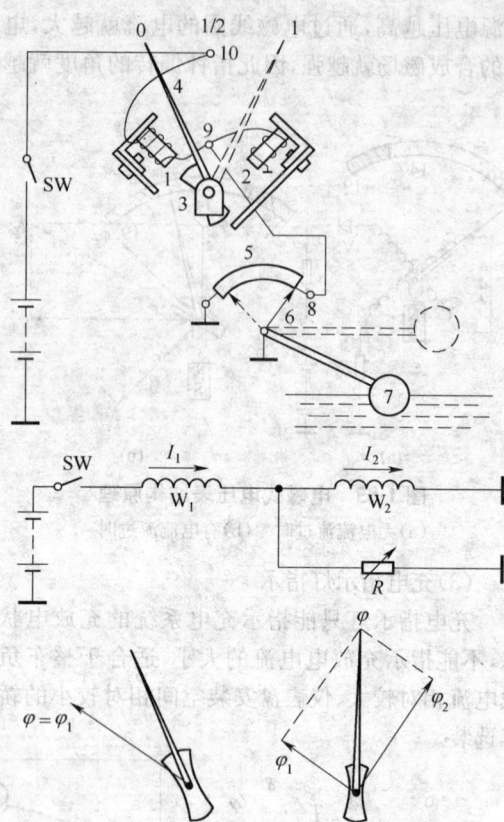

图 1-88 电磁式燃油表结构原理

1. 左线圈 W_1 2. 右线圈 W_2 3. 转子 4. 指针
5. 绕线电阻 6. 滑片 7. 浮子 8、9、10. 接线端子

1.5.5 汽车燃油表的功用是什么？有哪几种类型？

汽车燃油表的功用是指示燃油箱内储存的燃油量。燃油表按工作原理不同可分为电磁式和电热式(双金属片式)两种类型。

燃油表由安装在燃油箱上的燃油传感器和安装在仪表盘上的燃油指示表两部分组成。

电磁式燃油表由电磁式指示表与可变电阻式传感器组成,结构原理如图 1-88 所示。指示表由左电磁线圈 W_1、右电磁线圈 W_2、指针转子和刻度盘等组成。左右线圈 W_1 和 W_2 分别绕在两只铁心上,两只铁心相交成 90°安装,且右电磁线圈 W_2 与燃油传感器并联连接。指针转子套装在转子轴上。

燃油传感器由绕线电阻 5、滑片 6 和浮子 7 组成。浮子浮在油面上,随油面升降而改变其高低位置。传感器绕线电阻一端搭铁的目的是防止滑片在绕线电阻上滑动时产生电火花而引起火灾。

1.5.6 双金属片式油压表的结构有何特点？安装油压传感器时必须注意什么问题？

目前,大多数汽车都采用了双金属片式油压表。这种油压表是由双金属片式油压指示表与双金属片式油压传感器组成,结构如图 1-89 所示。

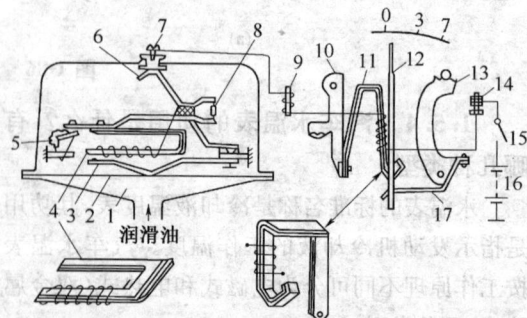

图 1-89 双金属片式油压表

1. 油腔 2. 膜片 3、17. 弹簧片 4、11. 双金属片与加热线圈 5、10、13. 调整齿扇 6. 接触片 7、9、14. 接线端子 8. 校正电阻 12. 指针 15. 点火开关 16. 蓄电池

油压传感器由双金属片、加热线圈、膜片、校正电阻和导电弹片等组成。膜片 2 的中央部位与弯曲的弹簧片 3 接触,弹簧片一端焊有触点,另一端固定并通过壳体搭铁。双金属片 4 上绕有加热线圈,加热线圈一端与双金属片触点相连,另一端通过接触片 6、接线端子 7 与油压指示表的接线端子 9 相连。校正电阻 8 为分流电阻,与加热线圈并联。制作油压表时,改变校正电阻的阻值,即可调整流过加热线圈电流的大小。

油压指示表内也设有双金属片和加热线圈 11,双金属片一端固定在调整齿扇 10 上,另一端与指针 12 相连。指示表的加热线圈绕在双金属片上。

发动机低速运转时,油压应不低于 150kPa,发动机正常工作时,油压应在 200～400kPa 范围内,压力最高不超过 500kPa。为使油压的指示值不受外界温度的影响,双金属片制成"□"字形。其中,绕有加热线圈一边称为工作臂,另一边称为补偿臂,当环境温度变化时,工作臂产生的附加变形能被补偿臂产生的相应变形所补偿。为了避免工作臂上加热线圈产生的热气上升导致补偿臂产生附加变形,在安装油压传感器时,必须使传感器壳上的箭头朝上,其偏移垂直位置的角度应不超过±30°,目的是使工作臂在补偿臂之上。

1.5.7　仪表稳压器的功用是什么? 稳压器有哪几种类型? 其稳压值各是多少?

仪表稳压器的功用是:当电源电压波动时,向指示仪表和传感器电路提供一个稳定的电压,保证指示仪表指示的读数准确。

常用仪表稳压器分为双金属片式和电子式两种。桑塔纳等轿车采用了电子式;东风、解放等载货汽车采用了双金属片式。

汽车用仪表电源稳压器的稳压值依车型而异,东风 EQ1090 型汽车为(8.64±0.15)V,解放 CA1091 型汽车为 7V,桑塔纳轿车为 9V。如果仪表稳压器的输出电压不符合规定值,对于双金属片式稳压器,可通过调节内部的调节螺钉进行调整,拧入螺钉时输出电压升高,拧出调节螺钉时电压降低。电子式稳压器不能调整,只能换用新品。

1.5.8　车速里程表的功用是什么? 有哪几种类型?

车速里程表的功用是指示汽车行驶速度和行驶里程数,行驶里程数又分为累计行驶里程数和单程行驶里程数两种。按工作原理不同,车速里程表可分为磁感应式和电子控制式两种。

电子式车速里程表是用设在变速器上的传感器获取车速信号,并通过导线传输信号,能够克服磁感应式车速里程表用钢缆软轴传输转矩带来的磨损等缺点。电子式车速里程表还具有精度高、指示数值平稳和寿命长等优点。因此,现代汽车特别是小轿车普遍采用,国产桑塔纳 2000 型、奥迪 100 型轿车都采用了电子式车速里程表。

电子式车速里程表的结构如图 1-90 所示,主要由车速传感器、电子电路、车速表和里程表四部分组成,既能指示汽车行驶速度,又能记录行驶里程(包括累计里程和单程里程),并具有复零功能。

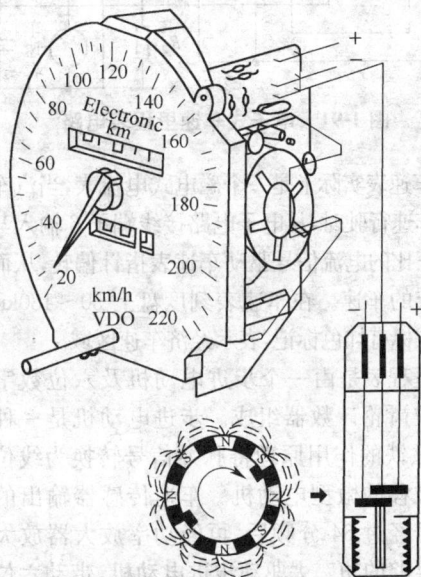

图 1-90　电子式车速里程表的结构

车速传感器一般采用舌簧开关式或磁感应式传感器,由变速器驱动,能够产生与汽车行驶速度成正比的电信号。桑塔纳 2000 型、奥迪 100 型轿车采用舌簧开关式传感器,由一个舌簧开关和一个具有 4 对磁极的转子组成。转子每转一周,舌簧开关中的触点闭合 8 次,产生 8 个脉冲信号,汽车每行驶 1km,车速传感器将输出 4127 个脉冲信号。

电子电路的作用是将车速传感器输入的与车速成正比的频率信号,经过整形、触发,输出一个与车速成正比的电流信号。电子电路主要包括稳压电路、单稳态触发电路、恒流源驱动电路、64 分频电路和功率放大电路,如图 1-91 所示。车速表的指示精度由电阻 R_1 调节,初始工作电流由电阻 R_2 调节,电阻 R_3 和电容 C_3 用于电源滤波。

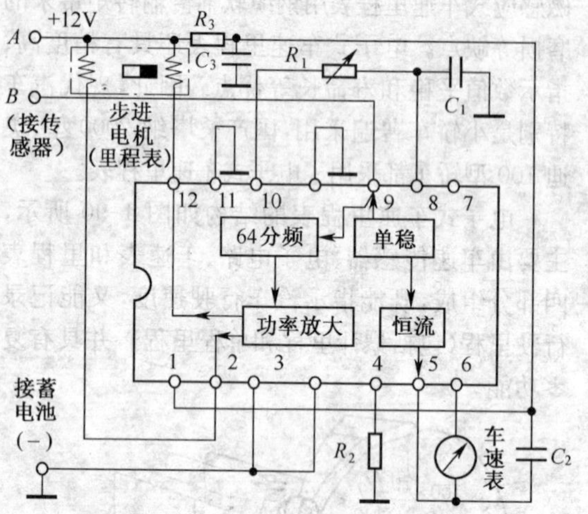

图 1-91 电子式车速里程表电路

车速表实际上是一个磁电式电流表,当汽车以不同车速行驶时,从电子电路接线端子 6 输入与车速成正比的电流信号驱动车速表指针偏转,从而指示相应的车速。在车速表刻度盘上 50~130km/h 的区域标有红色标记,表示经济车速区域。

里程表是由一个步进电动机及六位数字的十进位齿轮计数器组成。步进电动机是一种利用电磁铁的作用原理将脉冲信号转换为线位移或角位移的微型电动机。车速传感器输出的频率信号经过 64 分频后,再经功率放大器放大到具有足够的功率去驱动步进电动机,带动六位数字的十进位齿轮计数器工作,从而记录累计里程和日程里程。

累计里程和日程里程的任何一位数字轮转动一圈,进位齿轮就会使其左边的相邻计数轮转动 1/10 圈。车速里程表上设有一个单程里程计复位杆,当需要清除单程里程时,只需按一下复位杆,单程里程计的 4 个数字轮就会全部复位为零。

1.5.9 怎样检查与调整汽车电流表?

检修汽车电流表时,应当注意以下几点:

①用手摇动电流表时,指针应能灵活摆动;停止摇动后,指针应能很快停在"0"位。如果指针摆动呆滞,多为转子轴的轴承过紧,应加以调整;如果指针不能回到"0"位,可拨动配重块进行校准。若指针虽能灵活摆动,但不能迅速停在"0"位,可能是永久磁铁退磁所致,应进行充磁处理。

②当电流表通电后指针偏转迟缓,读数比标准值低时,一般为转子轴和轴承磨损或指针碰擦卡住,应拆开电流表进行检查。如果轴和轴承磨损,应更换;如为指针歪斜而碰擦,可用镊子矫正指针。当电流表的读数比标准值高时,一般为永久磁铁磁性减弱,应进行充磁处理。

③对充磁电流表进行充磁处理时,用永久磁铁或电磁铁与电流表永久磁铁的异性磁极接触一段时间,即可恢复原有的磁性。如磁性过强,则会使读数偏低,应予退磁。其方法与充磁相同,所不同的是用永久磁铁或电磁铁与电流表永久磁铁的同性磁极接触一段时间。

④当电流表指针向一边偏摆角度大,而向另一边偏摆角度小时,一般为转子位置不正,指针碰擦,应拆开进行检修。

⑤检验电流表的准确度时,可用标准量程为 $-30A\sim0\sim+30A$ 的直流电流表和标准电阻值为 $0\sim5\Omega$、额定电流为 30A 的可变电阻与被试电流表以及蓄电池串联在一起进行检验。检验时,接通蓄电池电源,在逐渐减小可变电阻值的同时,比较两只电流表读数的大小。如果读数之差在 20% 的范围内,说明被测电流表工作基本正常(注:汽车电流表的误差允许在 20% 范围内),否则,应予修理或换用新品。

1.5.10 怎样检查与调整汽车电压表?

检修汽车电压表时,应当注意以下几点:

①接通点火起动开关、发动机尚未起动时,电压表指示的蓄电池端电压读数范围:12V 电气系统应为 11.4~12.6V,24V 电气系统应为 22.8~25.2V。如端电压过低,说明蓄电池严重亏电或内部短路。

②实测表明:在接通点火起动开关起动发动机的 3~5s 内,电压表指示的 12V 电气系统蓄电池端电压读数应为 9~11V。对于额定容量小于或等于 60A·h 的蓄电池,如电压表读数低于 9V,说明蓄电池有故障或寿命终止,需要换用新品。如电压表读数在 9~11V 之间,说明蓄电池技术状态良好,端电压接近 11V 可继续使用,接近 9V 应补充充电。如电压表读数高于 11V,说

明蓄电池技术状态很好,可以继续使用,无需补充充电。对于 24V 电气系统,在接通点火起动开关起动发动机的 3~5s 内,蓄电池端电压读数应为 18~22V。如电压表读数低于 18V,说明蓄电池有故障或寿命终止,需要换用新品。如电压表读数在 18~22V 之间,说明蓄电池技术状态良好,端电压接近 22V 可继续使用,接近 18V 应补充充电。如电压表读数高于 22V,说明蓄电池技术状态很好,无需补充充电,即可继续使用。

③发动机正常运转时,电压表指示的蓄电池端电压读数范围:12V 电气系统应为(14.2±0.25)V,24V 电气系统应为(28.0±0.3)V。如果电压表指示的读数与发动机起动前的读数相同,说明交流发电机不发电,需要检修交流发电机和电压调节器;如电压表指示电压过高,说明电压调节器故障,需要更换调节器。

1.5.11　汽车油压表常见故障有哪些?怎样检查油压指示表和传感器的电阻值?

油压表常见故障有读数偏大、偏小或指针不动。油压表读数不准可进行校准;若指针不动,一般是电热线圈烧坏或触点烧蚀,应进行修理。双金属片式油压表一般都可进行调整。

检查油压指示表和传感器电阻值时,用万用表测量电热线圈的电阻值是否符合表 1-14 中规定。如果电阻值小于标准阻值,说明电热线圈有匝间短路故障。如果电阻值大于标准阻值,说明线圈与连接部件接触不良。如果万用表指针不动,说明线圈电路断路。

表 1-14　北京 BJ2020 型汽车油压指示
表及传感器电热线圈技术参数

项目名称	标准阻值 (Ω)	线圈直径 (mm)	导线材料
指示表	17.5	0.112	漆包康铜线
降压电阻	17.5~18.5	0.112	漆包康铜线
传感器	8~12	0.112	漆包康铜线

将指示表与毫安表(0~300mA)、可变电阻(0~100Ω)和 12V 蓄电池串联组成检验电路。接通电路开关,调节可变电阻,当毫安表指示读数分别为 60mA、170mA 和 240mA 时,指示表指针应相应地指示在"0"、"2"、"5"的刻度上,指示不准应进行调整或修理。

如指示表指针在"0"位有误差,可用旋具或专用工具调整"0"位,调整扇齿。向左拨动(从表背面看),读数增高;向右拨动,读数降低。如最大读数的误差超过 20%,可拨动偏摆角度调整扇齿。向左拨动,读数增高;向右拨动,读数降低。

将被检验的传感器与标准的指示表、12V 蓄电池、油压机、机械式油压表组成如图 1-92 所示的检验装置。如果没有油压机,可用汽车液压制动总泵代替。

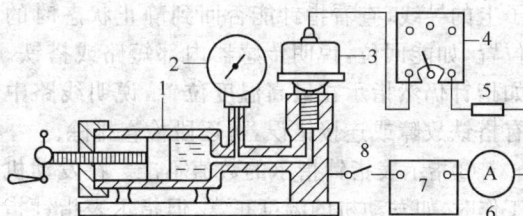

图 1-92　机油压力传感器的检验
1. 油压机　2. 油压表　3. 传感器　4. 标准指示表
5. 降压电阻　6. 电流表　7. 蓄电池　8. 开关

检验时,接通控制开关,摇转油压机手柄,当机械式油压表指示的压力分别为 0、200kPa、500kPa 时,标准指示表应相应地指示 0、200kPa、500kPa 压力,则表明被检传感器工作良好。否则说明传感器工作不正常,应予修理或换用新品。在规定压力下,传感器输出电流以及规定电流下指示表指针的读数见表 1-15。

表 1-15　油压与电流对应值

传感器所感受 的压力(kPa)	指示表的 读数(kPa)	传感器应输出 的电流(mA)
0	0	65±5
200	200±20	170±3
500~600	500±10	240

在传感器感受高压时,如输出电流比规定值低,则多为校正电阻阻值增大所致。可将指示表弹片的张力减弱或改变电阻值来进行校准。

1.5.12　汽车发动机水温表常见故障有哪些? 怎样排除?

汽车发动机水温表常见故障及其排除方法如下:

①发动机工作时指示表指针不动。此时如

油压表和燃油表都不工作,故障可能是点火开关到仪表的导线断路。如油压表和燃油表工作也不正常,说明故障发生在指示表到传感器之间的线路中。可将传感器上的连接导线短时搭铁进行试验,如指示表指针摆动,说明故障发生在传感器内部;如指针仍然不动,说明故障发生在指示表或指示表至传感器之间的导线断路。

②发动机水温升高后指针却不摆动。一旦接通点火开关,指针就偏摆到最高温度位置。出现这种现象时,可先拆下传感器接线端子上的导线,查看指针能否回到静止状态时的位置,如能回位,说明传感器内部短路或搭铁。如指针仍然指示在最高温度位置,说明线路中有搭铁故障或连接错误,可逐段检查排除。

③指示表指针指示的数值不准。在发动机工作时,如发动机的温度正常,但指示表指针指示的数值偏低或偏高,应检查指示表或传感器是否发生故障。如无故障,则应进行调整。

1.5.13 怎样检查汽车燃油指示表和燃油传感器?

汽车燃油表的传感器和指示表都可使用如图1-93所示的仪器和连接电路进行检查。需要特别指出的是:如果检验燃油指示表,那么传感器就必须是标准的燃油传感器;反之,如果检验燃油传感器,指示表就必须是标准的燃油指示表。

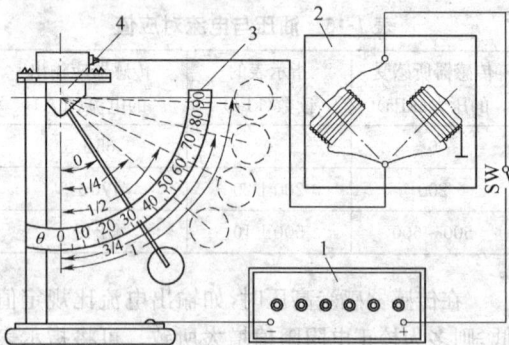

图1-93 燃油表的检验电路
1. 蓄电池 2. 指示表 3. 量角器 4. 传感器

检验燃油指示表或燃油传感器时,首先接通控制开关SW,然后将浮子臂分别摆到31°和89°位置进行检验时,指示表的指针应相应地指在"0"和"1"位置。如果误差不超过10%,指示表或

传感器就可继续使用,否则应当进行调整、修理或换用新品。

1.5.14 车速里程表的检查项目有哪些?

车速里程表的检查包括以下几个方面:

①检查车速里程表的铝制金属碗有无歪斜、碰撞摩擦现象。如有歪斜或碰撞摩擦,就会导致读数不准或工作失常,应进行校正。

②检查游丝弹簧以及表轴与轴套之间有无松动。如有松动,可用空心冲将其铆紧。

③检查各部轴承有无松旷。如果轴承磨损而松旷,应予修理或换用新品。

④检查车速里程表针轴的轴向间隙是否过大。如果轴向间隙过大,就应进行修理或换用新品。

⑤检查车速里程表驱动软轴的润滑情况。取下车速里程表驱动软轴接头的油毡,用汽油清洗干净、晾干后,再浸足变压器油并装回即可。车速里程表内的传动机件禁止使用润滑脂(黄油)进行润滑。

车速里程表常见故障及其排除方法如下:

①车速表指针不动。指针不动的主要原因是软轴连接处松脱、表内有发卡现象或软轴扭断等,应拆开仪表进行修理。

②车速表指针跳动。指针跳动的主要原因是磁铁轴承磨损导致磁铁旋转时窜动而碰撞金属碗所致,此时需要更换轴承。

③里程表计数轮不转。计数轮不转的主要原因是软轴连接处松脱、表内有发卡现象或软轴扭断等。如果仅有部分计数轮不转,则其原因是计数轮之间的进位拨销折断或传动齿轮损坏,需要换用新品。

1.5.15 前照灯的功用是什么? 如何组成? 对前照灯的基本要求有哪些?

前照灯俗称大灯,其功用是在夜间行车时照亮车前的道路及物体,同时可以利用远、近光变换信号告之前方车辆要求超越。

前照灯的光学系统由灯泡、反射镜和配光镜三部分组成。

(1)灯泡

前照灯灯泡是照明灯的光源,目前汽车使用的前照灯灯泡有普通充气灯泡和卤钨灯泡两种,结构如图 1-94 所示。

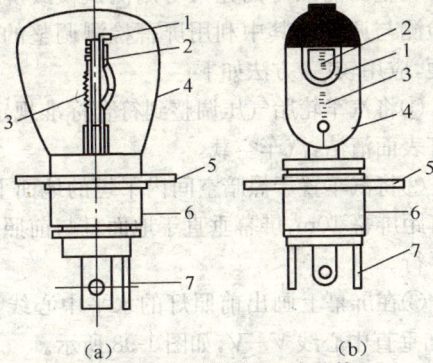

图 1-94 前照灯灯泡的结构

(a)普通充气灯泡 (b)卤钨灯泡

1. 配光屏 2. 近光灯丝 3. 远光灯丝 4. 灯壳
5. 定焦盘 6. 灯头 7. 电极插片

国内外目前普遍使用利用卤钨再生循环反应原理制成的新型电光源,即卤钨灯泡。卤钨灯泡具有体积小、发光强度大和发黑现象轻微的优点。卤钨灯泡的灯壳采用机械强度较高、耐高温的石英玻璃或硬玻璃制成,因此充入惰性气体的压力较高,不仅能够抑制钨的蒸发,而且可以减少灯泡发黑现象。国内外普遍使用的卤素是溴和碘,分别称为溴钨灯泡和碘钨灯泡。我国使用的是溴钨灯泡。

(2)反射镜

反射镜的作用是将灯泡发出的光线聚合成平行光束导向前方,如图 1-95 所示。灯丝位于焦点上,所发出的绝大部分光线向反射镜照射到立体角度 ω 范围内,经反射镜反射成平行光束射向远方,使光束增强几百倍至几千倍,使汽车前方150～400m 范围内的路面和障碍物清晰可见。

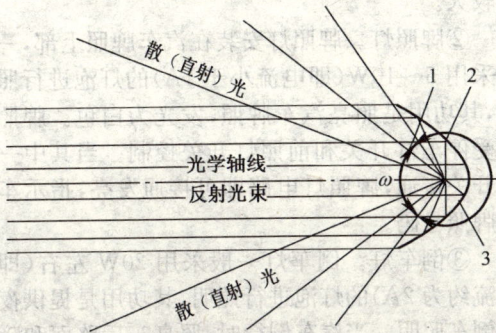

图 1-95 反射镜的作用

1. 配光镜 2. 反射镜 3. 灯丝

反射镜由薄钢板模压或由玻璃、塑料制成旋转抛物面形状,如图 1-96 所示。反射镜的内表面镀有银、铝或铬,并采用抛光工艺加工,以提高发射能力。

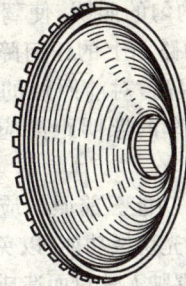

图 1-96 半封闭式前照灯的反射镜

(3)配光镜

配光镜又称为散光玻璃,其作用是将反射镜反射出的光束在水平方向扩散,在竖直方向向下折射,使前照灯照射符合配光法规要求。

配光镜由若干块棱镜和透镜组合而成,几何形状比较复杂,如图 1-97a 所示。配光镜是用透光玻璃压制而成,外形一般为圆形、异形和矩形。当反射镜反射出的平行光束照射到凹透镜上时,凹透镜将使光束向水平方向散射,如图 1-97b 所示;当平行光束照射到棱镜上时,棱镜将使光束向下折射,如图 1-97c 所示。

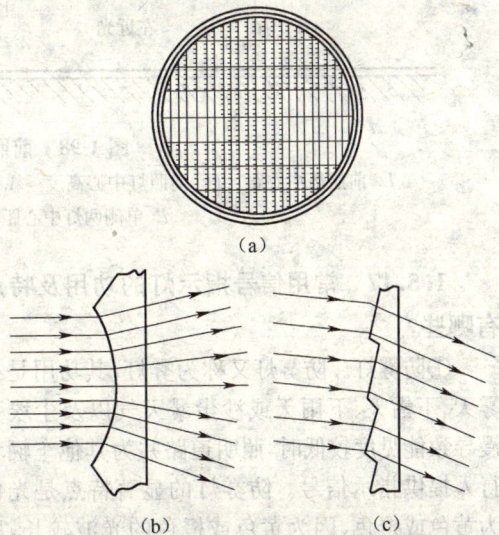

图 1-97 配光镜

(a)几何形状 (b)水平散射光束 (c)垂直折射光束

在各型汽车的所有照明装置中,前照灯是最重要的照明装置,安装在汽车前部左右两侧,其

照明效果直接影响夜间交通安全,为此世界各国都以法律形式规定了汽车前照灯的照明标准,其基本要求如下:

①照明距离不低于100m。前照灯应保证车前有明亮而均匀的照明,使驾驶人能够辨明车前100m以内路面上的任何障碍物。随着汽车行驶速度的提高,对前照灯的照明距离也越来越远,现代汽车的照明距离应当达到200~400m。

②防止炫目功能。前照灯应具有防止炫目功能,即远光/近光切换功能,以免夜间两车迎面相遇时,使对方驾驶人炫目而造成交通事故。

1.5.16 怎样检测与调整前照灯的光束?

为了保证夜间行车安全,在汽车定期维护过程中,应对前照灯光束照射的方向和距离进行检测和调整。前照灯的光束可用测试仪或屏幕进行检测与调整。其中利用屏幕检测调整的方法简便,应用较广,方法如下:

①将汽车轮胎气压调整到符合标准规定,前照灯表面清洁,汽车空载。

②将汽车置于黑暗空间内平坦的地面上,前照灯距屏幕10m,屏幕垂直于地面且与前照灯表面平行。

③在屏幕上画出前照灯的水平中心线 $H-H$ 和垂直中心线 $V-V$,如图1-98所示。

④遮住一侧前照灯或将其电路连接器拔开,拆除前照灯的塑料装饰罩,拧动其调整螺钉,直到符合图1-98所示要求为止。

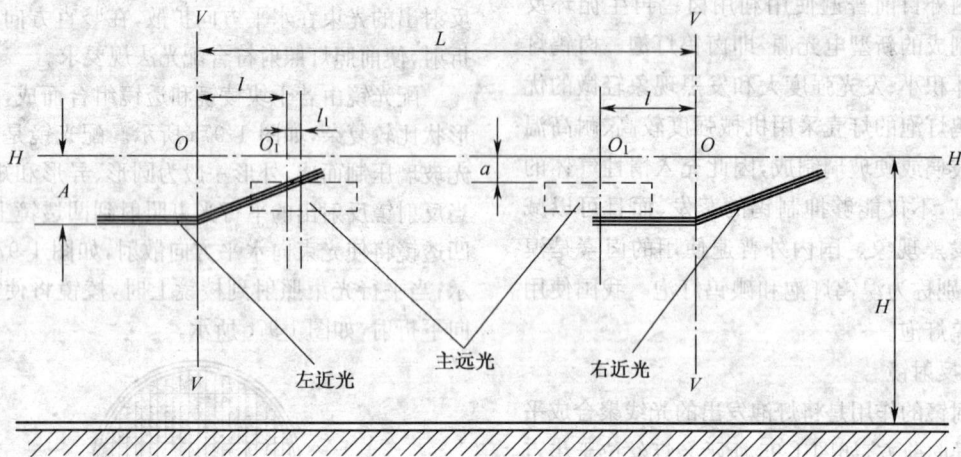

图1-98 前照灯光束的检测与调整

L. 前照灯中心距 H. 前照灯中心高度 A. 光束明暗分界线偏移量 a. 单远光灯光束亮区偏移量

l. 单侧两灯中心距 l_1. 左侧主远光中心偏移量

1.5.17 常用信号指示灯的功用及特点有哪些?

①防雾灯。防雾灯又称为雾灯,其功用是在雾天、下雪天、下雨天或沙尘暴天气以及尘埃弥漫导致能见度较低时,照明道路并为其他车辆和行人提供指示信号。防雾灯的显著特点是光色为黄色或橙色,因为黄色或橙色的光波较长,所以透雾性能较强。

防雾灯的结构与前照灯相似,采用单丝灯泡,每车装备1~2只,安装位置比前照灯稍低,一般距离地面约50cm左右,照射出的光线倾斜度较大。

②牌照灯。牌照灯安装在汽车牌照上部,一般采用5~10W(即电流小于1A)的灯泡进行照明,其功用是照亮汽车牌照,发光为白色。牌照灯受停车灯开关和前照灯开关控制。当其中一个开关接通,牌照灯电路即可接通发亮,指示车辆牌照号码。

③倒车灯。倒车灯一般采用20W左右(即电流约为2A)的灯泡进行照明,其功用是提供夜间倒车照明。当汽车倒行时,照亮车后路面和障碍物,以便安全倒车。同时可向其他车辆和行人发出倒车警告(有的汽车还增加了倒车蜂鸣器)。

倒车灯受安装在变速器上的倒车灯开关控制。当挂上倒档时,倒车灯电路接通而发亮。

④转向信号灯。转向信号灯又称为转向灯,其功用是当汽车转弯时,在闪光器(一种使信号灯和指示灯闪烁发光的装置)的控制下,向其他车辆和行人发出明暗交替的闪烁信号,指示汽车向左或向右的行驶方向。

转向信号灯一般采用功率为 20W 左右的白炽灯泡,受转向灯开关和闪光器控制。转向信号灯安装在汽车前部、后部和中部左右两侧,每车一般采用 4 只或 6 只(侧转向灯 2 只,功率 8~10W)。

前转向信号灯通常和示宽灯制成双丝灯泡,其中功率较大(20W 左右)的灯丝用于转向信号灯,功率较小(8W 左右)的灯丝用于示宽灯。后转向信号灯与尾灯通常也制成双丝灯泡。

危急报警功能是转向信号系统的扩展功能,是利用危急警报灯开关将左右转向信号灯电路同时接通来实现危急报警功能。危急报警信号灯与指示灯分别由转向信号灯与指示灯组成,受危急警报灯开关和闪光器控制。在汽车行驶过程中,如遇危险或紧急情况,可将危急报警信号灯开关接通,使前、后、左、右和两侧转向信号灯同时闪烁,向来往车辆和行人发出报警信号。

⑤制动信号灯。制动信号灯的功用是在汽车制动时,向跟进车辆发出红色信号,提醒跟进车辆驾驶人采取相应措施(减速或躲避),以免发生追尾事故。制动信号灯受制动灯开关控制。在驾驶人踩下制动踏板的同时,使制动灯开关将制动信号灯电路接通而发出红色信号。

⑥示廓灯。示廓灯是示宽灯与示高灯的统称,其功用是在夜间行驶汽车时,分别指示汽车的宽度和高度。示宽灯又称为前小灯,安装在汽车前部两侧边缘。示高灯配装在载货汽车和大客车上,安装在汽车前后左右外侧顶部能够指示车身高度和顶部宽度位置。

通常将示宽灯兼作停车灯。停车灯的功用是在夜间或光照暗淡时,指示汽车停放的位置。汽车前后各有 2 只停车灯。

⑦门控灯。门控灯的功用是:指示车门的开闭状况。门控灯受车门轴处的门控开关控制。通常将顶灯兼作门控灯,当车门关闭时,门控开关断开,门控灯熄灭;当车门打开时,门控开关接通,门控灯发亮照明车内空间,以便乘员入座。

1.5.18 闪光器的功用是什么? 如何构成?

闪光继电器简称闪光器。在转向信号系统或危急报警信号系统中,闪光器是必不可少的部件,其功用是控制转向信号灯(或危急报警信号灯)和指示灯闪烁发光。

电子式闪光器的核心器件是一块低功耗、高精度的汽车电子闪光器专用集成电路。上海桑塔纳轿车闪光器采用了专用集成电路 U243B,闪光器标称电压为 12V,实际工作电压范围为 9~18V,集成电路采用双列 8 脚直插塑料封装,其引脚及内部电路框图如图 1-99 所示。内部电路主要由输入检测器 SR、电压检测器 D、振荡器 Z 及功率输出级 SC 四部分组成。

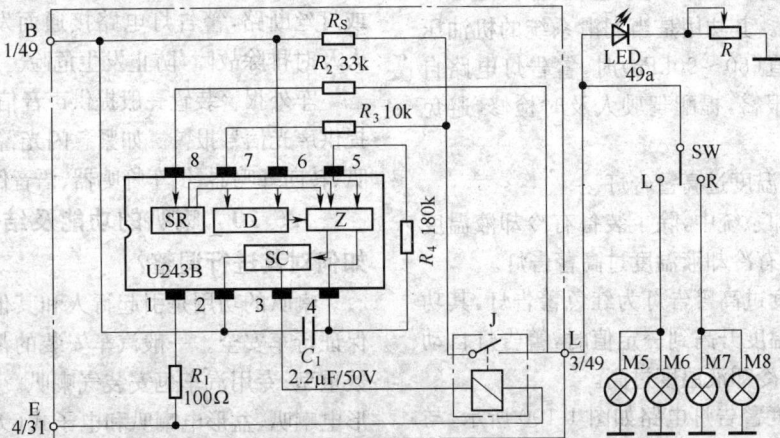

图 1-99 电子式闪光器电路

SR. 输入检测器 D. 电压检测器 Z. 振荡器 SC. 输出级 R_S. 取样电阻 J. 继电器

输入检测器用来检测转向信号灯开关是否接通。振荡器由一个电压比较器和外接电阻 R_4 及电容器 C_1 构成。内部电路给比较器的一端提供了一个参考电压(其值高低由电压检测器控制),比较器的另一端则由外接电阻 R_4 及电容器 C_1 提供一个变化的电压,从而使电路产生振荡。振荡器工作时,输出级便控制继电器线圈的电路,使继电器触点循环断开与闭合,从而使转向信号灯和转向指示灯(发光二极管)以 80 次/分的频率闪烁发光。

如果一只转向信号灯烧坏(灯丝烧断),则流过取样电阻 R_S 的电流减小,其电压降降低,经电压检测器识别后,控制振荡器电压比较器的参考电压,从而改变振荡(即闪光)频率,此时转向指示灯的闪光频率将加快一倍,提醒驾驶人及时检修、更换灯泡。

1.5.19　汽车内部和外部报警装置分别有哪些?

车内报警装置一般由传感器和红色警告灯组成。警告灯又称为警报灯,当被监测的部件或系统工作失常时,警告灯电路自动接通而发亮报警,提醒驾驶人采取相应措施。如机油压力警告灯、冷却液温度过高警告灯、燃油油量过少警告灯、气压过低(真空度)警告灯、空气滤清器堵塞警告灯、制动气压过低警告灯、制动液液面过低警告灯和制动信号灯电路断路警告灯等。

(1)机油压力过低警告灯

机油压力过低警告灯为红色警告灯,配合传感器信号亮/灭。其功用是当润滑系统的机油压力降低到一定值(50~90kPa)时,警告灯电路自动接通而发亮报警,提醒驾驶人及时检修,避免损坏发动机。

(2)冷却液温度过高警告灯

在汽车冷却系统中,除了装备有冷却液温度表之外,还装备有冷却液温度过高警告灯。

冷却液温度过高警告灯为红色警告灯,其功用是当冷却液温度升高到一定值时,警告灯自动发亮报警,指示冷却液温度过高。

冷却液温度警告灯电路如图 1-100 所示,与警告灯配用的传感器为双金属片式温度传感器。

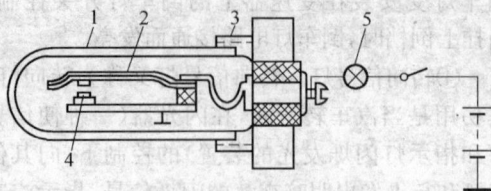

图 1-100　冷却液温度警告灯电路
1. 壳体　2. 双金属片　3. 安装螺纹
4. 静触点　5. 警告灯

当冷却液温度升高时,传感器内部双金属片受热产生的变形量增大。当冷却液温度升高到 95℃~98℃时,双金属片向下弯曲变形使触点闭合,警告灯电路接通而发亮,指示冷却液温度过高。

(3)制动警告灯

现代汽车制动系统设置的警告装置有手制动警告灯、制动压力过低警告灯、制动液液面过低警告灯和制动信号灯电路断路警告灯等。

①手制动警告灯的功用。在手制动器处于制动状态时自动发亮,提醒驾驶人在挂挡起步之前,预先松开手制动器。

②制动压力过低警告灯的功用。在制动管路的压力降低到一定值时自动发亮,提醒驾驶人及时排除故障,以免发生危险。

③制动液液面过低警告灯的功用。当制动液储液罐的液面下降到规定值时,警告灯电路接通而发亮,提醒驾驶人及时补充制动液。

④制动信号灯电路断路警告灯的功用。当踩下制动踏板时,如果左(或右)制动信号灯线路或灯丝断路,警告灯电路接通而发亮,提醒驾驶人及时排除故障,防止发生危险。

车外报警装置一般提供声音信号报警或同时提供声光信号报警。如紧急闪光警告灯与报警喇叭、转向蜂鸣器、倒车蜂鸣器、语音倒车警告器等。

1.5.20　喇叭的功能及结构是怎样的?如何对其进行调整?

喇叭的功用是引起行人和其他车辆的注意,保证行车安全。一般汽车安装的都是电喇叭,少数重型、专用汽车也安装气喇叭。电喇叭分为筒形电喇叭、盆形电喇叭和电子式(无触点)电喇叭三种。

盆形电喇叭的结构如图 1-101 所示。主要由电磁铁机构、触点总成和金属膜片组成。盆形电喇叭体积和质量较小,国产桑塔纳、捷达、奥迪、红旗和天津—汽丰田等系列小轿车普遍采用。

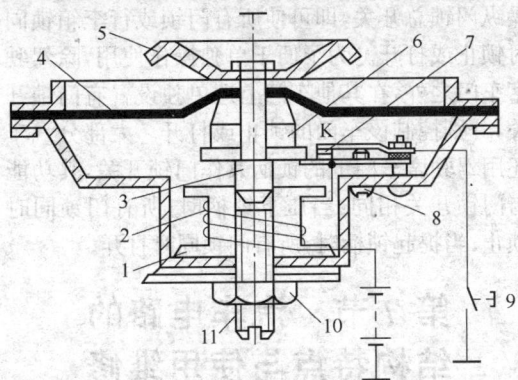

图 1-101　盆形电喇叭的结构
1. 固定铁心　2. 线圈　3. 导杆　4. 膜片　5. 共鸣板　6. 活动铁心　7. 触点 K　8. 音量调整螺钉　9. 喇叭按钮　10. 锁紧螺母　11. 音调调整螺钉

电磁线圈 2 绕在固定铁心 1 上,固定铁心中空,导杆可在固定铁心的中心孔中移动并保持轴心同心。活动铁心 6 下缘与固定触点臂保持接触,活动铁心向下移动时,固定触点臂将随之移动,触点 7 就会由闭合状态转变为断开状态。盆形电喇叭的显著特点是没有扬声筒,而是将活动铁心 6、膜片 4 和共鸣板 5 固装在中心轴上,并随膜片一同振动。当喇叭按钮按下时,电磁线圈电路接通,电流由电源正极→线圈 2→触点 7→按钮 9 搭铁回到电源负极。流过线圈的电流在铁心中产生电磁吸力将活动铁心向下吸引。活动铁心向下移动使触点 7 断开,线圈电流切断,电磁吸力消失,活动铁心复位。当活动铁心复位时,触点重又闭合,线圈电流重又接通,又会产生电磁吸力吸引活动铁心向下移动。

盆形电喇叭是利用电磁转换原理使金属膜片产生振动而发出音响信号的。当按钮按下时,触点不断断开与闭合,线圈电流循环切断与接通,活动铁心不断上下移动,带动膜片振动产生一定频率的声波,并激励与膜片一体的共鸣板产生共鸣,从而发出比基本频率强得多且分布又比较集中的谐音。当松开喇叭按钮时,线圈电流切断,电磁吸力消失,铁心停止振动,喇叭停止发音。

电喇叭音量及音调的调整方法如下:

①喇叭音量的调整。电喇叭音量的大小由电磁线圈电流的大小决定。电流越大则音量越大;电流越小则音量越小。盆形电喇叭音量的调整方法:转动如图 1-101 所示调整螺钉 8,改变触点接触压力进行调整。当触点压力增加时,触点闭合时间相对增长,流过线圈的电流增大,音量相应增大;反之,音量减小。

②喇叭音调的调整。喇叭音调的高低由活动铁心或衔铁的振动频率决定。减小活动铁心或衔铁与固定铁心间的气隙,可以提高喇叭的音调;增大活动铁心或衔铁与固定铁心的气隙,可以降低喇叭的音调。盆形电喇叭音调的调整方法:转动如图 1-101 所示调整螺钉 11,调整活动铁心与固定铁心之间的气隙进行调整。减小气隙时喇叭音调升高,增大气隙时音调降低。

喇叭音量和音调的调整是相互影响的,因此需用反复调整,直至声音悦耳为止。

第 6 节　辅助电器系统的结构特点与使用维修

1.6.1　汽车辅助电器系统包括哪些子系统和电器装置?

汽车辅助电器系统主要包括风窗玻璃刮水系统、风窗玻璃洗涤系统、风窗玻璃除霜系统、电动车窗(风窗玻璃升降)系统、中央门锁系统、低温起动预热系统等子系统以及收放机和点烟器等电器装置。随着汽车技术的发展,辅助电器系统将日益增多,主要是向安全、舒适和娱乐保障方面发展。

1.6.2　汽车风窗玻璃除霜系统的功用是什么?后风窗玻璃除霜器的结构有何特点?

在寒冷的冬季,汽车风窗玻璃表面容易结上一层冰霜,这些冰霜利用刮水器难以清除。风窗玻璃除霜系统的功用是清除风窗玻璃表面的冰霜,保证驾驶人和车内乘员具有良好的视野。清除结冰或结霜的有效方法是对玻璃进行加热。在装有空调或暖风装置的汽车上,接通空调暖风可以清除前风窗和侧风窗玻璃上的冰霜。

后风窗玻璃通常都是利用除霜器对玻璃进行加热来除霜。除霜器是在后风窗玻璃的内表面镀上数条相互并联的导电膜,形成电热丝一样加热电阻,如图 1-102 所示。当导电膜通电时,便可对玻璃进行加热,从而清除或防止表面结霜。这种装置的耗电量为 30～50W,广泛应用于轿车和客车。

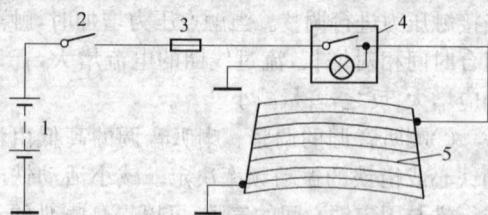

图 1-102 后风窗除霜器控制电路
1. 蓄电池 2. 点火开关 3. 熔丝
4. 除霜器开关及指示灯 5. 导电膜

1.6.3 电动车窗系统的功用是什么? 由哪些部件组成?

电动车窗系统是指由电力驱动的车窗玻璃升降系统,俗称车窗玻璃升降器,其功用是利用驾驶席上的控制开关或遥控开关,即可控制所有全部车门玻璃自动升降。电动车窗系统操作简便,利于行车安全,因此国内外轿车普遍采用。

电动车窗系由车窗玻璃、升降驱动电动机、玻璃升降机构、继电器、总开关(一般设在驾驶席侧门上)、各车窗开关和控制组件等组成。

1.6.4 电动坐椅系统的功用是什么? 由哪些部件组成?

为了便于驾驶人进行驾驶操作和满足乘坐舒适性的要求,中高档轿车普遍采用了电动坐椅系统,其功用是通过操纵控制开关,既可调整坐椅的前后和高低位置,也可调整头枕和靠背的倾斜位置,有的还可调整坐椅腰垫的位置。

电动坐椅系统主要由电动机、控制机构和传动机构三部分组成。在中高档轿车上,控制驾驶席坐椅的电动机一般都有坐椅前后滑移(即滑动或前后位置调整)电动机,坐椅前沿高低(前垂直位置)调整电动机,坐椅后沿高低(后垂直位置)调整电动机和坐椅靠背倾斜角度调整电动机等四只电动机。前排乘员席坐椅一般采用一只前后滑移电动机和一只倾斜电动机进行控制。

1.6.5 中央门锁控制系统的功用是什么? 由哪些部件组成?

汽车中央门锁控制系统的功用是集中控制车门门锁与行李箱盖锁的开启与锁止状态,提高操纵方便性。

中央门锁控制系统由门锁开关、门锁控制器和门锁执行机构组成。在配装中央门锁控制系统的轿车上,驾驶席车门都设置有门锁总开关。操纵门锁总开关,即可使所有门锁或行李箱锁同时锁止或打开。为了便于单独操作使用,除驾驶席车门之外,在其他车门上还单独设置有门锁开关,分别控制该车门的锁止或打开。大部分汽车还用驾驶席车门上的锁柄兼作门锁开关,其功能与门锁开关相同:当压下锁柄时,所有门锁同时锁止;当提起锁柄时,所有门锁同时打开。

第 7 节 汽车电路的结构特点与使用维修

1.7.1 什么是全车线路? 全车线路常用电器器材有哪些?

汽车全车电气设备总线路简称为全车线路或全车电路,全车线路是根据汽车电器系统(包括电源系统、起动系统、点火系统、照明系统、信号系统、信息显示系统和辅助电器系统等)的工作特性和各系统之间的相互联系,利用熔丝、开关和导线等器材连接构成的一个整体线路。

全车线路常用电器器材有导线、线束、开关、插接器(连接器)、继电器、熔断器(易熔线、熔丝、断路器)和接线盒等。

1.7.2 汽车电器线路使用的导线有哪几种? 怎样选用?

汽车电器线路用导线分为低压线和高压线两种。低压线又分为普通导线、起动电缆和搭铁电缆(即蓄电池搭铁线)三种;高压线又分为铜芯线和阻尼线两种。

汽车导线主要根据导线的绝缘、通过电流的大小和机械强度三个方面的要求进行选择。例如,点火系统的次级电压一般都在 10～20kV 之间,导线的绝缘性能要求较高。因此,必须采用耐高压的导线(即高压线)。其他线路均采用低压线。

(1)低压导线的选用

①普通低压导线。普通低压导线为带绝缘包层的铜质多丝软线。根据外皮绝缘包层的材料不同,普通低压导线又分为 QVR 型(即聚氯乙烯绝缘包层)和 QFR 型(即聚氯乙烯-丁腈复合绝缘包层)两种。普通导线的横截面面积主要根据用电设备的工作电流进行选用。然而,对功率

很小的电气设备而言,如果仅从工作电流的大小来选择导线,那么由于其横截面面积小,机械强度低,导线就很容易折断。因此,汽车电系中所用导线的横截面面积最小不得小于 $0.5mm^2$。

汽车用低压导线的结构与规格见表 1-16 所示,其允许载流量见表 1-17 所示。汽车 12V 电系主要电路导线横截面面积的推荐值见表 1-18 所示,使用时可根据具体需要选用。

表 1-16　汽车用低压导线的结构与规格

标称横截面面积（mm^2）	线芯结构		绝缘层标称厚度（mm）	电线最大外径（mm）
	根数	单根直径（mm）		
0.5	—		0.6	2.2
0.6	—		0.6	2.3
0.8	7	0.39	0.6	2.5
1.0	7	0.43	0.6	2.6
1.5	17	0.52	0.6	2.9
2.5	19	0.41	0.6	3.8
4	19	0.52	0.9	4.4
6	19	0.64	0.9	5.2
8	19	0.74	0.9	5.7
10	49	0.52	1.0	6.9
16	49	0.64	1.0	8.0
25	98	0.58	1.2	10.3
35	133	0.58	1.2	11.3
50	133	0.68	1.4	13.3

表 1-17　低压导线标称横截面面积允许负载电流值

导线标称横截面面积（mm^2）	0.5	0.8	1.0	1.5	2.5	3.0	4.0	6.0	10	13
允许载流量（A）	—	—	11	14	20	22	25	35	50	60

表 1-18　12V 电系主要电路导线横截面面积推荐值

汽车种类	额定电压（V）	标称截面（mm^2）	用于连接电器设备或电路名称
轿车 载重车 挂车	12	0.5	尾灯、顶灯、指示灯、仪表灯、牌照灯、燃油表、刮水器电动机、石英钟
		0.8	转向灯、制动灯、停车灯、分电器
		1.0	前照灯近光灯丝、电喇叭(3A 以下)
		1.5	前照灯远光灯丝、电喇叭(3A 以上)
		1.5~4	5A 以上线路(除本表所列电器线路之外)的连接导线
		4~6	电热塞
		4~25	电源线
		16~95	起动线路

导线横截面面积还受线路电压降的制约。整车电路的总电压降(不计接触电阻)最大允许值为 0.8V。当发电机以额定负载工作时,电源线的电压降最大允许值为 0.3V。当起动机通过制动电流时,电压降的最大允许值为 0.5V。这是因为导线横截面面积小时,导线电阻将增大,温度将升高。电阻增大会使电压降增大,可能导致用电设备供电电压不足而无法正常工作。温度升高不仅会加速导线老化,缩短其使用寿命,而且还有可能导致火灾。

为了便于维修,低压导线常以不同的颜色来区分。其中,横截面面积在 $4mm^2$ 以上的采用单色,而 $4mm^2$ 以下的均采用双色,搭铁线均用黑色。汽车用低压导线的颜色与代号见表1-19 所示。汽车各电器系统的主色见表 1-20 所示。

表 1-19　汽车用低压导线的颜色与代号

导线颜色	黑	白	红	绿	黄	棕	蓝	灰	紫	橙	粉
代号	B	W	R	G	Y	Br	Bl,L	Gr	V	O	P

表 1-20　汽车电系各系统的主色

序号	系统或部件名称	主色	颜色代号
1	电源系统	红	R
2	起动系统、点火系统	白	W
3	雾灯	蓝	Bl
4	灯光、信号系统	绿	G
5	防空灯及车身内部照明系统	黄	Y
6	仪表、报警系统、喇叭系统	棕	Br
7	收放机、石英钟、点烟器等辅助电器系统	紫	V
8	各种辅助电动机及电气操纵系统	灰	Gr
9	搭铁线	黑	B

在全车线路图中,导线上一般都标注有数字和字母符号,用来表示导线的横截面面积和颜色。如 2.5RY、1.0RW 等,其中,数字 2.5、1.0 表示导线的横截面面积,单位为平方毫米;第一个字母"R"表示导线的主色,第二个字母"Y"或"W"表示导线的辅助颜色,即轴向条纹状或螺旋状的颜色。

②起动电缆。起动电缆为带绝缘包层且横截面面积较大的铜质或铝质多丝软线电缆。起动电缆是一种专用连接电缆,接在蓄电池正极与起动机电源端子"30"之间,其横截面面积有 25、

35、50、70mm² 等多种规格,允许电流高达 500A 乃至 1000A 以上。为了保证起动机正常工作并产生足够的驱动力矩,要求起动线路上每 100A 电流产生的电压降不得超过 0.15V。

③搭铁电缆。搭铁电缆为由铜丝编织而成的扁形软铜线电缆或带绝缘包层且横截面面积较大的铜质多丝软线电缆。搭铁电缆也是一种专用连接电缆,连接在蓄电池负极与车身金属或发动机机体之间,故又称为蓄电池搭铁线。国产汽车常用搭铁线长度有 300mm、450mm、600mm、760mm 四种。

(2)高压导线的选用

高压导线的工作电压很高(一般都在 10kV 以上),电流强度较小。因此,高压导线的绝缘包层很厚,线芯横截面面积很小,但耐压性能很好。高压导线是一种输送高电压的专用导线。汽车用高压导线有铜芯线和阻尼线两种,型号规格见表 1-21 所示。

表 1-21 高压导线的型号规格

型号	名 称	线芯结构		标称外径 (mm)
		根数	单线直径 (mm)	
QGV	铜芯聚氯乙烯绝缘高压导线			
QGXV	铜芯橡胶绝缘聚氯乙烯护套高压导线	7	0.39	7.0±0.3
QGX	铜芯橡胶绝缘氯丁橡胶护套高压导线			
QG	全塑料高压阻尼导线	1	2.3	

注:QG 全塑料高压阻尼导线由聚氯乙烯塑料加炭黑以及其他辅助原料的混炼塑料经注塑而成型。

为了衰减火花塞产生的电磁波干扰,目前已广泛使用了高压阻尼导线。高压阻尼导线的制造方法和结构有多种,常用的有金属电阻丝式和塑料芯导线式两种。金属电阻丝式又有金属电阻丝线芯式和金属电阻丝绕线电阻式两种。

金属电阻丝线芯式是由金属电阻丝缠绕在绝缘线束上,外包绝缘体制成阻尼线;金属丝线绕电阻式是由电阻丝绕在耐高温的绝缘体上制成电阻,再与不同形式的绝缘套组合构成。塑料芯导线式是用塑料和橡胶制成直径为 2mm 的电阻线芯,然后在其外面紧紧地编织玻璃纤维,外面再包上高压 PVC 塑料或橡胶等绝缘体,标准

电阻值为 25kΩ/m,这种结构形式制造加工易于自动化,成本低且可制成高电阻值线芯。

1.7.3 汽车线束由哪些部件组成? 安装汽车线束时需要注意哪些问题?

汽车线束由导线、端子、插接器插头或插座、护套等组成。在安装汽车线束时,应当注意以下几点:

①线束应用扎带、卡箍、带箍或保持架固定,以免松动磨破。

②线束不可拉得过紧,特别是在拐弯处更不能拉得过紧。在绕过锐角或穿过金属孔时,应用橡胶套管或波纹管加以保护,以免线束磨坏而发生短路、断路或搭铁故障。

③线束连接必须正确。在连接时,可根据插接器的规格、形状、颜色、导线的颜色以及粗细套管的颜色进行接线。当线束中导线的头尾难以辨别时,可用试灯或万用表进行测量,不得使用刮火的方法进行辨别,以防烧毁线束或引起火灾。

1.7.4 汽车线束插接器的结构有何特点? 使用时需要注意哪些问题?

插接器是一种连接线束或电气设备的电器装置,又称为连接器。一辆汽车的线束由发动机、车身、仪表等分线束组成。分线束与分线束之间、线束与终端电气设备之间的连接采用了插接器。因为插接器连接可靠,检修方便,所以汽车广泛采用。

插接器由导线端子与塑料壳体或橡胶壳体组成,如图 1-103 所示。根据线束连接的需要,插接器有单路、双路或多路式几种。现代汽车线束中设有很多插接器。为了避免装配和安装中出现差错,插接器还制成不同型号规格、不同形状和颜色等加以区分。

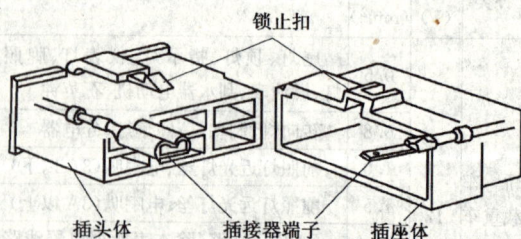

图 1-103 插接器的结构

插接器端子上设有倒刺片,装入护套内以防脱出。插接器端子由表面镀锡、镀银或镀金(安全气囊系统用)的黄铜片制成,端子有柱状(针

状)或片状两类。插接器护套由塑料或橡胶制成。拔开插接器时,不能直接拉拔导线,应当先将插接器的锁止扣解除,再向两边用力拉动壳体将插头与插座拔开,如图 1-104 所示。有些插接器采用钢丝扣进行锁止,压下钢丝扣后才能将插接器的插头与插座拔开。

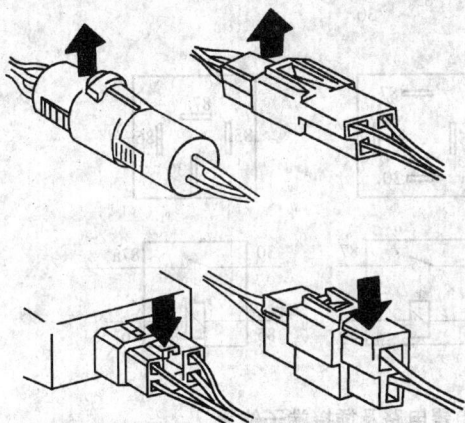

图 1-104　拔开插接器的方法

当插接器出现端子接触不良或导线断路故障时,先将插接器插头与插座拔开,然后用小螺钉旋具或专用工具从壳体中取出导线与端子,进行修理或更换后再装复使用。

1.7.5　电器开关的功用是什么?有哪几种类型?怎样检修?

电器开关的功用是接通或切断电器线路。按操纵方式不同,汽车电器开关有旋转式、推拉式、压力控制式、按钮式、翘板式和组合式等几种。

汽车常用旋转式电器开关有点火开关、空调鼓风电动机开关和车灯开关等。

推拉式开关通常用于控制照明灯和刮水器,主要由拉钮、中心拉杆、绝缘滑块、接触片、接线柱和壳体组成。拉钮上标有开关用途的图形符号,按拉钮的控制档位分为单档式、两档式、三档式三种。当拉动拉钮时,滑块移动便使动触点与静触点位置按规定的排列组合移动,从而使外接线路接通或切断来达到控制目的。

压力控制式开关按控制方式不同分为液压控制式、气压控制式和脚踏式三种。压力控制式开关通常用做油压开关、气压制动灯开关、高低压警报灯开关、前照灯变光开关。

翘板式开关又称为翘片式开关,主要用于控制工作电流较小或某一种电器部件的线路,如控制仪表灯、顶灯、停车灯、雾灯、危急警报灯或继电器线圈电路等。在翘板式开关的翘板上,印制有表示开关用途的图形符号。在开关内部,安装有照明灯,以便夜间观察使用。

组合开关是将车灯开关(示高灯开关、示宽灯开关、前照灯开关、变光开关)、转向灯开关、危急警报灯开关、刮水与清洗器开关等组合成一体的多功能开关。组合开关安装在便于驾驶人操纵的转向柱管上。在组合开关的操纵手柄上,制作有表示用途的图形符号。

1.7.6　汽车常用继电器有哪几种?不同继电器的结构有何特点?

继电器是一种利用较小电流控制较大电流的电器装置。按外形不同,继电器分为圆形和方形两种。按插接端子多少,继电器分为三端子、四端子、五端子、六端子四种。JD 系列小型通用继电器电路及插接端子位置如图 1-105 所示,日本丰田公司汽车用继电器电路及插接端子位置如图 1-106 所示。

按用途不同,汽车用继电器可分功能型继电器和电路控制型继电器两种类型。功能型继电器用于实现某种控制功能,如闪光继电器、间歇刮水继电器等。电路控制型继电器用于实现电路接通与切断状态的转换,其作用主要是减小控制开关的电流负荷,保护开关触点不被烧蚀,即用流经开关的小电流来控制用电装置的大电流。如电源继电器、起动继电器、减荷继电器、灯光继电器、雾灯继电器、喇叭继电器、鼓风机继电器、空调压缩机电磁离合器继电器等。通常所说的继电器指的是电路控制型继电器。

按继电器触点的状态不同,又分为常开型、常闭型和开闭混合型三类。常开型继电器的触点在静态时处于断开状态,继电器动作后触点闭合再接通控制电路;常闭型继电器的触点在静态时处于闭合状态,继电器动作后触点断开再切断控制电路。混合型继电器在静态时常闭触点处于接通状态、常开触点处于断开状态,当继电器线圈通电时,触点则处于相反的状态,即常闭触点断开、常开触点接通。

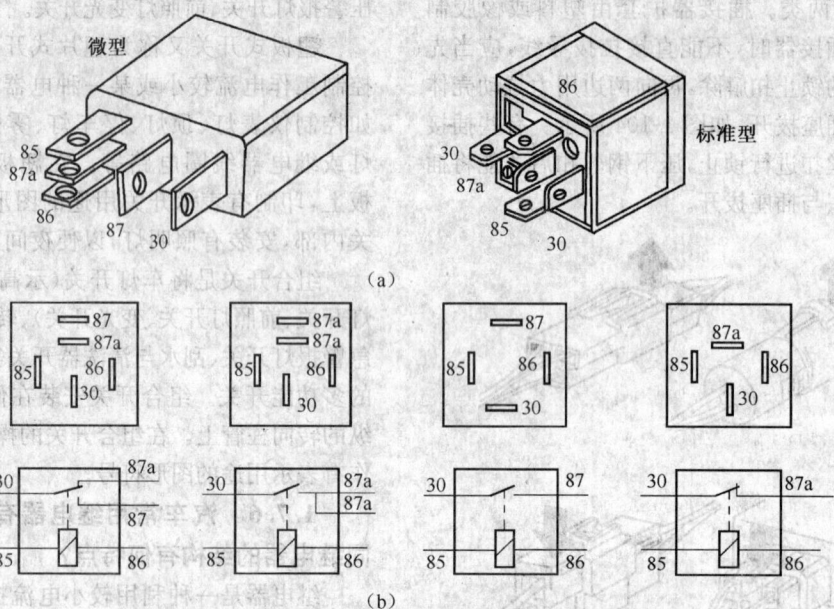

图 1-105　国产 JD 系列小型通用继电器电路及插接端子位置

(a)继电器外形　(b)继电器电路及插接端子排列位置

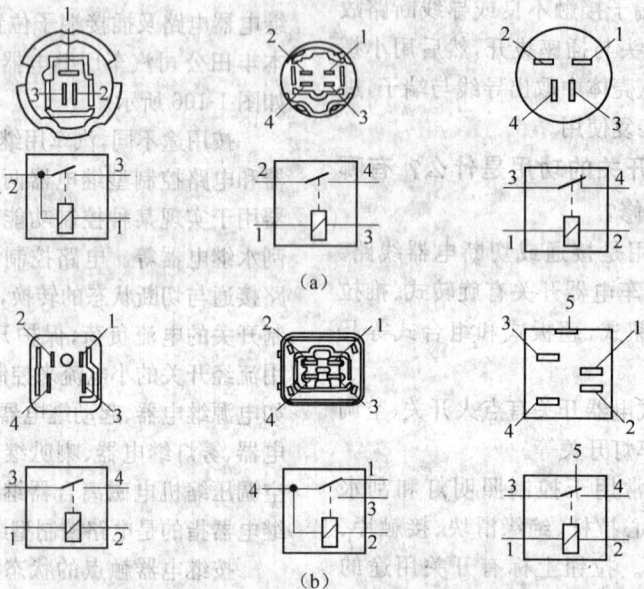

图 1-106　丰田公司汽车用继电器电路及插接端子位置

(a)圆形继电器　(b)方形继电器

1.7.7　使用继电器时需要注意哪些问题？怎样检修继电器？

汽车用继电器的工作电压分为 12V 和 24V 两种,分别用于相应标称电压等级的汽车上。两种标称电压等级的继电器不能互换使用。

汽车用继电器常见故障是触点烧蚀和磁化线圈断路。检修时,先拔下继电器线束插头,然后用万用表测量继电器各端子之间的电阻值进行判断。

检修触点时,可将指针式万用表拨到 R×1Ω

（数字式拨到 OHM×200Ω）挡进行测量，触点闭合时电阻值应小于 0.5Ω。如电阻值过大，就说明触点接触不良，可拆开继电器进行检修或换用新品。触点断开时电阻值应为无穷大，如电阻值不是无穷大，说明触点烧结，应换用新品。

检修磁化线圈时，可将指针式万用表拨到 R×1Ω（数字式拨到 OHM×2kΩ）挡进行测量，12V 继电器磁化线圈的电阻值应为 65～85Ω，24V 继电器磁化线圈的电阻值应为 200～300Ω。如电阻值过小，说明线圈短路；如电阻值为无穷大，说明线圈断路。无论线圈短路还是断路，都应换用新品。

1.7.8　熔断器的规格有哪几种？

玻璃管式和插片式熔断器的额定电流分别有 2A、3A、5A、7.5A、10A、15A、20A、25A、30A 几种，并标示在熔断器壳体上。目前，汽车普遍使用便于插拔的塑料插片式熔断器，常用的有 3A、10A、15A、20A、30A 五种熔断器，其塑料片颜色分别为紫色、红色、蓝色、黄色和绿色。

熔断器的缺点是只能使用一次，每当熔断丝烧断后必须更换。必须换用相同规格的熔断器，否则就起不到保险作用。

1.7.9　易熔线的结构有何特点？汽车常用易熔线的规格有哪几种？

易熔线是一种能够长时间通过较大电流的合金导线或铜芯导线。主要用于保护总电源线路和电流较大的线路。易熔线的横截面面积小于被保护线路的横截面面积。当电流超过易熔线额定电流数倍时，易熔线首先熔断，确保线路或电气设备免遭损坏。易熔线的绝缘护套有棕、绿、红、黑四种颜色，分别表示其不同规格，见表 1-22 所示。

表 1-22　易熔线的规格

颜色	横截面面积(mm^2)	连续通电电流(A)	5s 内熔断时的电流(A)	线径(mm)×股数	1m 长的电阻值(Ω)
棕	0.3	13	150	0.32×5	0.0475
绿	0.5	20	200	0.32×7	0.0325
红	0.85	25	250	0.32×11	0.0205
黑	1.25	33	300	0.32×16	0.0141

易熔线的多股绞合线外面包有聚乙烯护套，比正常电缆线柔软，长度为 50～200mm，利用连接件或接线端子与线路连接，通常连接在被保护线路的起始端，如图 1-107 所示为易熔线在总电源线路中的连接部位，即连接在蓄电池正极附近。易熔线不能绑扎于线束内使用。

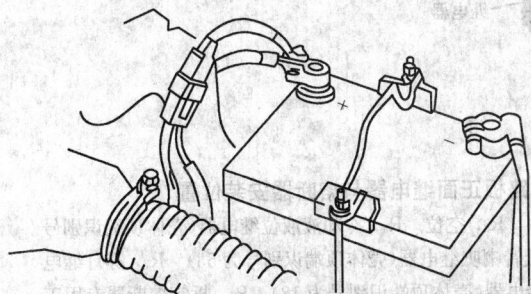

图 1-107　易熔线安装部位

1.7.10　断路器的结构有何特点？汽车常用断路器有哪几种？

断路器又称为电路断路保护器或双金属片式熔断器，主要用于保护门锁电动机、刮水电动机等电流较大、容易过载的电气设备。

断路器的基本组成是一对受热敏双金属片控制的触点，如图 1-108 所示。当电动机卡死造成电流过大或发生短路故障时，超过额定值数倍的电流就会使双金属片受热变形，触点断开自动切断电路，以使电气设备和线路得到保护。

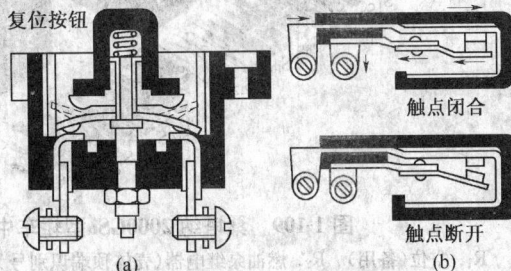

图 1-108　断路器结构原理

断路器与易熔线和熔断器相比，具有可重复使用的优点。按断路器作用后的恢复形式不同，可分为一次作用式和多次作用式两种。一次作用式断路器在电气设备过载或电路发生短路故障时，双金属片受热变形，使触点自动断开将电路切断。待故障排除后，按压一次双金属片复位按钮，如图1-108a所示，电路即可恢复正常。多次作用式断路器又称为自动恢复式断路器,在电气设备过载或电路发生短路故障时,双金属片受热变形,使触点自动断开将电路切断,如图 1-108b 所示。当触点断开后,双金属片逐渐冷却就会恢复变形,使触点重又闭合将电路接通。多次作用式断路器可用于控制前照灯、刮水电动机、车窗玻璃升降电动机等容易过载的电器线路。

1.7.11　接线盒由哪些电器部件组成?

在汽车上,为了便于检查排除电器系统故障和更换熔断器,一般都将各种控制器、继电器和熔断器集中安装在一块印刷线路板上,并用插接器和线束将印刷线路板与各种电气设备连接起来。接线盒由中央接线板(印刷线路板)、各种继电器、熔断器和塑料壳体组成,又称为熔断器盒、中央接线盒、中央继电器盒或中央配电盒。

1.7.12　桑塔纳 2000GSi 型轿车中央线路板的结构有何特点?其熔断器和继电器的技术参数各是多少?

桑塔纳 2000GSi 型轿车中央线路板正面的结构以及各种继电器和熔断器的安装位置如图 1-109 所示(注:车型不同或出厂年代不同,继电器或熔断器的安装位置可能有所不同)。

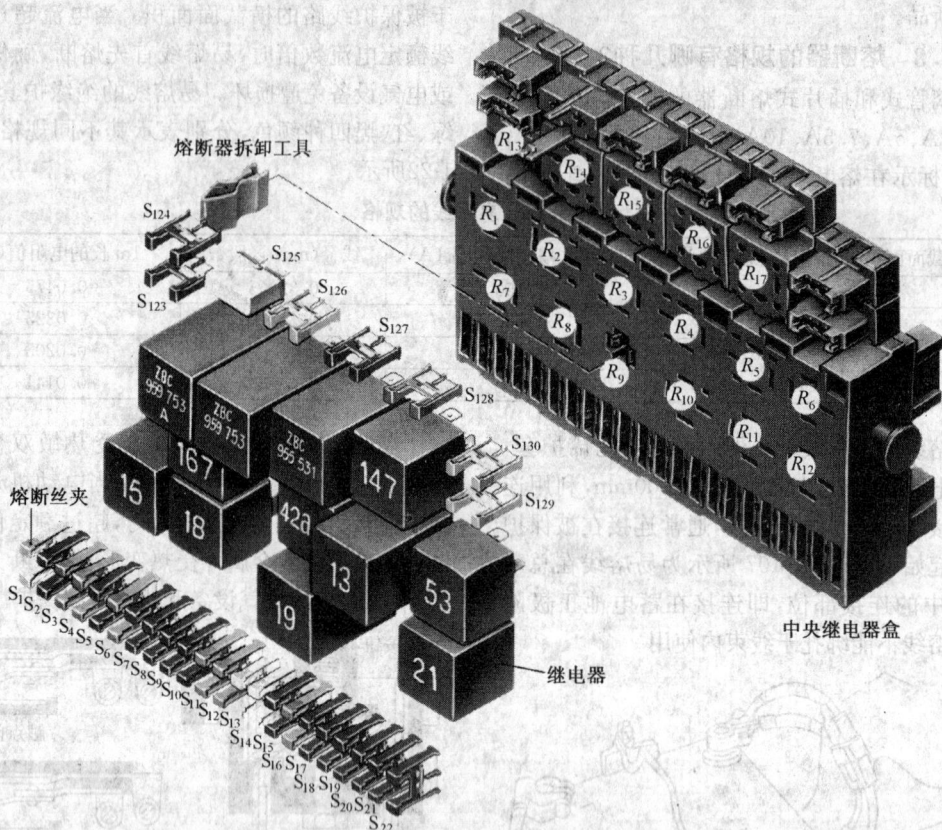

图 1-109　桑塔纳 2000GSi 型轿车中央线路板正面继电器与熔断器安装位置

R_1. 空位(备用)　R_2. 燃油泵继电器(壳体顶端识别号为 167)　R_3. 空位　R_4. 冷却液液位继电器(壳体顶端识别号为 42a)　R_5. 空调继电器(壳体顶端识别号为 13)　R_6. 高、低音喇叭继电器(壳体顶端识别号为 53)　R_7. 雾灯继电器(壳体顶端识别号为 15)　R_8. 减荷继电器(X电源线电源继电器,壳体顶端识别号为 18)　R_9. 拆卸熔断器专用工具安放孔　R_{10}. 前风窗玻璃刮水与洗涤器继电器(壳体顶端识别号为 19)　R_{11}. 空位　R_{12}. 转向与警告灯闪光继电器(壳体顶端识别号为 21)　R_{13}. 故障诊断插座　R_{14}. 车门玻璃升降电动机继电器(壳体顶端识别号为 ZBC959 753A)　R_{15}. 车门玻璃升降延时继电器(壳体顶端识别号为 ZBC959 753)　R_{16}. 内顶灯延时继电器(壳体顶端识别号为 ZBC955 531)　R_{17}. 空调压缩机继电器(壳体顶端识别号为 147)

桑塔纳 2000GSi 型轿车设有 30 只熔断器,安装在中央线路板正面上,并标注有熔断器的编号与容量,各熔断器的编号、功用、颜色及容量见表 1-23 所示(注:车型不同或出厂年代不同,熔断器的安装位置可能有所不同）。

表 1-23　桑塔纳 2000GSi 型轿车熔断器代号、功用、颜色及容量

编号	保护对象	颜色	容量(A)	编号	保护对象	颜色	容量(A)
S_1	散热器冷却风扇电动机	绿色	30	S_{16}	电喇叭	蓝色	15
S_2	制动灯	红色	10	S_{17}	发动机电控单元 ECU	红色	10
S_3	中央控制门锁、点烟器、收放机、数字时钟、室内灯、后阅读灯、行李箱照明灯、遮阳板灯	蓝色	15	S_{18}	防抱死制动系统 ABS 指示灯、喇叭继电器、车灯开关	红色	10
S_4	危急报警闪光灯	蓝色	15	S_{19}	防盗器电控单元 ECU、收放机、转向灯	红色	10
S_5	燃油泵	红色	10	S_{20}	牌照灯、杂物箱照明灯	红色	10
S_6	前雾灯	蓝色	15	S_{21}	左前照灯近光灯	红色	10
S_7	左尾灯、左前停车灯	红色	10	S_{22}	右前照灯近光灯	红色	10
S_8	右尾灯、右前停车灯、发动机舱照明灯	红色	10	S_{123}	喷油器、空气流量传感器、活性炭罐电磁阀、氧传感器加热器	红色	10
S_9	右前照灯远光灯	红色	10	S_{124}	后防雾灯	红色	10
S_{10}	左前照灯远光灯	红色	10	S_{125}	车门玻璃电动机热保护器	—	—
S_{11}	前风窗刮水器与洗涤器	蓝色	15	S_{126}	空调鼓风机电动机	绿色	30
S_{12}	防抱死制动 ABS 电控单元、车门玻璃升降电动机	蓝色	15	S_{127}	天线自动升降电动机	红色	10
S_{13}	后风窗除霜器(加热器)	黄色	20	S_{128}	电动后视镜	紫色	3
S_{14}	空调继电器	黄色	20	S_{129}	ABS 液压泵	绿色	30
S_{15}	倒车灯、车速传感器	红色	10	S_{130}	ABS 电磁阀	绿色	30

　　中央线路板正面上继电器和熔断器的电路分别与中央线路板背面的插接器插座连接,插接器的插头再通过线束从中央线路板背面连接到各个电器部件,从而控制电器部件工作。

　　桑塔纳 2000GSi 型轿车中央线路板背面的结构如图 1-110 所示,每个插座的位置代号均用英文字母标注在中央线路板上,各插座连接的线束名称见表 1-24 所示。插接线束插头时,线束插头字母代号必须与相同字母代号的插座连接。在继电器端子上标有诸如"3/49a"等字样,其中分子 3 表示继电器位置上的 3 号插孔,49a 表示继电器的 49a 号端子(插头),分子与分母是一一对应的,设计继电器插座与插头时已经保证不会插错。

表 1-24　中央线路板插接器插座代号
及其连接线束的名称

连接器插座代号	连　接　对　象
A	仪表盘线束

续表 1-24

连接器插座代号	连　接　对　象
B	仪表盘线束
C	前照灯线束
D	发动机舱线束
E	车身后部线束
G	单端子插座(主要用于连接冷却液不足指示控制器电源线)
H	空调系统线束
K	备用插接器插座
L	喇叭继电器线束
M	备用插接器插座
N	单端子插座(主要用于连接进气预热器电阻丝电源线)
P	单端子插座(连接蓄电池与中央线路板"30"号电源线,中央线路板"30"端子与点火开关"30"端子电源线)
R	备用插接器插座

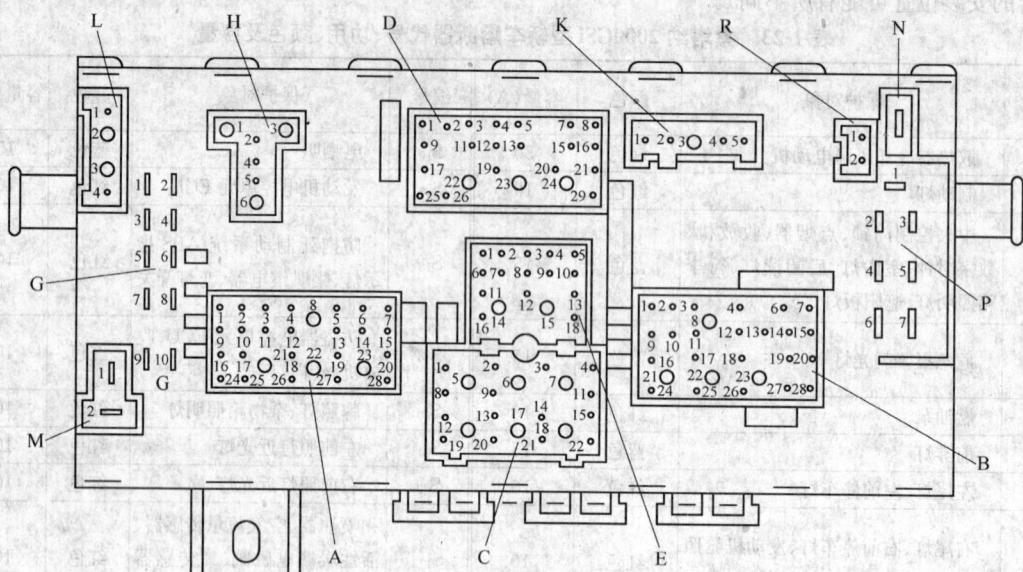

图1-110　中央线路板背面插接器插座的排列

1.7.13　全车电路由哪些电路组成?

汽车型号不同,其全车电器线路的分布位置和形式也不相同。下面以桑塔纳2000系列轿车为例说明。该系列轿车全车电路包括以下几个部分:

①电源系统电路。包括蓄电池和整体式交流发电机。

②起动系统电路。包括起动机、进气支管预热系统(JV型发动机)。

③点火系统电路。JV型发动机采用霍尔式电子点火系统,包括点火线圈、霍尔式分电器、点火控制器、火花塞、点火开关;AJR型发动机采用微机控制电子配电式直接点火系统,包括各种传感器、电控单元J220、点火控制组件以及火花塞等。AFE型发动机采用微机控制分配式点火系统,包括各种传感器、电控单元J220、点火控制器以及火花塞等,其中曲轴位置传感器安装在原分电器位置。

④仪表系统电路。包括车速里程表(桑塔纳2000系列轿车为电子式)、燃油表、冷却液温度表、发动机转速表(桑塔纳2000系列轿车为电子式)等。

⑤照明系统电路。包括前照灯、雾灯、牌照灯、顶灯、阅读灯、仪表板照明灯、行李箱灯、门控灯、发动机舱照明灯等。

⑥信号与报警系统电路。包括音响信号和灯光信号装置,制动信号灯、转向信号灯、倒车信号灯、各种报警指示灯等。

⑦辅助电器系统电路。包括电动玻璃升降器、中央控制门锁、电动后视镜、风窗刮水器与清洗器、电喇叭、点烟器、收放机(或音响装置)以及电子时钟等。

⑧空调系统电路。包括空调压缩机、冷凝器、储液干燥器、蒸发器等。

⑨发动机电子控制系统电路(桑塔纳GLi、2000GLi型和桑塔纳2000GSi型轿车和桑塔纳3000型轿车)。包括各种传感器、电控单元J220、电动燃油泵、电磁喷油器、活性炭罐与活性炭罐电磁阀、氧传感器加热器等。

⑩ABS电路(桑塔纳2000GSi型时代超人轿车和桑塔纳3000型轿车)。包括轮速传感器、防抱死与制动力分配电控单元ABS/EBD ECU、制动压力调节器等。

⑪安全气囊系统(SRS)电路(桑塔纳2000GSi型时代超人轿车和桑塔纳3000型轿车)。包括碰撞传感器、安全气囊电控单元、气体发生器和气囊电路保险装置等。

1.7.14　全车电路的连接原则是什么?

全车电路按车辆结构形式、电气设备数量、安装位置、接线方法不同而各有不同,但全车电路的连接一般都要遵循以下几条原则:

①汽车上各种电气设备大多数都采用单线制连接。

②汽车上装备的两个电源(发电机与蓄电池)必须并联连接。

③各种用电设备采用并联连接,并由各自的开关控制。

④电流表必须能够监测蓄电池充、放电电流的大小。因此,在蓄电池供电时,电流都要经过电流表并与蓄电池构成回路。但是,对于用电量较大且工作时间较短的起动机电流则例外,即起动电流不经过电流表。

⑤各型汽车均配装有熔断器,用以防止发生短路而烧坏用电设备和线束。

1.7.15　怎样识读全车电路图?

全车电路图是一种电路原理图,主要表明汽车电气设备的工作原理,如电流走向、流过电器装置的顺序等,图中符号和线路仅仅表示各电气设备之间的相互联系,并不代表实际安装位置。汽车电路图可按下述方法进行识读。

(1)熟悉全车电路的特点

在汽车的全车电路图中,电器装置采用从左到右(供电电源在左,用电设备在右,在局部电路的原理图中,信号输入端在左,信号输出端在右)、从上到下(火线在上,搭铁线在下)的顺序进行布置,且各电气系统的电路尽可能绘制在一起。在电路图的上方,绘制有一个说明条框,用以说明条框下面电路的组成与功能。

(2)熟悉局部电路的分析方法

在全车电路中,大多数汽车的局部电路都大同小异。因此,只要熟悉几种典型车型的电路之后,即可举一反三进行识读。

识读全车电路图时,首先根据电路图上的电器图形符号和文字符号,了解全车电气设备的组成。然后根据电路图上方的说明条框,了解局部电路的组成与功能。在局部电路中,各电气设备之间的联系紧密,根据所学电气系统的相关知识,即能容易地分析其工作原理和判断故障。

(3)熟悉典型全车电路的分析方法

汽车电气设备的标准化、通用化和专业化生产水平很高,同一国家全车电路的表达形式逐步趋于一致,世界各国汽车电路的形式也可划分为几种类型。例如,了解解放牌汽车电路的特点,国产汽车电路图的识读就可迎刃而解;了解丰田、日产等汽车电路的特点,就可基本了解日本各汽车公司生产汽车的电路特点;了解桑塔纳轿车电路的特点,就可了解德国等西欧汽车公司生产汽车的电路特点。因此,熟悉不同国家和地区生产的几种典型汽车的电路特点和接线原则,并掌握其电路分析方法,是识读各种汽车的全车电路和排除汽车电器故障的必由之路。

1.7.16　分析局部电路图时,需要注意哪些问题?

在识读全车电路图的过程中,需要分析局部电路图,分析局部电路要特别注意以下几点:

①必须遵循回路原则。在分析局部电路的组成时,一定要遵循回路原则,即各局部电路只有电源和电源开关是公用的,任何一种用电设备都要构成回路。因此,需要先查找其电源正极,然后从电源火线到熔断器、控制开关,再继续查找用电设备,最后经搭铁回到电源负极。

②明确开关和继电器的初始状态。在分析局部电路的工作原理时,要特别注意控制开关、继电器触点的工作状态。大多数电气设备都是通过开关、继电器触点状态的变化来改变其回路,从而实现不同的电路功能。例如转向信号灯电路就是通过转向灯开关位置转换来接通不同的转向信号灯电路,从而发出转向方向不同的信号。

在电路图中,控制开关和继电器的状态是其初始状态。控制开关总是处于零位,即开关处于断开状态;继电器线圈处于断电状态,其触点处于断开状态。对于电子开关,若初始状态通电,其初始状态则是电路达到稳定工作时的状态;若初始状态时不通电,其初始状态则是静止时的状态,即相当于触点断开。

③还原电器部件的原理电路。在全车电路图中,电器部件的图形符号都已大大简化,大多数图形符号都难以表达出电器部件的原理电路。因此,在分析局部电路的工作原理时,可将某些电器部件的图形符号(例如发电机、起动机、刮水器等)还原成较为详细的原理电路,这样便可比较清楚地表达出局部电路的相互联系,分析和查找电路十分方便。

由汽车电路的特点可知,在全车电路图中,各系统的局部电路之间以及局部电路与电源电路之间的连接关系都是并联关系。掌握局部电路的分析方法和工作原理之后,再分析各部分电路之间的联系,整车电路的分析方法和工作原理便可迎刃而解。

第2章 汽车维修中级电工

第1节 汽车电器新结构与新技术

2.1.1 汽车电源系统的发展趋势是什么?

汽车电源系统的发展趋势是采用多种电压等级(5V、6V、12V、42V、350V)的交流与直流配电网络供电。

根据德国奔驰汽车公司、美国麻省理工学院、福特汽车公司和通用汽车公司组成的汽车组装与零部件生产研究专家小组论证表明:为了满足汽车电器负载,特别是轿车电器负载日益增多的需求,豪华型轿车电源系统将发生巨大变化,这种电源系统既能提供直流电,也能提供交流电;起动电源仍将使用12V铅酸蓄电池,电器负载将由多种电压供电,其中,汽车电子控制系统将采用5V直流电源供电,汽车车灯将采用6V交流电源供电,驱动电动机和点火控制组件等将采用42V直流电源供电,电磁阀和电控悬架等将采用350V直流电源供电。6V交流电可由变压器转换获得,5V、42V和350V直流电可用DC-DC(直流-直流)变换器转换获得。

研究结果表明:目前汽车使用的12V铅酸蓄电池仍然是最经济、最有效,且生产工艺最成熟的起动电源。因此,未来汽车电源将以12V铅酸蓄电池电源为基础。各种汽车电子控制系统采用的单片机与信号处理电路均采用5V直流电源。6V交流车灯灯泡比12V车灯灯泡更耐用,更易聚焦。电动机电压的上限值取决于安全性和半导体器件的额定工作电压,对于驱动电动机和点火控制组件等电器部件或总成,绝大多数汽车制造厂家倾向于选用42V直流电源供电的主要原因在于:一是能与单相48V有效值的全波整流输出平均电压值相对应;二是能够采用现有60V标准工艺制造半导体器件进行处理;三是42V直流电源安全,不致造成人身伤害。目前,燃油喷射式发动机进排气阀门的开闭都是通过笨重的凸轮、链条或齿轮、气门挺杆进行操作,阀门打开时间和关闭时间与凸轮形状、活塞位置密切相关,致使汽车性能只能在很窄的速度范围内最佳,降低燃油消耗和有害气体排放也受到限制。如果提供高压直流电源并采用电磁阀或螺线管驱动,就可根据发动机转速变化精确控制发动机进排气阀门的开闭时间,燃油消耗量和有害气体排放量就能进一步降低。为使电磁阀或螺线管等驱动机构产生足够的电磁吸力,需要采用350V左右的直流电源供电。

汽车未来对新型高能电池的要求是:比能量应达140W·h/kg,充放电循环次数量达到800次以上,充电一次可使电动汽车行驶400km。

进入21世纪以来,随着能源紧缺和石油价格飙升(2008年1月2日,原油价格每桶首次突破100美元大关),世界各国都在致力于开发以燃料电池、镉-镍电池、钠-硫电池、锌-空气电池等新型高能电池作为混合动力汽车的动力源。

2.1.2 什么是燃料电池?其基本原理是什么?

燃料电池FC(Fuel Cell)是一种将储存在燃料和氧化剂中的化学能直接转化为电能的"发电装置"。

燃料电池也是一种能量转换装置,与普通蓄电池的根本区别在于燃料电池的燃料和氧化剂不是储存在电池内部,而是储存在电池外部的储存罐中,当燃料电池工作(即输出电流并做功)时,需要不间断地向电池内输入燃料和氧化剂,同时排出反应生成物(即排出水)。只要不断地加入燃料和氧化剂,就能不断地产生电能,故称燃料电池。从工作方式上看,类似于常规的汽油发电机组或柴油发电机组。

燃料电池工作时需要连续不断地向电池内输入燃料和氧化剂,因此,燃料电池使用的燃料和氧化剂均为流体(即气体和液体)。最常用的燃料为纯氢气、各种富含氢的气体(如煤气、天然气、重整气等)和某些液体(如甲醇水溶液）。常用的氧化剂为纯氧气、净化空气等气体和某些液体（如过氧化氢和硝酸的水溶液等）。

燃料电池是按电化学原理，即原电池（如日常生活所用锌锰干电池）的工作原理，等温地将储存在燃料和氧化剂中的化学能直接转化为电能。燃料电池种类很多，下面以广泛使用的碱性氢氧燃料电池为例说明其结构组成与工作原理。

碱性石棉膜型氢氧燃料电池单元电池的结构原理如图 2-1 所示。先把燃料转化为氢气，然后与氧气分别在电池的两极发生氧化和还原反应，从而就能产生电能。

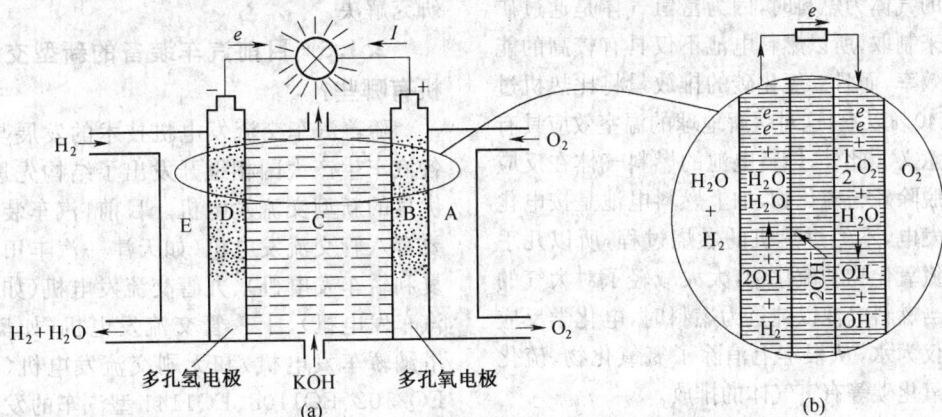

图 2-1　碱性氢氧燃料电池结构原理示意图
(a)单元电池结构示意图　(b)电化学反应原理
A. 氧气腔　B. 正极（多孔氧电极）　C. 饱含电解质的石棉膜　D. 负极（多孔氢电极）　E. 氢气腔

碱性燃料电池 AFC（Alkaline Fuel Cell）以强碱（如氢氧化钾 KOH 溶液、氢氧化钠 NaOH 溶液）为电解质，氢气为燃料，纯氧气或脱除微量二氧化碳的空气为氧化剂，采用对氧电化学还原具有良好催化活性的铂/碳（Pt/C）、银（Ag）、银-金（Ag-Au）、镍（Ni）等为电催化剂制备的多孔气体扩散电极为氧电极，以铂/碳（Pt/C）、铂-钯/碳（Pt-Pd/C）、镍（Ni）或硼化镍等具有良好催化氢电化学氧化的电催化剂制备的多孔气体电极为氢电极，以无孔炭板、镍板或镀镍甚至镀银、镀金的各种金属（如铝、镁、铁等）板为双极板材料，在板面上可加工各种形状的气体流动通道（又称流场）构成双极板。

在反应过程中，氢气和氧气不断地消耗并生成水。因此，为了保持电池连续工作，除了需要与电池消耗氢气、氧气等速地供应氢气、氧气之外，还需要连续、等速地从负极 D（氢电极）排出电池反应生成的水以维持电解液中碱浓度的恒定；此外，还需排除电池反应产生的废热以维持电池工作温度的恒定。保持上述状态，反应就能继续进行，并不断地产生电能向外电路供电，电动汽车就能继续行驶。

2.1.3　燃料电池有何特点？

燃料电池的比能量已经达到 200～500W·h/kg，为铅蓄电池的 4～7 倍，且不需充电，只要不断供应燃料就可继续使用，因此适合作为电动汽车的动力源。其缺点是需要贵重金属作催化剂，成本高，且燃料的储藏和运输都有一定困难，有待进一步解决。

燃料电池具有效率高、污染小和工作可靠等特点。

①效率高。人类社会发展至今，绝大部分能量的转换方式都是通过热力发动机将燃料的热能转换为机械能来实现的。由于热机转换过程受"卡诺循环"的限制，因此，转化效率低（12%～15%），不仅造成能源浪费，而且产生大量粉尘、二氧化碳、氮氧化物和硫化物等有害物质以及噪声，由此造成的大气、水质、土壤等污染，严重破坏了人类的生存环境。

燃料电池是一种按电化学原理等温地将化学能直接转化为电能的能量转换装置，因此，不受"卡诺循环"的限制。理论上的热电转化效率可达85%～90%,但实际上,电池在工作时由于各种极化的限制,目前各类燃料电池实际的能量转化效率均在40%～60%范围内。若实现热电联供,燃料的总利用率可高达80%以上。

②污染小。在环境污染方面,当燃料电池以富含氢的气体为燃料时,因为富氢气体是通过矿物燃料来制取,所以燃料电池不仅具有较高的能量转换效率,而且二氧化碳的排放量将比热机过程减少40%以上,这对缓解地球的温室效应具有重要的意义。此外,燃料电池的燃料气体在反应前必须脱除硫与硫化物,加上燃料电池是按电化学原理发电,不经过热机的燃烧过程,所以几乎不排放氮氧化物和硫化物,大大减轻了对大气的污染。当燃料电池以纯氢为燃料时,电化学反应的产物仅为水,从根本上消除了氮氧化物、硫化物及二氧化碳等有害气体的排放。

在噪声污染方面,燃料电池按电化学原理工作,运动部件很少。因此,工作时产生的噪声很低。实验表明,当距离为4.6m时,40kW磷酸型燃料电池电站的噪声水平为60dB,4.5MW和11MW的大功率磷酸型燃料电池电站的噪声水平也不高于55dB。

③工作可靠。航天飞机、燃料电池发电站、燃料电池大客车、小客车以及通用公司"氢动一号"(HydroGen-1 FCEV)、福特公司P2000型FCEV、戴姆勒-奔驰公司NECAR系列FCEV、丰田公司RAV4-FCEV等燃料电池电动轿车实际运行的结果证明:燃料电池工作十分可靠,可作为各种应急电源、不间断电源和电动汽车的动力电源使用。

2.1.4 其他新型高能电池有何特点?

①钠-硫电池。这种电池的理论比能量高达664W·h/kg,效率可达100%,即放电量等于充电量,且充电时间短,无污染,原材料丰富,因此各国对这种电池开发研制都很重视。缺点是硫化钠易燃烧,工作温度高达250℃～300℃,且寿命短,使用还有困难。

②镉-镍电池。与相同特性的铅蓄电池相比,镉-镍电池的质量轻35%、体积小30%左右,可以输出几百安培的电流。试验证明,镉-镍电池的起动性能良好,使用寿命为铅蓄电池的5～7

倍。其缺点是成本价格比相同容量的铅蓄电池要贵3～4倍。

③锌-空气电池。锌-空气电池具有放电电压稳定、无污染等优点。但工作时用于清除空气中的二氧化碳、滤清、通风等需要消耗一定能量,还要限制放电电流等缺点,尚需进一步研究解决。

2.1.5 目前汽车装备的新型交流发电机有哪些?

随着汽车交流发电机技术的发展与进步,各汽车生产大国相继开发出了结构先进、性能优良的新型交流发电机。目前,汽车装备的主要有八管交流发电机(如天津一汽丰田、威驰、夏利轿车发电机)、九管交流发电机(如斯太尔汽车发电机)、十一管交流发电机(如奥迪、桑塔纳轿车发电机)和无刷交流发电机(如东风EQ2102、EQ1108、EQ1141型汽车的发电机),这些发电机一般都制作成整体式结构。

2.1.6 交流发电机输出电压的实际波形有何特点? 中性点电压的波形有何特点?

在定子绕组采用Y形连接的交流发电机中,其中性点N不仅具有直流电压,而且还包含有交流电压成分。其原因在于当交流发电机空载时,由于鸟嘴形磁极使磁场分布近似为正弦曲线,从而使三相感应电动势的波形接近于正弦波。但是,当发电机正常工作且有电流输出时,由于电枢反应(定子绕组输出电流产生的磁场对磁场电流产生的磁场的影响称为电枢反应)的强弱、漏磁、铁磁物质的磁饱和以及整流二极管的非线性特性等因素,将会导致交流发电机内的磁通分布变为非正弦分布,从而造成交流发电机感应电动势和输出电压的波形产生畸变,相电压的实际波形如图2-2a所示。利用数学方法分析证明,输出电压畸变的波形可以认为是由图2-2b所示的正弦基波和图2-2c所示三次谐波(波形频率为基本频率3倍的波)叠加而成。

如果将交流发电机三相绕组输出电压波形进行分解,就可得到如图2-3所示的三相电压的基波电压和三次谐波电压波形。由图2-3可见,尽管三相电压的基波相位差为120°电角度,然而各相的三次谐波之间的相位却是相同点(即相位差为0)。

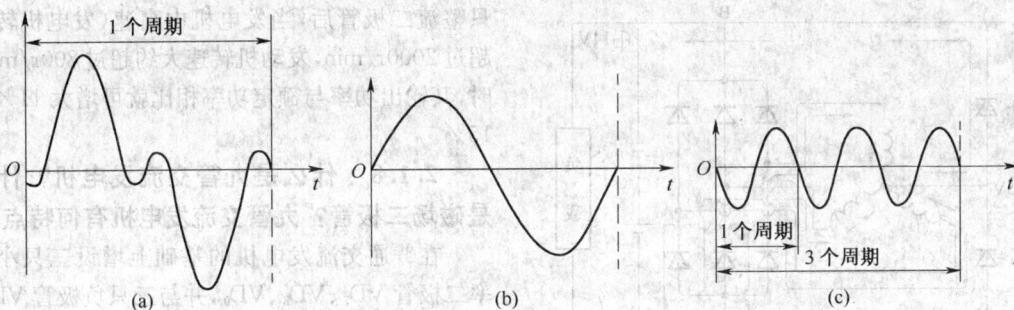

图 2-2　发电机输出电流时的畸变波形

(a)相电压畸变波形　(b)相电压基波　(c)三次谐波波形

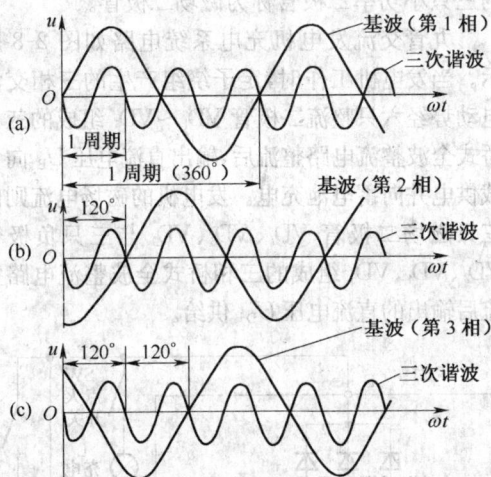

图 2-3　各相绕组基波与三次谐波

(a)第 1 相波形　(b)第 2 相波形　(c)第 3 相波形

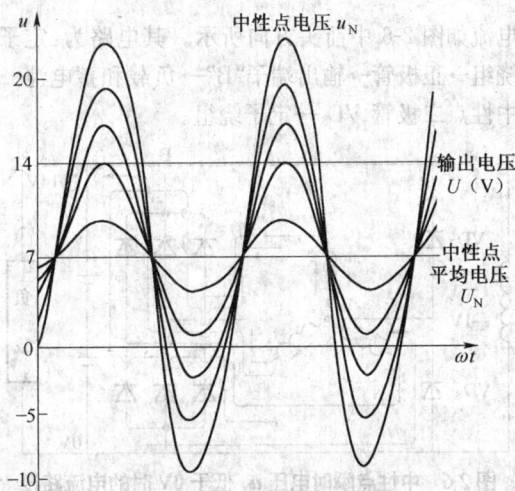

图 2-4　不同转速时中性点电压波形

当三相绕组采用 Y 形连接时，因为线电压（输出电压）是两相电压之差，而三次谐波电压大小相等，相位相同，可以互相抵消，所以发电机对外输出的电压反映不出三次谐波电压。但相电压可以反映出三次谐波电压，且该三次谐波电压的幅度随发电机转速升高而升高，如图 2-4 所示。可见，交流发电机中性点电压是由三相正弦基波电压整流得到的直流电压 u_N 和三次谐波电压（交流电压）u_N 叠加而成。

当发电机转速升高到一定程度（超过 2000 r/min）时，交流电压的最高瞬时值有可能超过发电机的直流输出电压 U，最低瞬时值则可能低于搭铁端电压（0V）。如果在中性点与发电机输出端"B"以及与搭铁端"E"之间分别连接一只整流二极管，那么，当交流电压高于发电机输出电压 U 或低于 0V 时就可向外输出电流。

2.1.7　什么是八管交流发电机和中性点二极管？八管交流发电机怎样增大输出功率？

在普通交流发电机的基础上加装两只整流二极管，就变成了八管交流发电机。如天津夏利 TJ7100、TJ7130 型轿车用 JFZ1542 型 14V45A 交流发电机。连接在发电机中性点"N"与输出端"B"以及与搭铁端"E"之间的两只整流二极管，称为中性点二极管，如图 2-5 中 VD$_7$、VD$_8$ 所示。

八管交流发电机提高输出功率的原理如下：

当中性点的瞬时电压 u_N 高于输出电压平均值 U 时，二极管 VD$_7$ 导通，从中性点输出的电流如图 2-5 中箭头方向所示。其电路为：定子绕组→中性点二极管 VD$_7$→输出端子"B"→负载和蓄电池→负极管→定子绕组。

当中性点瞬时电压 u_N 低于 0V（搭铁电位）时，二极管 VD$_8$ 导通，流过中性点二极管 VD$_8$ 的

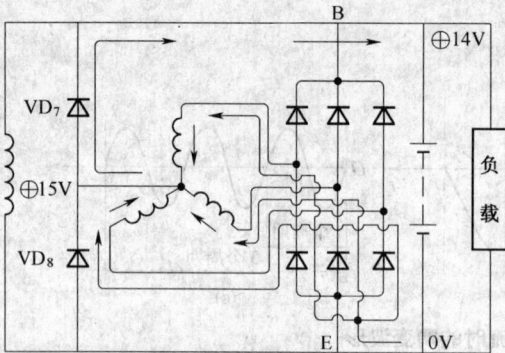

图 2-5 中性点瞬时电压 u_N 高于输出电压 U 时的电流路径

电流如图 2-6 中箭头方向所示。其电路为：定子绕组→正极管→输出端子"B"→负载和蓄电池→中性点二极管 VD_8→定子绕组。

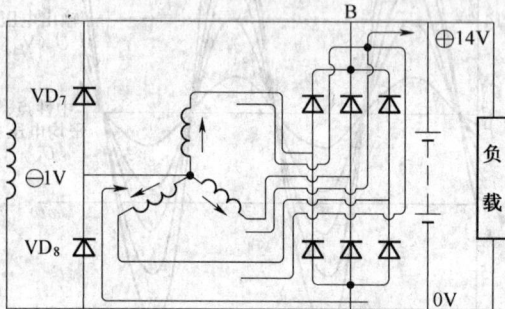

图 2-6 中性点瞬时电压 u_N 低于 0V 时的电流路径

由此可见，只要在中性点处连接两只整流二极管，就可利用中性点输出的交流电压来增加交流发电机的输出电流，如图 2-7 所示。试验表明，在不改动交流发电机结构的情况下，加装两

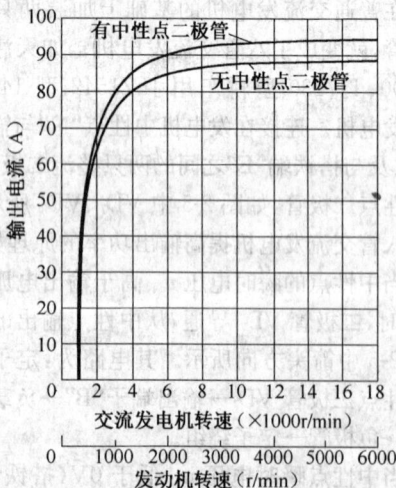

图 2-7 交流发电机输出电流比较

只整流二极管后，当发电机中高速（发电机转速超过 2000r/min，发动机转速大约超过 800r/min）时，其输出功率与额定功率相比就可增大 11%～15%。

2.1.8 什么是九管交流发电机？什么是磁场二极管？九管交流发电机有何特点？

在普通交流发电机的基础上增设三只小功率二极管 VD_7、VD_8、VD_9，并与三只负极管 VD_2、VD_4、VD_6 组成三相桥式整流电路来专门供给磁场电流的发电机，称为九管交流发电机，所增设的三只小功率二极管称为磁场二极管。

九管交流发电机充电系统电路如图 2-8 所示。当发电机工作时，定子绕组产生的三相交流电动势经六只整流二极管 VD_1～VD_6 组成的三相桥式全波整流电路整流后，输出直流电压 U_B 向负载供电并向蓄电池充电。发电机的磁场电流则由三只磁场二极管 VD_7、VD_8、VD_9 与三只负极管 VD_2、VD_4、VD_6 组成的三相桥式全波整流电路整流后输出的直流电压 U_{D+} 供给。

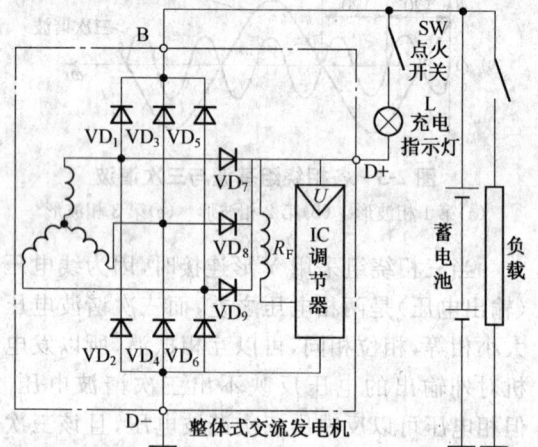

图 2-8 九管交流发电机充电系统电路

九管交流发电机不仅可以控制充电指示灯来指示蓄电池充电情况，而且能够指示充电系统是否发生故障。

接通点火开关 SW，蓄电池电流便经点火开关 SW→充电指示灯→发电机"D+"端子→磁场绕组 R_F→调节器内部大功率三极管→搭铁→蓄电池负极构成回路。此时充电指示灯发亮，指示磁场电流接通并由蓄电池供电。

当发动机起动后，随着发电机转速升高，发

电机"D+"端电压随之升高,充电指示灯两端的电位差降低,指示灯亮度变暗。当发电机电压升高到蓄电池端电压时,发电机"B"端与"D+"端电位相等,充电指示灯两端电位差降低到 0 而熄灭,指示发电机已正常发电,磁场电流由发电机自己供给。

当发电机高速运转、充电系统发生故障而导致发电机不发电时,因为"D+"端无电压输出,所以充电指示灯两端电位差增大而发亮,警告驾驶人及时排除故障。

2.1.9 无刷交流发电机的结构有何特点? 分为哪些类型?

上述几种交流发电机的磁场绕组都随转子轴旋转,必须采用电刷和集电环(滑环)才能将磁场电流引入磁场绕组。由于集电环与电刷之间会产生磨损或接触不良,因此,长期使用时会造成磁场电流不稳或发电机不发电等故障。对于使用环境条件恶劣的汽车,特别是大型运输车辆和越野汽车,为了保证发电机可靠运行和减少维修工作,20 世纪 80 年代以来,国内外都在致力于开发研制结构新颖、性能优良、维修方便的无刷交流发电机,其显著特点是发电机内部没有电刷和集电环。

汽车用无刷交流发电机分为爪极式无刷交流发电机和永磁式无刷交流发电机两类。目前大多数采用爪极式无刷交流发电机。如东风系列大型运输车辆和越野汽车、部分东风 EQ1090 型和跃进 NJ1041、NJ1061 型载货汽车都已配装爪极式无刷交流发电机。

2.1.10 爪极式无刷交流发电机的结构和工作原理是怎样的? 有何特点?

爪极式无刷交流发电机的结构与前述有刷交流发电机基本相同,如图 2-9 所示为国产无刷交流发电机的外形及零部件组成。

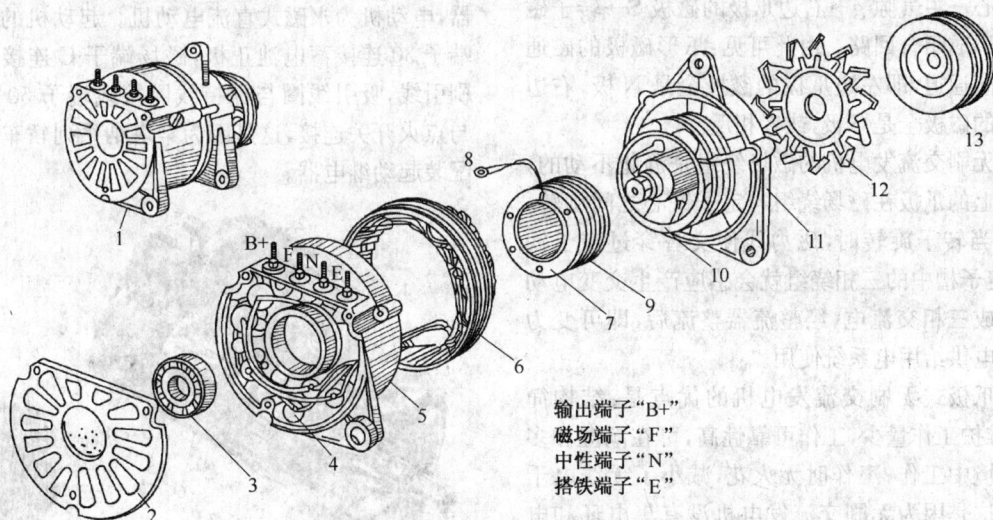

图 2-9 无刷交流发电机外形及零部件组成
1. 外形图 2. 防护盖 3. 后轴承 4. 整流二极管 5. 磁场绕组托架与后轴承支架 6. 定子总成 7. 磁轭
8. 磁场绕组引线端子 9. 磁场绕组 10. 爪极 11. 前端盖 12. 风扇叶片 13. 驱动带轮

输出端子"B+"
磁场端子"F"
中性端子"N"
搭铁端子"E"

爪极式无刷交流发电机的显著特点是磁场绕组不随转子轴转动,其爪极是在磁场绕组的外围旋转,因此磁场绕组两端引线可直接从发电机内部引出,从而省去集电环和电刷并形成无刷结构,磁路如图 2-10 所示。

磁场绕组 2 通过一个磁轭托架 1 固定在后端盖 4 上。两个爪极中只有一个爪极 8 直接固定在发电机转子轴上,另一爪极 3 的固定方法有两种,一种是用非导磁材料焊接(如铜焊焊接)固定在爪极 8 上;另一种是用非导磁连接环固定在爪极 8 上。当驱动带轮带动转子轴旋转时,一个爪极就带动另一爪极在定子内一起转动。在爪极 3 的轴向制有一个大圆孔,磁轭托架由此圆孔伸入爪极的空腔内。在磁轭托架与爪极以及与转子磁轭之间均需留出附加间隙 g_1、g_2,以便爪极和转子磁轭转动。

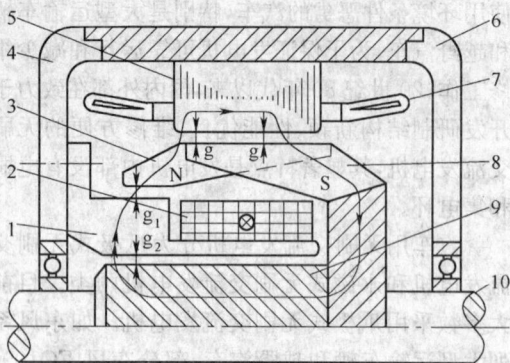

图 2-10　爪极式无刷交流发电机结构原理

1. 磁轭托架　2. 磁场绕组　3、8. 爪形磁极　4. 后端
盖　5. 定子铁心　6. 前端盖　7. 定子绕组　9. 转子
磁轭　10. 转子轴

当磁场绕组接通直流电流时，其主磁通路径
由转子磁轭出发，经附加间隙 g_2→磁轭托架→附
加间隙 g_1→左边爪极的磁极 N→主气隙 g→定
子铁心→主气隙 g→右边爪极的磁极 S→转子磁
轭而形成闭合回路。由此可见：爪形磁极的磁通
是单向通道，即左边爪极的磁极全是 N 极，右边
爪极的磁极全是 S 极，或者相反。

无刷交流发电机的磁场绕组是静止不动的，
转子上的爪极在磁场绕组与定子铁心之间旋转，
所以当转子旋转时，磁力线便交替穿过定子铁
心，定子槽中的三相绕组就会感应产生交变电动
势形成三相交流电，经整流器整流后，即可变为
直流电供给用电系统使用。

爪极式无刷交流发电机的优点是：结构简
单，维护工作量少，工作可靠性高，可在潮湿和多
尘环境中工作；工作时无火花，减小了无线电干
扰。这是因为无刷交流发电机没有集电环和电
刷，不存在电刷与集电环接触不良而导致发电不
稳或不发电等故障。

爪极式无刷交流发电机的缺点是：由于汽车
发电机转速最高可达 18000r/min，因此，连接两
块爪极的制造工艺要求高，焊接困难；此外，由于
主磁通路径中增加了两个附加间隙，因此在输出
功率与有刷交流发电机相同的情况下，必须增大
磁场绕组电流，这对控制磁场电流的调节器就提
出了更高的要求。

2.1.11　减速起动机的结构有何特点？

在传动装置中设有减速装置的起动机，称为
减速式起动机，简称减速起动机。

减速起动机起动系统除减速装置和直流电
动机磁场之外，其他零部件的结构原理与电磁式
起动机起动系统基本相同。为了缩小起动机的
体积，减轻质量和降低故障率，减速起动机一般
都采用永磁磁极式直流电动机，因此，又称为永
磁式减速起动机。为了增大起动机的输出转矩
和减轻起动机的质量，采用减速起动机的汽车越
来越多，如桑塔纳轿车、天津—一汽丰田皇冠轿车、
北京切诺基吉普车（BJ2021）和北京 BJ2020VJ 型
吉普车等。

**2.1.12　桑塔纳 2000GSi 型轿车、切诺
基吉普车用永磁式减速起动机的结构分别是
怎样的？**

桑塔纳 2000GSi 型轿车用永磁式减速起动
机的结构如图 2-11 所示，减速装置采用的是行
星齿轮减速器，离合器采用的是滚柱式单向离合
器，电动机为永磁式直流电动机。起动机的电源
端子 30 连接蓄电池正极，磁场端子 C 连接正电
刷引线，吸引线圈与保持线圈接线端子 50 直接
与点火开关连接，这是因为桑塔纳系列轿车没有
配装起动继电器。

**图 2-11　桑塔纳 2000GSi 型轿车用减速式
起动机的结构**

1. 移动叉　2. 电磁开关　3. 换向器端盖　4. 电刷
5. 永久磁铁　6. 电枢　7. 减速装置（行星齿轮减速
器）　8. 驱动端盖　9. 滚柱式单向离合器　30. 电源
端子（连接蓄电池正极）　50. 吸引线圈与保持线圈接
线端子（连接点火开关）　C. 磁场端子（连接正电刷引
线，电动机为永磁式直流电动机）

切诺基吉普车用永磁式减速起动机零部件
组成如图 2-12 所示。

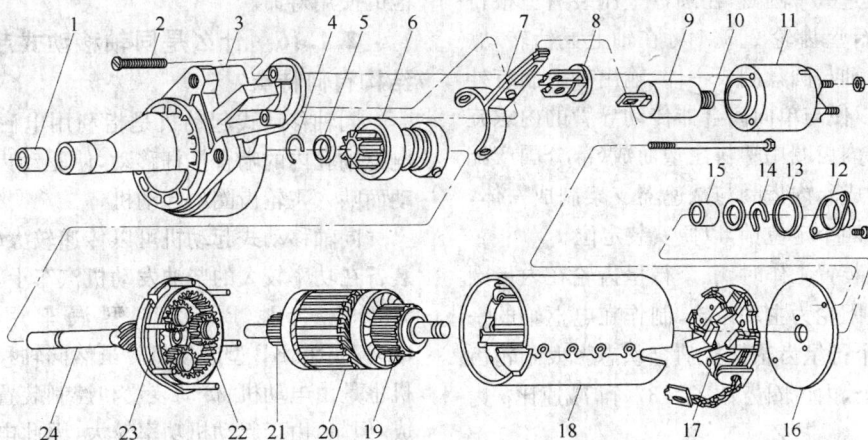

图 2-12 切诺基吉普车用永磁式减速起动机的零部件组成

1、15.铜衬套 2.固定螺栓 3.驱动端盖 4.卡环 5.止推垫圈 6.单向离合器 7.移动叉 8.移动叉支点衬垫 9.活动铁心 10.复位弹簧 11.电磁开关线圈总成 12.防尘盖 13.密封圈 14.锁紧卡片 16.换向器端盖 17.电刷总成 18.电动机壳体 19.换向器 20.电枢 21.减速器太阳轮 22.行星齿轮 23.内齿圈 24.减速器输出轴

2.1.13 减速起动机的减速装置分为哪些类型？行星齿轮减速装置具有哪些优点？

减速装置安装在电枢轴与单向离合器之间，按传动方式不同分为平行轴圆柱齿轮外啮合传动式（如日本电装公司的 12V11E1.4 型减速起动机）、平行轴圆柱齿轮内啮合传动式（如国产 QD254 型减速起动机）和同心轴行星齿轮传动式（如桑塔纳 2000GSi 型轿车用起动机和北京 BJ2021 型吉普车用 12VDW1.4 型、QDJ124 型永磁式减速起动机），三种减速传动方式如图 2-13 所示。

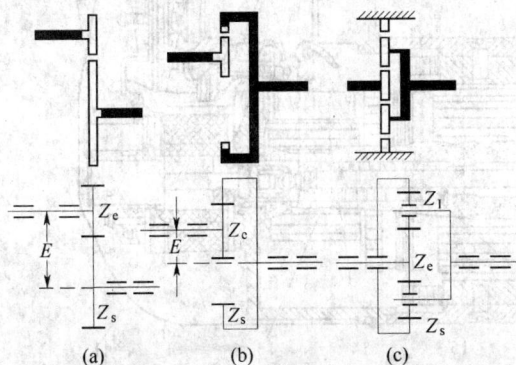

图 2-13 减速装置传动方式

（a）外啮合式 （b）内啮合式 （c）行星齿轮传动式
E.中心距 Z_e.主动齿轮 Z_s.从动齿轮
Z_1.行星齿轮

在三种传动方式中，行星齿轮减速装置相对较好，这是因为行星齿轮减速装置具有以下优点：

①负载平均分配在行星齿轮上，内齿圈可用塑料制成，可减轻质量和降低噪声。

②电枢轴和轴承上无径向负载，因此振动较小。

③减速比大时，只影响起动机轴向长度。

2.1.14 切诺基吉普车用减速起动机的减速装置有何特点？

切诺基吉普车用 12VDW1.4 型、QDJ124 型永磁减速式起动机行星齿轮减速装置的结构如图 2-14 所示，由内齿圈、三个行星齿轮、一个太阳轮（电枢轴齿轮）、一个固定行星齿轮的支架（即行星架）和减速器支架组成。

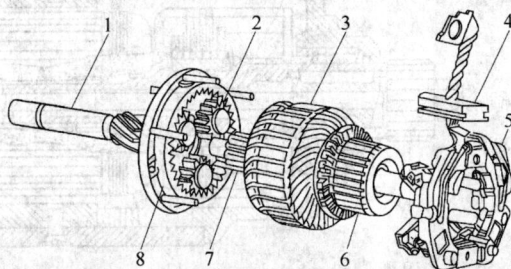

图 2-14 行星齿轮减速装置的结构

1.减速器输出轴 2.行星齿轮 3.电枢 4.橡胶定位块 5.电刷总成 6.换向器 7.太阳轮（电枢轴齿轮） 8.内齿圈

行星架是一个圆盘,在圆盘上压装有三根行星齿轮轴,行星齿轮 2、3、4 可在轴上灵活转动。减速器输出轴与圆盘制成一体,输出轴上制有外螺旋键槽,以便与单向离合器传动导管的内螺旋键槽配合。内齿圈用塑料注塑而成(部分国产配件用钢材制成),内齿圈与减速器支架制成一体,支架上制有四个定位销,以便安装定位。

当减速装置工作时,三个行星齿轮在内齿圈内滚动。太阳轮为主动齿轮,制作在电枢轴的一端,并与三个行星齿轮保持啮合状态。太阳轮齿数 $Z_e=11$ 个,内齿圈齿数 $Z_s=37$ 个,减速比 j 为

$$j=1+\frac{Z_s}{Z_e}=1+\frac{37}{11}=4.36$$

2.1.15 减速起动机与普通电磁式起动机相比具有哪些优点?

减速式起动机与普通电磁式起动机相比,具有以下优点:

①起动转矩增大,起动可靠性高,因此有利于低温起动。

②比功率(即单位质量输出的功率)大,质量轻。在输出功率相同的情况下,质量可减小 $25\%\sim35\%$。

③外部尺寸小,其总长度可缩短 $20\%\sim30\%$,因此在汽车上所占空间可大大缩小。

④减轻了蓄电池的负荷,可以相对延长蓄电池的使用寿命。

2.1.16 什么是同轴移动式起动机,其结构有何特点?

同轴移动式起动机是指利用电磁开关推动电枢轴孔内的啮合推杆移动,使驱动齿轮同步移动而啮入飞轮齿圈的起动机。

同轴移动式起动机可以传递较大转矩,一般装备在功率较大的柴油发动机汽车上,如斯太尔 SX2190、奔驰 Benz2026 型汽车用 QD2645、QD2745 和 KB 型起动机。虽然同轴移动式起动机也是由电动机、传动装置和控制装置三部分组成,但是,由于起动机功率较大,因此电动机一般都采用复激式直流电动机(即磁场绕组与电枢绕组的连接方式既有串联连接,也有并联连接),传动装置一般都采用摩擦片式离合器,控制装置的起动继电器一般都与起动机制作成一体。

斯太尔 SX2190、奔驰 Benz2026 型汽车用 QD2745 型起动机的额定电压为 24V,最大输出功率为 5.4kW,其显著特点:一是起动机的轴向尺寸较大;二是由吸引线圈、保持线圈和铁心等组成的联动继电器安装在起动机电枢轴的一端,以便推动电枢轴孔内的啮合推杆移动,使驱动齿轮啮入飞轮齿圈。

斯太尔 SX2190、奔驰 Benz2026 型汽车用 QD2745 型同轴移动式起动机的结构如图 2-15 所

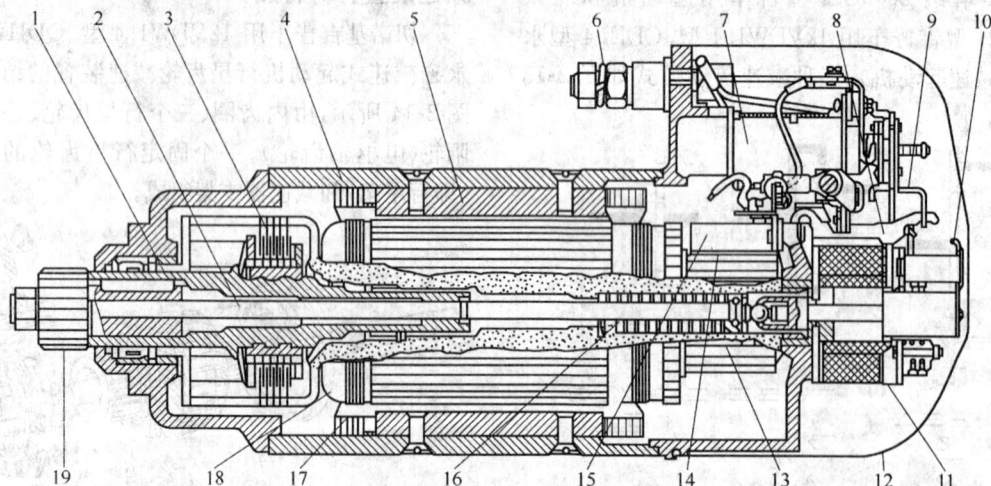

图2-15 QD2745型同轴移动式起动机的结构

1. 驱动齿轮轴套导向轴 2. 啮合推杆 3. 摩擦片式离合器 4. 壳体 5. 磁极 6. 接线端子 7. 起动继电器
8. 锁止臂 9. 移动臂 10. 解脱凸缘 11. 联动继电器 12. 防护罩 13. 换向器 14. 电刷 15. 电刷架
16. 电枢轴 17. 磁场线圈 18. 电枢 19. 驱动齿轮

示,起动机采用复激式直流电动机,结构特点如下:

①电动机为四极四刷可变激磁方式(由串激变换为复激式)直流电动机。电动机结构简图与控制电路如图 2-16 所示,设有四个磁极四个电刷,每个磁极上都绕制有主磁场绕组和副磁场绕组。主磁场绕组 10 用矩形裸体铜线绕制,导线横截面面积大,可以通过较大电流。四个主磁场绕组两两串联而后并联,一端连接在下触点 6 上,另一端连接正电刷,正电刷安放在正电刷架(绝缘电刷架)内。

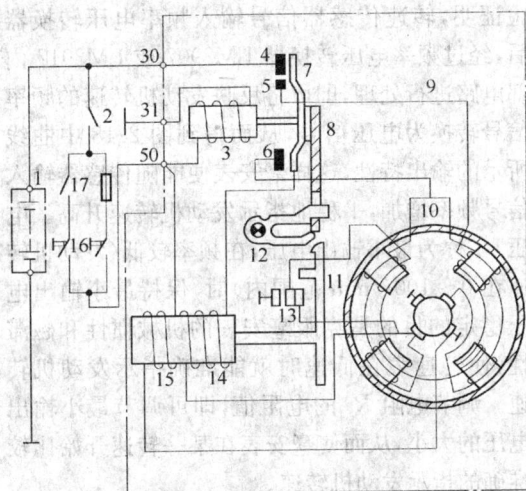

图 2-16　QD2745 起动机控制电路

1.蓄电池　2.电源开关　3.起动继电器线圈　4.上触点　5.小触点　6.下触点　7.接电桥　8.移动臂　9.副磁场绕组　10.主磁场绕组　11.解脱凸缘　12.锁止臂　13.双触点　14.吸引线圈　15.保持线圈　16.起动按钮(驾驶室内和发动机上各一个)　17.空档起动开关

副磁场绕组 9 用较细的漆包铜线绕制,匝数较多;四个副磁场绕组串联连接,一端连接小触点 5 上,另一端经双触点 13 的常闭触点连接正电刷。当双触点 13 的常闭触点闭合时,电动机为串激式电动机;当双触点 13 的常开触点闭合时,副磁场绕组一端直接搭铁并与电枢绕组并联,电动机因此转变为复激式电动机,以便限制电枢转速,防止转速过高而损坏。

②电枢轴向为空心结构,啮合推杆穿过电枢中心孔。在图 2-15 中,啮合推杆 2 的一端固装驱动齿轮 19,另一端经过一只钢球与联动继电器

11 的顶杆相接触。钢球用于定心传力,保证作用力作用在啮合推杆中心。当联动继电器线圈通电时,铁心产生的电磁力将推动顶杆移动,顶杆通过钢球推动啮合推杆与驱动齿轮移动,使驱动齿轮与发动机飞轮进入啮合。

2.1.17　斯太尔 SX2190 和奔驰 2026 型汽车用同轴移动式起动机的离合器和控制装置有何特点?

斯太尔 SX2190 和奔驰 2026 型汽车用同轴移动式起动机采用摩擦片式离合器,结构如图 2-17 所示,由主动鼓、驱动齿轮轴套导向轴 1、碟形垫片 2、主动摩擦片 3、被动摩擦片 4、调整垫片 5 和被动鼓 6 等组成。

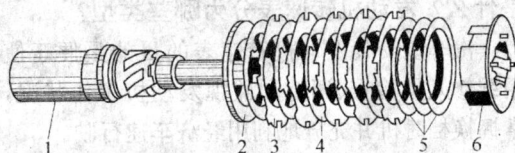

图 2-17　摩擦片式离合器结构

1.驱动齿轮轴套导向轴　2.碟形垫片　3.主动摩擦片　4.被动摩擦片　5.调整垫片　6.被动鼓

主动鼓与电枢制成一体,被动鼓 6 通过内螺旋键槽与导向轴 1 上的外螺旋键槽配合。导向轴与驱动齿轮轴套用花键联接。除主动鼓外,离合器其他部件均可随啮合推杆轴向移动。碟形垫片用来限制最大转矩,防止起动机负荷过大而损坏。

斯太尔 SX2190 和奔驰 Benz2026 型汽车用同轴移动式起动机的控制装置具有以下特点:

①起动继电器与起动机安装在一起。同轴移动式起动机的工作特点与电磁式起动机有所不同,由控制电路图 2-16 可见,其电动机的主磁场电路和副磁场电路是由起动继电器和联动继电器(相当于电磁开关)协同控制。由于电动机工作电流较大(1000A 以上),因此将起动继电器制作在起动机内,以便控制电动机电路。

②联动继电器安装在电枢轴的一端。同轴移动式起动机工作时,依靠联动继电器顶杆推动啮合推杆移动,从而使驱动齿轮与飞轮啮合,其电枢不会移动。因此需要将联动继电器安装在起动机电枢轴的一端。

③设有两条起动控制电路。由于驾驶室可

以倾翻,为了便于检修发动机时起动试车,设有两条起动控制电路,如图 2-16 所示,其中一条控制电路的起动按钮设在仪表台上,供正常起动时使用;另一条控制电路的起动按钮设在发动机第五缸气门罩附近,供驾驶室倾翻后起动发动机使用。为了保证安全,在驾驶室倾翻后的起动控制电路中,串联有一只空档开关。空档开关安装在变速器侧盖上,仅当变速器换档杆处于空档位置时,空档开关才能接通,发动机才能起动。当换档杆拨入任一前进档或倒档时,空档开关将处于断开状态,起动机不可能运转,从而保证人车安全。

2.1.18　汽车安装发动机转速表的目的是什么? 发动机转速表分为哪些类型?

汽车上安装发动机转速表的目的是便于使用维修人员检查、调整和监视发动机工作状况,掌握换档时机并充分地利用经济车速行驶。

发动机转速表分为机械式和电子式两种。电子式转速表指示平稳,结构简单,安装方便,因此小轿车广泛采用。电子式转速表又分为汽油发动机转速表和柴油发动机转速表两种。前者的转速信号既可从点火系统的初级电路获取,也可从转速传感器获取;后者的转速信号只能从转速传感器获取。

2.1.19　磁感应式发动机转速表的结构有何特点?

磁感应式发动机转速表是指采用磁感应式传感器检测发动机转速信号的电子式转速表。这种转速比既可用于测量汽油发动机转速,也可用于测量柴油发动机转速。磁感应式转速表由磁感应式传感器、电子电路和毫安表组成,如图 2-18所示。

转速信号一般取自发动机曲轴信号,因此传感器一般都安装在飞轮壳上。电子电路的核心部件是频率电压转换器 LM2907 或 LM2917。试验证明,转速传感器信号输入频率电压转换器后,经过频率电压转换器 LM2907 或 LM2917 内部电路进行处理,即可将反映发动机转速的频率信号转换为电压信号,从而得到图 2-18 中曲线所示的输出特性,这样毫安表便能随传感器输入信号频率增加,平稳地指示发动机转速升高。电压 U_s 称为最小输出电压,在频率较低(发动机转速在 $0\sim100r/min$ 范围内)时,保持最小输出电压稳定的目的是克服毫安表的机械惯性和磁滞性,使转速表在低速时就能准确指示发动机转速。调节电阻 R_s 的电阻值,即可调节最小输出电压的大小,从而使毫安表在某一转速开始比较准确的指示发动机转速。

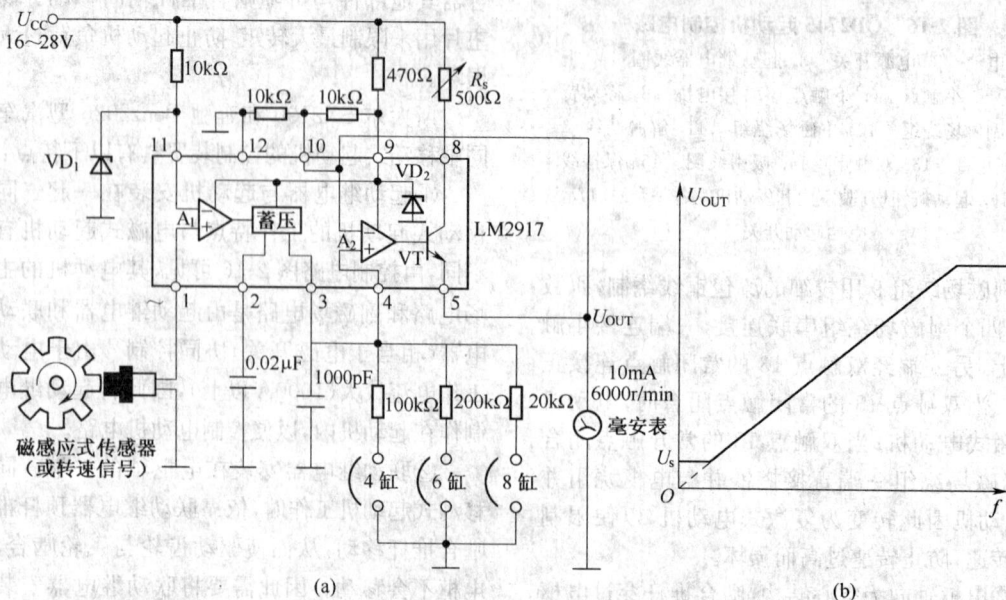

图 2-18　磁感应式发动机转速表电路原理
(a)电路图　(b)信号输出

上述电路制作的转速表可适用于四缸、六缸和八缸发动机。制作转速表,只需根据图中所示电路连接相应阻值的电阻,并将该电阻与负极连接即可。

2.1.20　什么是数字式汽车仪表?数字仪表采用的电子显示器件分为哪些类型?

数字式汽车仪表是指采用荧光屏、液晶显示屏、数码管和发光二极管等显示器件来显示温度、电压、油压、燃油、发动机转速表、车速和里程等状态信息的仪表,又称为电子式汽车仪表。随着汽车电子技术和汽车仪表电子化发展,电子式温度表、油压表、燃油表、电压表、发动机转速表和车速里程表等应运而生,马自达轿车采用的电子显示组合仪表盘的外形结构如图 2-19 所示。

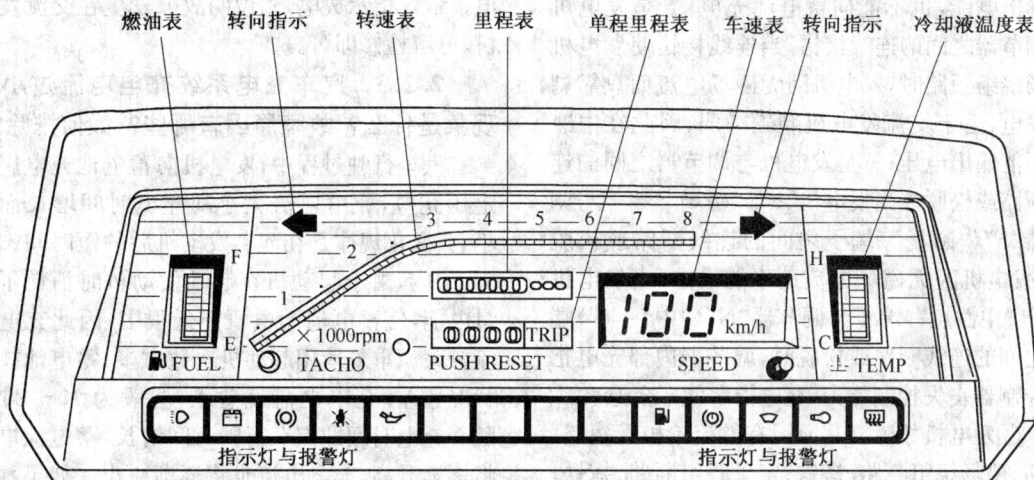

图 2-19　马自达轿车电子显示仪表盘结构

数字式汽车仪表采用的电子显示器件可分为发光型和非发光型两类。发光型显示器件有:发光二极管(LED)、真空荧光管(VFD)、阴极射线管(CRT)、等离子显示器件(PDP)和电致发光显示器件(ELD)等;非发光型显示器件有:液晶显示器(LCD)和电致变色显示器(ECD)等。这些显示器件均可作为汽车信息显示器件,汽车常用的有发光二极管、真空荧光管和液晶显示器三种。发光二极管不仅具有光色多,可发出红、绿、黄、橙等颜色,而且还有价格便宜,既可单独使用,也可组成数字、点阵或线条图形等优点。因此,汽车使用最多。如单独使用用做各种指示灯和警报灯;组成数字显示车速和里程;组成点阵显示电压、油压、油量和冷却液温度等;组成线条图形显示发动机转速和高位制动警告信号等。

2.1.21　数字式汽车仪表由哪些部件组成?

数字式汽车仪表主要由采集信息的传感器、分析处理信息的电子电路(包括单片机)以及各种信息显示器件组成。其中,传感器和电子电路的功用与前述发动机转速表基本相同,主要区别在于信息显示方式有所不同。

在数字式汽车仪表中,除汽车行驶速度(即车速)一般采用数字形式显示之外,其余信息(如电压、油压、温度、燃油和发动机转速表等)一般都采用线条图形或象形图形显示。线条图形和象形图形制作在组合仪表盘透明护板下面的面膜上,在面膜下面制作有安装固定发光二极管等显示器件的支架,各种显示器件与印刷电路板上的电子电路和驱动电路等连接。当驱动电路驱动发光二极管等显示器件工作时,即可通过面膜上的线条图形或象形图形显示相应的状态参数。由此可见,显示信息的驱动电路是数字式汽车仪表的重要组成部分。

第 2 节　充电系统故障诊断与排除

2.2.1　汽车充电系统不充电的现象是什么?故障原因有哪些?

当充电系统正常工作、发动机转速升高到比

怠速转速稍高时,发电机输出电压即可达到调节电压,并对蓄电池充电。若发电机中速运转时,电流表仍指示放电或充电指示灯仍然发亮,就说明充电系统不充电。其原因有以下几点:

①交流发电机 V 带过松。

②线路故障。一是发电机"B"("输出")端子至电流表之间的连线断路或松脱,这样即使发电机发出电能,也不能向蓄电池充电;二是发电机与调节器之间的连线接错,当连线接错使发电机磁场绕组短路时,发电机因无磁场电流而只靠剩磁发电,由于交流发电机剩磁微弱,因此在中速时不能输出电压;三是发电机与调节器之间的连线断路或松脱。当发电机"F"("磁场")端子与调节器"F"("磁场")端子之间的连线断路或松脱时,发电机因无磁场电流而不能发电;当发电机"N"("中性点")端子与调节器"N"("中性点")端子之间的连线断路或松脱时,调节器内部充电指示控制器丧失控制能力,充电指示就不会熄灭。

③发电机故障。其原因有整流二极管短路、断路;磁场绕组断路、搭铁;定子绕组断路、搭铁;电刷在电刷架中卡住。

④电子调节器故障。一是控制磁场电流的大功率三极管(达林顿三极管)断路;二是调节器前级驱动电路的三极管短路。

2.2.2 怎样排除汽车充电系统不充电故障?

汽车充电系统不充电故障的排除方法如下:

①检查交流发电机 V 带轮与发动机曲轴 V 带轮之间的 V 带挠度是否符合规定。方法是在 V 带上施加 100N 压力下:新 V 带挠度为 5～7mm;旧 V 带挠度为 10～14mm。如挠度过大应进行调整或更换 V 带。

②检查交流发电机"B"("输出")端子至蓄电池之间的线路导线有无松脱或断路。检查断路时,可用 12V 试灯(该车仪表灯亦可)一端搭铁,另一端接发电机"B"端子以及线路各个连接点进行检查。如灯亮则线路良好;若不亮则有断路故障,应予检修或更换导线。

③检查发电机与调节器之间的接线是否正确,导线端子有无松脱或断路。

④检查发电机是否发电。对于内搭铁型发电机,将发电机"F"端子上的导线拆下,另用一根导线将"F"端子与"B"端子连接;对于外搭铁型发电机,则另用一根导线将两个磁场端子"F+"和"F-"中与调节器连接的"F-"端子与"E"端子连接;起动发动机并接通大灯远光档位,将发动机转速提高到 1500～2000r/min。如果电压表、电流表或充电指示灯指示充电,说明故障发生在调节器,应予换用新品;如果电压表、电流表或充电指示灯指示放电,则说明故障发生在交流发电机,分解检修即可。

2.2.3 汽车充电系统充电电流过小的现象是什么?故障原因有哪些?如何排除?

汽车行驶过程中,发电机向蓄电池充电属于定压充电,充电电流大小随充电时间增长而减小,其变化规律是在起动发动机后的短时间(3～5min)内,由于起动机在起动发动机时消耗了大量电能,使蓄电池端电压降低很多,因此充电电流较大。重复使用起动机次数愈多,蓄电池技术状况愈差,充电电流就愈大,一般为 10～25A。随着充电时间即汽车行驶时间增长,蓄电池电压将逐渐升高,充电电流也将逐渐减小。如果蓄电池技术状态正常,那么充电电流一般为 2～5A。当蓄电池基本充足电时,那么充电电流很小或接近于 0。

在蓄电池存电不足的情况下,当发电机中速以上运转时,如果电流表指示充电电流过小,则说明充电系统有故障。故障原因有:

①发电机 V 带挠度过大而出现打滑现象。

②充电线路或磁场线路接线端子松动而接触不良。

③发电机故障,包括个别整流二极管断路;一相定子绕组连接不良或断路;电刷磨损过多、集电环油污或锈蚀而导致电刷与集电环接触不良;磁场绕组匝间短路等。

④调节器调节电压过低。

2.2.4 怎样排除汽车充电系统充电电流过小故障?

充电电流过小故障的排除方法和步骤如下。

首先检查交流发电机 V 带挠度是否符合规定。然后检查充电线路和磁场线路连接是否牢靠。再利用直流电压表(量程不小于 30V)和直流电流表(量程不小于 30A)就车检测发电机输出功率是否达到额定输出功率,方法如下:

①拆下交流发电机"B"上的电源线,将电流表串接在电源线与发电机"B"端子之间,电流表正极接发电机"B"端子,负极接刚拆下的电源线端子。如果原车充电系统电路中已有电流表,则可直接借用该表检测,不必拆线另接。

②将电压表正极接交流发电机"B"端子,负极接发电机"E"(即"搭铁")端子,如原车已有电压表(如切诺基吉普车),则可借用,不必另接;查看电压表读数(若是利用原车电压表或电流表检测,则接通点火开关才能读数),此时指示的电压为蓄电池端电压,汽油发动机汽车约为 12V;柴油发动机汽车约为 24V。

③起动发动机,稍微加大油门,接通前照灯"远光"档位,使发动机转速提高到 1500～2000 r/min(转速需用电转速表检测,否则只能凭经验判断),同时观察电流表和电压表读数。在上述转速下,电流表应该指示充电,充电电流大小依车型和蓄电池技术状况而异,一般情况下充电电流为 10～25A;电压表读数应高于蓄电池端电压,汽油发动机汽车应为 (14.2±0.25)V;柴油发动机汽车应为 (28.0±0.30)V。如电压或电流达不到上述标准数值,说明发电机或调节器故障。

④判断排除发电机或调节器故障。对于内搭铁型发电机,将发电机"F"端子上的导线拆下,另用一根导线将"F"端子与"B"端子连接;对于外搭铁型发电机,则另用一根导线将两个磁场端子"F+"和"F-"分别与调节器连接的"F-"端子与"E"端子连接;起动发动机并接通大灯远光档位,将发动机转速提高到 1500～2000r/min,同时查看电流表读数能否达到 10～25A。如充电电流能够达到 10～25A,说明交流发电机能够输出额定功率,故障发生在调节器;如充电电流达不到 10～25A,说明交流发电机故障,应当拆下发电机进行检修。

2.2.5　汽车充电系统充电电流过大的现象、原因有哪些?

汽车充电系统充电电流过大故障的现象有:

①汽车行驶时,充电电流始终保持在 10A 以上且不减小。

②蓄电池耗水量增大,即液面降低快。

③灯泡经常烧坏。

充电电流过大的主要原因是调节器的调节电压过高,调节电压过高的原因有:

①电子调节器内部电路参数匹配不当(主要是分压电阻和稳压管匹配不当)造成调压器调节电压过高。

②控制磁场电流的大功率三极管短路。

③调节器前级驱动电路断路造成发电机电压失控。

由于电子调节器采用树脂封装,不能检修,因此确认调节器故障后,只能换用新品。

2.2.6　汽车充电系统充电电流不稳的现象是什么?故障原因有哪些?如何排除?

汽车行驶过程中,如果电流表指针左右摆动或充电指示灯闪烁,就说明充电电流不稳定。故障原因如下:

①发电机 V 带过松而打滑。

②充电线路连接松动,接触不良。

③发电机内部接触不良。如电刷弹簧弹力过弱,电刷磨损过度,磁场绕组端头焊点松脱,集电环表面过脏。

④电子调节器内部元件虚焊。

充电电流不稳故障的排除方法和步骤如下:

①检查交流发电机 V 带挠度是否符合规定。

②检查充电线路和磁场线路连接是否牢靠。

③用试灯代替磁场绕组,以便检查诊断发电机与线路故障。对于外搭铁型交流发电机:将调节器"B"端子与"F-"端子上的连接导线拆下并悬空;对于内搭铁型交流发电机:将"F"端子与"E"端子上的导线拆下并悬空。

④逐渐升高发动机转速,查看试灯发亮情况以及电流表或充电指示灯指示情况。如试灯稳定发亮且充电电流稳定,说明磁场绕组接头焊点虚焊或调节器内部元件焊点虚焊;如试灯稳定发亮但充电电流不稳定,说明充电线路接触不良。如试灯闪烁,说明发电机内部接触不良,应予检修。

第 3 节　起动系统故障诊断与排除

2.3.1　接通起动开关时,起动机不转的原因有哪些?怎样诊断及排除故障?

将点火钥匙转到起动档时起动机不转,其原

因如下：

①蓄电池严重亏电。

②蓄电池正、负极柱上的电缆接头松动或接触不良。

③电动机开关触点严重烧蚀或两触点高度调整不当而导致触点表面不在同一平面内，使触盘不能将两个触点接通。

④换向器严重烧蚀而导致电刷与换向器接触不良。

⑤电刷弹簧压力过小或电刷在电刷架中卡死。

⑥电刷引线断路或绝缘电刷(正电刷)搭铁。

⑦磁场绕组或电枢绕组有断路、短路或搭铁故障。

⑧电枢轴的铜衬套磨损过多，使电枢轴偏心而导致电枢铁心"扫膛"(即电枢铁心与磁极发生摩擦或碰撞)。

各型汽车起动系统故障的诊断与排除方法基本相同，但具体线路有所不同。出现起动机不转故障时，首先应检查蓄电池存电情况和导线，特别是蓄电池搭铁电缆和火线电缆的连接情况，然后再检查起动机和开关。故障检查与判断方法如下：

①接通汽车前照灯或喇叭，若灯发亮或喇叭响，说明蓄电池存电较足，故障不在蓄电池；若灯不亮或喇叭不响，说明蓄电池或电源线路有故障，应检查蓄电池搭铁电缆和火线电缆的连接有无松动以及蓄电池存电是否充足。

②若灯亮或喇叭响，说明故障发生在起动机、开关或控制电路。可用旋具将起动机端子"30"与"C"接通，使起动机空转。若起动机不转，则电动机有故障；若起动机空转正常，说明电磁开关或控制电路有故障。

③诊断电动机故障时，可根据旋具搭接端子"30"与"C"时产生火花的强弱来辨别。若搭接时无火花，说明磁场绕组、电枢绕组或电刷引线等有断路故障；若搭接时有强烈火花而起动机不转，说明起动机内部有短路或搭铁故障，须拆下起动机进一步检修。

④诊断是电磁开关还是控制电路故障时，可用导线将蓄电池正极与电磁开关"50"端子接通

(时间不超过 3~5s)，如接通时起动机不转，说明电磁开关故障，应拆下检修或更换电磁开关；如接通时起动机转动，说明端子"50"至蓄电池正极之间线路或点火开关故障。

⑤排除电磁开关端子"50"至蓄电池正极之间线路或点火开关故障时，可用 12V/2W 试灯逐段进行诊断排除。将试灯一个引线电极搭铁，另一个引线电极接点火开关"30"端子，如试灯不亮，说明蓄电池正极至点火开关间的线路断路；如试灯发亮，说明该段线路良好，继续下一步检查。

⑥将试灯引线电极接点火开关"50"端子，点火钥匙转到起动位置，如试灯不亮，说明点火开关故障，应予更换；如试灯发亮，说明点火开关良好，故障发生在点火开关"50"端子至起动机"50"端子之间线路故障，逐段检查即可排除。

2.3.2 接通起动开关时，起动机运转无力的原因有哪些？

接通起动开关，若起动机能运转，则说明控制电路工作正常；若起动机运转无力，则说明带负载能力降低，实际输出功率减小。其原因有：

①蓄电池存电不足或有短路故障，使其供电能力降低。

②电动机主电路接触电阻增大，使起动机工作电流减小。接触电阻增大的原因包括：蓄电池搭铁电缆搭铁不实；电池正、负极柱上的电缆端头固定不牢；电动机开关触点与触盘烧蚀；电刷与换向器接触不良；换向器烧蚀等。

③磁场绕组或电枢绕组局部短路，使起动机输出功率降低。

④发动机装配过紧或环境温度很低而导致起动阻力矩过大时，也可能出现起动机运转无力的现象。

2.3.3 接通起动开关时，起动机发出"咔、咔……"撞击声的原因有哪些？怎样排除？

起动发动机时，起动机驱动齿轮与发动机飞轮齿圈不能啮合而发出"咔、咔……"撞击声，甚

至发生打齿现象的原因有:

①驱动齿轮轮齿或飞轮齿圈轮齿磨损过甚或轮齿缺损。

②驱动齿轮端面与端盖凸缘间的间隙(或距离)过小。当驱动齿轮与飞轮齿圈尚未啮合或刚刚啮合时,电动机主电路就已接通,由于驱动齿轮在高速旋转过程中与静止的飞轮齿圈撞击,因此发出强烈地"咔、咔……"撞击声。

排除齿轮"咔、咔……"撞击声的方法如下:

①检查驱动齿轮轮齿和飞轮齿圈轮齿的磨损情况。如果轮齿磨损过甚或轮齿有缺损,则需更换齿轮轮齿或飞轮齿圈。

②检查驱动齿轮端面与端盖凸缘间的间隙是否符合规定标准。间隙不当(过小或过大)都必须按标准值进行调整。

2.3.4　接通起动开关时,起动机发出"打机枪"似的"哒、哒……"声的原因有哪些?怎样排除?

当接通起动开关时,起动机的活动铁心产生连续不断地往复运动而发出"哒、哒……"声音的现象,称为"打机枪"现象。导致起动机产生"打机枪"现象的原因有:

①蓄电池充电不足(亏电)或内部短路。

②起动继电器触点断开电压过高。

③电磁开关保持线圈断路或搭铁不良。

排除"打机枪"故障时,可先用万用表检测蓄电池电压。接通起动机时,其电压不得低于9.6V。如电压过低,说明蓄电池严重亏电或内部短路,应换用新品。如蓄电池技术状况良好,则说明电磁开关保持线圈搭铁不良而断路或起动继电器断开电压过高,分别检修或更换电磁开关、起动继电器即可排除。

第 4 节　电子点火系统故障诊断与排除

2.4.1　怎样诊断霍尔式电子点火系统故障?

霍尔式汽车电子点火系统设计先进,工作可靠,使用中一般很少发生故障。当发动机不能起动或行驶中突然熄火而怀疑点火系统有故障时,

可按下述程序进行诊断:

首先断开点火开关,然后拔出分电器盖上的中央高压线,并将其端头距发动机缸体5~7mm(注意距离不能过大,否则诊断结果有误)。然后接通点火开关并使发动机转动,同时观察中央高压线端头与发动机缸体之间是否跳火。如有火花跳火,说明故障不在点火系统,可能是发动机燃油供给系统故障;如无火花跳火,则可断定点火系统有故障,可继续检查点火电源供电能力和点火控制部件是否良好来排除故障。

(1)检查供电能力

当确认霍尔式电子点火系统有故障后,可将系统分成电源(低压电源和高压电源)、控制部件和线路三部分进行检查。首先检查电源部分,方法如下:

①断开点火开关,拆下点火线圈"-1"端子上的全部导线。

②拔出分电器盖上的中央高压线,并将其端头距发动机缸体5~7mm。

③另取一根跨接线并将其一端接到点火线圈"-1"端子上,如图 2-20 所示,另一端在接通点火开关时短时搭铁(每次搭铁时间不得超过1s),然后断开(不搭铁),同时观察高压火花跳火情况。如有火花跳火,说明蓄电池和点火线圈工作良好,故障可能发生在点火控制部件,可继续进行检查。如无火花跳火,说明点火线圈、点火开关、蓄电池或低压线路有故障,应分别进行检查。

电子点火系统一般都采用高能点火线圈,没有设置初级电容。因此,间断搭铁的速度将直接影响跳火火花的强弱。为了防止人工操作跨接线使初级电流切断速度过慢而影响诊断结果,可在点火线圈"-1"端子与搭铁之间连接一只$(0.25 \pm 0.10) \mu F$的电容器C,以便提高初级电流的切断速度。

(2)检查点火控制部件

点火控制部件包括点火信号发生器和点火控制器,其技术状态好坏既可从车上拆下按前述零部件检修方法进行检查,也可在汽车上进行诊断。霍尔式点火系统诊断方法如下:

①断开点火开关,拆下分电器盖。

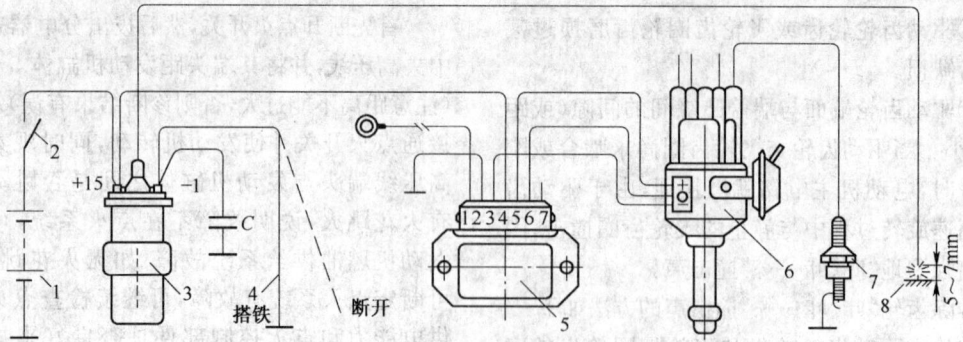

图 2-20　检查电源供电能力

1. 蓄电池　2. 点火开关　3. 点火线圈　4. 跨接线　5. 电子控制组件　6. 内装信号发生器的分电器

7. 火花塞　8. 发动机缸体　C. 初级电容(0.25±0.10)μF

②转动曲轴使触发叶片离开霍尔式信号发生器气隙(如用起动机拖动发动机旋转,则在叶片位置调好后断开点火开关)。

③拔出分电器盖上的中央高压线并使其端头距发动机缸体5~7mm,如图2-21所示。

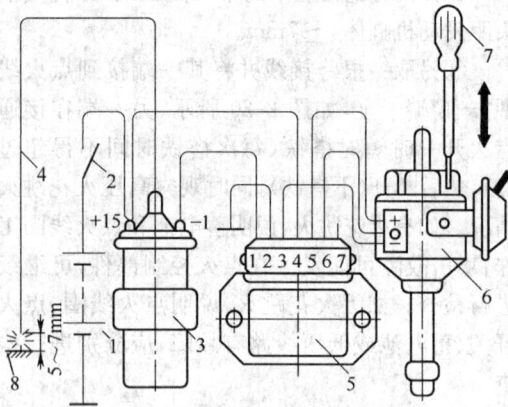

图 2-21　点火控制部件故障诊断

1. 蓄电池　2. 点火开关　3. 点火线圈　4. 中央高压线　5. 点火控制器　6. 霍尔式分电器　7. 小旋具　8. 发动机缸体

④接通点火开关,用小旋具或薄铁片在信号发生器气隙中轻轻插入和拔出(即模拟触发叶片在气隙中运动),同时观察高压线端头与发动机缸体之间是否跳火。如有火花跳火,说明控制部件工作良好;如无火花跳火,说明信号发生器、点火控制器或线路有故障。

为了确诊点火控制器与霍尔式信号发生器中哪个有故障,常用旁路信号发生器的方法进行

诊断,方法如下:

①断开点火开关,拔下分电器盖上的中央高压线,并使其端头距发动机缸体5~7mm。

②拔出分电器壳体上的线束插头,取一根跨接线,将其一端接在信号电压输出插片(绿白色导线所连接的插片)上,如图2-22所示。

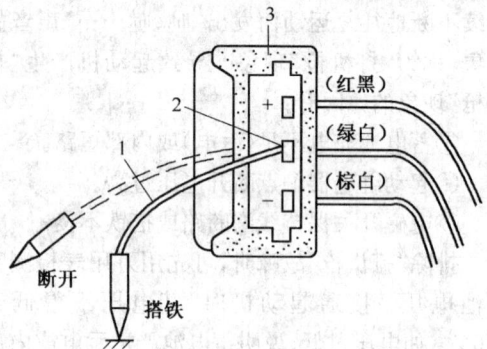

图 2-22　旁路霍尔式信号发生器的方法

1. 跨接线　2. 信号电压输出插片　3. 分电器线束插头

③接通点火开关,将跨接线的另一端短时搭铁(时间不超过1s),同时观察跨接线搭铁瞬间,高压线端头与发动机缸体之间是否跳火。如有火花跳火,说明点火控制器良好,故障发生在霍尔式信号发生器;如无火花跳火,说明点火控制器及其线路故障。无论是信号发生器损坏,还是控制器损坏,都无法修理,只能换用新品。

2.4.2　怎样诊断磁感应式点火系统故障?

各型汽车采用的磁感应式点火系统故障的诊

断方法基本相同。当发动机不能起动时,诊断磁感应式点火系统有无故障时可按下述程序进行:

①拆下分电器盖、分火头和防护罩。

②拔下分电器盖中央插孔的高压线,并使其端头距发动机缸体 5～7mm。

③接通点火开关,并用旋具短接碰擦任意一个定子爪极与转子爪极,如图 2-23 所示。当每次碰擦时,若高压线端头与缸体之间跳火,说明点火系统完好;若不跳火,则检查电子控制器和分电器上连接器插头是否插牢,检查点火线圈上的导线端子有无松脱。若线路正常,但仍不跳火,说明某个总成有故障,可继续检查点火电源供电能力和点火控制部件是否良好来排除故障。

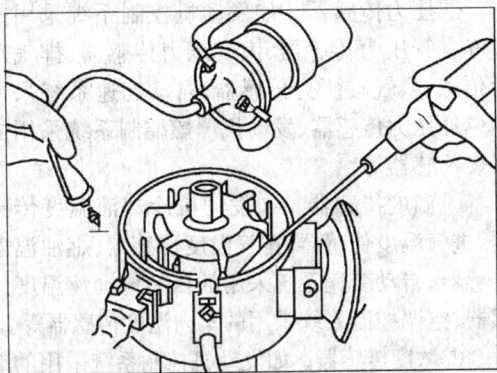

图 2-23　磁感应式点火系统故障的诊断方法

(1)检查供电能力

当确认磁感应式点火系统有故障后,可将系统分成点火电源(低压电源和高压电源)、控制部件和线路三部分进行检查。检查磁感应式点火系统点火电源供电能力的方法与如图 2-20 所示霍尔式点火系统检查基本相同,具体操作如下:

①断开点火开关,拆下点火线圈"－1"端子上的导线。

②拔出分电器盖上中央插孔的高压线,并使其端头距发动机缸体 5～7mm。

③另取一根导线(通常称为跨接线),将其一端接点火线圈"－1"端子,另一端间断搭铁(注意:搭铁时间不得超过 1s。因为电子点火系统的初级电流较大,搭铁时间过长就易烧坏点火线圈)。

④接通点火开关,当跨接线离开搭铁部位时,如高压线端头与缸体之间无火花跳火,说明点火线圈或低压电路有故障,应分别进行检修;如能跳火,说明点火线圈和低压电路良好,故障出在磁感应式信号发生器或电子控制器。

(2)检查点火控制器

检查诊断磁感应式点火系统点火控制器故障的方法如下:

①拆下点火线圈"－1"端子上的导线,并将导线端子接 12V 21W 灯泡的一个电极,灯泡的另一电极用导线连接点火线圈"＋15"端子。

②拔下分电器上的信号发生器插头(注意:拔下插头时,应先压下插头上的钢丝卡簧,然后才能拔下线束插头),在插头上将连接信号线圈的两个端子各连接一根导线,并将其中一根的另一端连接点火线圈"＋15"端子,另一根的另一端用于搭铁试火(即用作搭铁线)。

③接通点火开关,将从插头引出的搭铁线搭铁时,如灯泡点亮约 2s 后熄灭,说明电子控制器良好,故障出在信号发生器;如灯泡始终发亮或不亮,说明电子控制器有故障。电子控制器为免维修部件,有故障时不能修理,只能更换。

(3)检查信号发生器

磁感应式点火系统信号发生器故障一般都发生在信号线圈,如线圈断路、短路等。该信号线圈的电阻值一般都为(800±400)Ω,因此,可用万用表测量电阻值进行判断。在汽车上将磁感应式分电器拆下后,检查信号发生器功能的方法如下:

①拔下分电器上的信号发生器插头。

②将万用表拨到交流电压 ACV×20V 挡,两只表笔分别连接信号发生器输出插座的两个端子。

③接通起动开关使起动机运转(在车上)或快速转动分电器轴(分电器从车上拆下后),此时如果万用表指示有 2V 以上电压,说明信号发生器良好;如万用表指示电压为 0,说明信号发生器有故障,应予修理或换用新品。

第3章 汽车维修高级电工

第1节 汽车发动机电控系统的结构组成

3.1.1 汽车电子控制系统的基本结构有何特点?

汽车车型不同、档次不同,采用电子控制系统的多少也不尽相同。但是,汽车上每一个电子控制系统的基本结构都是由传感器(传感元件)与开关信号、电控单元 ECU(Electronic Control Unit)和执行器(执行元件)三部分组成,如图 3-1 所示,这是汽车电子控制系统的共同特点。

图 3-1 汽车电子控制系统的基本组成

(1)传感器

传感器是将各种非电量(物理量、化学量、生物量等)按一定规律转换成便于传输和处理的另一种物理量(一般为电量)的装置。

传感器相当于人的眼、耳、鼻、舌、身等五官。在汽车电子控制系统中,传感器的功用是将汽车各部件运行的状态参数(各种非电量信号)转换成电量信号,并输送到各种电控单元。

车用传感器安装在汽车上的不同部位。汽车型号和档次不同,装备传感器的多少也不相同。有的汽车只有几只传感器(仅装备发动机控制系统的汽车,只有 6~8 只),有的汽车装备有 50~80 只传感器。一般来说,汽车装备传感器越多,则其档次就越高。按检测项目不同,汽车电子控制系统采用的传感器可分为以下几种类型。

①流量传感器。如发动机燃油喷射系统采用的翼片式、量芯式、涡流式、热丝式与热膜式空气流量传感器等。

②位置传感器。如发动机燃油喷射和微机控制点火系统采用的曲轴位置传感器(又称为发动机转速与曲轴转角传感器)、凸轮轴位置传感器、节气门位置传感器、电子调节悬架系统采用的车身位置(又称为车身高度)传感器、信息显示系统和液面监控系统采用的各种液面位置(或高度)传感器、自动变速系统采用的选档操纵手柄位置传感器、巡航控制系统采用的节气门拉线位置传感器、电子控制动力转向系统采用的转向盘转角传感器等。

③压力传感器。如发动机控制系统采用的进气支管压力传感器、大气压力传感器、排气压力传感器、气缸压力传感器、自动变速系统采用的燃油压力传感器、发动机爆燃控制系统采用的爆燃传感器等。

④温度传感器。如发动机冷却液温度传感器、进气温度传感器、排气温度传感器、燃油温度传感器、自动变速系统采用的自动传动液温度传感器、空调控制系统采用的车内温度传感器等。

⑤浓度传感器。如发动机控制系统采用的氧传感器、安全控制系统采用的酒精浓度传感器等。

⑥速度传感器。如防抱死制动系统采用的车轮速度传感器、车身纵向和横向加(减)速度传感器,发动机控制系统采用的转速传感器,发动机、自动变速以及巡航控制系统采用的车速传感器,变速器输入轴转速传感器以及输出轴转速传感器等。

⑦碰撞传感器。如辅助防护系统采用的滚球式、滚轴式、偏心锤式、压电式和水银式碰撞传感器等。

(2)电控单元

汽车电子控制单元简称汽车电控单元(ECU),又称为电子控制器或电子控制组件,俗称"汽车电脑"。电控单元(ECU)是汽车电子控制系统的控制中心,其主要功用是分析、处理传感器采集到的各种信息,并向受控装置(即执行器或执行元件)发出控制指令。

(3)执行器

执行器又称为执行元件,是电子控制系统的

执行机构。执行器的功用是接受 ECU 发出的指令,完成具体的执行动作。汽车电子控制系统不同,采用执行器的数量和种类也不相同。发动机燃油喷射系统的执行器有电动燃油泵和电磁喷油器;发动机怠速控制系统的执行器是怠速控制阀;燃油蒸气回收系统的执行器是活性炭罐电磁阀;微机控制点火系统的执行器有点火控制器和点火线圈;防抱死制动系统的执行器有两位两通电磁阀或三位三通电磁阀、制动液回液泵电动机;安全气囊系统的执行器是气囊点火器;坐椅安全带收紧系统的执行器是收紧器点火器;自动变速系统的执行器有自动传动液液压油泵、换挡电磁阀和锁止电磁阀;汽车巡航控制系统的执行器有巡航控制电动机或巡航控制电磁阀等。

3.1.2 桑塔纳 2000GSi 型轿车发动机控制系统的结构组成有何特点?

桑塔纳 2000GSi 型轿车发动机控制系统采用了莫特朗尼克(Motronic)M3.8.2 型电子控制系统,结构组成如图 3-2 所示,图注中代号 G70、G28 等为原厂维修资料代号。

汽车发动机电子控制系统是一个综合控制系统,并具有多种控制功能。将发动机电子控制系统的传感器、电控单元和执行器进行不同的组合,就可组成燃油喷射控制系统、微机控制点火系统、空燃比反馈控制系统、发动机爆燃控制系统、超速断油控制系统、减速断油控制系统、清除溢流控制系统、怠速控制系统、燃油蒸气回收系统和故障自诊断系统等,从而实现燃油喷射控制、点火提前闭环控制、空燃比反馈控制、发动机爆燃控制、超速断油控制、减速断油控制、清除溢流控制、怠速控制、燃油蒸气回收和故障自诊断等功能。其中,控制燃油喷射和点火是发动机电子控制系统的主要功能,其余均为辅助控制功能。此外,某一控制系统也可能同时具有多种控制功能。例如,电子控制燃油喷射系统能够精确控制喷油量,且喷射的燃油雾化良好,燃烧完全。因此,不仅能够提高汽车的动力性,而且还能提高汽车的经济性和排放性能。

3.1.3 桑塔纳 2000GSi 型轿车发动机电子控制系统由哪些控制部件组成?

桑塔纳 2000GSi 型轿车发动机电子控制系统(M3.8.2 型)由传感器与控制开关、电子控制器(电控单元 J220)和执行器三部分组成,如图 3-3所示。

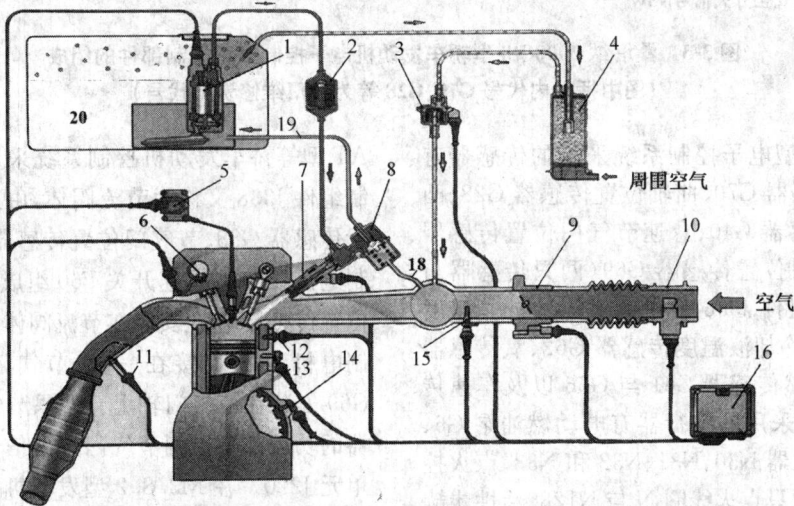

图 3-2 桑塔纳轿车用 M3.8.2 型发动机电子控制系统结构简图

1. 电动燃油泵 2. 燃油滤清器 3. 活性炭罐电磁阀 N80 4. 活性炭罐 5. 点火线圈及点火控制器总成 N152 6. 霍尔式凸轮轴位置传感器 G40 7. 喷油器 N30、N31、N32、N33 8. 燃油压力调节器 9. 节气门控制组件(节流阀体)J338 10. 热膜式空气流量传感器 G70 11. 氧传感器 G39 12. 冷却液温度传感器 G62 13.1 号爆燃传感器 G61 及 2 号爆燃传感器 G66 14. 发动机转速与曲轴转角传感器 G28 15. 进气温度传感器 G72 16. 多点喷射电控单元 J220 18. 真空管 19. 回油管 20. 燃油箱

传感器
空气流量
传感器
AFS(G70)

曲轴位置
传感器
CPS(G28)

凸轮轴位置
传感器
CIS(G40)

节气门体 J338
节气门位置
传感器 TPS
(G69、G88)
怠速开关 F60

进气温度
传感器
IATS(G72)

冷却液温度
传感器
CTS(G62)

氧传感器 EGO
(G39)

NO.1 爆燃传感器
DS(G61)

NO.2 爆燃传感器
DS(G66)

附加信号
点火开关信号 IGN
起动开关信号 STA
电源电压信号 U_{BAT}
空调信号 A/C
车速信号 VSS
空档安全开关信号 NSW

电子控制器 ECU
(J220)

故障诊断通信接口
(TDCL)

油泵
继电器
(J17)

执行器
汽油泵
(G6)

喷油器
(N30…N33)

点火控制器
(N122)
与点火线圈
(N、N128)

活性炭罐
电磁阀
(N80)

氧传感器
加热器
(Z19)

怠速控制
电动机
(V60)

空调驱动信号
点火反馈信号

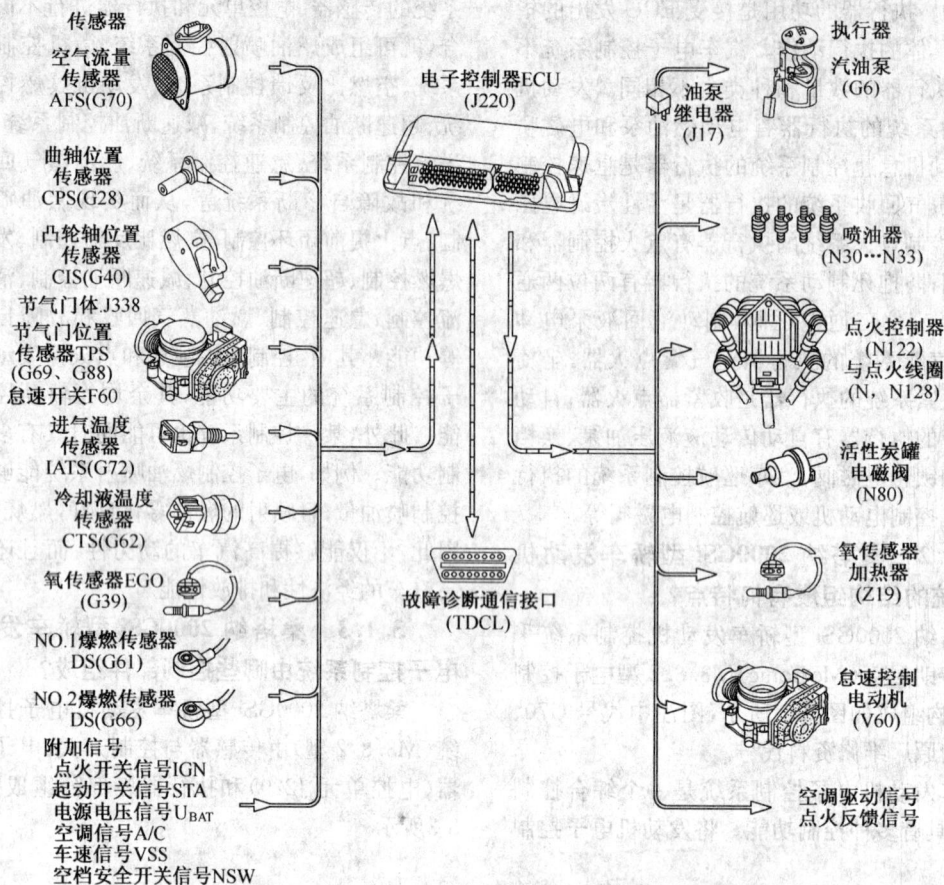

图 3-3　桑塔纳 2000GSi 型轿车发动机电子控制系统控制部件的组成
(图中括号内代号 G70、G28 等为原厂维修资料代号)

M3.8.2 型电子控制系统采用的传感器有空气流量传感器 G70、曲轴位置传感器 G28、凸轮轴位置传感器 G40、怠速节气门位置传感器 G88 和节气门位置传感器 G69(两只传感器与节气门控制组件 J338 制作成一体)、进气温度传感器 G72、冷却液温度传感器 G62、氧传感器 G39、两只爆燃传感器 G61 与 G66 以及车速传感器 VSS 等;采用的执行器有电动燃油泵 G6、四只电磁喷油器 N30、N31、N32 和 N33、点火控制器 N122、两只点火线圈 N 与 N128、活性炭罐电磁阀 N80、氧传感器加热器 Z19、怠速控制电动机 V60(在节气门控制组件 J338 内)等。

3.1.4　桑塔纳 2000GSi 型、捷达 GTX 型等轿车发动机控制系统采用的节气门控制组件 J338 有何特点?

桑塔纳 2000GSi 型、3000 型、捷达 GTX 型、

AT 型等轿车发动机控制系统采用的节气门控制组件 J338 又称为节流阀体,由怠速节气门位置传感器 G88、节气门位置传感器 G69、怠速控制电机 V60 和怠速开关 F60 组成。怠速节气门位置传感器 G88 安装在节流阀体内并与怠速控制电机 V60 连接在一起;节气门位置传感器 G69 安装在节气门轴上。两只节气门位置传感器的功用都是检测节气门开度信号并输入电控单元 J220。在 M3.8.2 型发动机电子控制系统中,发动机怠速时的进气量采用了直接控制节气门开度的方式进行控制,所以当发动机在怠速范围内工作时,电控单元 J220 将根据怠速节气门位置传感器 G88 提供的信号调节怠速时的节气门开度;当发动机工作在怠速以外的工况时,电控单元 J220 将根据节气门位置传感器

G69 提供的信号进行控制。

3.1.5　桑塔纳 2000GSi 型轿车发动机电子控制系统采用的传感器分别安装在什么部位？各种传感器的功用分别是什么？

桑塔纳 2000GSi 型轿车发动机电子控制系统采用传感器的安装位置如图 3-4 所示,具体安装位置及其功用如下:

①热膜式空气流量传感器 AFS(Air Flow Sensor)。安装在发动机空气滤清器与节气门之间的进气道上,直接检测吸入发动机气缸的进气量,以便计算确定喷油量的大小。

②磁感应式曲轴位置传感器 CPS(Crankshaft Position Sensor)。安装在发动机靠近离合器一侧的缸体侧面,直接检测发动机曲轴的转速和转角,以便控制喷油提前角和点火提前角的大小。

③霍尔式凸轮轴位置传感器 CPS(Camshaft Position Sensor)。安装在发动机凸轮轴的前端,直接检测第一缸活塞相对于压缩冲程上止点和排气冲程上止点的位置,以便确定开始喷油时刻和开始点火时刻,故又称为气缸判别传感器 CIS(Cylinder Identification Sensor)。需要特别说明的是,曲轴位置传感器和凸轮轴位置传感器的英文缩写字母均为 CPS,为了便于区别和阅读,本书一律采用 CIS 来表示凸轮轴位置传感器。此外,在部分汽车发动机电子控制系统中,曲轴位置传感器与凸轮轴位置传感器制作成一体,统称为曲轴位置传感器,并用 CPS 表示。

④可变电阻式节气门位置传感器 TPS(Throttle Position Sensor)。安装在发动机进气道上节气门轴的一端,检测节气门开度(发动机负荷)的大小。如节气门关闭、部分开启和全开等。此外,电控单元通过计算节气门位置传感器信号的变化率,便可得到汽车加速或减速信号。

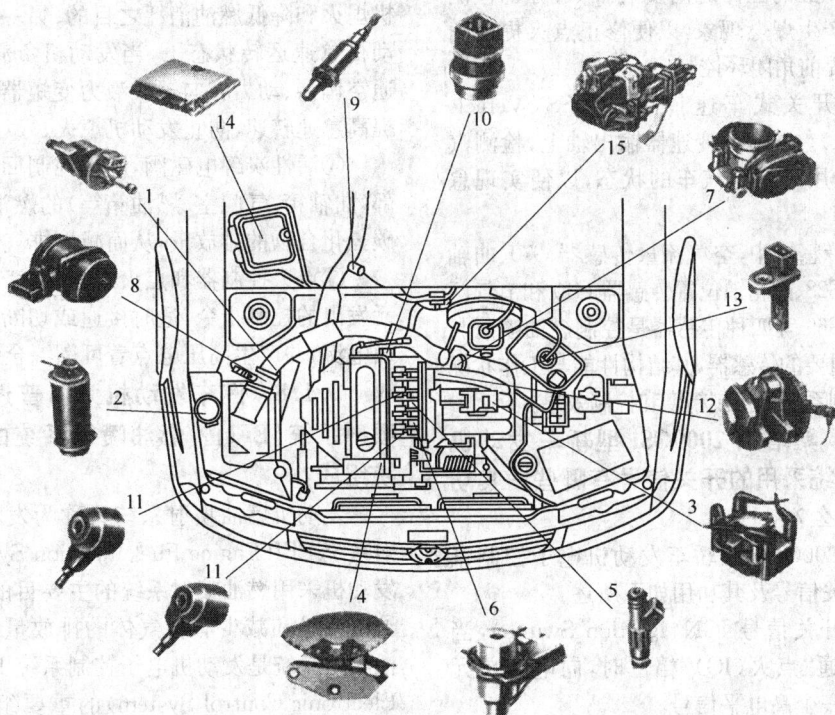

图 3-4　桑塔纳 2000GSi 型轿车发动机电子控制系统控制部件的安装位置
1. 活性炭罐电磁阀 N80　2. 活性炭罐　3. 点火线圈及点火控制器总成 N152　4. 霍尔式凸轮轴位置传感器 G40　5. 喷油器 N30、N31、N32、N33　6. 燃油压力调节器　7. 节气门控制组件(节流阀体)J338　8. 热膜式空气流量传感器 G70　9. 氧传感器 G39　10. 冷却液温度传感器 G62　11. 1 号爆燃传感器 G61 及 2 号爆燃传感器 G66　12. 发动机转速与曲轴转角传感器 G28　13. 进气温度传感器 G72　14. 多点喷射电控单元 J220　15. 传感器线束支架

⑤热敏电阻式冷却液温度传感器 CTS (Coolant Temperature Sensor)。又称为水温传感器,安装在发动机缸体上,检测发动机水套内冷却液温度的高低,用于修正喷油量和点火提前时间。

⑥热敏电阻式进气温度传感器 IATS(Intake Air Temperature Sensor)。安装在发动机进气支管上,直接检测吸入发动机气缸空气的温度,用于修正喷油量。

⑦氧化钛式氧传感器或 O_2 传感器 EGO (Exhaust Gas Oxygen Sensor)。安装在发动机排气管上距离排气支管不超过 1 m 的位置,检测排气管排出废气中氧离子的含量来反映可燃混合气空燃比的大小,以便修正喷油量并实现空燃比闭环控制。

⑧压电式爆燃传感器 EDS(Engine Detonation Sensor)。两只传感器均安装在发动机排气管一侧的缸体上,第 1 缸与第 2 缸的缸体之间安装一只,第 3 缸与第 4 缸的缸体之间安装一只,分别检测各气缸是否产生爆燃现象,以便修正点火提前角并实现点火提前角闭环控制。

⑨舌簧开关式车速传感器 VSS(Vehicle Speed Sensor)。安装在变速器输出轴上,检测汽车行驶速度,用于判定汽车的状态,以便实现怠速控制等。

在上述传感器中,空气流量传感器 G70、曲轴位置传感器 G28、凸轮轴位置传感器 G40 和节气门位置传感器 G69 等四种传感器是控制燃油喷射与点火时刻最重要的传感器,其结构性能与工作状况直接影响控制系统的控制精度和控制效果。

3.1.6 桑塔纳 2000GSi 型轿车发动机电子控制系统采用的开关信号有哪些?其功用分别是什么?

桑塔纳 2000GSi 型轿车发动机电子控制系统采用的开关信号及其功用如下所述:

①点火开关信号 IGN(Ignition Switch),当点火开关接通"点火(IG)"档位时,向电控单元(ECU)输入一个高电平信号。

②起动开关信号 STA(Start Switch),当点火开关接通"起动(ST)"档位时,向电控单元(ECU)输入一个高电平信号。

③空调开关信号 A/C(Air Conditioning),当空调开关接通时,向电控单元提供接通空调系统的信号。

④电源电压信号 U_{BAT},向电控单元提供蓄电池端电压信号。

⑤空档安全开关信号 NSW(Neutral Security Switch),在装备自动变速器的汽车上,用于检测自动变速器的档位选择开关是否处于空档位置。

3.1.7 桑塔纳 2000GSi 型轿车发动机电子控制系统采用的执行器有哪些?其功用分别是什么?

桑塔纳 2000GSi 型轿车发动机电子控制系统采用的执行器及其功用如下所述:

①电动燃油泵,用于供给发动机电子控制系统规定压力的燃油。

②电磁喷油器,用于接收 ECU 发出的喷油脉冲信号,计量燃油喷射量。

③怠速控制电动机,用于调节发动机的怠速转速。控制内容包括两个方面,一方面是在发动机正常怠速运转时稳定怠速转速,达到防止发动机熄火和降低燃油消耗之目的;另一方面是在发动机怠速运转状态下,当发动机负载增加(如接通空调器、动力转向器或液力变矩器等)时,自动提高怠速转速,防止发动机熄火。

④活性炭罐电磁阀,用于控制回收发动机内部(曲轴箱、气门室、燃油箱等)的燃油蒸气,减少碳氢化合物的排放量,从而减少排气污染。

⑤点火控制器和点火线圈,用于接收电控单元发出的控制指令,适时接通或切断点火线圈初级电流,并产生高压电点着可燃混合气。

3.1.8 汽车发动机为何普遍采用燃油喷射系统(EFI)?燃油喷射系统由哪些子系统组成?

发动机燃油喷射系统又称为发动机燃油喷射系统 EFI(Engine Fuel Injection System),汽车发动机采用燃油喷射系统的主要目的是:降低燃油消耗量和减少有害气体的排放量。发动机燃油喷射系统是发动机电子控制系统 EEC(Engine Electronic Control System)的重要组成部分,主要由空气供给系统(供气系统)、燃油供给系统(供油系统)和燃油喷射电子控制系统三个子系统组成。

(1)空气供给系统

空气供给系统简称为供气系统。燃油在发动机内燃烧时,需要一定数量的空气。空气供给系统的功用是向发动机提供混合气燃烧所需的空气,并测量出进入气缸的空气量。

根据燃油喷射式发动机怠速进气量的控制方式不同,供气系统分为旁通式和直供式两种类型。桑塔纳 GLi、桑塔纳 2000GLi 型轿车以及切诺基(Cherokee)吉普车采用了旁通式空气供给系统;桑塔纳 2000GSi 型轿车、捷达系列轿车和红旗轿车采用了直供式供气系统。

①旁通式供气系统。设有旁通空气道的空气供给系统结构如图 3-5a 所示。它主要由空气滤清器、空气流量传感器、进气软管、旁通空气道、怠速控制阀、进气支管、动力腔、节气门位置传感器、进气温度传感器等组成。

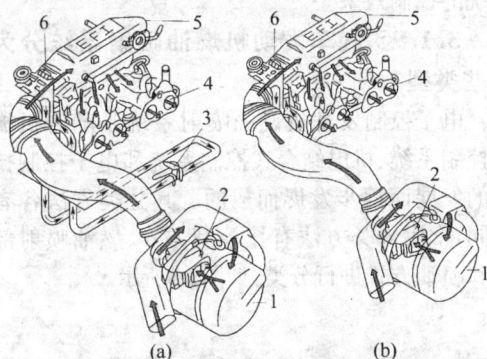

图 3-5 燃油喷射式发动机供气系统的结构
(a)旁通式供气系统 (b)直供式供气系统
1. 空气滤清器 2. 空气流量传感器 3. 怠速控制阀 4. 进气支管 5. 动力腔 6. 节气门体

当发动机正常工作时,空气通道为:进气口→空气滤清器→空气流量传感器→进气管→节气门→动力腔→进气支管→发动机进气门→发动机气缸。

当发动机怠速运转时,空气通道为:进气口→空气滤清器→空气流量传感器→进气管→节气门前端的旁通空气道入口→怠速转速控制阀→节气门后端的旁通空气道出口→动力腔→进气支管→发动机进气门→发动机气缸。

②直供式供气系统。怠速转速采用节气门直接控制的发动机控制系统没有设置旁通空气道,其供气系统的结构如图 3-5b 所示。它主要由空气滤清器、空气流量传感器、进气软管、进气支管、动力腔、节气门位置传感器、进气温度传感器等组成。

发动机正常工作和怠速运转时的空气通道完全相同,其空气通道为:进气口→空气滤清器→空气流量传感器→进气软管→节流阀体→动力腔→进气支管→发动机进气门→发动机气缸。

空气经滤清器滤清后,经节流阀体流入动力腔,再分配给各缸进气支管。进入发动机气缸的空气量多少,由 ECU 根据安装在进气道上的空气流量传感器检测的进气量信号求得。发动机怠速运转时,捷达 AT、GTX 与桑塔纳 2000GSi 型轿车发动机直接供气系统的标准进气量为 $2.0\sim5.0g/s$。

由燃油喷射式发动机供气系统的结构可见,与化油器式发动机相比其进气道较长且设有动力腔(或谐振腔),其目的是:充分利用进气管内的空气动力效应,增大各种工况下的进气量(即增大充气量),提高发动机的动力性(输出转矩)。

(2)燃油供给系统

燃油供给系统简称供油系统,其功用是向发动机提供混合气燃烧所需的燃油量。

燃油喷射式发动机供油系统的结构如图3-6所示,主要由燃油箱、电动燃油泵、输油管、燃油滤清器、油压调节器、燃油分配管、喷油器和回油管等组成。发动机工作时,电动燃油泵将燃油从油箱里泵出,先经燃油滤清器过滤,再经油压调节器调节油压,使油路中的油压高于进气管压力300kPa 左右,最后经燃油分配管分配到各缸喷油器。当喷油器接收到 ECU 发出的喷油指令时,再将燃油喷射在进气门附近,并与供气系统提供的空气混合形成雾化良好的可燃混合气。当进气门打开时,混合气被吸入气缸燃烧做功。

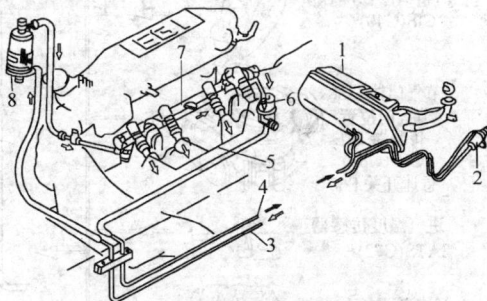

图 3-6 燃油供给系统的结构
1. 燃油箱 2. 电动燃油泵 3. 输油管 4. 回油管
5. 喷油器 6. 油压调节器 7. 燃油分配管
8. 燃油滤清器

进入发动机气缸的燃油流过的路径为:燃油箱→汽油泵→输油管→燃油滤清器→燃油分配管→喷油器。喷油器将燃油喷射在进气门附近

（缸内喷射系统则直接喷入气缸）。

当燃油泵泵入供油系统的燃油增多、油路中的油压升高时，油压调节器将自动调节燃油压力，保证供给喷油器的油压基本不变。供油系统过剩的燃油由回油管流回油箱，回油路径为：燃油箱→燃油泵→输油管→燃油滤清器→燃油分配管→油压调节器→回油管→油箱。

（3）燃油喷射电控系统

汽车发动机燃油喷射电子控制系统是由各种传感器与控制开关、ECU和执行器三部分组成，桑塔纳2000GSi型轿车发动机燃油喷射电子控制系统的组成如图3-7所示。

汽车发动机燃油喷射电子控制系统采用的传感器主要有空气流量传感器或支管压力传感器、曲轴位置传感器、凸轮轴位置传感器、节气门位置传感器、冷却液温度传感器、进气温度传感器、氧传感器和车速传感器等；ECU采集的控制开关信号主要有点火开关信号、起动开关信号、电源电压信号、空调开关信号和空档安全开关信号等；执行器主要有电动燃油泵、电磁喷油器和油压调节器

等。在系统中，还设有一个故障诊断插座（故障测试仪接口）。当控制系统发生故障或需要了解控制系统的工况参数时，利用专用测试仪通过故障诊断插座可以读取所需信息和参数。

在燃油喷射电子控制系统的控制部件中，空气流量传感器（或支管压力传感器）、曲轴位置传感器、凸轮轴位置传感器和节气门位置传感器是决定控制系统档次的四种传感器，其信号是计算确定和控制燃油喷射量必不可少的传感器。冷却液温度传感器、进气温度传感器、氧传感器、车速传感器的信号以及各种开关信号主要用于判定发动机运行状态、修正燃油喷射量、增强控制系统的控制效果。

3.1.9 汽车发动机燃油喷射系统分为哪些类型？

电子控制发动机燃油喷射系统是随着机械式控制系统、机电结合式控制系统和电子控制技术的发展而逐步发展而成的。其分类方法各有不同，常用分类方法有按控制方式、燃油喷射部位和喷油方式进行分类，如图3-8所示。

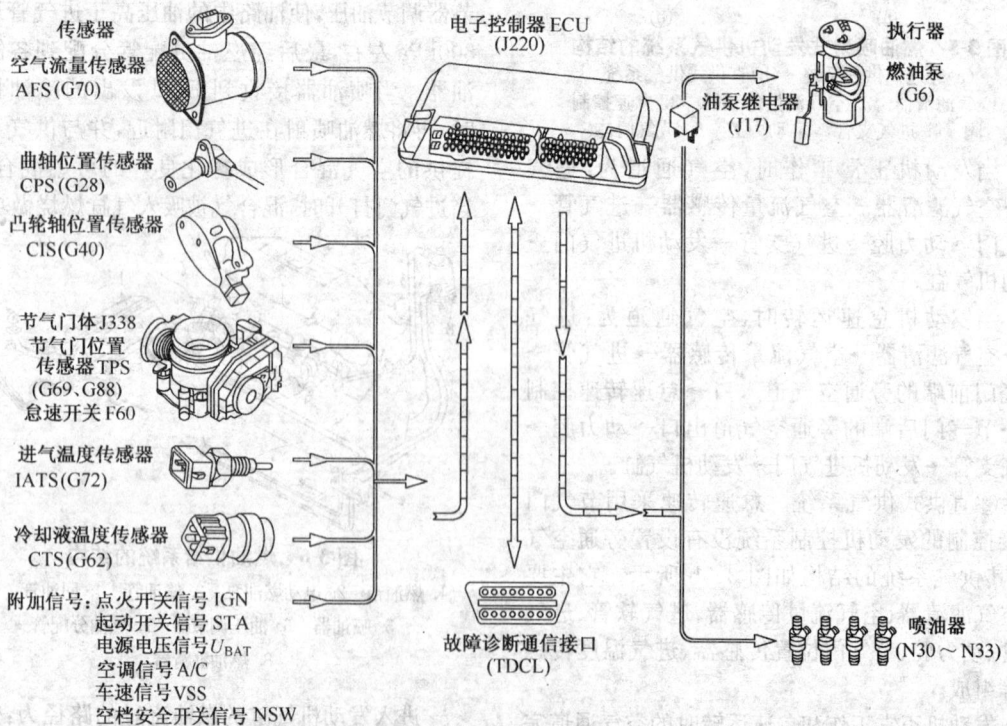

图3-7 桑塔纳2000GSi型轿车发动机燃油喷射电子控制系统组成

和北京 2020VJ 型吉普车均采用了电子控制燃油喷射系统。在汽车发动机采用电子控制式燃油喷射的系统中,供油系统提供一定压力的燃油(电控 EFI 一般高于进气支管压力 300kPa 左右),燃油由喷油器喷入进气门附近(多点喷射)或节气门附近(单点喷射)的进气支管内或直接喷入发动机气缸内与空气混合,喷油器受 ECU 控制,ECU 通过控制每次喷油持续时间的长短来控制喷油量。喷油持续时间一般为 2~12ms,喷油持续时间越长,喷油量就越大。

空气流量计检测进气量并转变为电信号输入 ECU,曲轴位置传感器检测曲轴转速和转角,并转变为电信号输入 ECU,用以计算发动机转速,ECU 根据进气量信号和转速信号计算基本喷油量,再根据冷却液温度传感器和其他传感器信号对基本喷油量进行修正,并确定实际喷油量。除此之外,ECU 还要根据节气门位置传感器信号,在发动机不同工况下按不同的控制模式来控制喷油量。在节气门关闭、发动机处于怠速工况时,ECU 将增加喷油持续时间,提供较浓的混合气,保证发动机怠速稳定;在节气门中小开度、发动机处于部分负荷工况时,ECU 将控制提供经济空燃比的稀混合气,以便节约燃油和降低排放;在节气门接近全开或全开、发动机处于大负荷或满负荷工况时,电控单元将控制提供较浓

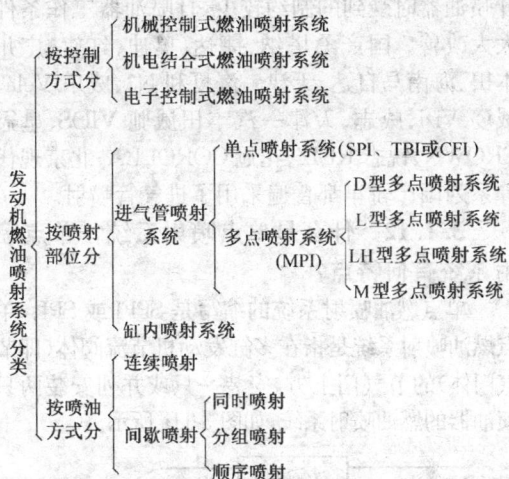

图 3-8　发动机燃油喷射系统分类方法

3.1.10　什么是汽车发动机电子控制式燃油喷射系统?电子控制燃油喷射有何特点?

汽车发动机电子控制式燃油喷射系统是指由 ECU 直接控制燃油喷射的系统,结构组成如图 3-9 所示。上海大众产桑塔纳 GLi 型、2000GLi 型、2000GSi 型、3000 型,一汽大众产捷达 AT 型、GTX 型、速腾,天津一汽夏利公司产夏利 N3、威乐 Vela、威姿 Vizi、威志,天津一汽丰田公司产威驰 VIOS、皇冠 CROWN、锐志 REIZ、花冠 COROLLA 型等轿车以及切诺基 BJ2021 型

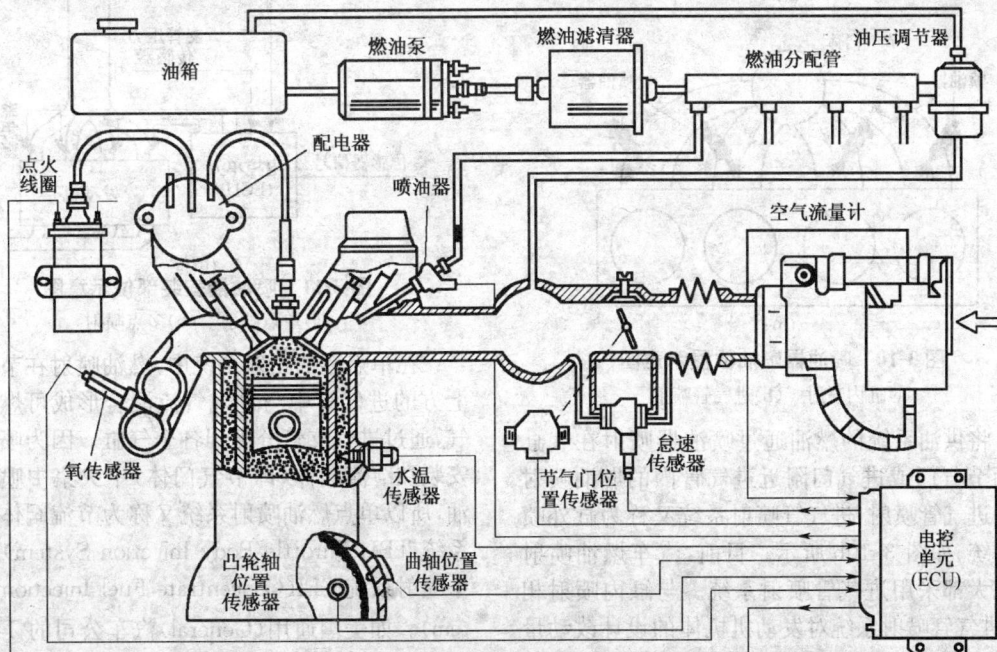

图 3-9　电子控制式燃油喷射系统

的功率空燃比混合气,保证发动机具有良好的动力性。

3.1.11 什么是缸内喷射和进气管喷射?两种方式各有什么特点?

缸内喷射又称为缸内直接喷射,将供油系统的燃油通过喷油器直接喷射到气缸内部的喷射称为缸内喷射,如图3-10a所示。缸内喷射系统均为多点喷射系统,这种喷射系统将喷油器安装在气缸盖上,并以较高的燃油压力(3~4MPa)将燃油直接喷入气缸。由于汽油黏度低而喷射压力较高,且缸内工作条件恶劣(温度高、压力高),因此对喷油器的技术条件和加工精度要求较高。根据福特汽车公司研究表明:缸内喷射的优越性在于能够实现稀薄混合气燃烧,有利于降低燃油消耗和控制排放。因此缸内喷射是发动机燃油喷射技术的发展方向,目前许多汽车公司正在致力于攻克喷油器工作寿命等关键技术问题。

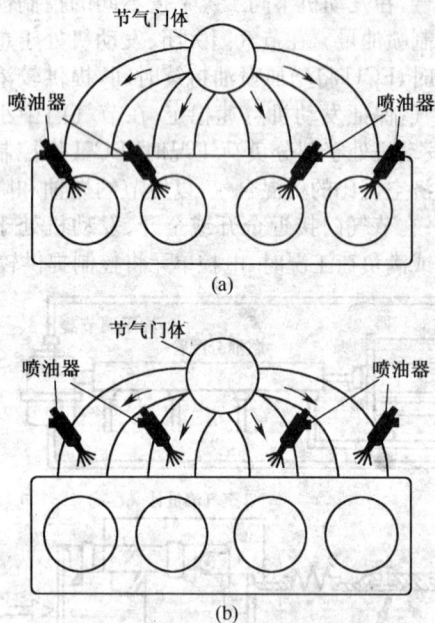

图3-10 喷油器喷油位置示意图
(a)缸内喷射 (b)进气管喷射

将供油系统的燃油通过喷油器喷射在气缸外面节气门或进气门附近进气管内的燃油喷射称为进气管喷射,进气管喷射系统又称为缸外喷射系统,如图3-10b所示。目前,汽车燃油喷射系统大都采用进气管喷射系统。与缸内喷射相比,进气管喷射系统对发动机机体的设计改动量较小,喷油器不受燃烧高温、高压的直接影响,设

计喷油器时受到的制约较少,且喷油器工作条件大大改善。国产桑塔纳、捷达、奥迪、红旗、广州本田、海南马自达、天津—一汽夏利N3、威乐Vela、威姿Vizi、威志、天津—一汽丰田威驰VIOS、皇冠CROWN、锐志REIZ、花冠COROLLA、北京现代等系列国产轿车都普遍采用了进气管喷射。

3.1.12 什么是单点喷射系统?单点喷射系统有何特点?

单点燃油喷射系统的缩写是SPFI或SPI。单点燃油喷射系统是指在多缸发动机节流阀体(即节气门体)的节气门上方,安装一只或并列安装两只喷油器的燃油喷射系统,如图3-11a所示。

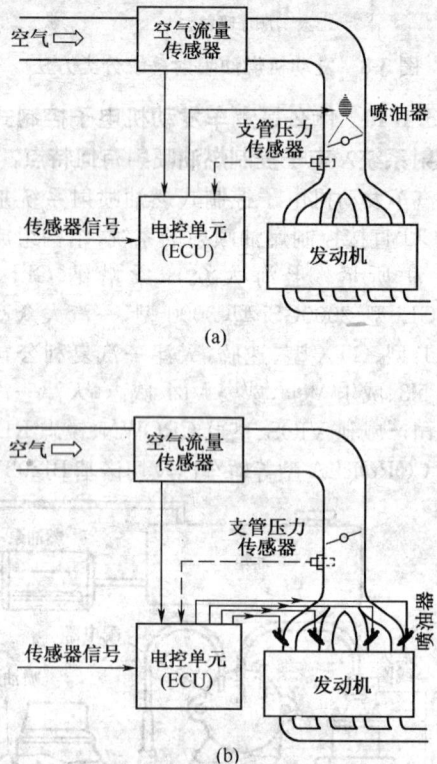

图3-11 喷油器安装部位示意图
(a)单点喷射 (b)多点喷射

在单点燃油喷射系统中,燃油喷射在节气门上方的进气管中与进气气流混合形成可燃混合气,通过进气支管分配到各个气缸。因为喷油器安装在节流阀体(即节气门体)中央集中喷射燃油,所以单点燃油喷射系统又称为节流阀体喷射系统TBI(Throttle Body Injection System)或集中喷射系统CFI(Concentrate Fuel Injection System)。如美国通用(General)汽车公司的TBI系统、福特(Ford)汽车公司的CFI系统以及德国博

世(Bosch)公司的 Mono-Motronic 系统等。

单点喷射系统的工作原理与多点喷射系统相似,也是由电控单元根据空气量传感器、曲轴位置传感器、节气门位置传感器、冷却液温度传感器等检测的发动机工况信号计算喷油时间,在发动机每个气缸进气冲程开始之前喷油一次,喷油量由每次喷油持续时间的长短来控制,喷射所需的压力燃油由电动燃油泵提供。由于单点喷射系统的喷油器距离进气门较远,喷入进气管的燃油具有足够的时间与进气气流混合形成均匀的可燃混合气,因此,对燃油雾化质量的要求不高,可以采用较低的喷油压力(一般为 100kPa,早期高尔夫轿车 SPI 系统怠速时的燃油压力为 80～120kPa)。这样可以降低对电动燃油泵、燃油滤清器等供油系统零部件的要求,从而降低系统的制造成本。

3.1.13　什么是多点喷射系统?多点喷射系统的基本形式有哪几种?

多点燃油喷射系统的英文名称是 Multi-Point Fuel Injection System,缩写为 MPFI 或 MPI,进气管多点燃油喷射系统是指在发动机每个气缸进气门前方的进气支管上均设装一只喷油器的燃油喷射系统,如图 3-11b 所示。发动机工作时,燃油适时喷在进气门附近的进气支管内,空气与燃油在进气门附近混合,使各个气缸都能得到混合均匀的混合气。

进气管多点燃油喷射系统在发展过程中,曾经研制出几种典型的基本形式,可分为 D 型、L型、LH 型和 M 型燃油喷射系统,它们代表着不同年代燃油喷射系统的设计思路和技术水平。其中 D 和 L 分别来源于德文的 Druck(压力)和 Luftmengen(空气流量)。LH 型和 M 型是在 L型基础上,改进而成的多点燃油喷射系统。

3.1.14　博世公司的燃油喷射系统有何特点?采用车型有哪些?

①博世 D 型喷射系统。德国博世(Bosch)公司研制的 D 型喷射系统是最早应用在汽车上的发动机电子控制燃油喷射系统,于 1967 年由德国博世公司根据美国本迪克斯(Bendix)公司的专利技术研制而成,应用在当时的大众 VW1600型和奔驰 280SE 型轿车上。D 型燃油喷射系统的组成如图 3-12 所示,其显著特点是采用支管压力传感器来测量进气量。

发动机进气量的大小受驾驶人操纵的加速踏板控制。节气门开度不同,进气量就不同,进气支管内的压力也就不同。在发动机转速相同的情况下,支管压力与进气量成一定比例关系。支管压力传感器将进气支管内的进气压力转变为电信号输入 ECU,ECU 根据信号电压的高低

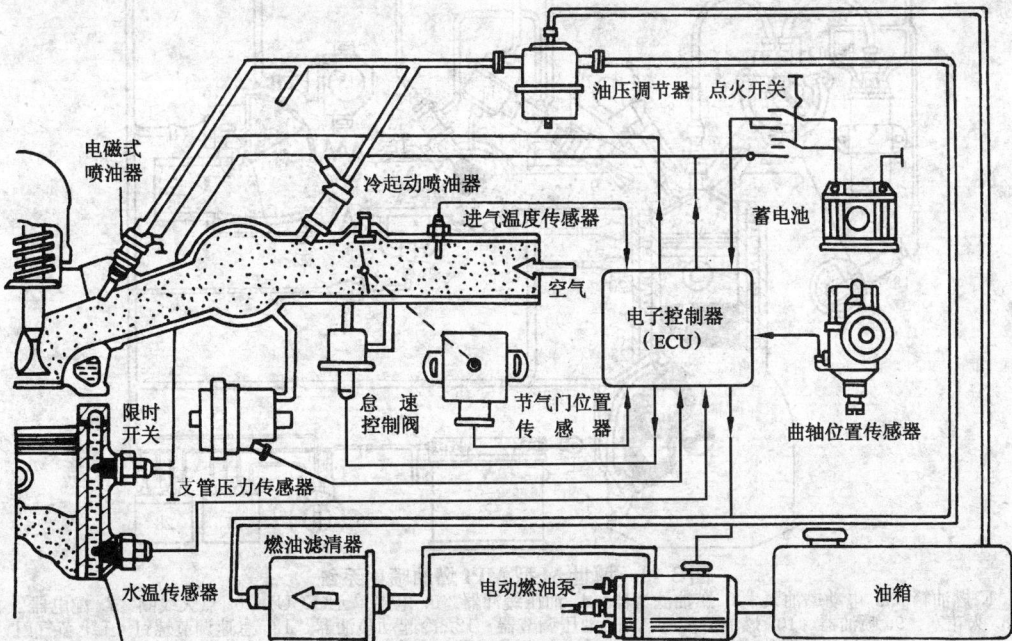

图 3-12　博世 D 型多点燃油喷射系统

即可计算出发动机的进气量。

国产桑塔纳 GLi、2000GLi 型、天津夏利 2000 型、威乐 Vela、威驰 VIOS、东风雪铁龙爱丽舍 Elysee、吉利自由舰等轿车和切诺基 BJ2021 型、北京 2020VJ 型吉普车均采用 D 型多点燃油喷射系统，但其控制系统较传统的博世 D 型燃油喷射系统已有较大改进。传统的博世 D 型喷射系统空燃比和点火提前角采用开环控制，上述轿车燃油喷射系统的空燃比和点火提前角都采用闭环控制。

②博世 L 型喷射系统。博世 L 型燃油喷射系统由 D 型多点燃油喷射系统改进设计而成。系统结构原理与 D 型喷射系统基本相同，有所不同的是用翼片式空气流量传感器取代了 D 型喷射系统的支管压力传感器，可以直接测量发动机的进气量，提高了喷油量的控制精度，空燃比仍采用开环控制。原始的博世 L 型燃油喷射系统已很少采用，丰田大霸王（即子弹头 PREVIA）小客车、丰田佳美（CAMRY）轿车与马自达 MPV 多用途汽车采用的博世 L 型燃油喷射系统都已经改进设计，空燃比和点火提前角都采用了闭环控制。

③博世 LH 型喷射系统。博世 LH 型燃油喷射系统是 L 型的改进型，两种系统的结构原理基本相同，主要区别在于 LH 型采用热丝式空气流量传感器取代 L 型的翼片式空气流量传感器，电控单元开始采用大规模集成电路制作，空燃比采用闭环控制方式进行控制。

在 LH 型燃油喷射系统中，由于热丝式空气流量传感器没有运动部件，由电子电路检测空气量，使得进气阻力减小，检测精度提高。同时，由于采用了大规模集成电路组成电控单元，因此运算速度提高，控制范围扩大，控制功能增强。采用 LH 型燃油喷射系统的车型很多，如别克（BUICK）世纪（CENTURY）、凌志（LEXUS）LS400、尼桑风度（CEFIRO）、尼桑千里马（MAXIMA）、马自达 626 和 1991 年后出厂的奔驰 600SE 轿车等。

④博世 M 型喷射系统。博世 M 型燃油喷射系统是在 L 型喷射系统的基础上，将电子控制点火系统与燃油喷射系统组合而成，如图 3-13 所示。电控单元采用数字式单片机，集成电路采用大规模集成电路，具有结构简单、体积小、控制精度高、响应速度快、控制功能强等优点。

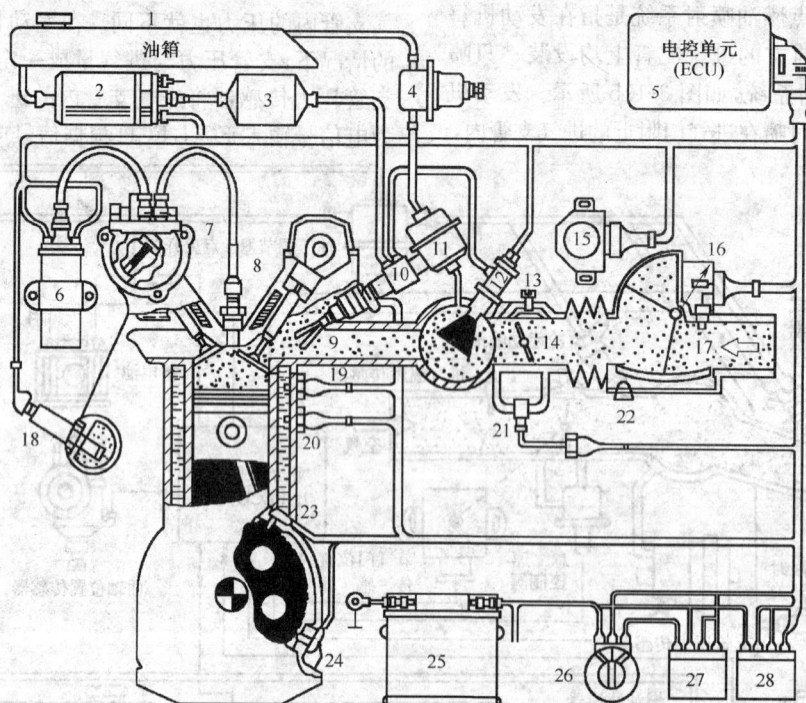

图 3-13　博世 M 型 MPI 燃油喷射系统
1. 燃油箱　2. 电动燃油泵　3. 燃油滤清器　4. 油压缓冲器　5. 电控单元（ECU）　6. 点火线圈　7. 配电器
8. 火花塞　9. 喷油器　10. 燃油分配管　11. 油压调节器　12. 冷起动喷油器　13. 怠速调节螺钉　14. 节气门
15. 节气门位置传感器　16. 翼片式空气流量传感器　17. 进气温度传感器　18. 氧传感器
19. 冷起动限时开关　20. 冷却液温度传感器　21. 怠速控制阀　22. CO 调节螺钉　23. 凸轮轴位置传感器
24. 曲轴位置传感器　25. 蓄电池　26. 点火开关　27. 燃油喷射主继电器　28. 燃油泵继电器

M 型喷射系统除了具有 L 型与 LH 型的全部功能之外,由于将点火提前角控制和喷油时间控制组合在一个电控单元中进行控制,因此,在发动机起动、怠速、加减速、全负荷等工况下,不仅能够自动调节喷油量,而且还能自动控制点火提前角,实现喷油量与点火提前角最佳匹配控制,使发动机的起动性能、加速性能、怠速稳定性、动力性、经济性以及排放性能得到大大提高。

桑塔纳 2000GSi 型、捷达 AT、GTX 型和红旗轿车采用的博世 M 型燃油喷射系统,与传统的 M 型喷射系统相比,在许多方面都作了较大改进,如采用了直接点火系统、热膜式空气流量传感器、怠速进气量采用节气门直接控制、软件控制冷起动(取消了冷起动喷油器)等。

3.1.15　按喷油方式不同,燃油喷射系统分为哪些类型? 各有什么特点?

按喷油方式不同,燃油喷射系统可分为连续喷射和间歇喷射两大类。

连续喷射系统是指在发动机运转期间,喷油器连续不断地喷射燃油的控制系统。连续喷射方式主要用于机械控制式、机电结合式和单点喷射系统,如博世公司的 K 型和 KE 型喷射系统,其喷油量的大小取决于燃油分配器中燃油计量槽开度的大小和喷油器进出油口之间燃油的压差。

间歇喷射系统是指在发动机运转期间,喷油器间歇喷射燃油的控制系统。目前,绝大多数电子控制燃油喷射系统都属于间歇喷射系统,如桑塔纳 GLi 型、2000GLi 型、2000GSi 型、3000 型、捷达 AT 型、GTX 型、红旗 CA7220E 型、天津一汽夏利 N3、威乐 Vela、威姿 Vizi、威志、天津一汽丰田威驰 VIOS、皇冠 CROWN、锐志 REIZ、花冠 COROLLA 型轿车以及切诺基吉普车等燃油喷射系统,其喷油量大小取决于喷油器阀门的开启时间(即由 ECU 决定的喷油脉冲宽度)。

3.1.16　按喷射时序不同,间歇喷射系统分为哪些类型? 各有什么特点?

根据间歇喷射系统喷射时序不同,又可分为同时喷射、分组喷射和顺序喷射。

①同时喷射。指在发动机运转期间,由电控单元(ECU)的同一个指令控制所有喷油器同时开启或同时关闭。采用此种喷射方式的有丰田海艾斯(HIACE)小客车用 2RZ-E 型发动机。此外,当采用分组喷射或顺序喷射的燃油喷射系统发生故障、控制系统处于应急状态运行时,电控单元将自动转换为同时喷射,其目的是供给充足的燃油维持发动机运转,以便将汽车行驶到维修厂修理。

②分组喷射。将喷油器分组,由电控单元(ECU)分别发出喷油指令控制各组喷油器喷射燃油,同一组喷油器同时喷油。部分中、低档轿车采用了分组喷射方式,如夏利 TJ7130E、丰田皇冠(CROWN)3.0、尼桑千里马(MAXIMA)等轿车。

③顺序喷射。顺序喷射又称为次序喷射,是指在发动机运转期间,由电控单元(ECU)控制喷油器按进气冲程的顺序轮流喷射燃油。喷油正时由 ECU 根据凸轮轴位置传感器提供的信号判定出第一缸活塞位置,在第一缸活塞到达进气冲程上止点前一定角度时,ECU 发出喷油脉冲信号控制第一缸喷油器喷射燃油。第一缸喷油器喷油之后,ECU 根据气缸点火顺序,轮流控制其他气缸的喷油器在其活塞到达进气冲程上止点前一定角度时喷射燃油,从而实现顺序喷射。20 世纪 90 年代以后开发研制的燃油喷射系统基本上都采用顺序喷射,如桑塔纳 GLi 型、2000GLi 型、2000GSi 型、3000 型、捷达 AT 型、GTX 型、天津一汽丰田皇冠 3.0 型、锐志 REIZ 型和切诺基吉普车燃油喷射系统均为顺序喷射系统。

3.1.17　空气流量传感器的功用是什么? 分为哪些类型?

空气流量传感器 AFS(Air Flow Sensor)又称为空气流量计 AFM(Air Flow Meter),是进气支管空气流量传感器 MAFS(Manifold Air Flow Sensor)的简称,其功用是检测发动机进气量的大小,并将空气流量信息转换成电信号输入电控单元(ECU),以供 ECU 计算确定喷油时间(即喷油量)和点火时间。进气量信号是 ECU 计算喷油时间和点火时间的主要依据。

根据检测进气量的方式不同,空气流量传感器分为 D 型(即压力型)和 L 型(即空气流量型)两种类型。

D 型传感器是利用压力传感器检测进气支管内绝对压力,测量方法属于间接测量法。传感器可安装在汽车上的任何部位,只需用导压管将节气门至进气支管之间的进气压力引入传感器即可。装备 D 型流量传感器的系统称为 D 型燃油喷射系统,电控系统利用该绝对压力和发动机转速来计算吸入气缸的空气量,故又称为速度-密度型燃油喷射控制系统。由于空气在进气支管内流动时会产生压力波动,发动机怠速(节气门关闭)时的进气量与汽车加速(节气门全开)时的进气量之差可达 40 倍以上,进气气流的最大流速可达 80 m/s,因此,D 型燃油喷射系统的测量精度不高,但系统成本较低。

L 型传感器是利用流量传感器直接测量吸入进气管空气流量。因为采用直接测量法,所以进气量的测量精度较高,控制效果优于 D 型燃油喷射系统。汽车采用的 L 型流量传感器分为体积流量型(如翼片式、量芯式、涡流式)和质量流量型(如热丝式和热膜式)传感器。质量流量型传感器内部没有运动部件,气流流动阻力很小,工作性能稳定,测量精度较高,但成本也较高。热膜式流量传感器的使用寿命远远长于热丝式流量传感器,国产桑塔纳 2000GSi 型、3000 型、帕萨特、红旗和捷达 AT 型、GTX 型轿车采用了热膜式空气流量传感器,安装在空气滤清器与进气管之间。

3.1.18 翼片式空气流量传感器的结构有何特点?由哪几部分组成?

翼片式空气流量传感器的结构如图 3-14 所示,主要由检测部件、电位计、调整部件、接线插座和进气温度传感器五部分组成。

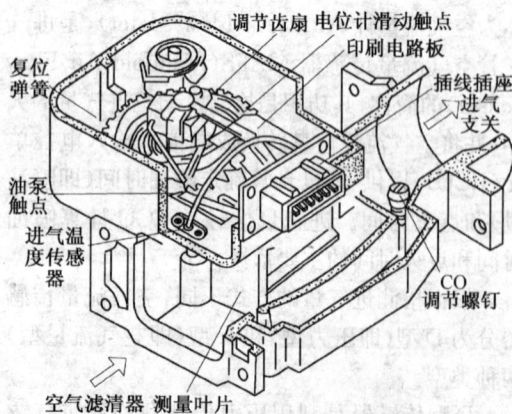

图 3-14 翼片式空气流量传感器的结构

翼片式 AFS 又称为叶片式 AFS,是一种利用力矩平衡原理和电位器原理而开发研制的机电结合式传感器,已经持续生产使用多年。具有结构简单、价格便宜、可靠性较高等优点,丰田皇冠(CROWN)2.8(5M-E 发动机)、佳美(CAMRY)、子弹头(PREVIA)、马自达(MAZDA)多用途(MPV)汽车燃油喷射系统都采用过翼片式 AFS。

众所周知,空气的质量与其温度和大气压力有关。温度越低或大气压力越高,空气密度越大,空气质量就越大;反之,温度越高或大气压力越低,空气质量就越小。翼片式流量传感器检测的是进气气流的体积流量,当进气温度或大气压力发生变化时,相同体积的空气质量就会发生变化。为了避免环境温度和大气压力变化给流量检测带来误差,所有测量体积流量的流量传感器都分别采用了进气温度传感器和大气压力传感器进行修正。进气温度传感器一般都与空气流量传感器制成一体,大气压力传感器一般都安装在电控单元内部。

3.1.19 涡流式空气流量传感器的原理是什么?分为哪些类型?

涡流式空气流量传感器是根据卡尔曼涡流理论,利用超声波或光电信号检测旋涡频率来测量空气流量的一种传感器。

卡尔曼旋涡是一种物理现象,涡流的测量精度由空气通道面积与涡流发生器的尺寸决定,与检测方法无关。涡流式传感器的输出信号是与旋涡频率对应的脉冲数字信号,其响应速度是汽车常用几种空气流量传感器中最快的一种,几乎能同步反映空气流速的变化,因此,特别适用于数字式计算机处理。除此之外,还具有测量精度高、进气阻力小、无磨损(无运动部件)等优点,长期使用时,性能不会发生变化。其缺点一是制造成本较高,因此只有少数中高档轿车采用,二是检测的流量为体积流量,需要对空气温度和大气压进行修正。

根据流体旋涡频率的检测方式不同,汽车用涡流式流量传感器分为光电检测式和超声波检测式两种。如丰田凌志 LS400 型、皇冠 3.0 型轿车采用了光电检测涡流式流量传感器;三菱(Mitsubishi)吉普车、长风猎豹(Cheetah)吉普车和现代(Hyundai)轿车采用了超声波检测涡流式流量传感器。

①光电检测涡流式流量传感器。丰田凌志 LS400 和皇冠 3.0 型轿车装备的光电检测涡流式流量传感器的结构如图3-15所示，主要由涡流发生器、发光二极管 LED、光敏三极管、反光镜、张紧带、集成控制电路和进气温度传感器等组成。

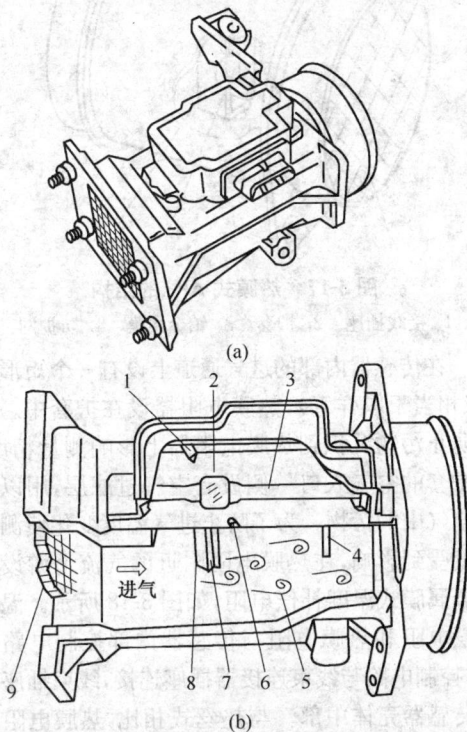

(a)

(b)

图 3-15　光电检测涡流式流量传感器的结构
(a)外形结构　(b)内部结构
1. 发光二极管　2. 反光镜　3. 张紧带
4. 进气温度传感器　5. 涡流　6. 光敏三极管
7. 导压孔　8. 涡流发生器　9. 整流网栅

在传感器气流入口处设有蜂窝状整流网栅，作用是使吸入的空气在涡流发生器上游形成比较稳定的气流，从而保证涡流发生器产生与流速成正比的漩涡。涡流发生器用合成树脂与厚膜集成电路封装成一体。

在涡流发生器上设有一个稳流槽和两个导压孔，稳流槽使涡流发生器下游产生稳定的涡流，导压孔将涡流发生器两侧的压力引导到导压腔中。反光镜采用反光能力较强的金属箔片制成，并用细薄的张紧带张紧在导压腔的外表面上，镜面上部设有一只发光二极管 LED 和一只光敏三极管，发光二极管发出的光束由反光镜反射到光敏三极管上。板簧片设在导压腔内，并紧

贴张紧带，其作用是给张紧带施加适当的预紧力，防止张紧带和反光镜振幅过大而变形损坏。涡流频率的检测任务由发光二极管、反光镜和光敏三极管完成，传感器内部的信号处理电路将频率信号转换成数字信号（方波信号）后，再输入电控单元（ECU）进行运算处理。涡流式流量传感器检测的是进气气流的体积流量，为了避免环境温度变化给流量检测带来误差，因此采用了进气温度传感器进行修正。

②超声波检测涡流式流量传感器。其结构如图 3-16 所示，主要由涡流发生器、超声波发生器、超声波接收器、集成控制电路、进气温度传感器和大气压力传感器等组成。

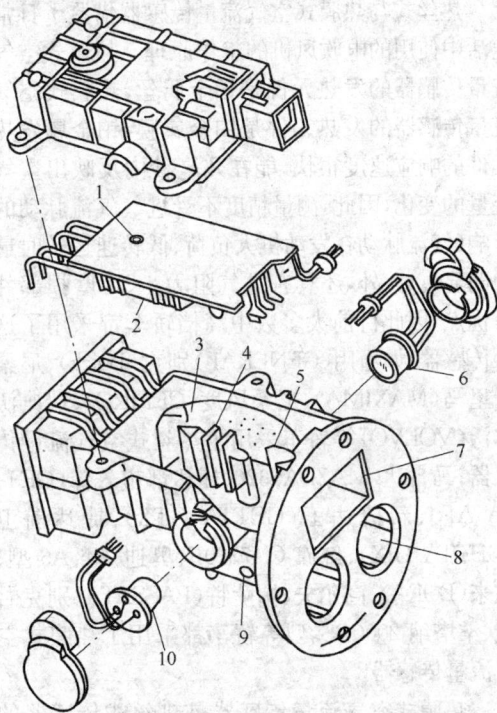

图 3-16　超声波检测涡流式流量传感器的结构
1. 大气压力传感器　2. 集成控制电路　3. 涡流发生器
4. 涡流稳定板　5. 旋涡　6. 超声波接收器
7. 主空气道　8. 旁通空气道　9. 进气温度传感器
10. 超声波发生器

汽车用超声波检测式流量传感器设有主空气道和旁通空气道，涡流发生器设在主空气道上。设置旁通空气道的目的是调节主空气道的空气流量。因此，对于排气量不同的发动机，通过改变旁通空气道横截面面积的大小，就可使用同一规格的流量传感器来满足流量检测的要求。涡流发生器由三

角形柱体和若干块涡流稳定板组成,涡流稳定板能使其下游产生稳定的涡流。在涡流发生器的两侧设有超声波发生器和接收器,超声波发生器用于产生和发射超声波信号,超声波接收器用于接收超声波信号。在主空气道的内壁上,粘贴有吸声材料,防止超声波出现不规则反射现象而影响正常检测。在空气入口设有整流网栅,其作用是使吸入空气在涡流发生器上游形成稳定的气流,从而保证产生稳定的涡流。集成控制电路对信号进行整形处理后向ECU输入方波信号,以便ECU运算处理。进气温度和大气压力传感器信号用于修正进气量。

3.1.20 热丝式与热膜式空气流量传感器有什么特点?

热丝式与热膜式空气流量传感器借鉴了日常生活中使用的电吹风机的工作原理。热丝式空气流量传感器的发热元件是铂金属丝,热膜式空气流量传感器的发热元件是铂金属膜,铂金属发热元件的响应速度很快,能在几毫秒内反映出空气流量的变化,因此,测量精度不受进气气流脉动的影响(气流脉动在发动机大负荷、低转速运转时最为明显)。此外,还具有进气阻力小、无磨损部件等优点,因此目前大多数中高档轿车都采用了这种传感器,如通用(GENERAL)别克(Buick)、尼桑千里马(MAXIMA)、尼桑风度(CEFIRO)、瑞典沃尔沃(VOLVO)等轿车采用了热丝式空气流量传感器;马自达(MAZDA)626、捷达都市先锋(GETTA AT)、新捷达王(GETTA GTX)、捷达前卫(GETTA GIX)、红旗CA7220E、奥迪A4、A6型、宝来(BORA)、高尔夫、帕萨特(PASSAT)、别克君威、桑塔纳2000GSi型等轿车都采用了热膜式空气流量传感器。

热膜式空气流量传感器是热丝式传感器的改进产品,其发热元件采用平面形铂金属薄膜(厚约200nm)电阻器,故称为热膜电阻。热膜电阻的制作方法是:首先在氧化铝陶瓷基片上采用蒸发工艺淀积铂金属薄膜,然后通过光刻工艺制作成梳状图形电阻器,将电阻值调节到设计要求的阻值后,在其表面覆盖一层绝缘保护膜,再引出电极引线而制成。捷达AT、GTX、红旗CA7220E、奥迪A4、A6型、高尔夫、帕萨特、别克君威、桑塔纳2000GSi型轿车用热膜式空气流量传感器的结构如图3-17所示。

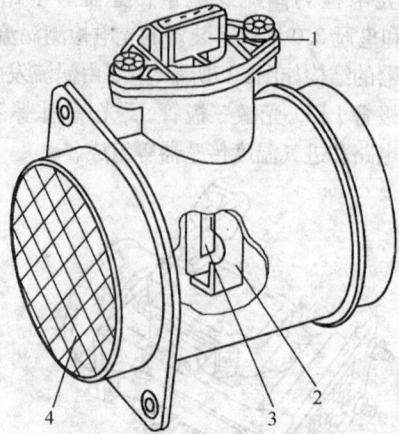

图 3-17 热膜式 AFS 的结构
1. 接线插座 2. 护套 3. 铂金属膜 4. 防护网

在传感器内部的进气通道上设有一个矩形护套(相当于取样管),热膜电阻器设在护套中。为了防止污物沉积到热膜电阻器上影响测量精度,在护套的空气入口一侧设有空气过滤层,用以过滤空气中的污物。为了防止进气温度变化使测量精度受到影响,在热膜电阻附近的气流上游设有铂金属膜式温度补偿电阻,如图3-18所示。温度补偿电阻和热膜电阻与传感器内部控制电路连接,控制电路与线束连接器插座连接,线束插座设在传感器壳体中部。与热丝式相比,热膜电阻的阻值较大,所以消耗电流较小,使用寿命较长。但是,由于其发热元件表面制作有一层绝缘保护膜,具有辐射热传导作用,因此响应特性稍差。

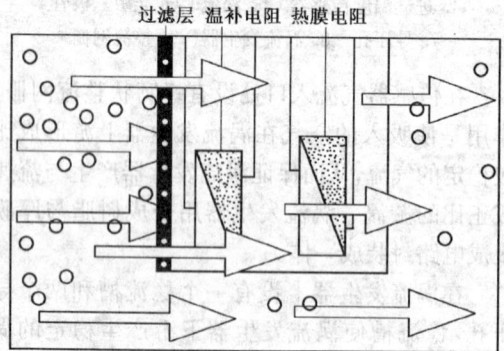

图 3-18 热膜式 AFS 内部元件示意图

3.1.21 压力传感器的功用是什么? 汽车用压力传感器有哪些?

压力传感器的功用是将气体或液体的压力信号转换为电信号。汽车用压力传感器按结构不同,可分为电阻应变计式、半导体压阻效应式和电感式(即波纹管与差动变压器组合式)三种类型。在汽车电控系统中,发动机的进气压力、大气压力、燃油压力、润滑油压力、制动油液压力和变速传动油液压力等都需要进行监测,检测压力较低的进气支管压力和大气压力时,一般采用半导体压阻效应式或电感式传感器,检测压力较高的制动油液或变速传动油液压力时,一般采用电阻应变计式传感器。压力传感器大多数都是测定压差,检测原理都是将压力的变化转换为电阻值的变化。

3.1.22 压阻效应式压力传感器有何优点?

单晶硅材料受到应力作用后,其电阻率发生明显变化的现象,称为压阻效应。利用半导体硅的压阻效应和微电子技术制成的压阻式传感器,具有灵敏度高、动态响应好、易于微型化和集成化等优点,因此目前广泛应用。早期的压阻式传感器是用半导体应变片制成的粘贴型压阻传感器。20 世纪 70 年代以后,研制出了圆周边缘固定与扩散力敏电阻一体化的扩散型压阻式传感器。这种传感器易于批量生产,能够方便的实现微型化、集成化和智能化,因而受到人们的普遍重视并重点开发,发动机燃油喷射系统采用的压阻效应式支管压力传感器就是其中的一种。

3.1.23 压阻效应式支管压力传感器的功用是什么? 其结构有何特点?

支管压力传感器的全称是进气支管绝对压力传感器 MAP(Manifold Absolutely Pressure Sensor),其功用是通过检测节气门至进气支管之间的进气压力来反映发动机的负荷状况,并将负荷状况(压力信号)转变为电信号输入发动机 ECU,供 ECU 计算确定喷油时间(即喷油量)和点火时间。MAP 是一种间接测量发动机进气量的传感器,如桑塔纳 GLi、桑塔纳 2000GLi 型、天津夏利 2000 型、威乐 Vela、威驰 VIOS、东风雪铁龙爱丽舍 Elysee、吉利自由舰等轿车和切诺基 BJ2021 型、北京 2020VJ 型吉普车等中低档汽车都采用了压阻效应式支管压力传感器。

各型汽车采用的压阻效应式支管压力传感器结构大同小异,外形与结构如图 3-19 所示,主要由硅膜片、真空室、混合集成电路、真空管接

头、线束插头和壳体组成。

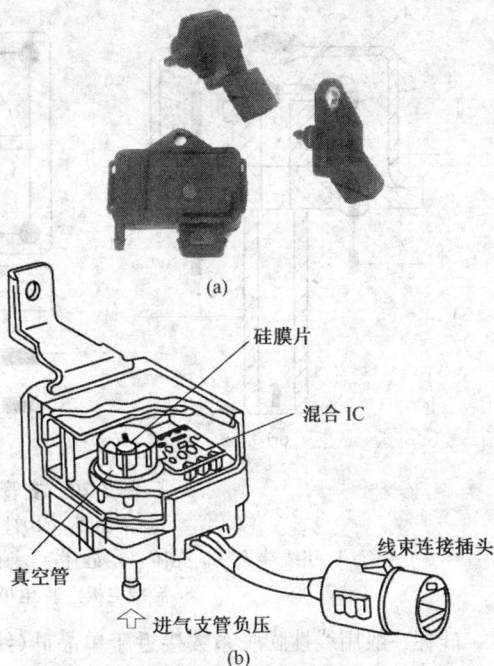

图 3-19 汽车支管压力传感器 MAP 外形与结构

(a)桑塔纳轿车用 MAP 外形 (b)MAP 结构简图

支管压力传感器的安装位置比较灵活,只要将节气门至进气支管之间的进气压力引入传感器的真空管内,传感器就可安放在任何位置。如切诺基 BJ2021 型和北京 2020VJ 型吉普车将传感器安装在发动机舱内防火墙上,真空管的进气口用软管连接;桑塔纳 GLi、桑塔纳 2000GLi 型轿车将传感器安装在进气稳压箱(动力腔)上,进气口直接伸入稳压箱内,所以传感器上没有连接橡胶软管。

压阻效应式支管压力传感器的内部结构如图 3-20 所示,主要由硅膜片 5、真空室 4、硅杯 3、应变电阻 7、底座 10、真空管 11 和电极引线 9 等组成。

硅膜片是压力转换元件,用单晶硅制成。硅膜片的长和宽约为 3mm、厚度约为 $160\mu m$,在硅膜片的中央部位采用腐蚀方法制作有一个直径为 2mm、厚度约为 $50\mu m$ 的薄膜片。在薄硅膜片表面上,采用集成电路加工技术与台面扩散技术(扩散硼)制作四只梳状电阻值相等的应变电阻器,又称为固态压阻器件或固态电阻器,如图 3-20b 所示,并利用低阻扩散层(P 型扩散层)将四只电阻器连接成惠斯顿电桥电路,如图 3-20c 所

示,然后再与传感器内部的信号放大电路和温度 补偿电路等混合集成电路连接。

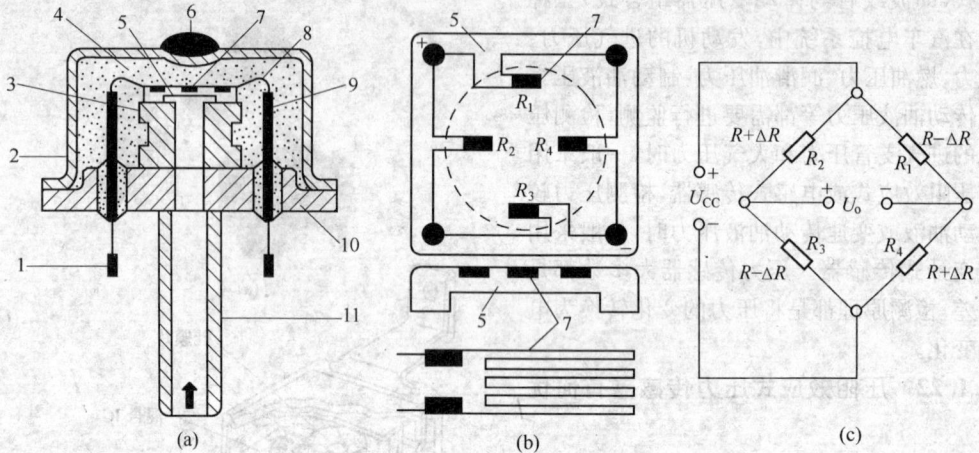

图 3-20 支管压力传感器内部结构
(a)剖面图 (b)硅膜片结构 (c)等效电路图
1. 引线端子 2. 壳体 3. 硅杯 4. 真空室 5. 硅膜片 6. 锡焊封口 7. 应变电阻
8. 金线电极 9. 电极引线 10. 底座 11. 真空管

硅杯一般用线性膨胀系数接近于单晶硅(线性膨胀系数为 $32 \times 10^{-7}/℃$)的铁镍锆合金(线性膨胀系数为 $47 \times 10^{-7}/℃$)制成,设置在硅膜片与传感器底座之间,用于吸收底座材质与硅膜片热膨胀系数不同而加到硅膜片上的热应力,从而提高传感器的测量精度。硅杯与壳体以及底座之间形成的腔室为真空室。壳体顶部设有排气孔,利用排气孔将该腔室抽成真空后,再用锡焊密封排气孔,从而形成真空室。真空室为基准压力室,基准压力为 0。

在真空管入口设有滤清器,用于过滤导入空气中的尘埃或杂质,以免硅膜片受到腐蚀和脏污而导致传感器失效。

3.1.24 曲轴位置和凸轮轴位置传感器的功用分别是什么?分为哪些类型?

曲轴位置传感器 CPS(Crankshaft Position Sensor)又称为发动机转速与曲轴转角传感器,其功用是采集发动机曲轴转动角度和发动机转速信号,并将信号输入 ECU,以便确定和控制喷油时刻与点火时刻。

凸轮轴位置传感器 CPS(Camshaft Position Sensor)又称为气缸判别传感器 CIS(Cylinder Identification Sensor)和相位传感器。为了区别于曲轴位置传感器 CPS,凸轮轴位置传感器一般都用 CIS 表示。凸轮轴位置传感器 CIS 的功用是

采集配气凸轮轴的位置信号,并将信号输入 ECU,以便 ECU 识别 1 缸活塞压缩上止点,从而进行顺序喷油控制、点火控制和爆燃控制。此外,凸轮轴位置信号还用于发动机起动时识别出第一次点火时刻。因为凸轮轴位置传感器能够识别哪一缸活塞即将到达上止点,所以称为判缸传感器。

汽车发动机燃油喷射系统常用的曲轴位置与凸轮轴位置传感器分为光电式、磁感应式和霍尔式三种类型。日产公爵王(Cedric)轿车、三菱与猎豹吉普车采用光电式曲轴位置与凸轮轴位置传感器;丰田系列轿车采用磁感应式曲轴位置与凸轮轴位置传感器;捷达 AT、GTX 型、桑塔纳 2000GSi 型、奥迪 200 型轿车采用磁感应式曲轴位置传感器和霍尔式凸轮轴位置传感器;红旗 CA7220E 型轿车和切诺基吉普车采用了霍尔式曲轴位置与凸轮轴位置传感器,且曲轴位置传感器为差动霍尔式传感器。

(1)光电式曲轴位置与凸轮轴位置传感器

日产公司生产的光电式曲轴位置与凸轮轴位置传感器是由分电器改进而成,结构如图 3-21 所示,主要由信号发生器、信号盘(即信号转子)、配电器、传感器壳体和线束插头等组成。

信号盘是传感器的信号转子,压装在传感器轴上,结构如图 3-21a 所示。在靠近信号盘的边

缘位置制作有间隔弧度均匀的内、外两圈透光孔。其中，外圈制作有 360 个长方形透光孔（缝隙），间隔弧度为 1°（透光孔占 0.5°，遮光部分占 0.5°），用于产生曲轴转角与转速信号；内圈制作有 6 个透光孔（长方形孔），间隔弧度为 60°，用于产生各个气缸的上止点信号，其中有一个长方形的宽边稍长，用于产生第一缸上止点信号。

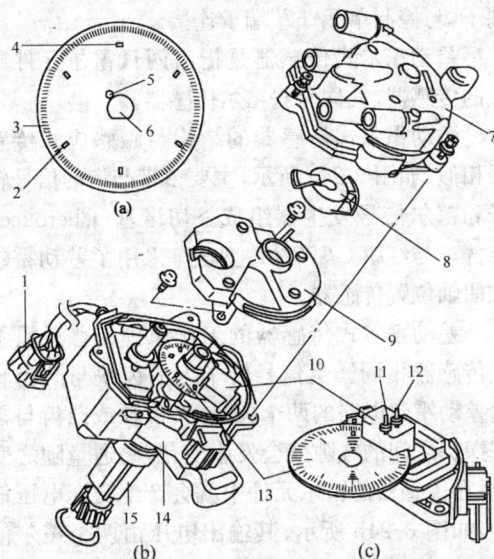

图 3-21　光电式曲轴位置与凸轮轴位置传感器结构

(a)信号盘结构　(b)传感器结构　(c)信号发生器结构
1. 线束插头　2. 上止点信号透光孔　3. 曲轴转角信号透光孔　4.1 缸上止点信号透光孔　5. 定位销
6、15. 传感器轴　7. 传感器盖　8. 分火头　9. 防护盖
10. 信号发生器　11.G 信号（上止点信号）传感器
12.Ne 信号（转速与转角信号）传感器　13. 信号盘
14. 传感器壳体

信号发生器固定在传感器壳体上，由 Ne 信号（转速与转角信号）发生器、G 信号（上止点信号）发生器以及信号处理电路组成，如图 3-21c 所示。Ne 信号与 G 信号发生器均由一只发光二极管 LED 和一只光敏三极管组成，两只 LED 分别正对着两只光敏三极管。

(2)磁感应式曲轴位置传感器

桑塔纳 2000 系列、3000 系列和捷达系列轿车的磁感应式曲轴位置传感器安装在曲轴箱内靠近离合器一侧的缸体上，结构与安装部位如图 3-22 所示，主要由信号发生器和信号转子组成。

信号发生器用螺钉固定在发动机缸体上，由永久磁铁、传感线圈和线束插头组成。传感线圈又称为信号线圈，永久磁铁上带有一个磁头，磁头正对曲轴上的齿盘式信号转子安装，磁头与磁轭（导磁板）连接而构成导磁回路。

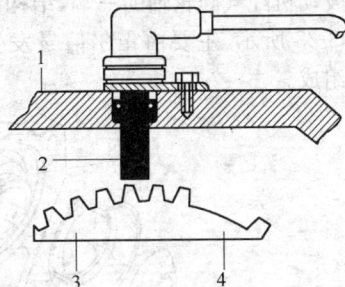

图 3-22　捷达轿车 CPS 的结构
1. 缸体　2. 传感器磁头　3. 信号转子
4. 大齿缺（基准标记）

信号转子为齿盘式，在其圆周上间隔均匀地制作有 58 个凸齿、57 个小齿缺和 1 个大齿缺。大齿缺输出基准信号，对应于发动机 1 缸或 4 缸压缩上止点前一定角度。大齿缺所占的弧度相当于两个凸齿和三个小齿缺所占的弧度。因为信号转子随曲轴一同旋转，曲轴旋转一圈（360°），信号转子也旋转一圈（360°），所以信号转子圆周上的凸齿和齿缺所占的曲轴转角也为360°。因此，每个凸齿和小齿缺所占的曲轴转角均为 3°（58×3°+57×3°=345°），大齿缺所占的曲轴转角为 15°（2×3°+3×3°=15°）。

信号转子上大齿缺产生的信号为基准信号，ECU 控制喷油时间和点火时间是以大齿缺产生的信号进行控制。当 ECU 接收到大齿缺产生的信号（宽脉冲）后，再根据小齿缺产生的信号来控制喷油时间（喷油提前角）、点火时间（点火提前角）和点火线圈初级电流接通时间（导通角）。为了保证系统的控制精度达到 1°，小齿缺产生的信号还须由 ECU 内部电路将其转换为 1°信号。

(3)霍尔传感器和双霍尔传感器

霍尔式曲轴位置与凸轮轴位置传感器以及其他形式的霍尔式传感器，都是根据霍尔效应制成的传感器。利用霍尔元件制成的传感器称为霍尔效应式传感器或霍尔式传感器。霍尔式传感器有两个突出优点：一是输出电压信号近似于方波信号;二是输出电压高低与被测物体的转速无关。霍尔效应式传感器与磁感应式传感器不同的是需要外加电源。

桑塔纳 2000GSi 型、3000 型和捷达 AT 型、GTX 型轿车采用的霍尔式凸轮轴位置传感器安装在发动机配气凸轮轴的一端,结构与连接电路如图 3-23 所示,主要由霍尔信号发生器和信号转子组成。

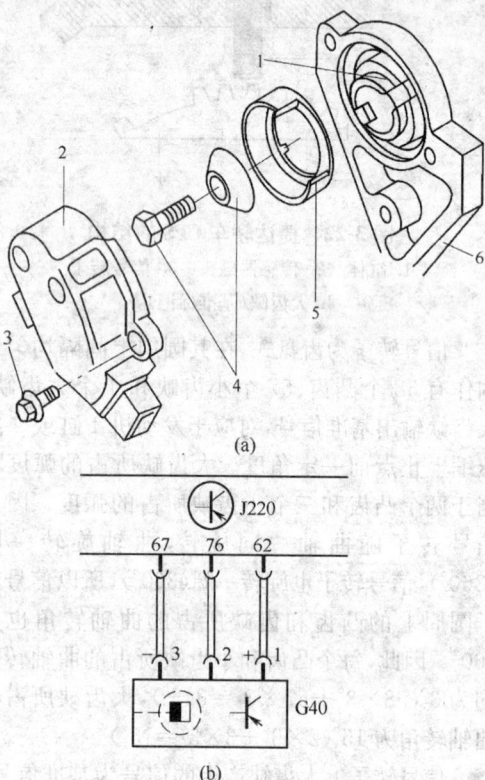

图 3-23　霍尔式凸轮轴位置
传感器的结构与电路连接
(a)结构图　(b)连接线路
1. 凸轮轴套　2. 凸轮轴位置传感器　3. 固定螺钉
4. 定位螺栓与座圈　5. 信号转子　6. 缸体

信号转子又称为触发叶轮,安装在配气凸轮轴的一端,用定位螺栓和座圈定位固定。信号转子的隔板又称为叶片,在隔板上制有一个窗口,窗口对应产生的信号为低电平信号,隔板(叶片)对应产生的信号为高电平信号。霍尔式信号发生器主要由霍尔集成电路、永久磁铁和导磁钢片等组成。霍尔集成电路由霍尔元件、放大电路、稳压电路、温度补偿电路、信号变换电路和输出电路等组成。霍尔元件用硅半导体材料制成,与

永久磁铁之间留有 0.2～0.4mm 的间隙。当信号转子随配气凸轮轴一同转动时,隔板和窗口便从霍尔集成电路与永久磁铁之间的气隙中转过。

该传感器接线插座上有三个引线端子,端子"1"为传感器电源正极端子,与控制单元"62"端子连接;端子"2"为传感器信号输出端子,与控制单元"76"端子连接;端子"3"为传感器电源负极端子,与控制单元"67"端子连接。

差动霍尔式传感器是指由两只霍尔元件制成的传感器,又称为双霍尔传感器。

差动霍尔式传感器的结构与磁感应式传感器相似,如图 3-24a 所示,主要由带凸齿的信号转子和霍尔信号发生器组成。切诺基(Cherokee)吉普车与红旗 CA7220E 型轿车采用了差动霍尔式曲轴位置传感器。

差动霍尔式传感器的工作原理与普通霍尔式传感器相同。当信号转子上的齿缺与凸齿转过差动霍尔电路的两个探头时,齿缺或凸齿与霍尔探头之间的气隙就会发生变化,磁通量随之变化,在传感器的霍尔元件中就会产生交变电压信号,如图 3-24b 所示,其输出电压由两个霍尔信号电压叠加而成。

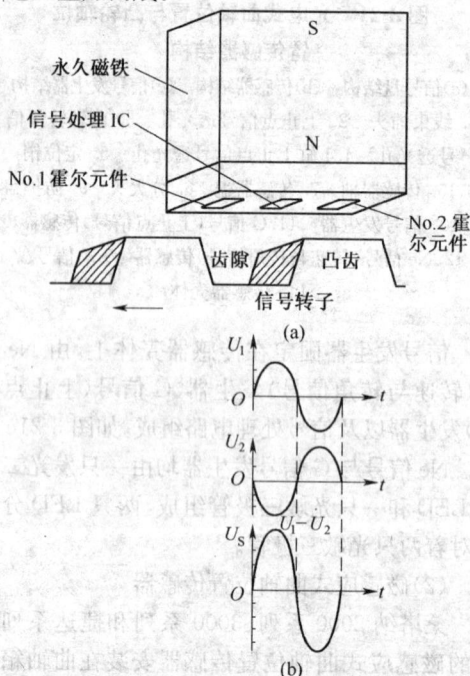

图 3-24　差动霍尔式传感器结构原理
(a)基本结构　(b)输出波形

因为输出信号为叠加信号,所以转子凸齿与信号发生器之间的气隙可以增大[一般增大到(1±0.5)mm,普通霍尔式传感器仅为 0.2～0.4mm],从而可将信号转子设置成像磁感应式传感器转子一样的齿盘式结构,其突出优点是信号转子便于安装。在汽车上,一般将凸齿转子设装在发动机曲轴上或将发动机飞轮作为传感器的信号转子。

3.1.25　节气门位置传感器的功用是什么？分为哪些类型？

节气门位置传感器的功用是将节气门开度(即发动机负荷)大小转变为电信号输入发动机 ECU,以便 ECU 判别发动机工况,如怠速工况、加速工况、减速工况、小负荷工况和大负荷工况等,并根据发动机不同工况对混合气浓度的需求来控制喷油时间。在装备有电子控制自动变速器的汽车上,TPS 信号除输入发动机 ECU 之外,还要输入变速器电控单元(ECT ECU),作为确定变速器换挡时机和变矩器锁止时机的主要信号之一。

按结构不同,节气门位置传感器 TPS 分为触点式(如图 3-25 所示)、可变电阻式、触点与可变电阻组合式三种。国产桑塔纳 2000GLi 型轿车采用的是触点式和可变电阻式两种;夏利2000、威乐 Vela、威驰 VIOS、捷达 AT、GTX 型、桑塔纳 2000GSi 型、红旗 CA7220E 型轿车和切诺基吉普车采用了可变电阻式;丰田轿车采用的是可变电阻式和组合式两种。

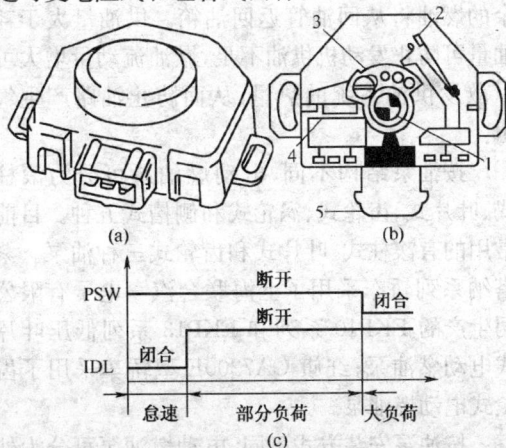

图 3-25　触点式节气门位置传感器 TPS 的结构
(a)外形图　(b)内部结构　(c)输出特性
1. 节气门轴　2. 功率触点(PSW)　3. 凸轮
4. 怠速触点(IDL)　5. 接线插座

按输出信号的类型不同,节气门位置传感器可分为线性量输出型和开关量输出型两种。

3.1.26　捷达 GIX 型和宝来等轿车的发动机进气量调节系统有何特点？

触点式和可变电阻式节气门位置传感器 TPS 都有机械传动(移动)部件,长期使用就会出现磨损现象而影响传感器以及控制系统的工作性能。为了解决这一问题,在一汽大众公司近年来生产的捷达 GIX 型和宝来等轿车上,去掉了节气门位置传感器,取而代之的是电子式加速踏板传感器。

踏板传感器安装在加速踏板上,发动机不同工况需要的进气量由节气门位置传感器、节气门控制模块和电子式节气门体组成的进气调节系统进行调节。电子式加速踏板传感器将加速踏板的位置信号传送到电子控制器 ECU 内部的节气门控制模块中,由节气门控制模块中的处理程序计算出节气门开度的大小之后,再驱动直流电机调整节气门进气通道的开启面积来控制进气量,从而满足发动机不同工况对进气量的需求。这种进气调节系统具有进气量控制精确高,能够实现低排放控制的优点。除此之外,还可通过控制模块驱动节气门来调节发动机怠速时的进气量,因此,不需要旁通进气道和怠速调节器。

3.1.27　温度传感器的功用是什么？分为哪些类型？

温度传感器的功用是将被测对象的温度信号转变为电信号输入 ECU,以便 ECU 修正控制参数或判断被测对象的热负荷状态。测量对象不同,传感器的功用也不相同。

安装在发动机冷却液出水管道上的冷却液温度传感器(CTS)的功用是:将发动机冷却液温度信号变换为电信号输入发动机 ECU,以便 ECU 修正喷油时间和点火时间,使发动机处于最佳工作状态。

安装在进气管路中的进气温度传感器(IATS)的功用是:将进气温度信号变换为电信号输入发动机 ECU,以便 ECU 修正喷油量。如果进气温度传感器信号中断,就会导致热起动困难、废气排放量增大等问题。

汽车用温度传感器种类繁多,形式各异,常按检测对象、结构与物理性能进行分类。

如检测对象为冷却液温度、进气温度、排气温度、燃油温度、空调温度等,将传感器相应的称为冷却液温度传感器、进气温度传感器、排气温度传感器、燃油温度传感器、空调温度传感器(或空调温控开关)等。这种分类方法简单实用,使用者根据测量对象即可方便的选择所需的传感器。

汽车上采用的温度传感器按结构与物理性能不同,可分为热敏电阻式、热敏铁氧体式、双金属片式、石蜡式等。双金属片式和石蜡式温度传感器属于结构型传感器;热敏电阻式和热敏铁氧体式温度传感器属于物性(物理性能)型传感器。现代汽车广泛采用物性型温度传感器,特别是热敏电阻式温度传感器。

3.1.28 热敏电阻式温度传感器的结构有何特点?

热敏电阻式温度传感器的结构形式如图3-26所示,主要由热敏电阻、金属引线、接线插座和壳体等组成。

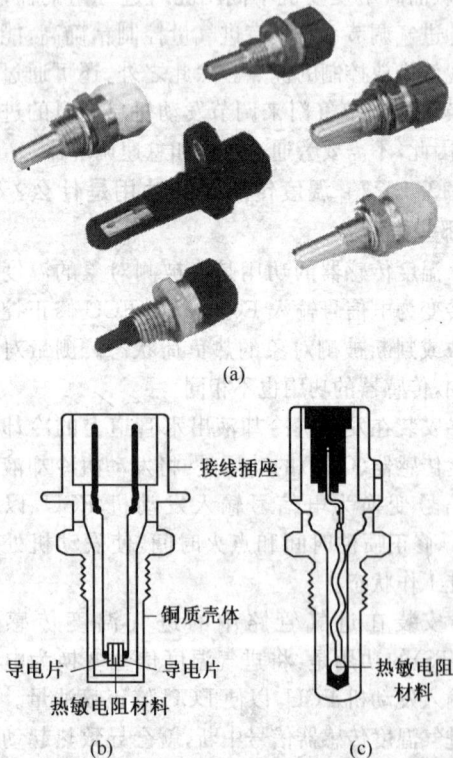

(a)

(b)   (c)

图3-26 热敏电阻式温度传感器的结构
(a)外形 (b)两端子式 (c)单端子式

热敏电阻是温度传感器的主要部件,汽车用热敏电阻是在陶瓷半导体材料中掺入适量金属氧化物,并在1000℃以上的高温条件下烧结而成。控制掺入氧化物的比例和烧结温度,即可得到不同特性的热敏电阻,从而满足使用要求。热敏电阻的外形制作成珍珠形、圆盘形(药片形)、垫圈形、梳状芯片形、厚膜形等,放置在传感器的金属管壳内。在热敏电阻的两个端面各引出一个电极并连接到传感器插座上,如图3-26b所示。

传感器壳体上制作有螺纹,以便安装与拆卸。接线插座分为单端子式和两端子式两种,中高档轿车燃油喷射系统一般采用两端子式温度传感器,低档轿车燃油喷射系统以及汽车仪表一般采用单端子式温度传感器。如传感器插座上只有一个接线端子,则壳体为传感器的一个电极。目前电控系统使用的温度传感器插座大多数都有两个接线端子,分别与ECU插座上的相应端子连接,以便可靠传递信号。

3.1.29 电动燃油泵的功用是什么?分为哪些类型?

电子控制式燃油喷射电动燃油泵的功用是向电磁喷油器提供油压高于进气支管压力250~300kPa的燃油。因为燃油是从油箱内泵出,经压缩或动量转换将油压提高后,再经输油管送到喷油器,所以油泵的最高输出油压需要470kPa左右,其供油量比发动机最大耗油量大得多,多余的燃油将从回油管返回油箱。供油量大于耗油量可防止发动机供油不足,燃油流动量增大可以散发供油系统的热量,从而防止油路产生气阻。

按油泵结构不同,电动燃油泵可分为滚柱式、叶片式、齿轮式、涡轮式和侧槽式五种。目前常用的有滚柱式、叶片式和齿轮式三种油泵。桑塔纳系列轿车采用了上海联合汽车电子有限公司生产的EKP10系列和EKP13系列低压叶片式电动燃油泵;红旗CA7200E型轿车采用了齿轮式电动燃油泵。

按油泵安装方式不同,电动燃油泵可分为外装式和内装式两种。外装式安装在燃油箱外的输油管路中,内装式安装在燃油箱内。目前,大多数汽车都采用内装式燃油泵。与外装式油泵相比,内装式油泵不易产生气阻和泄漏,有利于燃油输送和电动机冷却,且噪声较小。

3.1.30 电动燃油泵的结构有何特点?各部件的功用分别是什么?

电动燃油泵的外形与内部结构如图 3-27 所示,主要由永磁式直流电动机、油泵、限压阀、单向阀和泵壳等组成。电动机由永久磁铁、电枢、换向器和电刷等组成;油泵由泵转子和泵体组成。泵转子固定在电动机轴上,随电动机转动而转动。

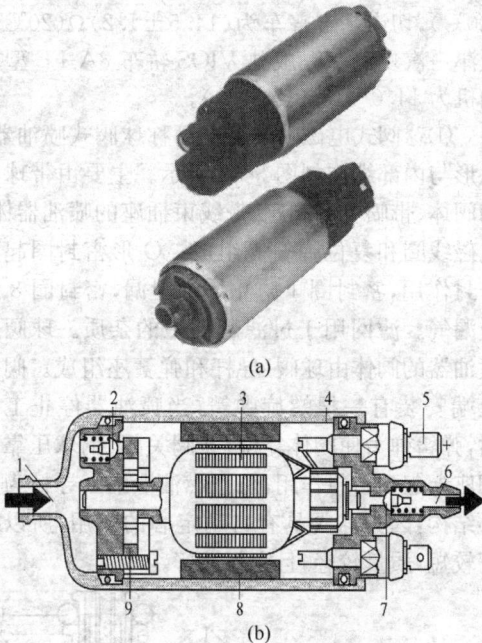

图 3-27 电动燃油泵的结构

(a)油泵外形 (b)油泵内部结构

1. 进油口 2. 限压阀 3. 电枢 4. 泵壳
5. 接线插头 6. 出油口 7. 单向阀
8. 永久磁铁 9. 泵体

当点火开关接通时,直流电动机电路接通,电枢受电磁力的作用而开始转动,泵转子便随电动机一同转动,将燃油从油箱,经输油管和进油口泵入燃油泵。当油泵内油压超过单向阀处弹簧压力时,燃油便从出油口经输油管泵入供油总管,再分配给每只喷油器。

当油泵停止工作时,在油泵出口单向阀处弹簧压力作用下,单向阀将阻止汽油回流,使供油系统中保存的燃油具有一定压力,以便于发动机再次起动。

当油泵中的燃油压力超过规定值(一般为

320kPa)时,油压克服泵体上限压阀弹簧的压力将限压阀顶开,部分燃油返回到进油口一侧,使油压不致过高而损坏油泵。

点火开关一旦接通,电动燃油泵就会工作1～2s。此时,如果发动机转速高于 30r/min,电动燃油泵才连续运转,如果发动机转速低于 30 r/min,即使点火开关接通,电动燃油泵也会停止运转。

3.1.31 燃油分配管总成由哪些部件组成?

燃油分配管总成由燃油分配管、油压调节器和电磁喷油器组成,结构如图 3-28 所示。燃油分配管总成的功用是储存燃油、提供燃油、分配燃油、抑制油压脉动、调节油压并保持喷油器进出口的压力差恒定不变。

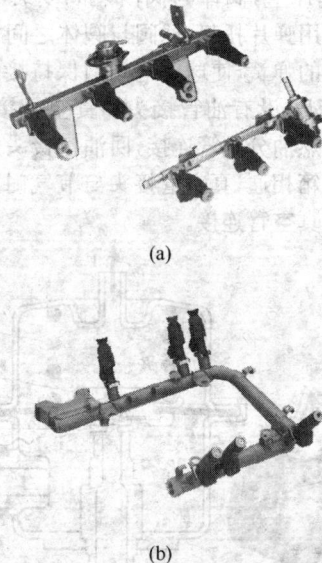

图 3-28 燃油分配管总成

(a)三缸、四缸发动机用 (b)V6 发动机用

(1)燃油分配管

燃油分配管又称为供油总管或油架,安装在发动机进气支管上部,其功用是固定喷油器和油压调节器,并将汽油分配给每只喷油器。

燃油分配管一般用铝合金制成圆形管状或方形管状。在燃油分配管上制作有连接油压表的接口,以便燃油喷射时测量燃油压力。分配管与喷油器连接处制有小孔,以便将燃油分配到每只喷油器。虽然分配管位于发动机舱上部,所处环境温度较高,汽油容易蒸发,但是,由于燃油泵的供油量远远大于发动机的最大耗油量,剩余汽油由油压调节器上的回油管返回油箱,汽油不断流动带走了分配管、喷油器和进油管中的热量及燃油蒸气,因此能够有效地防止气阻,提高发动机的热起动性能。

(2)油压调节器

油压调节器安装在燃油分配管上,其功用一是调节供油系统的燃油压力,使喷油器进出口的压力差保持恒定,即使系统油压 P_f 与进气支管压力 P_i 之差 ΔP 保持恒定(一般设定为 $\Delta P = P_s = P_f - P_i = 300 kPa$,其中 P_i 为负值,P_s 为弹簧弹力);二是缓冲压力波动(喷油器断续喷油引起的压力波动和燃油泵供油时产生的压力波动)。

油压调节器的结构如图 3-29 所示,主要由弹簧、阀体、阀门和铝合金壳体组成。阀体固定在金属膜片上,阀体与阀门之间安装有一个球阀。球阀用弹片托起,球阀与阀体之间设有一个弹力较小的弹簧,使球阀与阀门保持接触。在铝合金壳体上,设有油管接头和真空管接头,进油口接头与燃油分配管连接,回油口接头连接回油管并与油箱相通,真空管接头与节气门至进气支管之间的真空管连接。

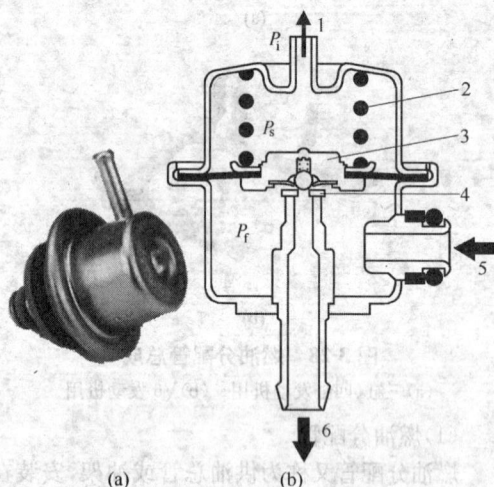

图 3-29　油压调节器的外形与结构
(a)外形图　(b)结构图
1. 支管压力接头　2. 弹簧　3. 阀体　4. 阀门
5. 进油口　6. 回油口

(3)电磁喷油器

电磁喷油器简称喷油器,俗称喷嘴,安装在燃油分配管上,其功用是计量燃油喷射系统的喷油量。喷油器是发动机电控汽油喷射系统执行机构中的一个关键部件,是一种加工精度非常高的精密器件。为了满足燃油喷射系统控制精度的要求,要求喷油器具有抗堵塞性能好、燃油雾化好和动态流量范围大等优点。

按喷油器的总体结构不同,喷油器可分为轴针式、球阀式和片阀式三种,目前主要采用球阀式喷油器;按喷油器电磁线圈电阻值大小,喷油器可分为高阻型(13~18Ω)和低阻型(1~3Ω)两种。桑塔纳 2000GLi 为 $(15.9 \pm 0.35)\Omega(20\,^\circ\mathrm{C})$,桑塔纳 2000GSi、捷达 AT、GTX 为 $13 \sim 18\Omega$ $(20\,^\circ\mathrm{C})$,切诺基吉普车为 $(14.5 \pm 1.2)\Omega(20\,^\circ\mathrm{C})$。天津一汽夏利 N3、威驰 VIOS 轿车 8A-FE 型发动机为 $14.0 \sim 15.0\Omega(20\,^\circ\mathrm{C})$。

①球阀式电磁喷油器。简称球阀式喷油器,外形与内部结构如图 3-30 所示。主要由带球阀的阀体、带喷孔的阀座、带线束插座的喷油器体、电磁线圈和复位弹簧等组成。O 形密封圈起到密封作用,密封圈 1 防止燃油泄漏,密封圈 8 防止漏气。滤网用于过滤燃油中的杂质。球阀式喷油器的阀体由球阀、导杆和弹簧座组成。阀体上端安装有一根螺旋弹簧,当喷油器停止工作时,弹簧弹力使阀体复位,球阀关闭,钢球压靠在阀座上起到密封作用,防止燃油泄漏。导杆为空心结构,因为球阀具有自动定心的作用,所以导杆较短,质量较轻,且密封性好。

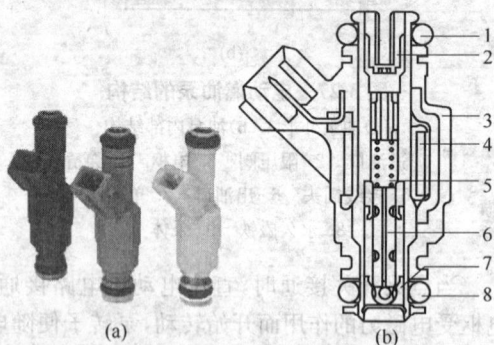

图 3-30　球阀式喷油器的结构
(a)外形图　(b)内部结构图
1、8. O 形密封圈　2. 燃油滤网
3. 带线束插座的喷油器体　4. 电磁线圈　5. 弹簧
6. 带球阀的阀体　7. 带喷孔的阀座

在燃油分配管上,设有喷油器专用的安装支座,支座为橡胶成型件,起到隔热作用,防止喷油器中的燃油产生气泡,有助于提高发动机的热起动性能。

燃油喷射式发动机大多为16气门、20气门或24气门发动机，即每个气缸有4个或5个气门，其中进气门2个或3个，排气门2个。喷油器上设置有2个或4个喷孔，从喷孔喷出的燃油喷雾喷射在进气门前方，并与空气混合形成雾化良好的可燃混合气。

②轴针式电磁喷油器。简称轴针式喷油器，结构如图3-31所示，主要由针阀阀体、针阀阀座、线束插座、电磁线圈和复位弹簧等组成。轴针式喷油器的结构与球阀式喷油器基本相同，主要区别在于阀体结构不同，如图3-32所示。轴针式喷油器阀体采用的是针阀，针阀制作在阀体上。为了保证阀体轴向移动时不发生偏移和阀门密封良好，必须具有较长的导杆，并制成实心结构，因此质量较大。

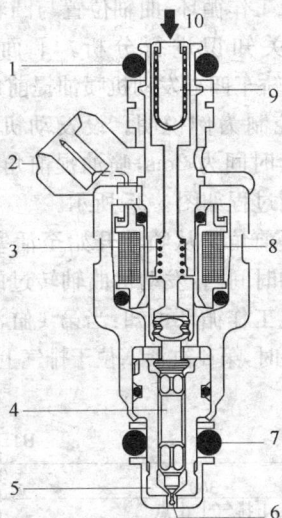

图3-31　轴针式喷油器的结构

1、7.O形密封圈　2.插座　3.弹簧　4.阀体
5.阀座　6.轴针　8.电磁线圈　9.滤网
10.进油口

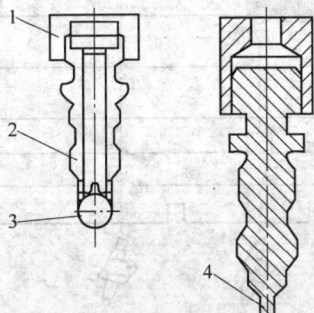

图3-32　阀体结构比较

1.弹簧座　2.导杆　3.球阀　4.针阀

3.1.32　发动机起动时和起动后，电子控制式燃油喷射系统怎样控制喷油量？

发动机工况不同，对混合气浓度的要求也不相同。特别是冷起动、怠速、急加减速等特殊工况，对混合气浓度都有特殊要求。因此，喷油量的控制大致可分为发动机起动时喷油量的控制和发动机起动后（即运转过程中）喷油量的控制两种情况。

①起动时喷油量的控制。当起动机驱动发动机运转时，发动机转速很低（汽油发动机30～50r/min，柴油发动机150～200r/min）且波动较大，导致反映进气量的空气流量信号或进气压力信号误差较大。因此在起动发动机时，ECU不是以空气流量传感器信号或进气压力信号作为计算喷油量的依据，而是按照可编程只读存储器（ROM）中预先编制的起动程序和预先设定的空燃比来控制喷油，喷油量的控制方式采用开环控制，控制过程如图3-33所示。ECU首先根据曲轴位置传感器、点火开关和节气门位置传感器提供的信号，判定发动机是否处于起动状态，以便决定是否按起动程序控制喷油，然后根据冷却液温度传感器信号确定基本喷油量。

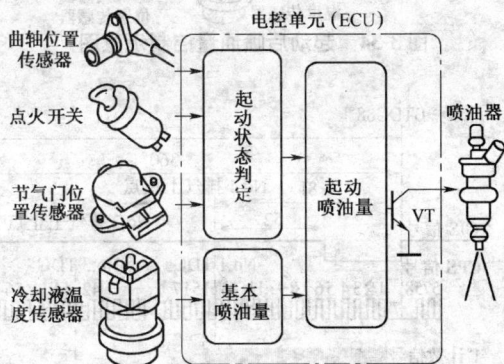

图3-33　起动时喷油量控制示意图

当点火开关接通起动档位时，ECU的STA端便接收到一个高电平信号，此时ECU再根据曲轴位置传感器和节气门位置传感器信号判定是否处于起动状态。如果曲轴位置传感器信号表明发动机转速低于300r/min，且节气门位置传感器信号表明节气门处于关闭状态，则判定发动机处于起动状态，并控制运行起动程序。在燃油喷射系统具有"清除溢流"功能的汽车上，当发动机转速低于300r/min时，如果节气门开度大于

80%,那么ECU将判定为"清除溢流"控制,喷油器将停止喷油。

当冷车起动时,发动机温度很低,喷入进气管的燃油不易蒸发,吸入气缸内的可燃混合气浓度相对减小。因此,为了保证发动机起动时具有足够浓度的可燃混合气,ECU还要根据冷却液温度传感器信号反映的发动机温度高低来控制喷油器的喷油量,以使冷态发动机能够顺利起动。温度越低,喷油时间越长,喷油量则越大;反之,温度越高,喷油时间越短,喷油量则越小。

②起动后喷油量的控制。在发动机起动后的运转过程中,喷油器实际的喷油总量是由基本喷油量、喷油修正量和喷油增量三部分决定,如图3-34所示。

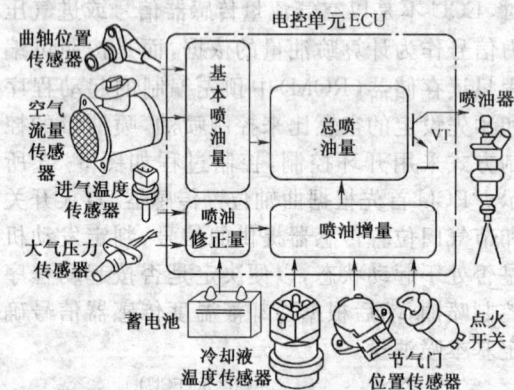

图3-34 起动后喷油量控制示意图

基本喷油量由空气流量传感器(AFS)信号或支管压力传感器(MAP)信号、曲轴位置传感器(CPS)信号或发动机转速传感器信号以及试验设定的空燃比(即目标空燃比 A/F)计算确定。

喷油修正量由与进气量有关的进气温度传感器(IATS)信号、大气压力传感器(APS)信号、氧传感器(EGO)信号和蓄电池电压(U_{BAT})信号计算确定。

喷油增量由反映发动机工况的节气门位置传感器(TPS)信号、冷却液温度传感器(CTS)信号和点火开关信号 IGN 等计算确定。

3.1.33 电子控制式燃油喷射系统怎样控制喷油提前角和喷油持续时间?

喷油提前角与喷油持续时间控制需要综合运用发动机工作循环、曲轴位置与凸轮轴位置传感器的有关知识进行分析。下面以桑塔纳2000GSi 型轿车四缸发动机喷油提前角与喷油持续时间的控制为例说明。设发动机 1000r/min 时喷油持续时间为 2ms,喷油提前角为 6°,其喷油时间控制过程如图 3-35 所示。

喷油提前角是从喷油开始至活塞运行到排气上止点的时间内,发动机曲轴转过的角度。由四缸发动机工作循环可知:当第1缸活塞运行到压缩上止点时,第4缸活塞位于排气上止点位置;

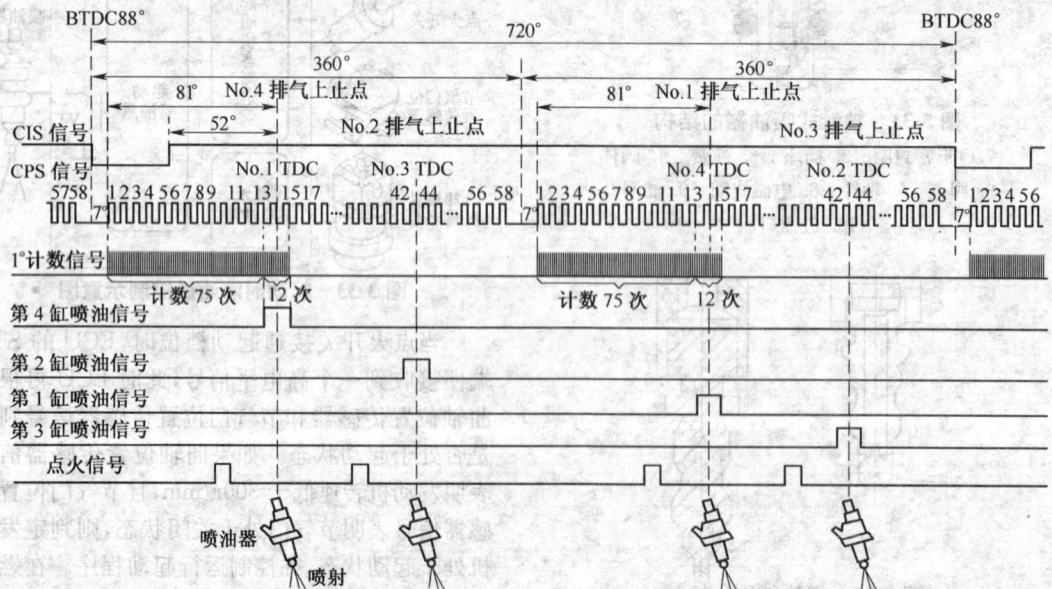

图3-35 喷油提前角与持续时间控制过程

当第 4 缸活塞运行到压缩上止点时,第 1 缸活塞位于排气上止点位置。由桑塔纳 2000GSi 型轿车凸轮轴位置传感器 CIS 和曲轴位置传感器 CPS 工作情况可知:

①发动机每旋转两转(720°),霍尔式凸轮轴位置传感器产生一个判缸信号,且信号下降沿在第 1 缸压缩上止点前 88°时产生。

②发动机每旋转一转(360°),曲轴位置传感器产生 58 个脉冲信号,每个凸齿和小齿缺均占 3°曲轴转角,大齿缺占 15°曲轴转角。如果大齿缺信号后的第一个凸齿信号在判缸信号后产生,则该凸齿信号上升沿对应于第 1 缸压缩上止点前 81°,如果不是在判缸信号后产生,则该凸齿信号上升沿对应于第 4 缸压缩上止点前 81°(88°−7°=81°),如图 3-35 所示,图中磁感应式传感器信号已经过输入回路整形转换为方波信号。

发动机工作时,凸轮轴和曲轴分别驱动凸轮轴位置传感器 CIS 和曲轴位置传感器 CPS 转动,传感器产生信号并输入 ECU。当 ECU 接收到凸轮轴位置传感器信号下降沿时,立即判定第 1 缸活塞位于压缩上止点前 88°,第 4 缸活塞位于排气上止点前 88°,并准备对曲轴位置传感器信号进行计数,计数将在曲轴旋转 7°(88°−81°=7°)后开始。因为曲轴位置传感器的每个凸齿和小齿缺均占 3°曲轴转角,所以当 ECU 接收到第 13 个信号的下降沿时,第 4 缸活塞正好位于排气上止点前 6°(即 81°−3°×13 个凸齿−3°×12 个小齿缺=6°),如图 3-35 所示。此时 ECU 立即向第 4 缸喷油器驱动三极管发出控制脉冲(高电平信号),使第 4 缸喷油器电磁线圈电路接通而喷射燃油。与此同时,ECU 从第 14 个凸齿信号开始计数,当计数到第 43 个凸齿信号下降沿(相当于曲轴转角 3°×30 个凸齿+3°×30 个小齿缺=180°)时,向第 2 缸喷油器驱动三极管发出喷油脉冲,使第 2 缸喷油器开始喷油,从而将喷油提前角控制在排气上止点前 6°。

喷油器开始喷油后,ECU 使喷油脉冲保持高电平不变,并根据内部晶振周期控制喷油时间。当喷油脉冲宽度达到 2ms 时,立即将喷油脉冲转变为低电平,使三极管截止,切断喷油器线圈电流而停止喷油。因为发动机 1000r/min 时,喷油持续时间 2ms 相当于曲轴转角 12°

$(\dfrac{1000×360°×2ms}{60000ms}=12°)$,所以喷油结束时间对应于第 15 个凸齿信号下降沿。

第 2 节　汽车发动机电控系统故障诊断与维修

3.2.1　什么是故障自诊断? 汽车故障自诊断系统由哪几部分组成? 具有哪些功能?

故障自诊断就是电子控制系统监测自身的运行情况,诊断有无故障,并采取相应的控制措施。

汽车故障自诊断系统主要由传感器监测电路、执行器监测电路、软件程序、故障信息存储器、故障诊断通信接口 TDCL(Trouble Diagnostic Communication Link)以及各种故障指示灯等组成。传感器与执行器监测电路一般都与各种电控单元设置在同一块印刷电路板上,软件程序存储在各种电控单元内部的专用存储器中。如图 3-36 所示为典型的发动机冷却液温度传感器自诊断电路示意图。现代汽车每一个电子控制系统都配置有相应的故障自诊断子系统,通常称为第二代车载故障诊断系统 OBD - Ⅱ(On Board Diagnosis System - Ⅱ),简称自诊断系统。

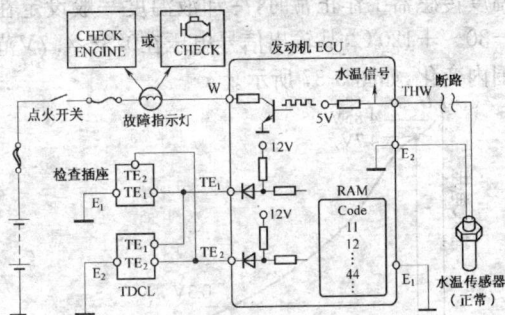

图 3-36　冷却液温度传感器自诊断电路示意图

故障诊断通信接口(TDCL)通常称为故障诊断插座,简称诊断插座,装备电子控制系统的汽车上都设有诊断插座,一般安装在熔断器盒上、仪表盘下方或发动机舱内。为了便于检修人员在发动机舱盖开启状态下测试发动机电子控制系统有无故障,一般在发动机舱内还设有一个故障检查插座,其功用与故障诊断插座相同。如果没有检查插座,检修人员就必须进入驾驶室利用故障诊断插座 TDCL 进行诊断测试。

自诊断系统的功能包括三个方面:一是监测控制系统工作情况,一旦发现某只传感器或执行器参数异常,就立即发出报警信号;二是将故障内容编成代码(称为故障代码)存储在随机存储器 RAM 中,以便维修时调用或供设计参考;三是启用相应的后备功能(又称为"回家"功能),使控制系统处于应急状态运行。

3.2.2　什么是电子控制系统的后备功能?汽车发动机电子控制系统的后备功能有哪些?

后备功能又称为失效保护功能。当自诊断系统发现某只传感器、控制开关或执行器发生故障时,其电控单元(ECU)将以预先设定的参数取代故障传感器、控制开关或执行器工作,使控制系统继续维持控制功能,汽车将进入故障应急状态运行并维持基本的行驶能力,以便将汽车行驶到修理厂修理。电子控制系统的这种功能称为后备功能或失效保护功能。

汽车发动机电子控制系统具有以下几个方面的后备功能:

①冷却液温度传感器电路断路或短路时,ECU 按固定温度值控制喷油器喷油。当冷却液温度传感器工作正常时,冷却液温度一般设定在 $-30 \sim +120$℃,其输出信号电压在 $0.3 \sim 4.7$V 范围内变化,如图 3-37 所示。

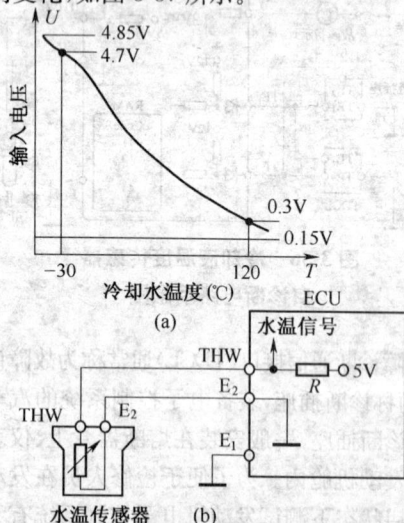

图 3-37　冷却液温度传感器 CTS 自诊断电路

(a)CTS 输出特性　(b)CTS 工作电路

当冷却液温度传感器电路发生短路或断路故障时,其输出的信号电压就会低于 0.3V 或高于 4.7V,ECU 接收到低于 0.3V 或高于 4.7V 的冷却液温度信号时,自诊断系统就会判定冷却液温度传感器及其电路有短路或断路故障,并立即启用后备功能,按固定温度值控制喷油器喷油。如桑塔纳 2000GSi、捷达 GT、GTX 型轿车的冷却液温度传感器或其电路发生断路故障时,ECU 一方面控制接通故障指示灯电路使指示灯发亮报警,另一方面将按冷却液温度为 80℃ 的工作状态控制喷油器喷油,并将故障内容编成代码存储在随机存储器 RAM 中,以便检测维修时调用。当冷却液温度传感器或其电路发生短路故障时,ECU 一方面控制接通故障指示灯电路使指示灯发亮报警,另一方面将按冷却液温度为 19.5℃ 的工作状态控制喷油器喷油,并将故障内容编成代码存储在随机存储器 RAM 中,以便检测维修时调用。

②当进气温度传感器或其电路断路或短路时,ECU 将按进气温度为 20℃ 的工作状态控制喷油器喷油。

③当空气流量传感器或支管压力传感器电路断路或短路时,ECU 将按节气门位置传感器信号以三种固定的喷油量控制喷油器喷油。当节气门位置传感器(桑塔纳 2000GSi、捷达 GT、GTX 型轿车为节气门控制组件)的怠速触点闭合时,以固定的怠速喷油量控制喷油;当怠速触点断开、节气门尚未全开时,以固定的小负荷喷油量控制喷油;当节气门全开或接近全开时,以固定的大负荷喷油量控制喷油。对于多点燃油顺序喷射系统,喷油频率则由发动机每转两周顺序喷油一次改为每转一周同时喷油一次。

④当节气门位置传感器电路断路或短路时,ECU 将根据发动机转速信号和空气流量传感器信号计算出一个替代值来控制喷油器喷油。

⑤当大气压力传感器电路断路或短路时,ECU 将按 101kPa(1 个标准大气压力)控制喷油器喷油。

⑥当氧传感器电路断路、短路、输出信号电压保持不变或每 10s 变化低于 8 次时,ECU 将取消空燃比反馈控制,并以开环控制方式控制喷油器喷油。

⑦当曲轴位置和凸轮轴位置传感器中的一

种传感器电路断路或短路时,ECU 则根据另一种传感器信号控制喷油和点火,点火提前角根据工况不同按预先设定的固定值(起动和急速工况一般为上止点前 10°左右,其他工况一般为上止点前 20°左右)进行控制,喷油量根据节气门位置传感器信号按预先设定的固定值控制喷油。对于多点燃油顺序喷射系统,喷油频率则由发动机每转两周顺序喷油一次改为每转一周同时喷油一次。

⑧当执行器(如喷油器、点火控制器、急速控制阀等)出现故障时,有的故障能被 ECU 检测出来,有的则不能检测,具体情况依车型的控制软件和硬件设计而异。例如,当桑塔纳 2000GSi、捷达 GT、GTX 型轿车节气门控制组件内的急速节气门电位计信号中断时,控制组件将利用应急弹簧将节气门拉开到规定开度,使急速转速升高而进入应急状态运行。

3.2.3　何谓故障自诊断测试? 自诊断测试有哪些方式和内容?

故障自诊断测试是指利用专用故障检测仪与车载电控单元(ECU)进行通信,或按特定的操作方式触发车载电控单元(ECU)的控制程序运行,以便读取故障代码、清除故障代码、读取车载电控单元(ECU)内部的控制参数、检测各种传感器和执行器的工作状态及其控制电路是否正常等。根据发动机工作状态不同,自诊断测试方式分为静态测试(KOEO)和动态测试(KOER)两种。

静态测试简称为 KOEO(Key ON Engine OFF)方式,即在点火开关接通(ON)、发动机不运转(OFF)的情况下进行诊断测试,主要用于读取或清除故障代码。

动态测试简称为 KOER(Key ON Engine Run)方式,即在点火开关接通(ON)、发动机运转(Run)的情况下进行诊断测试,主要用于读取或清除故障代码、检测传感器或执行器工作情况及其控制电路是否良好以及与车载电控单元(ECU)进行数据通信等。

故障自诊断测试的内容主要包括读取与清除故障代码、数据流分析、监控执行器和编程匹配等。

(1)读取故障代码

读取与清除故障代码的方法有两种:一种是利用故障检测仪读取,另一种是利用特定的操作方法和操作顺序进行读取。汽车检测仪对故障代码有比较详细的说明,比如是历史性故障代码还是当前的故障代码,故障代码出现几次。历史性故障代码表示故障曾经出现过(如线路接触不良),现在已不出现,但在电控单元(ECU)中已经存储记忆。当前故障代码表示最近出现的故障,并且通过出现的次数来确定此故障代码是否经常出现。

读取故障代码是对各种汽车电子控制系统进行自诊断测试的主要内容。汽车在使用过程中,只要蓄电池正极柱和负极柱上的电缆端子未曾拆下,ECU 中存储的故障代码就能长期保存。将故障代码从 ECU 中读出,即可知道故障部位或故障原因,为诊断、排除故障提供依据。

清除故障代码必须在汽车运行一段时间、并确认故障已经排除之后才能进行清除代码的操作。确认故障是否排除时,非常关键的一步是根据使用手册或相关资料,查明出现故障代码的运行条件。如果运行条件不满足要求,故障就可能仍然存在。以发动机控制系统的空气流量传感器信号频率低(故障代码为 DTC P0102)为例,产生该故障的设定条件是空气流量传感器信号频率低于 1200Hz 并超过 0.5s,出现故障代码 DTC P0102 的运行条件是:

①起动发动机运行。

②点火电压高于 8.0V。

③节气门开度低于 50%。

如果上述运行条件不满足,即使空气流量传感器存在故障,发动机电控单元也不会发出指令使故障指示灯发亮指示,从而导致维修人员误认为故障已经排除。

(2)数据流分析

当发动机运转时,利用故障检测仪将车载 ECU 内部的控制参数和计算结果等数值以数据表和串行输出方式在检测仪屏幕上一一显示出来的过程,称为数据流分析,又称为"数据通信"、"数据传输"或"读取数据块"。

发动机控制系统数据流显示的数据主要包括氧传感器、发动机转速、喷油脉宽、空气流量、节气门开度、急速转速、蓄电池电压、点火提前角、冷却液温度、进气温度等信号参数。汽车电控系统传感器和执行器的工作参数具有一定的标准和范围，通过数据流分析，各种传感器输出信号电压的瞬时值、ECU 内部的计算与判断结果、各种执行器的控制信号都能一目了然的显示在检测仪屏幕上。根据发动机运转状态和传输数据的变化情况，即可判断控制系统工作是否正常，将特定工况下的传输数据与标准数据进行比较，就能准确判断故障类型和故障部位。

（3）利用汽车检测仪监控执行器

利用汽车检测仪对执行器（如喷油器、怠速电机、继电器、电磁阀、冷却风扇电动机等）进行人工控制，向其发出强制驱动或强制停止指令来监测其动作情况，进而判定执行器及其控制电路的工作状况是否良好。

在发动机怠速状态下对怠速电机进行动作测试时，可以控制其开度的大小，随着怠速电机控制节气门（或旁通空气道）开度大小的变化，发动机怠速转速亦应相应地升高或降低，通过测试就可判定怠速电机及其控制线路是否正常。同理，可在发动机运转时对燃油泵继电器进行监控，当发出断开燃油泵继电器控制指令时，发动机应很快就停止运转。

在发动机运转状态下，如果发出控制某只喷油器停止喷油的指令后，用手触摸该喷油器仍有振动感或发动机转速不降低，说明其控制电路有故障；当控制模式设定为闭环控制模式时，系统将对空燃比 A/F 实施闭环控制，氧传感器信号将发挥作用，如果检测仪屏幕上表示发动机混合气浓度的红色指示灯（混合气浓）与绿色指示灯（混合气稀）交替闪亮，说明闭环控制系统正常，如果红色指示灯常亮不闪或绿色指示灯常亮不闪，说明氧传感器失效。

在发动机熄火状态下，可控制电动燃油泵运转，控制某只电磁阀或继电器（如冷却风扇继电器、空调压缩机继电器等）工作，控制某只喷油器喷油等等。当发出相应的控制指令后，如燃油泵不转（听不到运转声音）、电磁阀不工作（用手触摸时没有振动感）、冷却风扇或空调压缩机不转动，说明该执行器或其控制电路有故障。

不同汽车检测仪所能支持的执行器动作测试项目不尽相同，有的支持测试项目多，有的支持测试项目少，主要取决于检测仪和汽车电控单元的软件程序与匹配关系。

（4）编程匹配

编程匹配是指电控系统工作参数发生变化或换用新的控制部件之后，利用汽车检测仪与电控系统的电控单元进行数据通信，通过设定工作参数使系统或新换的部件与控制系统匹配工作，编程匹配又称为初始设定。

编程匹配必须具有详细的技术资料才能进行操作，主要用于怠速设定、电子节气门设定、更换各种电控单元后的编码设定、防盗功能设定、自动灯光设定、自动变速器维修后的设定等。随着汽车电控技术的发展和控制精度的提高，编程匹配工作越来越多，特别是大众系列汽车在更换新的控制部件之后，大都需要进行编程匹配。

3.2.4 汽车电子控制系统常用的故障自诊断测试工具有哪些？

汽车电子控制系统常用的故障自诊断测试工具有跨接线、调码器和故障检测仪三种类型。1994 年开始统一采用第二代车载故障诊断系统 OBD-Ⅱ之后，因为全球汽车厂商统一了故障诊断插座形式（即规定为标准的 16 端子诊断插座）和故障测试软件通用标准（即规定各种车型的故障测试软件在不同故障检测仪中可以通用），所以 1994 年后生产的汽车，一般都需要使用故障检测仪进行自诊断测试。

①跨接线。跨接线是一根普通的单芯导线或两端带有鳄鱼夹的导线，如图 3-38 所示。将跨接线与诊断插座上相应的接线端子连接之后，接通点火开关即可触发读取故障代码的软件程序运行，同时根据组合仪表盘上故障指示灯的闪烁情况就可读出故障代码。

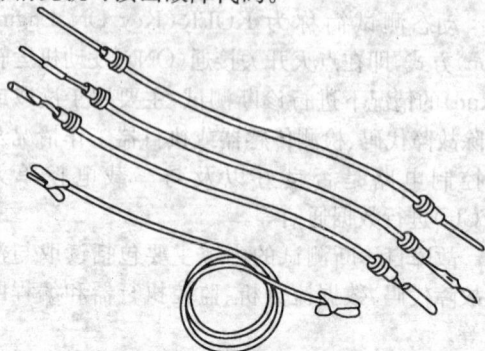

图 3-38 跨接线

②调码器。调码器是由发光二极管(LED)与一定阻值的电阻器 R 串联组成的显示器,如图 3-39 所示,串联电阻器 R 为限流电阻器,防止电流过大而烧坏 LED;两只 LED 并联的目的是:无论调码器输出端子 T_1、T_2 与诊断插座输出信号的正负极怎样连接,都有一只 LED 导通工作。将调码器与诊断插座上的相应端子连接,接通点火开关即可触发读取故障代码的软件程序运行,根据调码器上发光二极管的闪烁情况就可读出故障代码。

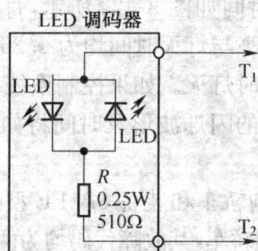

图 3-39　LED 调码器电路

③故障检测仪。汽车故障检测仪是一种利用配套的连接线束与汽车上的故障诊断插座 TDCL 相连,并与各种电子控制系统的电控单元(ECU)进行数据交流的专用仪器。汽车故障检测仪又称为故障诊断测试仪、故障阅读仪和解码器等,通常分为专用检测仪和综合检测仪两种。

a. 专用检测仪。专用检测仪是指由汽车制造厂家提供或指定的汽车故障检测仪,如奔驰汽车用 HHT、宝马汽车用 MONIC3,大众、奥迪汽车用 V·A·G1551、V·A·G1552、V·A·G5051、V·A·G5052(V·A·G5051、V·A·G5052 分别是 V·A·G1551、V·A·G1552 的换代升级产品,其功能更齐全,但体积有所增大),通用汽车用 TECH-2、克莱斯勒汽车用 DRB-2、DRB-3、福特汽车用 WDS 和 NGS,日产汽车用 CONSULT-I、CONSULT-II 等。一般来说,每个汽车制造厂家(公司)都针对自己生产的各种车系研制有专用的检测仪器,以便为自己生产的汽车提供良好的维修服务。

国产 V·A·G1551 型与 V·A·G1552 型汽车故障检测仪的功能和使用方法相同,唯一区别在于 V·A·G1552 没有打印功能。V·A·G1551 型故障检测仪的组成如图 3-40 所示,主要由显示屏、键盘、打印机、测试线束插孔、程序卡安装槽(位于仪器后上部)和交叉线束连接插孔(位于仪器背面)

组成。其中,16 端子测试线束适用于具有 16 端子诊断插座的汽车,如桑塔纳 GLi、2000GLi、2000GSi 型轿车;2 端子测试线束适用于具有 2 端子诊断插座的汽车,如奥迪轿车。不同年份生产的车型,配有不同的磁卡,将其插入相应的故障测试仪,即可对不同的车型进行诊断测试。

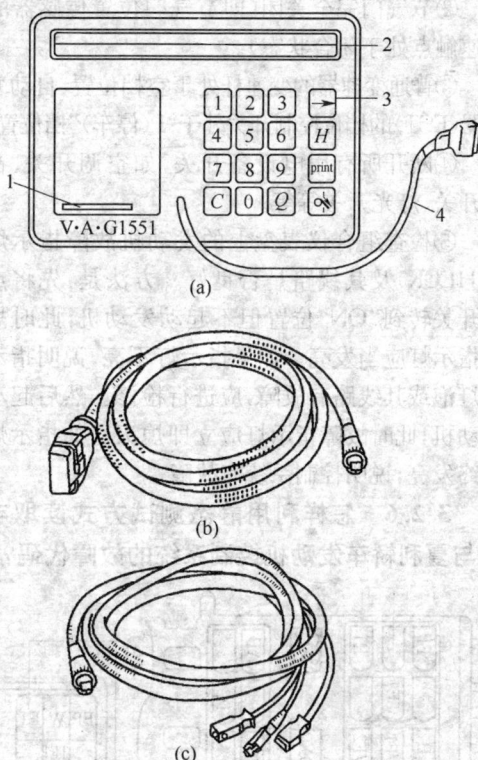

图 3-40　故障阅读器 V. A. G1551 与测试线束
(a)V·A·G1551 型故障阅读器　(b)16 端子测试线束 V·A·G1551/3　(c)2 端子测试线束 V·A·G1551/1
1. 打印纸输出口　2. 显示屏
3. 输入键盘　4. 测试线束

b. 综合检测仪。综合检测仪是指非汽车制造厂家(公司)提供或指定,由仪器设备厂商生产的汽车故障检测仪,如德国博世的汽车故障检测仪、美国的红盒子 MT2500,国内生产的 X-431、金奔腾彩圣、车博士、电眼睛和修车王等。所有品牌的检测仪器都具有读取与清除故障代码、数据流分析、执行器功能测试、编程匹配、示波器和万用表功能。同一种故障检测仪配备有多种车型的自诊断软件,购买检测仪时可根据需要选购。由于不同车型的自诊断软件不尽相同,因此,某一种自诊断测试软件仅适用于其指定车型的诊断测试,对其他厂家或公司的车型不适用。

3.2.5 丰田与夏利轿车发动机控制系统的自诊断测试条件是什么？

在读取丰田与夏利轿车发动机电子控制系统的故障代码之前,控制系统必须满足以下自诊断测试条件:

①蓄电池电压高于11V。

②节气门完全关闭(即节气门位置传感器的怠速触点处于闭合状态)。

③普通变速器的变速杆处于空档位置,自动变速器(ECT)的档位控制开关处于"P(停车)"档位置。

④断开所有用电设备开关,如空调开关、音响开关、灯光开关等等。

⑤检查组合仪表盘上的发动机故障指示灯(CHECK)及其线路是否良好。方法是:先将点火开关转到"ON"位置但不起动发动机,此时故障指示灯应当发亮。如果指示灯不亮,说明指示灯灯泡或其线路有故障,应进行检修。然后起动发动机,此时故障指示灯应立即熄灭。如指示灯始终发亮,说明控制系统有故障。

3.2.6 怎样利用静态测试方式读取丰田与夏利轿车发动机控制系统的故障代码？

在静态测试(KOEO)方式下读取丰田与夏利轿车发动机控制系统故障代码的方法和程序如下:

①用跨接线将诊断插座(TDCL)上端子"TE1"与"E1"跨接,如图3-41a所示。

②点火开关转到"ON"位置,但不起动发动机。

③根据组合仪表盘上的发动机故障指示灯(CHECK)闪烁规律读取故障代码,故障内容见表3-1所示。如果控制系统功能正常,则指示灯闪烁波形及时间如图3-42a所示,每0.52s闪烁一次,每次灯亮与灯灭时间均为0.26s,高电平时灯亮,低电平时灯灭。如果控制系统存储有故障代码,指示灯的闪烁波形及时间将如图3-42b所示。

丰田系列轿车和装备8A-FE型燃油喷射式发动机的夏利轿车,其故障代码均为两位数字。故障指示灯先显示十位数字,后显示个位数字。同一数字灯亮与灯灭时间均为0.52s,十位数字与个位数字之间间隔1.5s。如有多个故障代码,则在故障代码与故障代码之间间隔为2.5s,并按故障代码的大小由小到大顺序显示。故障代码全部输出后,间

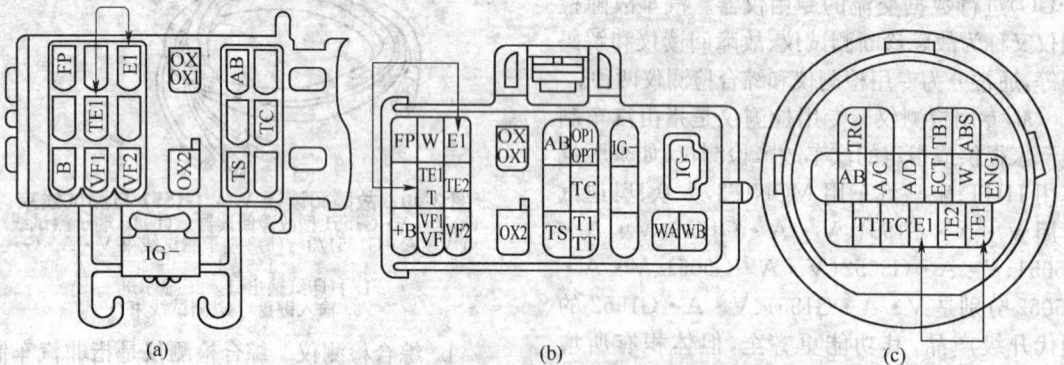

图3-41 丰田与夏利轿车诊断插座形式与诊断触发端子排列位置

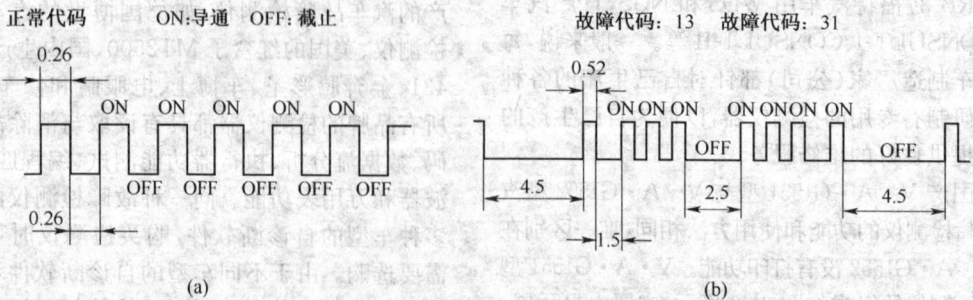

图3-42 故障代码显示时间(s)
(a)正常代码显示时间 (b)故障代码"13"、"31"显示时间

隔 4.5s 再重复显示。只要诊断插座上端子"TE1"与"E1"保持跨接,就会继续重复显示。

④故障代码读取完毕,断开点火开关,拆下跨接线,盖好诊断插座护盖。

表 3-1　丰田 TOYOTA 与夏利 2000 型轿车故障代码的含义及故障原因

代码	故障内容	故障原因及部位
11	ECU 电源瞬间中断	主继电器及其线路接触不良
12	1. 起动机接通 2s 以上时间,ECU 未接收到曲轴转速信号 2. 发动机在 600~4000r/min 范围内,ECU 在 3s 以上未接收到凸轮轴位置传感器信号	1. 曲轴位置传感器(CPS)及其线路故障 2. 凸轮轴位置传感器(CIS)及其线路故障 3. 起动信号(STA)线路断路或短路 4. ECU 故障
13	1. 发动机转速 1500r/min 以上,ECU 在 0.3s 以上时间内未接收到转速信号 2. 发动机 500~4000r/min 范围内,ECU 未接收到凸轮轴位置传感器信号	1. 曲轴位置传感器(CPS)及其线路故障 2. 凸轮轴位置传感器(CIS)及其线路故障 3. ECU 故障
14	ECU 连续发出 4~5 次点火信号后,仍未接收到点火监控信号(IGf 信号)	1. 分电器至 ECU 之间的监控信号线路断路或短路 2. 点火控制器故障 3. ECU 故障
15	ECU 连续发出 4~5 次点火信号后,仍未接收到第二组点火线圈的点火监控信号(IGf 信号)	1. No.2 点火线圈至 ECU 之间的监控信号线路断路或搭铁 2. 点火控制器故障 3. ECU 故障
16	电子控制自动变速 ECT 系统信号不正常	1. 主 ECU 与电子控制变速 ECU 之间线路故障 2. 电子控制变速 ECU 故障
17	No.1(左)凸轮轴位置传感器信号不良	1. No.1(左)凸轮轴位置传感器线路断路或搭铁 2. No.1(左)凸轮轴位置传感器故障
18	No.2(右)凸轮轴位置传感器信号不良	1. No.2(右)凸轮轴位置传感器线路断路或搭铁 2. No.2(右)凸轮轴位置传感器故障
21	左侧主氧传感器信号不正常(传感器输出电压在 0.35V 以下或 0.7V 以上超过 60s 无变化)	1. 左侧主氧传感器损坏或线路断路或搭铁 2. 氧传感器加热元件损坏或线路断路或搭铁
22	冷却液温度传感器 CTS 线路断路或短路 0.5s 以上时间(ECU 在 0.5s 以上时间内未接收到 THW 信号)	1. 冷却液温度传感器(CTS)线路短路或断路 2. 冷却液温度传感器(CTS)失效 3. ECU 故障
24	进气温度传感器 IATS 线路断路或短路 0.5s 以上时间(ECU 在 0.5s 以上时间内未接收到进气温度信号)	1. 进气温度传感器(IATS)线路短路或开路 2. 进气温度传感器(IATS)失效 3. ECU 故障
25	混合气过稀、空燃比过大(ECU 接收到氧传感器信号电压低于 0.45V、时间超过 90s)	1. 氧传感器失效,线路断路 2. 冷却液温度传感器失效 3. 喷油器线圈断路或阀针卡住 4. 空气流量传感器工作不良 5. ECU 故障
26	混合气过浓、空燃比过小(氧传感器信号电压高于 0.45V、时间超过 10s;发动机怠速运转冷却液温度在 80℃以上)	1. 喷油压力过高 2. 喷油器密封不良,漏油 3. 正时带跳齿,配气正时错乱 4. 进气支管漏气 5. ECU 故障

续表 3-1

代　码	故 障 内 容	故障原因及部位
27	左侧副氧传感器信号不正常	左侧副氧传感器损坏或线路断路或搭铁
28	右侧主氧传感器信号不正常(传感器输出电压在 0.35V 以下或 0.7V 以上超过 1min 无变化)	1. 右侧主氧传感器损坏或线路断路或搭铁 2. 氧传感器加热元件损坏或线路断路或搭铁
29	右侧副氧传感器信号不正常	右侧副氧传感器损坏或线路断路或搭铁
31	支管压力传感器(MAP)线路断路或短路 0.5s 以上时间(怠速运转时 ECU 在 0.5s 以上时间未接收到 PIM 信号)	1. 支管压力传感器信号电压失常(标准值 5V±0.5V) 2. 支管压力传感器线路开路或短路 3. ECU 故障
32	空气流量传感器(AFS)信号不良(怠速运转时 ECU 在 0.5s 以上时间未接收到 AFS 信号)	1. 空气流量传感器故障 2. 空气流量传感器线路开路或短路 3. ECU 故障
33	怠速控制阀信号不良	1. 怠速控制阀线路断路或短路 2. 怠速控制阀故障
34	压力传感器信号不良(TURBO 车型)	压力传感器损坏或线路断路或搭铁
35	大气压力传感器信号不正常	大气压力传感器损坏或线路断路或搭铁
41	节气门位置传感器(TPS)线路断路或短路 0.5s 以上时间(ECU 在 0.5s 以上时间内没有接收到 VTA 信号或怠速时信号电压低于 0.4V 高于 3.5V)	1. 节气门位置传感器(TPS)线路断路或搭铁 2. 节气门位置传感器(TPS)故障 3. ECU 故障
42	发动机在 2500～5000r/min(普通变速器)或 2800 r/min(ECT)以上、冷却液温度高于 80℃、支管压力高于 60kPa 时,ECU 在 8s 以上时间内未接收到车速传感器(VSS)信号(SPD 信号)	1. 车速传感器(VSS)线路断路或搭铁 2. 车速传感器(VSS)故障 3. P/N 开关故障 4. ECU 故障
43	起动信号不良	1. 起动(STA)信号线路断路或搭铁 2. ECU 故障
47	辅助节气门位置传感器(TPS)线路开路或短路 0.5s 以上时间(凌志 LS400 型)	1. 辅助节气门位置传感器(TPS)线路断路或搭铁 2. 辅助节气门位置传感器(TPS)故障 3. ECU 故障
51	自诊断测试时,自动变速器的档位控制开关处于空档 N、倒档 R、行驶档 D、2、1(应拨到停车档 P)位置或空调开关接通	1. 操作不当 2. 自动变速器的档位控制开关故障 3. 空调开关故障
52	No.1 爆燃传感器信号不正常(发动机在 1600～5200r/min 范围内,爆燃传感器信号有 6 个循环未输入 ECU)	1. No.1 爆燃传感器(DS)线路断路或搭铁 2. No.1 爆燃传感器(DS)故障 3. ECU 故障
53	发动机在 650～5200r/min 范围内,ECU 检测到爆燃信号无法处理	ECU 内部爆燃控制电路失效
54	涡轮增压器水温信号不良	1. 冷却液温度传感器(CTS)线路短路或开路 2. 冷却液温度传感器(CTS)失效 3. ECU 故障
55	No.2 爆燃传感器信号不正常(发动机在 1600～5200r/min 范围内,爆燃传感器信号有 6 个循环未输入 ECU)	1. No.2 爆燃传感器(DS)线路断路或搭铁 2. No.2 爆燃传感器(DS)故障 3. ECU 故障

续表 3-1

代　码	故　障　内　容	故障原因及部位
71	废气再循环 EGR 系统工作不良	1. EGR 真空电磁阀故障或线路断路或搭铁 2. EGR 系统排气温度传感器故障 3. ECU 故障
72	燃油切断电磁阀工作不良	1. 燃油切断电磁阀故障或线路断路或搭铁 2. ECU 故障
78	1. 发动机转速低于 1000r/min 时，电动燃油泵线路断路或短路 1s 以上 2. 发动机转速低于 1000r/min 时，燃油泵与 ECU 之间的线路断路或短路 3. 发动机转速低于 1000r/min 时，燃油泵 ECU 的监测线路断路或短路	1. 燃油泵 ECU 线路断路或搭铁 2. 燃油泵 ECU 故障 3. 燃油泵线路故障 4. 发动机 ECU 故障
99	控制系统正常	

注：虽然表中列出了"ECU 故障"，但是其可能性很小，汽车行驶 10 万公里 ECU 故障约占总故障的千分之一。

3.2.7　怎样利用动态测试方式读取丰田与夏利轿车发动机控制系统的故障代码？

动态测试（KOER）方式读出的故障代码与静态测试（KOEO）方式相比，检测能力和灵敏度较高。不仅可以读取在静态测试方式显示的故障代码，而且还能检测起动信号、节气门怠速触点信号、空调信号和空档开关信号等。动态测试（KOER）是在汽车发动机运行状态下进行诊断测试。动态测试丰田、夏利轿车发动机控制系统故障代码的方法与程序如下：

①将点火开关转到"OFF（断开）"位置。

②用跨接线将诊断插座（TDCL）上的端子"TE2"与"E1"跨接，如图 3-43a 所示。

③将点火开关转到"ON（接通）"位置，但不起动发动机，此时组合仪表盘上的故障指示灯（CHECK）将快速闪烁（大约每秒钟闪烁 4 次），如图 3-44 所示，发亮与熄灭时间均为 0.131s。

④起动发动机，模拟驾驶人所述故障状态行驶，此时端子"TE2"与"E1"保持跨接，且车速不低于 10km/h。

⑤路试完毕，再用一根跨接线将诊断插座上的端子"TE1"与"E1"跨接，即将"TE2"、"TE1"和"E1"三个端子同时跨接，如图 3-43b 所示。

⑥根据仪表盘上的指示灯（CHECK）闪烁规律读取故障代码。

⑦故障代码读取完毕，将点火开关转到"OFF"位置，并拆下跨接线，盖好诊断插座护盖。

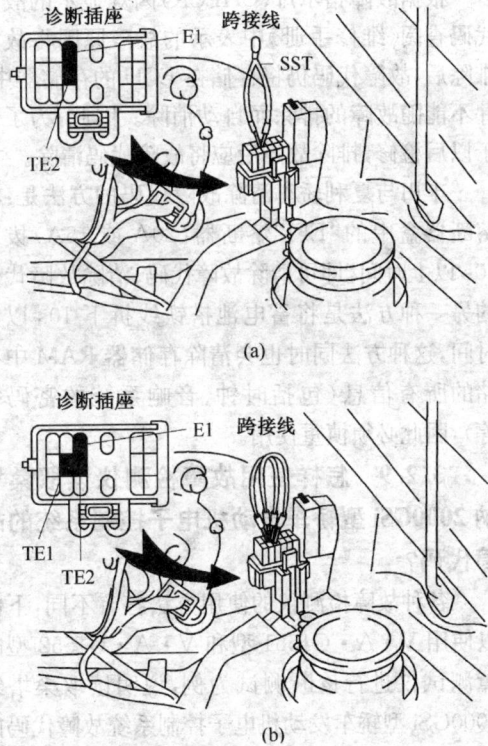

图 3-43　诊断插座在动态测试时的跨接情况
(a) 跨接端子 TE2 与 E1
(b) 跨接端子 TE2、TE1 和 E1

在进行动态测试过程中，当跨接端子"TE2"、"E1"时，如果点火开关处于"ON"位置，那么控制系统将不能进入动态测试状态，即不能读取故障代码。如果指示灯（CHECK）显示 17、18、42、43、51 等代码，分别表示№.1（左）和№.2（右）凸轮轴位置传感器信号、车速信号、起动信号、开关信号正常。

ON:导通 OFF:截止

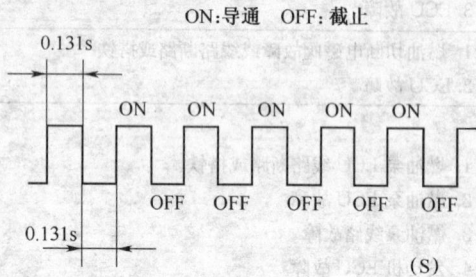

图 3-44 动态测试时指示灯（CHECK）闪烁时间

3.2.8 怎样清除丰田与夏利轿车发动机控制系统的故障代码？

根据故障指示灯（CHECK）闪烁显示的故障代码查阅《维修手册》中表示的故障原因将故障排除后，故障代码仍将存储在 ECU 的存储器中，并不能随故障的排除而自动消除。因此，为了便于以后检修，排除故障后应将故障代码清除。

丰田与夏利轿车清除故障代码的方法是：将熔断器盒中的"EFI"熔断器（20A 或 15A）拔下10s 以上时间，即可清除故障代码；清除故障代码的另一种方法是将蓄电池搭铁线拆下 10s 以上时间，这种方法同时也会清除存储器 RAM 中存储的所有信息（包括时钟、音响系统的密码等等），因此必须慎重使用。

3.2.9 怎样使用故障检测仪读取桑塔纳 2000GSi 型轿车发动机电子控制系统的故障代码？

各种故障检测仪的使用方法各有不同，下面以使用 V·A·G1551 型和 V·A·G1552 型故障测试仪进行诊断测试为例，说明读取桑塔纳2000GSi 型轿车发动机电子控制系统故障代码的方法与过程。

汽车故障检测仪 V·A·G1551 或 V·A·G1552 可供选择的功能有 10 项，见表 3-2 所示。

使用故障诊断仪进行诊断测试时，蓄电池电压必须高于 11.5 V；燃油喷射熔断丝正常；发动机和变速器上的搭铁线连接必须可靠。读取故障代码的操作程序如下：

表 3-2 测试仪 V·A·G1551 或 V·A·G1552 可供选择的功能

代码	功能	前提条件	
		发动机停转，点火开关接通	发动机怠速运转
01	显示控制系统版本号	—	—
02	读取故障代码	是	是
03	执行机构测试	是	否
04	进入基本设定	是	是
05	清除故障代码	是	是
06	结束输出	是	是
07	控制模块编号	—	—
08	读取测量数据块	是	是
09	读取单个测量数据	×	×
10	自适应测试	×	×

注：（1）发动机停转，点火开关接通进行基本设定时，必须在更换电控单元 J220、节气门控制组件 J338、发动机或拆下蓄电池电缆后，才能选择代码"04"进行基本设定。

（2）发动机怠速运转进行基本设定时，冷却液温度高于 80℃ 才能进行，如果冷却液温度低于80℃，基本设定功能将被锁止。

（3）自适应测试目前仅用于厂内检查。

①起动发动机进行至少 220s 试车。试车中应当满足的条件有：必须在发动机冷却液温度高于 70℃ 的情况下至少运转 174s 后再至少高速运行 6s；发动机运转 210s 后至少再怠速运转 10s；转速至少有一次超过 2200r/min。对于发动机不能起动的车辆，首先应当排除机械故障，然后反复接通起动开关，使发动机转动数次。

②连接故障测试仪。桑塔纳 2000GSi 型轿车电控汽油喷射系统设有一个 16 端子故障诊断插座（故障阅读仪接口）是一个标准的 OBD-Ⅱ插座（第二代随车故障诊断插座），安装在变速杆下端皮质护套下面，如图 3-45 所示。诊断电控系统故障时，断开点火开关，用测试线束 V·A·G1551/3 将故障阅读仪 V·A·G1551 或汽车系统测试仪 V·A·G1552 与诊断插座连接，即可进行诊断测试。

③接通电源进入诊断测试程序。首先接通

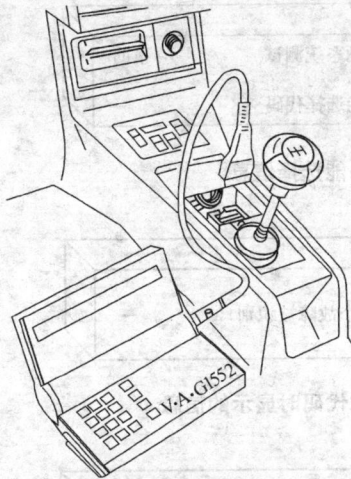

图 3-45　桑塔纳 2000GSi 型轿车故障诊断插座安装位置

点火开关或起动发动机怠速运行(如故障导致发动机不能起动,则接通点火开关即可),然后接通故障诊断仪电源开关。此时故障诊断仪进入"车辆系统测试"模式,显示如图 3-46 所示。

④输入"发动机控制系统"的地址指令"01",并单击"Q"键确认,地址指令代表的系统名称就会出现在屏幕上(单击"C"键可以改变输入指令)。电控单元确认后将显示如图 3-47 所示的电控单元信息(注意:只有在点火开关接通或发

动机运转时,才能显示控制器的编号和代码)。需要特别指出的是:由于汽车使用的电控单元以及诊断仪使用的程序卡型号不同,各项功能所显示和打印的内容可能有所不同。

⑤单击"→"键,直到诊断仪屏幕上显示输入"功能选择代码",如图 3-48 所示。

⑥输入读取故障代码的功能选择代码"02",并单击"Q"键确认,屏幕上将首先显示存储故障的数量或显示"没有故障被识别",显示如图 3-49 所示。如果没有故障代码,显示屏显示如图 3-50 所示。

⑦单击"→"键继续运行,每个故障的文字说明将单独显示在屏幕上,如图 3-51 所示。

单击 V·A·G1551 型测试仪"Print"键接通打印机。("Print"键上的指示灯将发亮),存储的一个或多个故障代码及其文字说明将按存储故障的顺序打印出来,桑塔纳 2000GSi 型轿车的故障代码见表 3-3 所示。为了使打印输出的故障代码与维修手册印制的故障代码表——对应,故障代码均按 5 位数字排列。在显示屏上,下面一行显示的是故障类型。如果故障类型后面显示有"/SP"字样,表明该故障为偶然性故障。故障代码及其类型显示完毕,显示屏将显示输入"功能选择代码"。此时输入"功能选择代码",可继续进行其他诊断测试。

图 3-46　进入车辆系统测试模式时显示的信息

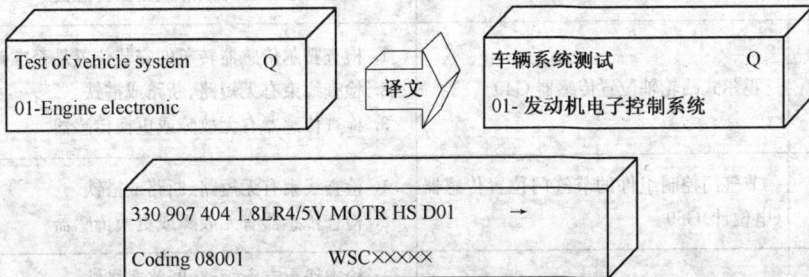

图 3-47　输入电控单元地址代码"01"后显示的信息

330 907 404. 电控单元零件编号(实际编号参见配件目录)　1.8L. 发动机排量(1.8 升)

R4/5V. 直列 4 缸 5 气门发动机　MOTR. 燃油喷射系统(MOTRONIC)名称　HS. 手动变速器

D01. 电控单元软件代码(程序编号)　Coding 08001. 电控单元编号　WSC×. 服务站代码

Test of vehicle system	HELP		译文	车辆系统测试	帮助
Select function ××				功能选择代码 ××	

图 3-48　单击"→"键后显示的功能选择信息

×Faults recognised !	→	译文	×个故障被识别！	→

图 3-49　输入功能选择代码"02"且有故障代码时显示的信息

No faults recognised !	→	译文	没有故障被识别！	→

图 3-50　输入功能选择代码"02"但无故障代码时显示的信息

Engine speed sensor-G28		译文	发动机转速传感器 G28	
No Signal	/SP		无信号	偶然性故障

图 3-51　显示每个故障的文字说明信息

表 3-3　桑塔纳 2000GSi 型轿车发动机电控系统故障代码

V·A·G 打印码	故 障 部 位	排 除 方 法
00000	无故障	如果汽车有故障，说明故障没有被控制系统识别
00513	发动机转速传感器 G28	1. 检查曲轴位置传感器有无松动 2. 检查线束有无短路、断路或搭铁 3. 检查传感器有无故障或更换传感器
00515	霍尔式凸轮轴位置传感器 G40	1. 检查霍尔传感器转子的安装位置是否准确 2. 检查线束有无短路、断路或搭铁 3. 检查传感器有无故障或更换传感器
00518	节气门控制组件的节气门位置传感器（电位计）G69	1. 检查线束有无短路、断路或搭铁 2. 检查传感器有无故障或更换传感器
00524	1、2 缸用 1 号爆燃传感器 G61	1. 检查线束有无短路、断路或搭铁 2. 更换传感器
00527	进气温度传感器 G72	1. 检查线束有无短路、断路或搭铁 2. 检查传感器有无故障或更换传感器

续表 3-3

V・A・G 打印码	故障部位	排除方法
00522	冷却液温度传感器 G62	1. 检查线束有无短路、断路或搭铁 2. 检查传感器有无故障或更换传感器
00530	节气门怠速位置传感器 G88	1. 检查线束有无短路、断路或搭铁 2. 检查传感器有无故障或更换传感器
00540	3、4 缸用 2 号爆燃传感器 G66	1. 检查线束有无短路、断路或搭铁 2. 更换传感器
00553	空气流量传感器 G70	1. 检查线束有无短路、断路或搭铁 2. 检查传感器至发动机之间是否漏气 3. 检查传感器是否脏污
00668	30 号电源线电压高低	1. 检查蓄电池电压是否过低 2. 检查整体式交流发电机能否发电
01165	节气门控制组件 J338 基本设定错误	1. 检查控制组件与 ECU 是否匹配 2. 检查节气门或控制电机 V60 是否卡死 3. 重新进行基本设定
01247	活性炭罐电磁阀 N80	1. 检查电磁阀线圈电阻(20℃时标准值 40～80Ω) 2. 检查线束有无短路、断路或搭铁
01249	第 1 缸喷油器 N30	1. 检查线束有无短路、断路或搭铁 2. 检查喷油器线圈电阻(20℃时标准值 13～18Ω)
01250	第 2 缸喷油器 N31	1. 检查线束有无短路、断路或搭铁 2. 检查喷油器线圈电阻(20℃时标准值 13～18Ω)
01251	第 3 缸喷油器 N32	1. 检查线束有无短路、断路或搭铁 2. 检查喷油器线圈电阻(20℃时标准值 13～18Ω)
01252	第 4 缸喷油器 N33	1. 检查线束有无短路、断路或搭铁 2. 检查喷油器线圈电阻(20℃时标准值 13～18Ω)

3.2.10　怎样使用故障检测仪清除桑塔纳 2000GSi 型轿车发动机电子控制系统的故障代码?

在故障排除后应及时清除故障代码,否则再次读取故障代码时,前一次故障代码会一并调出,影响工作效率。如果电控单元电源切断(如控制器插头被拔下)或蓄电池极柱上的电缆端子被拆下,那么,存储器中存储的故障代码将被自动清除。利用故障诊断仪 V・A・G1551 或 V・A・G1552 清除桑塔纳 2000GSi 型轿车发动机

电子控制系统故障代码的操作程序如下:

①按上问中读取故障代码的操作程序①～⑤进入诊断测试"功能选择"。当诊断仪屏幕上显示输入"功能选择代码"时,如图 3-52 所示,输入"读取故障代码"的功能选择代码"02",并单击"Q"键确认。

②单击"→"键,直到显示出所有的故障代码,并在屏幕上显示输入"功能选择代码"时,输入"清除故障代码"的功能选择代码"05",并单击"Q"键确认,显示如图 3-53 所示。

Test of vehicle system　HELP

Select function　××

译文

车辆系统测试　　　　帮助

功能选择代码 ××

图 3-52　单击"→"键后显示的功能选择信息

图 3-53 输入功能选择代码"05"时显示的信息

③单击"→"键,直到故障代码被清除,并在屏幕上显示输入"功能选择代码"时,输入"结束输出"功能选择代码"06",并单击"Q"键确认。

④重新试车并再次读取故障代码,不得有故障代码显示。

3.2.11 当发动机电子控制系统发生故障时,怎样进行诊断与检修?

电控发动机汽车是以电子控制系统为控制核心而工作的。当电控汽车发生故障时,其诊断程序和方法与化油器式发动机汽车有所不同。发动机电子控制系统故障可按下述程序进行诊断与检修。

①向用户询问有关情况。如故障产生时间、产生条件(包括天气、气温、道路情况以及发动机工况等),故障现象或症状,故障发生频率,是否进行过检修以及检修过哪些部位等。

②进行直观检查。即检查电子控制系统的控制部件是否正常,电气线路连接器或接头有无松动、脱接,导线有无断路、搭铁、错接以及烧焦痕迹,管路有无折断、错接或凹瘪等。

③按基本检查程序进行基本检查。在诊断发动机电子控制系统故障时,为了尽快确定故障性质与部位,尽可能少走弯路,在对汽车进行直观检查后,可按如图 3-54 所示程序进行基本检查,包括怠速检查调整与点火正时的检查调整。

④进行自诊断测试读取故障代码。如有故障代码,则按故障代码表指示的故障原因和部位逐一排除故障;如无故障代码但故障症状依然存在,则通过故障征兆模拟试验来判断试验线路或部件工作是否正常,同时参照被修车型的"故障征兆表"进行诊断检查,以便缩小故障范围。

⑤检查排除机械故障或其他故障。如按上述程序进行诊断与检修依然不能排除故障,说明发动机可能有机械故障或其他故障,可按被修车型的"发动机机械故障与其他故障征兆表"进行诊断与排除。

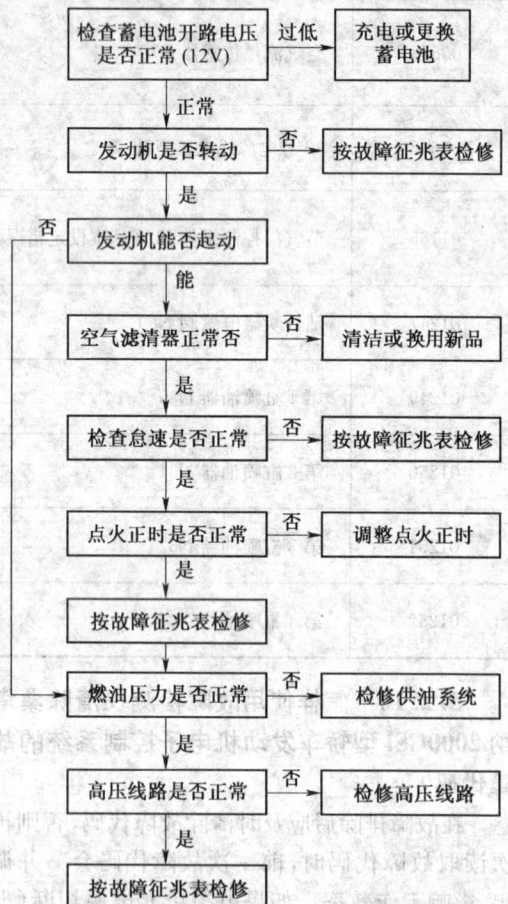

图 3-54 发动机电子控制系统故障基本检查程序框图

3.2.12 发动机电子控制系统的传感器与执行器对发动机的使用性能有何影响?

在诊断与排除发动机电子控制系统故障的过程中,熟悉传感器与执行器对发动机以及车辆运行状态的影响,对迅速诊断与排除故障极为重要。部分传感器与执行器对发动机使用性能的影响见表 3-4 所示。

表 3-4　汽车电子控制系统控制部件对发动机使用性能的影响

序号	部件名称	故障现象
1	电控单元 ECU	(1)发动机不能起动；(2)发动机工作失常
2	点火线圈	(1)发动机不能起动；(2)无高压火花跳火；(3)次级电压过低
3	燃油泵继电器	(1)发动机不能起动；(2)燃油泵不工作；(3)喷油器不喷油
4	继电器盒熔断丝	发动机不能起动
5	曲轴位置与凸轮轴位置传感器	(1)发动机不能起动；(2)发动机工作不稳定；(3)急速不稳；(4)中途熄火
6	空气流量与支管压力传感器	(1)发动机起动困难；(2)发动机工作失常；(3)急速不稳；(4)油耗增加
7	进气温度传感器	(1)发动机工作不良；(2)急速不稳；(3)急速熄火；(4)油耗与排放增加；(5)混合气过浓
8	节气门位置传感器	(1)发动机起动困难；(2)急速不稳；(3)发动机工作不良；(4)容易熄火
9	爆燃传感器	(1)发动机工作不稳；(2)加速时爆燃；(3)点火正时不准
10	氧传感器	(1)发动机工作不良；(2)急速不稳；(3)油耗与排放增加；(4)混合气过浓
11	冷却液温度传感器	(1)发动机起动困难；(2)发动机工作不良；(3)急速不稳；容易熄火
12	喷油器	(1)发动机不能起动或起动困难；(2)油耗增加；(3)急速不稳；(4)发动机工作不良
13	急速控制阀	(1)发动机起动困难；(2)急速不稳或急速过高；(3)容易熄火
14	曲轴箱通风阀(PVC 阀)	(1)发动机不能起动或起动困难；(2)急速不稳或急速过高；(3)加速困难；(4)油耗增加
15	活性炭罐电磁阀	(1)发动机工作不良；(2)发动机急速不稳
16	空调(A/C)开关	(1)发动机不能起动；(2)发动机急速不稳；(3)急速熄火
17	电动燃油泵	(1)发动机不能起动或起动困难；(2)发动机工作不良；(3)急速不稳或急速熄火；(4)发动机回火

3.2.13　常用的故障征兆模拟试验方法有哪些?

在诊断与排除发动机电子控制系统故障时，常用的故障征兆模拟试验方法有以下几种:

①振动试验法。当振动可能是导致产生故障的主要原因时，就可利用振动法进行检验。试验方法主要包括:在水平和垂直方向轻轻摆动连接器、线束、导线接头;用手轻轻拍打传感器、执行器、继电器和开关等控制部件。注意:继电器不能用力拍打，以免产生误动作。

②加热试验法。当汽车故障是在热机出现或是由某些传感器与零部件受热所致时，可用电加热吹风机等加热工具对可能引起故障的零部件或传感器进行适当加热，以检查其是否有此故障。注意:加热温度不得超过 60℃，且不能对电控单元(ECU)进行加热。

③水淋试验法。当故障在雨天或湿度较大的条件下产生时，可通过喷淋试验检查诊断故障。试验时，将水喷洒在散热器前面和汽车顶部，间接改变温度和湿度检查其是否发生故障。注意:不能将水直接喷洒在电气与电子控制系统零部件上，以免造成短路或其他故障。

在诊断排除燃油喷射式发动机汽车故障过程中，如果经过故障自诊断测试并按故障代码指示的结果依然不能排除故障，则可根据被修车型《维修手册》提供的 D 型或 L 型燃油喷射系统(EFI)"故障征兆表"并按所列编号由小到大的顺序进行检查与排除故障。如仍不能排除故障，可继续按"发动机机械故障与其他故障征兆表"中所列编号由小到大的顺序进行检查与排除故障。

3.2.14 怎样检修丰田凌志 LS400 型轿车 1UZ-FE 型发动机和皇冠 3.0 轿车 7M-GE 型发动机用涡流式空气流量传感器？

各型涡流式流量传感器的检修方法基本相同。丰田凌志 LS400 型轿车 1UZ-FE 型发动机和皇冠 3.0 轿车 7M-GE 型发动机配装的光电检测涡流式空气流量传感器电路如图 3-55 所示，检修方法如下：

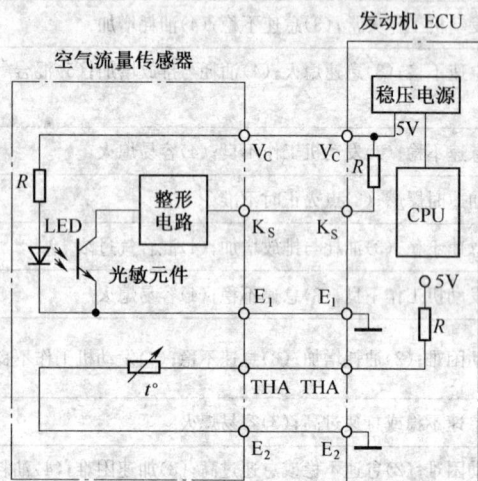

图 3-55 丰田轿车涡流式 AFS 原理电路

①静态检测。拔下空气流量传感器线束插头，用万用表电阻挡测量传感器插座上端子"THA"与"E_2"之间进气温度传感器的电阻值，如图 3-56 所示，检测结果应当符合表 3-5 规定。如电阻值不符，则须更换传感器。

②动态检测。将传感器线束插头与插座插好，用万用表直流电压挡测量传感器连接器端子"THA"与"E_2"、"VC"与"E_1"和"KS"与"E_1"之间的电压应当符合表 3-5 规定。如检测结果与标准电压值不符，则应检查传感器与 ECU 之间的线束是否断路；如线束良好，则拔下传感器插头并接通点火开关，检测电源端子"VC"与"E_1"和信号输入端子"KS"与"E_1"之间的电压，如均为 4.5～5.5 V，说明 ECU 工作正常，应当更换流量传感器；如电压不为 4.5～5.5 V，说明 ECU 故障，应检修或更换 ECU。

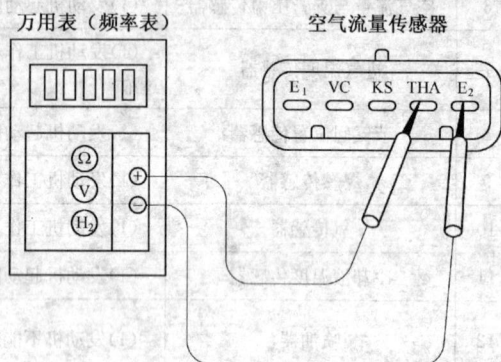

图 3-56 丰田轿车涡流式 AFS 的检测

3.2.15 桑塔纳与捷达轿车用热膜式空气流量传感器怎样检修？

各型汽车用热膜式空气流量传感器的检修方法基本相同。桑塔纳与捷达轿车用热膜式空气流量传感器的检修方法如下：

①检测传感器电源电压。检测电源电压时，拔下传感器线束插头，接通点火开关，用万用表直流电压挡检测传感器插头上电源端子与搭铁端子之间的电压。

表 3-5 丰田凌志 LS400 型和皇冠 3.0 型轿车用涡流式 AFS 检修参数

检测对象	端子名称	检测条件	标准参数	备注
进气温度传感器	THA-E_2	−20℃	10000～20000Ω	测量电阻值
		0℃	4000～7000Ω	
		+20℃	2000～3000Ω	
		+40℃	900～1300Ω	
		+60℃	400～700Ω	
进气温度传感器	THA-E_2	急速 进气温度20℃	0.5～3.4V	检测信号电压
空气流量传感器	V_C-E_1	点火开关接通	4.5～5.5V	检测电源电压
	KS-E_1	点火开关接通	4.5～5.5V	检测信号电压
		急速	2.0～4.0V(脉冲形式)	信号电压跳跃变化

检测捷达轿车空气流量传感器的电源电压时,拔下传感器上的 5 端子线束插头(编者注:代号为"1"的端子为备用端子,没有连接导线),如图 3-57 所示,然后接通点火开关,检测线束插头上端子"2"与发动机缸体之间的电压:规定值应不低于 11.5V。如电压为 0,说明燃油泵继电器触点未闭合或电源线路断路,需要检修燃油泵继电器或电源线路。

②检测传感器的信号电压。检查信号电压时,拔下传感器线束插头,将蓄电池正负极分别与传感器插座上的电源端子和搭铁端子连接,用万用表直流电压挡测量信号输出端的电压;当向传感器空气入口吹气时,信号电压应随之升高。

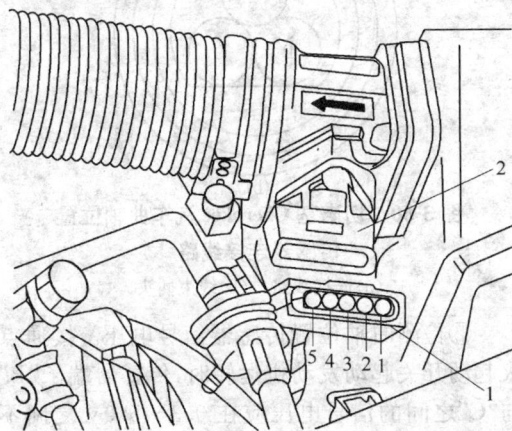

图 3-57　桑塔纳、捷达轿车 AFS 的检测
1. 线束插头　2. 传感器插座

3.2.16　尼桑千里马轿车用热丝式空气流量传感器怎样检修?

各型汽车用热丝式空气流量传感器的检修方法基本相同。尼桑千里马(MAXIMA)轿车 VG30E 型发动机用热丝式空气流量传感器的检修方法如图 3-58 所示。

①检测传感器的信号电压。检查信号电压时,将蓄电池正极与插座上电源端子 E 连接,蓄电池负极与插座上搭铁端子 D 连接,此时用万用表测量信号输出端子 B 与端子 D 之间的信号电压应为 1.6V±0.5V;用嘴或 450W 电吹风机(冷风挡)向传感器空气入口吹气时,端子 B 与 D 之间的信号电压应升高到 2.0～4.0V。如信号电压不变,说明传感器失效,应换用新品。

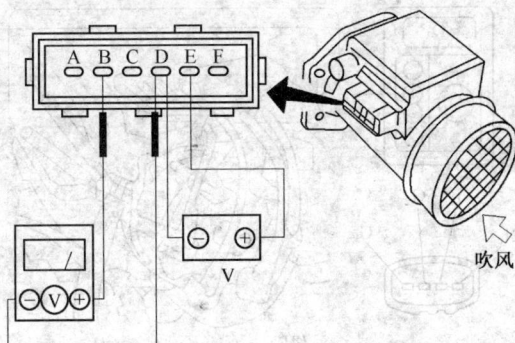

图 3-58　尼桑轿车 AFS 的检测

②就车检查热丝式流量传感器的自洁功能。先将空气流量传感器的线束插头与插座插好,然后起动发动机并将转速升高到 2500r/min 以上,再使发动机怠速运转。拆下空气流量传感器空气入口一端的进气管,断开点火开关,与此同时从传感器空气入口处观察热丝能否在发动机熄火 5s 后红热并持续 1s 时间。

3.2.17　丰田计算机控制系统(TCCS)采用的磁感应式曲轴位置与凸轮轴位置传感器怎样检修?

各型磁感应式传感器的检测方法基本相同。丰田计算机控制系统(TCCS)用磁感应式曲轴位置与凸轮轴位置传感器的检修方法如下:

①检测传感器线圈电阻值。拔下传感器线束插头,其插座上各端子排列位置如图 3-59a 所示。用万用表电阻 OHM×200Ω 挡检测各端子间的电阻值,电阻值应当符合表 3-6 规定,若不符则需更换传感器总成。

②检测传感器磁路气隙。用非导磁塞尺测量信号转子与传感线圈磁头之间的气隙,如图 3-59b 所示,气隙大小应为 0.2～0.4mm,气隙不符合规定则需更换传感器总成。

表 3-6　曲轴位置传感器传感线圈的电阻值

端子名称	检测状态	电阻值(Ω)
Ne—G—	冷态	155～250
	热态	190～290
G_1—$\dot{G}$—	冷态	125～200
	热态	160～235
G_2—G—	冷态	125～200
	热态	160～235

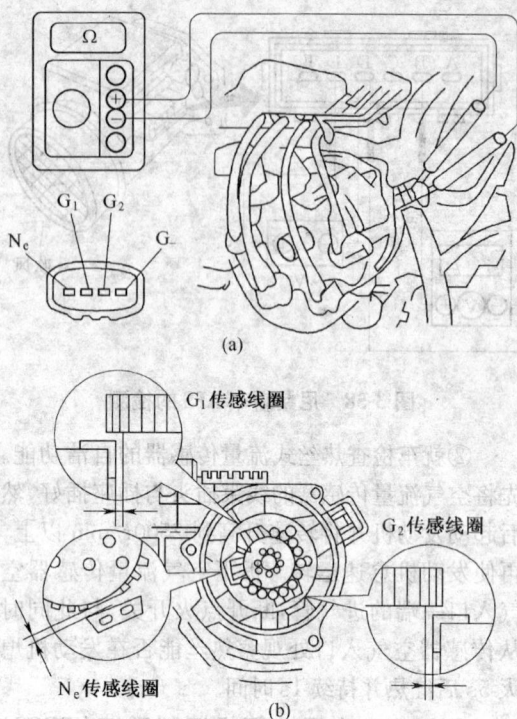

图 3-59 丰田 TCCS 系统曲轴位置与凸轮轴位置传感器的检修

(a)检测线圈电阻 (b)检测信号发生器气隙

3.2.18 切诺基吉普车用曲轴位置传感器怎样检修？

各型汽车用霍尔式传感器的检修方法基本相同。切诺基吉普车用曲轴位置传感器的技术状况可用 DRBⅡ或 DRBⅢ型专用检测仪进行测试。若无专用检测仪,可用高阻抗数字式万用表进行检测,方法如下:

①检测曲轴位置传感器电源电压。切诺基吉普车曲轴位置传感器连接线路如图 3-60 所示,线束插头为三端子插头,插头上有"A"、"B"、"C"三个端子。"A"为电源端子,连接 ECU 插座端子"7";"B"为信号输出端子,连接 ECU 插座端子"24";"C"为搭铁端子,连接 ECU 插座端子"4"。接通点火开关时,用万用表直流电压挡检测插头上端子"A"与"C"之间的电源电压应为8V。如电源电压为 0,则断开点火开关,用万用表电阻 OHM×200Ω 挡检测端子"A"与 ECU 插头上端子"7"之间的电阻,阻值应当小于 0.5Ω;如阻值为无穷大,说明电源线断路,检修或更换导线即可;如电源电压为 0V,电源线路也良好,说明 ECU 故障,应换用新品。

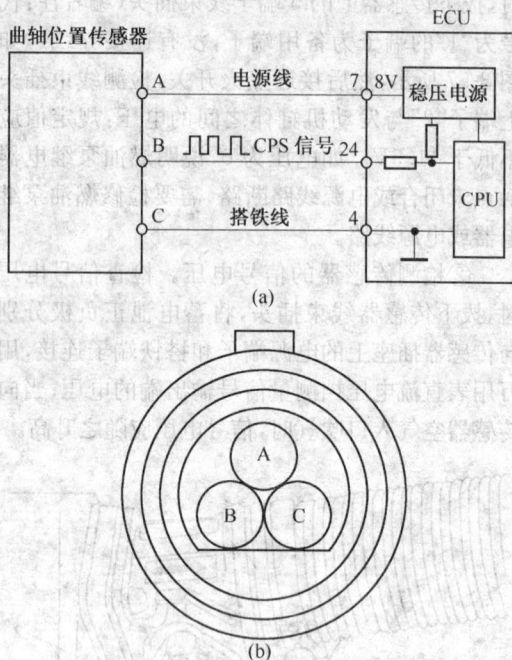

图 3-60 切诺基 Cherokee 汽车曲轴位置传感器连接线路

(a)连接线路 (b)线束插头

②检测曲轴位置传感器信号电压。接通点火起动开关起动发动机运转时,传感器端子"B"与"C"之间的信号电压应在 0.3~5.0V 之间不断变化。可在"B"、"C"端子之间串接一只发光二极管(正极连接"B"端子)和一只 510Ω/0.25W 电阻进行测试。发动机运转时,发光二极管应当间歇闪亮。如电源电压正常,二极管不闪亮,说明传感器故障,应换用新品。

3.2.19 切诺基吉普车用凸轮轴位置传感器怎样检修？

切诺基吉普车用凸轮轴位置传感器的技术状况可用 DRBⅡ或 DRBⅢ型专用检测仪进行测试。若无专用检测仪,可用高阻抗数字式万用表进行检测,方法如下:

①检测凸轮轴位置传感器电源电压。切诺基吉普车凸轮轴位置传感器连接线路如图 3-61 所示,线束插头为三端子插头,插头上有"A"、"B"、"C"三个端子。"A"为电源端子,连接 ECU 插座端子"7";"B"为信号输出端子,连接 ECU 插座端子"44";"C"为搭铁端子,连接

ECU插座端子"4"。检测电源电压的方法与曲轴位置传感器的检测相同。

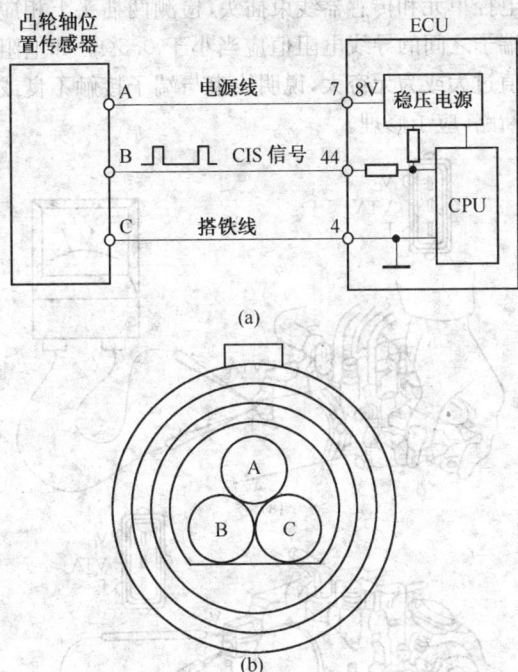

图 3-61　切诺基(Cherokee)汽车凸轮轴位置
传感器连接线路

(a)连接线路　(b)线束插头

②检测凸轮轴位置传感器信号电压。接通点火开关,起动发动机并运转时,传感器端子"B"与"C"之间的信号电压应在 0.3～5.0V 之间不断变化。检测传感器输出电压时,拆下配电器盖,接通点火开关,转动曲轴,当脉冲环的叶片进入信号发生器时,"B"、"C"端子之间的电压应为 5V;当叶片离开信号发生器时,"B"、"C"端子之间的信号电压应低于 0.3V。如电压不符合规定,说明传感器故障,应换用新品。

检测传感器信号电压也可在"B"、"C"端子之间串接一只发光二极管(正极连接"B"端子)和一只 510Ω/0.25W 电阻进行测试。发动机运转时,发光二极管应当闪亮。如电源电压正常,二极管不闪亮,说明传感器故障,应换用新品。

3.2.20　切诺基吉普车用支管压力传感器怎样检修?

各型汽车用支管压力传感器 MAP 的检修方法大同小异。切诺基吉普车用支管压力传感器的安装位置与电路连接如图 3-62 所示,检修方法如下:

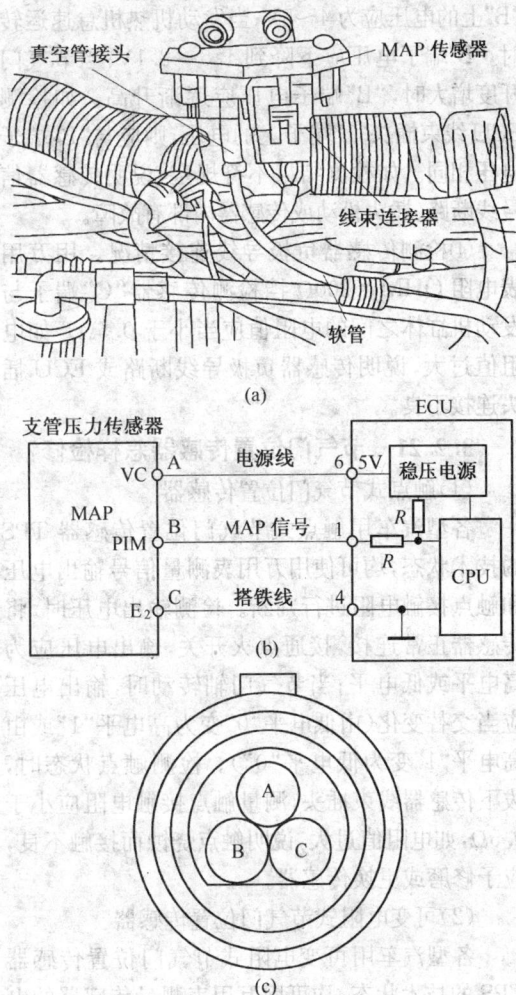

图 3-62　切诺基汽车支管压力传感器 MAP
安装位置与电路连接

(a)安装位置　(b)电路连接　(c)线束插头

①检查真空软管连接情况。仔细检查 MAP 的真空软管与节气门体的连接情况,如连接不良或漏气,就会影响传感器性能并直接影响发动机工作,可视情况修理或更换真空软管。

②检测传感器电源电压。当点火开关接通时,检测传感器"VC"端子上的电压应为(5.0±0.5)V。如电压为 0,再检测 ECU 线束插头"6"端子上的电压,如电压为(5.0±0.5)V,说明传感器电源线断路或插头松动。

③检测传感器信号电压。传感器输出的信号电压可用高阻抗数字式万用表直流电压挡进行检测。传感器插座上有"A"、"B"、"C"三个端子,当

点火开关接通、发动机未起动时,检测输出端子"B"上的电压应为4~5V;当发动机热机怠速运转时,"B"端子电压应下降到1.5~2.1V;当节气门开度增大时,"B"端子电压应逐渐升高。如检测ECU线束插头"1"端子上的电压,则应与"B"端子电压相同。如检测结果不符规定,说明传感器信号线断路、插头松动或传感器内部有故障。

④检测传感器负极导线连接情况。用万用表电阻OHM×200Ω挡检测传感器"C"端子与发动机缸体之间的电阻值应当小于0.5Ω。如电阻值过大,说明传感器负极导线断路或ECU插头连接不良。

3.2.21 节气门位置传感器怎样检修?

(1)触点式节气门位置传感器

各型汽车用触点式节气门位置传感器TPS的技术状态,均可使用万用表测量信号输出电压和触点接触电阻进行判断。检测输出电压时,将传感器正常连接,接通点火开关,输出电压应为高电平或低电平;当节气门轴转动时,输出电压应当交替变化(由低电平"0"变为高电平"1"或由高电平"1"变为低电平"0")。检测触点状态时,拔下传感器线束插头,测量触点接触电阻应小于0.5Ω,如电阻值过大,说明触点烧蚀而接触不良,应予修磨或更换传感器。

(2)可变电阻式节气门位置传感器

各型汽车用可变电阻式节气门位置传感器TPS的技术状态,均可用万用表测量传感器的电阻值和输出电压值进行判断。下面以丰田和夏利轿车用节气门位置传感器检测为例说明,检测方法如图3-63所示。

①检测节气门位置传感器电阻值。首先拔下传感器线束插头,然后用万用表检测信号输出端子"VTA"与搭铁端子"E"之间的电阻值,如图3-63a所示。当传感器处于初始状态(即止动螺钉与挡杆之间的间隙为0)时,电阻值应为700~1400Ω;当节气门全开时,电阻值应为2100~4000Ω。如果电阻值为无穷大,说明滑臂与镀膜电阻接触不良,需要更换传感器。检测传感器电源端子"VC"与搭铁端子"E"之间的电阻值时,如图3-63b所示,电阻值应为1600~2400Ω。如果电阻值为无穷大,说明镀膜电阻断路,需要更换传感器。

②检测传感器线束。当用万用表电阻OHM×200Ω挡检测线束电阻时,断开点火开关,拔下电控单元和传感器线束插头,检测两插头上相应端子之间的导线电阻值应当小于0.5Ω。如电阻值过大或为无穷大,说明线束与端子接触不良或断路,应予修理。

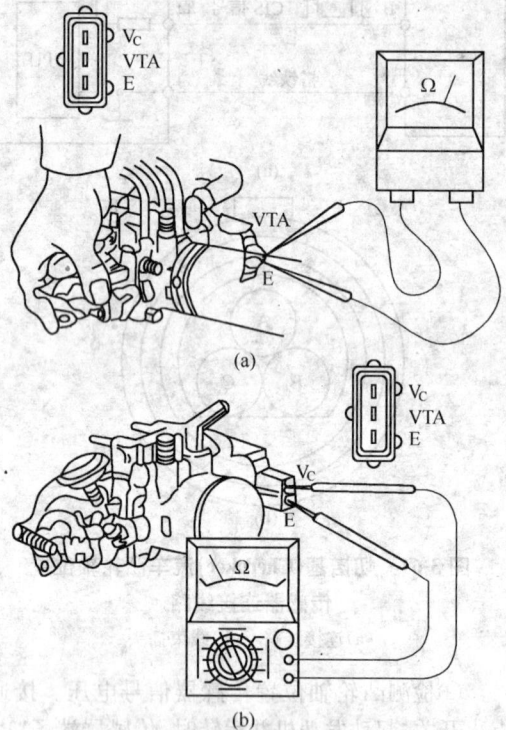

图3-63 节气门位置传感器检修方法
(a)检测输出电阻值 (b)检测传感器电阻值

③检测电源电压和信号电压。检测时,接通点火开关,用万用表直流电压挡检测传感器的电源电压应为5.0V。当节气门关闭时,检测器的信号电压应为0.5~1.0V;当节气门开度逐渐增大时,信号电压应随之升高;当节气门全开时,信号电压应为4.0~4.8V。如检测结果与此不符,则需更换传感器。

3.2.22 氧传感器在使用中为何必须定期更换?

氧传感器在使用过程中,其传感元件会逐渐老化和中毒,有害气体排放量和燃油消耗量就会显著增大,传感器就会逐渐失效。无论氧化锆式氧传感器,还是氧化钛式氧传感器,其传感元件老化和中毒都是不可避免的。因此,每当汽车行驶一定里程(一般为16万公里)后,必须更换氧传感器。

20 世纪 90 年代以前,汽车每行驶 8 万公里需要更换氧传感器,随着氧传感器技术水平和燃油品质提高,氧传感器目前的使用寿命可达 16 万公里。随着排放法规要求逐步提高(如北京市从 2008 年 3 月 1 日开始实行国Ⅳ标准),氧传感器的有效使用寿命必然逐步缩短。

3.2.23　怎样检修桑塔纳与捷达轿车用氧传感器?

桑塔纳 2000GSi、捷达 AT、GTX 型轿车氧传感器连接器插头与插座上各端子的位置如图 3-64 所示,检修方法如下:

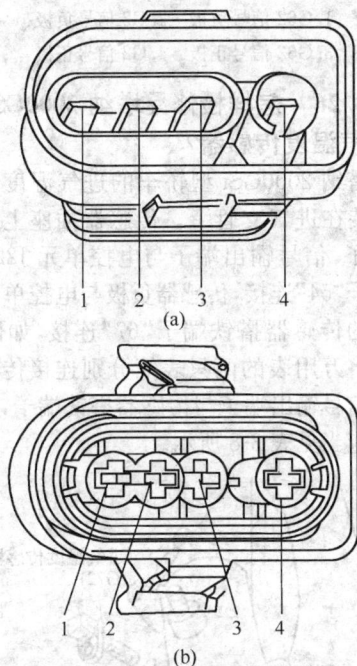

图 3-64　桑塔纳 2000GSi、捷达 AT、GTX 型轿车 EGO 插头与插座

(a)插头(传感器一侧)　(b)插座(ECU 一侧)
1. 加热元件正极　2. 加热元件负极
3. 信号电压负极　4. 信号电压正极

①检测加热元件电阻值。加热元件的电阻值在常温条件下为 1～5Ω,温度上升很少时,电阻值就会显著增大。因此,在室温下,可用万用表进行检测。检测时,拔下氧传感器线束插头,检测插头上端子"1"、"2"之间的电阻值,常温下应为 1～5Ω。如常温下电阻值为无穷大,说明加热元件断路,应更换氧传感器。

②检测氧传感器电压。氧传感器加热元件的电压为整车电源电压,当点火开关接通使燃油泵继电器触点接通时,加热元件的电源即被接通。检测加热元件的电压时,拔下氧传感器插头,起动发动机,检测连接器插座上端子"1"、"2"之间的电压应不低于 11V。如电压为 0,说明熔断器(桑塔纳 2000GSi 的附加熔断器,30A;捷达 AT、GTX 的 18 号熔断器,20A)断路或燃油泵继电器触点接触不良,分别检修即可。

③检测氧传感器信号电压。检测时,插头与插座连接,将数字式万用表连接到氧传感器端子"3"、"4"连接的导线上,接通点火开关时,电压应为 0.45～0.55V;当供给发动机浓混合气(节气门踩到底)时,信号电压应为 0.7～1.0V;当供给发动机稀混合气(拔下空气流量传感器至发动机之间的真空管)时,信号电压应为 0.1～0.3V,否则说明氧传感器失效,应换用新品。检测信号电压也可将调码器连接在传感器"3"、"4"端子连接的导线之间进行测试。发动机怠速或部分负荷运转时,发光二极管应当闪亮。如电源电压正常,二极管不闪亮,说明传感器故障,应换用新品。发光二极管闪亮频率应不低于 10 次/min。如二极管不闪或闪亮频率过低,说明氧传感器加热元件失效、氧传感器壳体上的透气孔堵塞、氧传感器热负荷过重或长期使用含铅汽油导致氧传感器失效,需要更换传感器。

3.2.24　怎样检修丰田与夏利轿车用冷却液温度传感器和进气温度传感器?

各型汽车用温度传感器的电阻值各不相同,但其检修方法基本相同。下面以天津—汽夏利 N3、威乐 Vela、威姿 Vizi、威志和天津—汽丰田威驰 VIOS、皇冠 CROWN、锐志 REIZ、花冠 COROLLA 等轿车用温度传感器检修为例说明。

①检测电源电压与信号电压。检修冷却液温度传感器时,可用高阻抗数字式万用表就车检测传感器的电源电压和信号电压。检测电源电压时,拔下冷却液温度传感器插头,接通点火开关,检测传感器线束插头上两端子间的电源电压应为 5V 左右。

检测信号电压时,插上传感器插头,接通点火开关,检测信号电压应当符合标准值。当发动机温度高时信号电压低;温度低时信号电压高。如电压偏离标准值过多,则应更换传感器。

②检测热敏电阻阻值。检测温度传感器阻值时,断开点火开关,拔下温度传感器插头,拆下

温度传感器,将传感器和温度表放入烧杯或加热容器中,如图 3-65 所示。在不同温度下,用万用表电阻挡检测传感器插座上两端子间的电阻值,然后再与标准阻值进行比较。不同车型温度传感器的标准阻值各不相同,丰田汽车温度传感器的标准阻值见表 3-7 所示。如阻值偏差过大、过小或为无穷大,说明传感器失效,应换用新品。

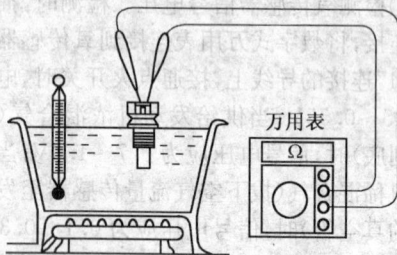

图 3-65　温度传感器检测方法

表 3-7　丰田与夏利轿车冷却液温度
传感器 CTS 与进气温度传感器 IATS
电阻值与温度的关系

温度(℃)	电阻值(Ω)	温度(℃)	电阻值(Ω)
-20	10000~20000	40	900~1300
0	4000~7000	60	400~700
20	2000~3000	80	200~400

3.2.25　怎样检修桑塔纳 2000GSi 型轿车用冷却液温度传感器?

桑塔纳 2000GSi 型轿车电控系统用冷却液温度传感器 G62 与仪表系统的冷却液温度传感器 G2 一起组装在一个壳体内,安装在气缸盖后端的出水管上,如图 3-66 所示。传感器插座上有四个接线端子,G62 连接"1"、"3"端子,G2 连接"2"、"4"端子。信号输出端子"3"与电控单元 J220 插座上的端子"53"连接,传感器负极端子"1"与电控单元 J220 插座上的传感器搭铁端子"67"连接。

检测桑塔纳 2000GSi 型轿车冷却液温度传感器电阻值时,将万用表的两只表笔分别连接传感器插座上的信号输出端子与传感器搭铁端子。当温度为 30℃时,电阻值应为 1500~2000Ω;当温度为 80℃时,电阻值应为 275~375Ω。如电阻值偏差过大、过小或为无穷大,说明传感器失效,应换用新品。

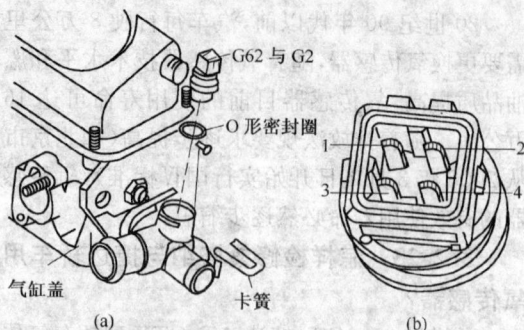

图 3-66　桑塔纳 2000GSi 型轿车冷却液温度
传感器 G62 安装位置与线束插头
(a)安装位置　(b)线束插头端子排列
1. G62 信号负极　2. G2 信号负极
3. G62 信号正极　4. G2 信号正极

3.2.26　怎样检修桑塔纳 2000GSi 型轿车用进气温度传感器?

桑塔纳 2000GSi 型轿车的进气温度传感器 G72 安装在进气支管上。传感器插座上有两个接线端子,信号输出端子与电控单元 J220 插座上的端子"54"连接,传感器负极与电控单元 J220 插座上的传感器搭铁端子"67"连接,如图 3-67 所示。将万用表的两只表笔分别连接传感器插座上的信号输出端子与传感器搭铁端子,测得标准阻值应当见表 3-8 所示。

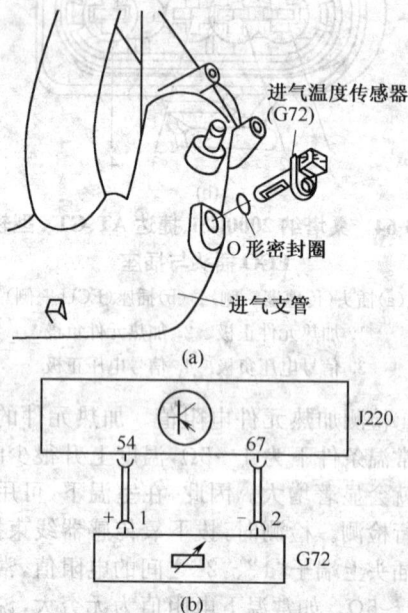

图 3-67　桑塔纳 2000GSi 型轿车进气温度
传感器 G72 安装位置与电路连接
(a)安装位置　(b)电路连接

表 3-8 桑塔纳 2000GSi 型轿车进气
温度传感器的电阻值与温度的关系

温度(℃)	电阻值(Ω)	温度(℃)	电阻值(Ω)
—20	14000～20000	50	720～1000
0	5000～6500	60	530～650
10	3300～4200	70	380～480
20	2200～2700	80	280～350
30	1400～1900	90	210～280
40	1000～1400	100	170～200

3.2.27 怎样检修桑塔纳 2000GSi 型轿车发动机燃油喷射系统的电动燃油泵?

当电控系统的电动燃油泵发生故障时,发动机 ECU 检测不到故障信息,利用 V·A·G1552 或 V·A·G1551 故障阅读仪也读取不到故障信息。当蓄电池电压正常,燃油泵熔丝也正常时,接通点火开关,在汽车尾部燃油箱附近应能听到燃油泵起动并工作约 2s 的声音。

各种燃油喷射系统燃油泵的检修方法基本相同。桑塔纳 2000GSi 型轿车电控系统的燃油泵、热膜式空气流量传感器、活性炭罐电磁阀、氧传感器加热元件均受燃油泵继电器控制。接通点火开关时,如听不到燃油泵运转声,则断开点火开关,检查中央继电器盒 2 号位置上的燃油泵继电器以及燃油泵熔丝 S5(熔丝盒 5 号位置,10A)是否良好。如燃油泵熔丝良好,则插好燃油泵熔丝,再从中央线路板上拔下燃油泵继电器,用万用表检测继电器插座上端子"4/86"与搭铁端子"31"之间的电压,标准电压应当等于蓄电池电压(12V 左右)。

检查燃油泵的输油量时,断开点火开关,从燃油分配管上卸下进油管,将油压表连接到进油管一端,油压表出油管伸入量瓶,接通燃油泵电路(将蓄电池正极加到燃油泵继电器"4"端子上)30s,泵油量与电源电压的关系如图 3-68b 所示,单位为 ml/30s。

当蓄电池电压为 10～12V、油压为 300kPa 时,泵油量应为 490～670ml。可见,系统油压越高,泵油量越大;油泵电源电压越高,油泵转速就越高,泵油量也就越大。如油压过高,应更换油压调节器;如油压过低,则应检查油管是否弯折、油路或汽油滤清器是否堵塞。

3.2.28 怎样检修发动机燃油喷射系统的电磁喷油器?

当喷油器发生堵塞、滴漏等故障时,发动机 ECU 检测不到,使用故障阅读仪也读取不到喷油器的故障信息。检修喷油器可以检测其电阻和电压进行判断。

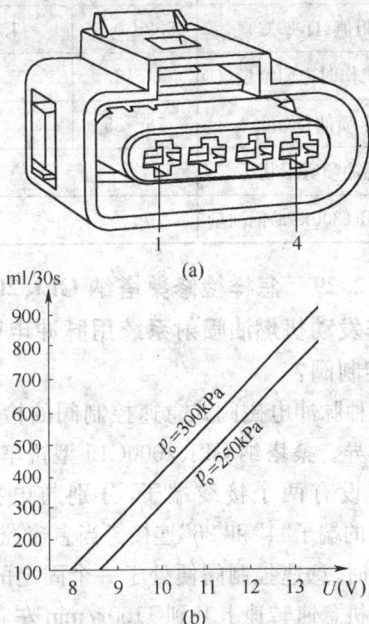

图3-68 油泵插头端子位置及油泵输出特性
(a)端子排列位置 (b)油泵输出特性

①检测电磁喷油器的电阻值。用万用表 OHM×200Ω 挡检测喷油器电磁线圈的电阻值。检测时,拔下每只喷油器上的两端子线束插头,检测喷油器插座上两端子之间电磁线圈的标准阻值应当符合《使用说明书》规定,桑塔纳系列、天津—汽夏利系列和天津—汽丰田系列轿车喷油器线圈的电阻值见表 3-9 所示。如电阻值为无穷大,说明线圈断路,应换用新品。

②检测电磁喷油器的电源电压。喷油器电源电压可用数字式万用表检测。检测时,分别拔下各喷油器上的两端子插头,接通点火开关,发动机不起动,检测插头上两个端子与发动机缸体间的电压,高电平应为 12V 左右(喷油器电源电压为整车电源电压),低电平为 0。如电压均为 0,说明电源电路不通,应当检修燃油泵继电器和燃油喷射熔断器。

③检测电磁喷油器的控制脉冲。检测喷油器喷油脉冲电压时,分别拔下喷油器线束插头,并在该插头的两个端子之间串接调码器。起动发动机时,调码器的发光二极管应当闪烁。如二极管不闪烁或不发光,说明喷油器电源线路、燃油泵继电器或控制 ECU 故障,必要时更换 ECU。

表 3-9 喷油器技术参数

项　　目	桑塔纳 GLi	桑塔纳 2000GLi	桑塔纳 2000GSi	天津—汽夏利系列和天津—汽丰田系列轿车发动机
电阻值(Ω,20℃)	15.9±0.35	15.9±0.35	13~18	14~15
发动机工作时电阻增量(Ω)	4~6	4~6	4~6	4~6
30s 喷油量(ml)	78~85	78~85	78~85	78~85
燃油喷雾形状	小于 35°圆锥雾状			
正常油压(300kPa)漏油量	每分钟不多于 1 滴			

3.2.29 怎样检修桑塔纳 GLi、2000GLi 型轿车发动机燃油喷射系统用脉冲电磁阀式怠速控制阀?

各种脉冲电磁阀式怠速控制阀的检修方法大同小异。桑塔纳 GLi、2000GLi 型轿车怠速控制阀上设有两个接线端子,分别与电控单元(ECU)的端子"4"和"26"连接。当怠速控制阀出现故障时,怠速控制阀便处于一个固定的位置,使发动机怠速转速上升到 1100r/min 左右,用 V·A·G1551 或 V·A·G1552 故障阅读仪读取不到此故障的有关信息。但可以通过故障阅读仪的"执行元件诊断测试功能",帮助诊断怠速控制阀是否有故障。也可利用万用表检测控制阀线圈的电阻值来判断电磁阀有无故障。

①就车检查。当发动机怠速运转时,用手触摸怠速控制阀应当具有明显的振动感。如无振动感或怠速转速过高过低,说明怠速控制阀失效,应换用新品。

②检测电磁线圈电阻值。断开点火开关,拔下怠速控制阀连接器插头,用万用表电阻挡检测插座上两个端子之间的线圈电阻值应当符合规定。脉冲电磁阀式怠速控制阀只有一组线圈,电阻值应为 15~20Ω。如电阻值为无穷大,说明电磁线圈断路,应换用新品。

③检查怠速控制阀工作情况。从节气门体上拆下怠速控制阀,用导线将其一个端子连接蓄电池正极,另一个端子连接蓄电池负极时,阀心应当移动。如阀心不能移动,说明怠速控制阀失效,应换用新品。当断开一根导线时,阀心应当迅速复位,如阀心卡滞或不能迅速复位,说明控制阀故障或复位弹簧失效,应换用新品。

3.2.30 怎样检修天津—汽丰田轿车和奥迪轿车用步进电机式怠速控制阀?

各型汽车用永磁转子步进电动机式怠速控制阀的检修方法基本相同。天津—汽丰田轿车和奥迪轿车用步进电机式怠速控制阀的检修方法如下:

①就车检查。当发动机熄火时,怠速控制阀会发出"咔嗒"的响声,使阀门开度退到最大位置。如听不到复位时的"咔嗒"响声,应对怠速控制阀进行检查。

②检测定子绕组的电阻值。拔下连接器插头,用万用表检测插座上定子绕组电阻值应当符合规定。永磁转子步进电动机式怠速控制阀有 2 组或 4 组线圈,各组线圈的电阻值为 30~60Ω。如电阻值不符规定,应换用新品。丰田轿车步进电动机定子绕组有 4 组线圈,其电阻值为

$$R_{B1-S1}=R_{B1-S3}=R_{B2-S2}=R_{B2-S4}=30Ω$$

奥迪(Audi)200 型轿车用永磁转子式步进电动机设有两个线圈,其电阻值为

$$R_1=R_2=45~60Ω$$

③检查步进电机的工作情况。从节气门体上拆下怠速控制阀,用导线将端子 B_1、B_2 连接蓄电池正极,然后依次将 S_1-S_2-S_3-S_4 与蓄电池负极连接,阀心应当逐渐向外伸出,如图3-69a 所示。如果依次将 S_4-S_3-S_2-S_1 与蓄电池负极连接,阀心应当逐渐收缩,如图3-69b 所示。如果阀心不能移动,说明步进电动机失效,应换用新品。

④检测步进电机的工作电压。将怠速控制阀安装到节气门体上,插好连接器插头。当点火开关接通"ON"位置时,检测 ECU 的端子"IS_1"、"IS_2"、"IS_3"、"IS_4"与 E1 之间(或检测怠速控制阀连接器端子"S_1"、"S_2"、"S_3"、"S_4"与搭铁之间)应有 9~16V 的脉冲电压。如无电压,再检查电源电压和主继电器是否正常。

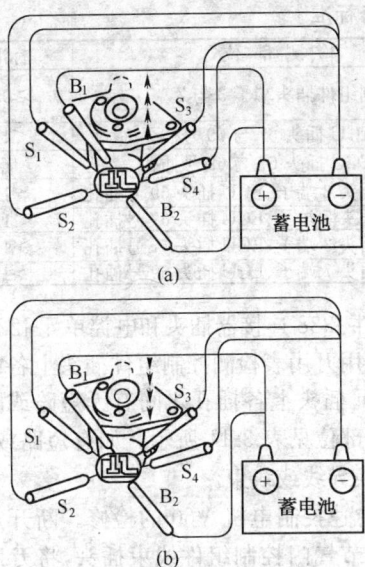

图 3-69 检查步进电动机工作情况
(a)阀门逐渐关小 (b)阀门逐渐开大

3.2.31 怎样检修桑塔纳、捷达和红旗轿车的节气门控制组件 J338？

检修桑塔纳、捷达和红旗轿车的节气门控制组件时，需要注意以下几点。

①节气门控制组件为一整体结构，壳体不允许打开。

②怠速参数的基本设定已由制造厂设定在电控单元中，不需要人工调整。

③拆装或更换节气门控制组件后，必须用专用检测仪 V·A·G1551 或 V·A·G1552 重新进行一次基本设定。进行基本设定时，如果节气门轴转动不灵活、节气门拉索调整不当、蓄电池电压低于 11V 或节气门控制组件线束连接不良，发动机怠速仍不能正常工作。

桑塔纳、捷达和红旗轿车的节气门控制组件 J338 的结构组成与电路连接如图 3-70 所示，连接器插头为 8 端子插头，各端子排列位置如图 3-71 所示，J338 的检修方法如下：

①怠速开关 F60 的检修。怠速开关 F60 的检测项目、检测方法和检修标准见表 3-10 所示。如检测结果不符合检修标准，则应更换节气门控制组件。检测时拔下节气门控制组件 8 端子插头，用万用表检测端子 3 与 7 之间怠速开关的电源电压，接通点火开关时，电源电压至少应为 9.0V。将数字式万用表的两只表笔用导线连接

到电控单元的 67 与 69 号插孔连接的导线上，检查怠速开关的电阻值。当节气门关闭时，怠速触点的接触电阻应当小于 1.5Ω。然后慢慢打开节气门，电阻值应为无穷大。如电阻值不符合上述规定，拔下节气门控制组件上的 8 端子插头，检测各导线有无短路或断路故障。

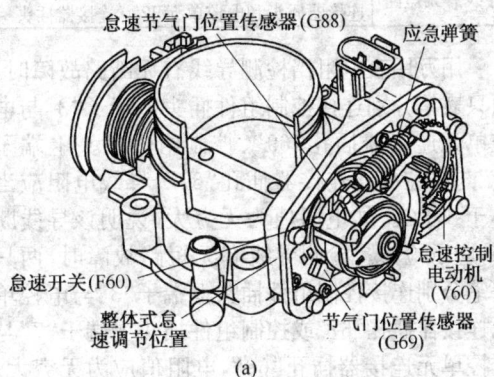

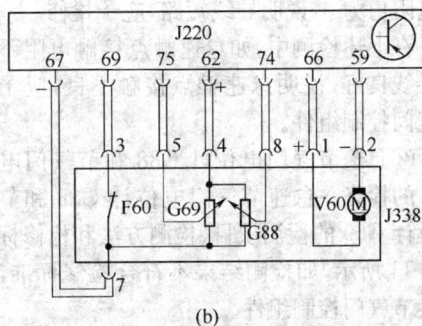

图 3-70 节气门控制组件 J338 的结构与电路连接关系
(a)结构图 (b)电路连接

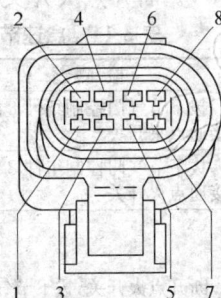

图 3-71 控制组件 J338 线束插头
1. 电动机正极端子 2. 电动机负极端子 3. 怠速开关信号输出端子 4. 节气门位置传感器 G69 和怠速节气门位置传感器 G88 电源端子 5. 节气门位置传感器 G69 信号端子 6. 备用端子 7. 搭铁端子 8. 怠速节气门位置传感器 G88 信号端子

表3-10 怠速开关F60检修标准

检测项目	检测条件	检测部位	标准值
电源电压	拔下节气门控制组件8端子插头,接通点火开关	节气门控制组件插头端子3与7	≥9.0V
怠速触点电阻	断开点火开关,节气门关闭	电控单元ECU插头67与69号插孔	<1.5Ω
怠速触点电阻	断开点火开关,节气门开启	电控单元ECU插头67与69号插孔	∞
导线有无断路	断开点火开关,拔下节气门控制组件J338连接器插头和电控单元J220连接器插头	控制组件插头3端子、ECU插头69号插孔	<1.5Ω
		控制组件插头7端子、ECU插头67号插孔	<1.5Ω
导线有无短路	断开点火开关,拔下节气门控制组件J338连接器插头和电控单元J220连接器插头	控制组件插头3端子、ECU插头67号插孔	>1MΩ
		控制组件插头7端子、ECU插头69号插孔	>1MΩ

用万用表电阻挡检测导线有无断路故障时,两只表笔分别连接控制组件插头上端子"3"与电控单元连接器插孔"69"、控制组件插头上端子"7"与电控单元连接器插孔"67",导线电阻应当小于1.5Ω。如电阻值为无穷大,说明该导线断路,应予检修。检测导线有无短路故障时,两只表笔分别连接控制组件插头上端子"3"与电控单元连接器插孔"67"或控制组件插头上端子"7"与电控单元连接器插孔"69",电阻值应为无穷大。如电阻值为0,说明导线短路,应予检修。

在上述检测中,如怠速触点接触电阻不正常而导线良好,说明怠速触点接触不良,应予更换节气门控制组件。

②怠速节气门电位计G88和节气门电位计G69的检修。怠速节气门电位计G88和节气门电位计G69的检测项目、检测方法和检修标准见表3-11所示,如检测结果不符合检修标准,则应更换节气门控制组件。

拔下节气门控制组件8端子插头,用万用表检测端子4与7之间怠速节气门电位计和节气门电位计的电源电压,接通点火开关时,电源电压至少应为4.5V。断开点火开关,拔下节气门控制组件J338连接器插头和电控单元J220连接器插头,用万用表检测控制组件插头上各端子与电控单元插头上各插孔之间有无短路或断路故障,检测部位见表3-11所示。如有短路或断路,则应更换导线或线束。

③怠速控制电机V60的检修。断开点火开关,拔下节气门控制组件线束插头,将万用表拨到电阻挡,两只表笔分别连接节气门控制组件插座上"1"、"2"端子,检测怠速控制电机绕组电阻,电阻值应为3~200Ω。如电阻值不符规定,说明电机故障,需更换节气门控制组件。

3.2.32 怎样检修桑塔纳2000GSi型轿车发动机电控单元J220与传感器或执行器之间的连接线路?

桑塔纳2000GSi型轿车发动机电控单元J220的外形与接线端子排列如图3-72所示,电控单元J220的线束插座上有80个接线端子(有效端子36个,其余为备用端子),采用了一个52端子线束插头和一个28端子线束插头与电源、传感器和执行器连接,如图3-73所示,电控单元各接线端子所连接的零部件名称及位置见表3-12所示。

表3-11 怠速节气门电位计G88和节气门电位计G69的检修标准

检测项目	检测条件	检测部位	标准值
G88与G69电源电压	拔下节气门控制组件8端子插头,接通点火开关	节气门控制组件插头端子4与7	≥4.5V
F60电源电压	拔下节气门控制组件8端子插头,接通点火开关	节气门控制组件插头端子3与7	≥9.0V
导线有无断路	断开点火开关,拔下节气门控制组件J338连接器插头和电控单元J220连接器插头	控制组件插头1端子、电控单元插头66号插孔	<1.5Ω
		控制组件插头2端子、电控单元插头59号插孔	<1.5Ω
		控制组件插头3端子、电控单元插头69号插孔	<1.5Ω
		控制组件插头4端子、电控单元插头62号插孔	<1.5Ω
		控制组件插头5端子、电控单元插头75号插孔	<1.5Ω
		控制组件插头7端子、电控单元插头67号插孔	<1.5Ω
		控制组件插头8端子、电控单元插头74号插孔	<1.5Ω
导线有无短路	断开点火开关,拔下节气门控制组件J338连接器插头和电控单元J220连接器插头	检测控制组件插头上各端子之间的电阻值	>1MΩ
		检测电控单元插头上各个插孔之间的阻值	>1MΩ

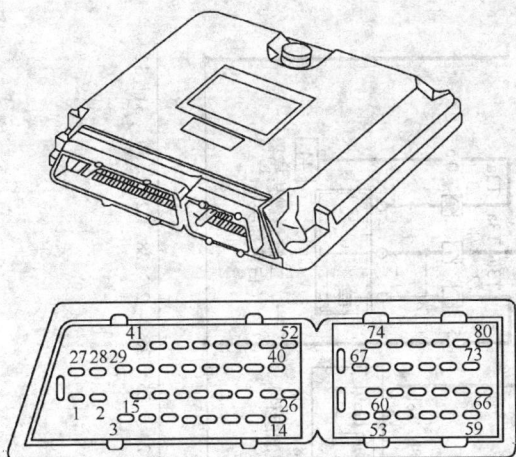

图 3-72　桑塔纳 2000GSi 型轿车发动机
电控单元 J220 接线端子排列

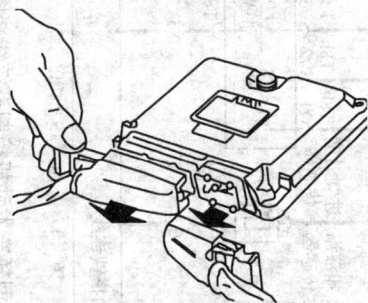

(a)

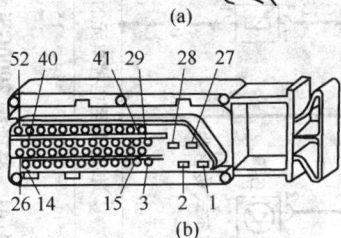

(b)

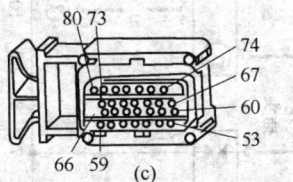

(c)

图 3-73　桑塔纳 2000GSi 型轿车发动机
电控单元 J220 线束插头
(a)线束插头位置　(b)52 端子排列
(c)28 端子排列

桑塔纳 2000GSi 型轿车 M3.8.2 型发动机电控系统线路故障可参考图 3-72、图 3-73、图 3-74a、b 以及表 3-13 所示检测部位进行检测。检测时,断开点火开关,拔下电控单元 J220 线束插头和被测传感器或执行元件线束插头,用万用

表电阻 OHM×200Ω 挡测量导线电阻值,应当符合表 3-13 规定。表中 D26 中的字母"D"表示中央继电器盒上代号为 D 的线束插座,数字"26"表示第 26 号端子,其余类推。

表 3-12　桑塔纳 2000GSi 型轿车发动机电控
单元 J220 插座上各端子的连接

端子代号	连接部位
1	EFI 熔丝,受点火开关"15"端子控制
2	点火控制器搭铁线、爆燃与曲轴位置传感器屏蔽线搭铁(在 J220 旁边)
3	ECU 电源线(连接电源"30"端子)
4	电动燃油泵控制线
6	发动机转速信号线
8	空调压缩机信号
10	空调开关信号
11	空气流量传感器电源控制线
12	空气流量传感器信号负极
13	空气流量传感器信号正极
15	活性炭罐电磁阀控制线
19	故障诊断触发信号线
20	车速信号线
25	氧传感器负极信号线
26	氧传感器正极信号线
27	氧传感器加热电源控制线
53	冷却液温度传感器信号线
54	进气温度传感器信号线
56	曲轴位置传感器正极信号线
58	三缸喷油器控制线
59	急速控制电动机电源负极
60	三四缸爆燃传感器 G66 信号线
62	凸轮轴位置、节气门位置、急速节气门位置传感器电源线
63	曲轴位置传感器负极信号线
65	四缸喷油器控制线
66	急速控制电动机电源正极
67	凸轮轴位置、冷却液温度、进气温度、急速开关、急速节气门位置、节气门位置与爆燃传感器负极信号线
68	一、二缸爆燃传感器 G61 信号线
69	急速开关信号线
71	二、三缸点火线圈初级电流控制线
73	一缸喷油器控制线
74	急速节气门位置传感器信号线
75	节气门位置传感器信号线
76	凸轮轴位置传感器信号线
78	一、四缸点火线圈初级电流控制线
80	二缸喷油器控制线

注:其余 44 个端子为备用。

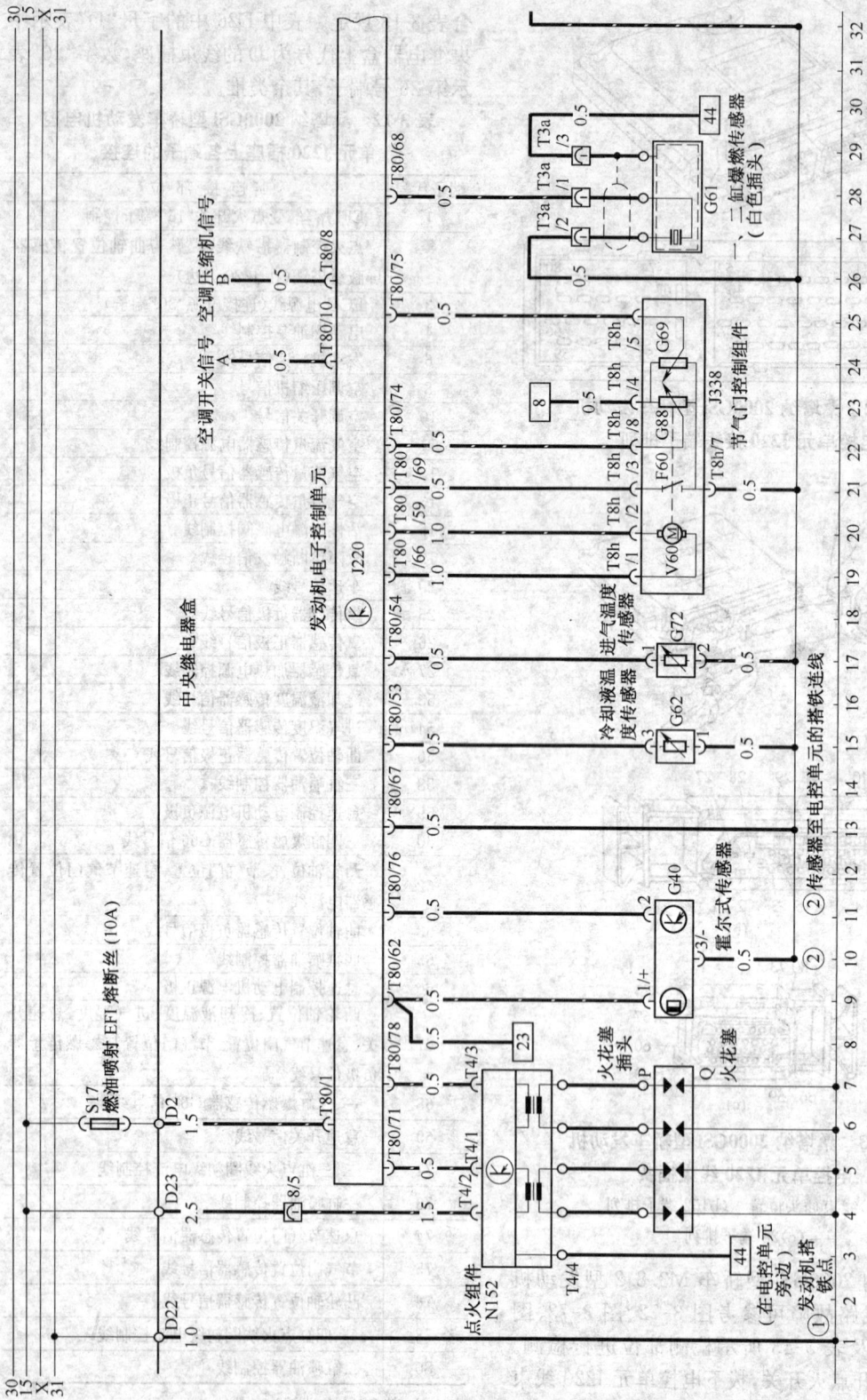

图 3-74(a) 桑塔纳 2000GSi 型轿车发动机控制系统线路图（一）

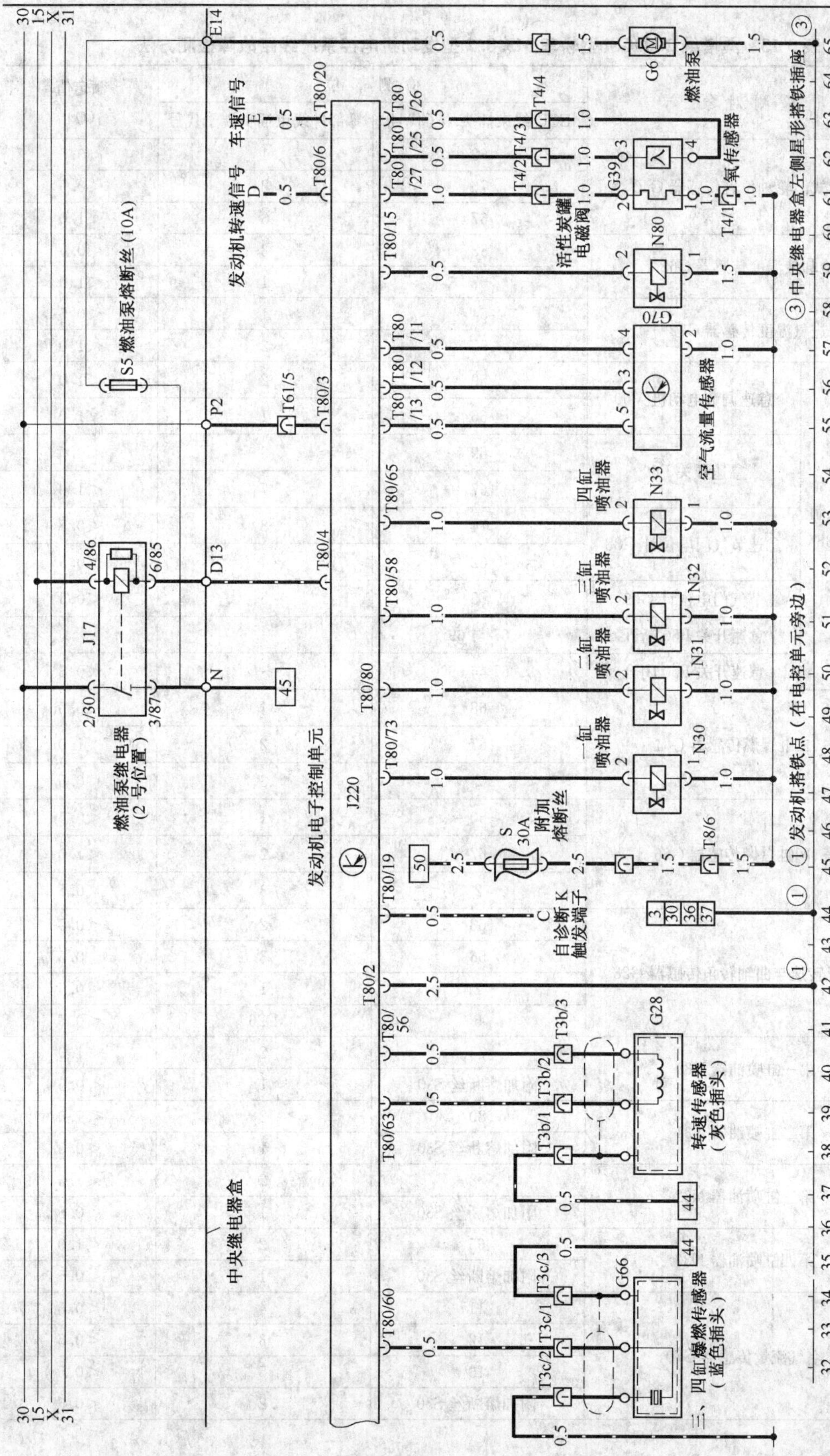

图 3-74(b)　桑塔纳 2000GSi 型轿车发动机控制系统线路图(二)

表3-13　桑塔纳 2000GSi 型轿车 M3.8.2 型发动机电控系统线路故障检测方法

检测步骤	检测对象		检测部位		额定值（Ω）
			ECU线束插头端子代号	零部件线束插头端子代号	
1	霍尔式凸轮轴位置传感器 G40		62	1	<0.5
			76	2	<0.5
			67	3	<1.0
2	冷却液温度传感器 G62		53	3	<0.5
			67	1	<1.0
3	进气温度传感器 G72		54	1	<0.5
			67	2	<1.0
4	节气门控制组件 J338	怠速调节电动机 V60	59	2	<1.0
			66	1	<1.0
		怠速开关 F60	69	3	<0.5
			67	7	<1.0
		怠速节气门电位计 G88	74	8	<0.5
			62	4	<0.5
		节气门电位计 G69	75	5	<0.5
		怠速开关 F60 断开	67 与 69	—	∞
		怠速开关 F60 闭合	67 与 69	—	<0.5
5	一、二缸爆燃传感器 G61		68	1	<0.5
			67	2	<1.0
			2	3	<0.5
6	三、四缸爆燃传感器 G66		60	1	<0.5
			67	2	<1.0
			2	3	<0.5
7	发动机转速与曲轴转角传感器 G28		63	2	<0.5
			56	3	<0.5
			2	1	<0.5
			6	D26	<0.5
8	第一缸喷油器 N30		73	2	<1.0
			附加熔断丝 S30	1	<0.5
9	第二缸喷油器 N31		80	2	<1.0
			附加熔断丝 S30	1	<0.5
10	第三缸喷油器 N32		58	2	<1.0
			附加熔断丝 S30	1	<0.5
11	第四缸喷油器 N33		65	2	<1.0
			附加熔断丝 S30	1	<0.5
12	空气流量传感器 G70		11	4	<0.5
			12	3	<0.5
			13	5	<0.5
			附加熔断丝 S30	2	<0.5

续表 3-13

检测步骤	检测对象	检测部位		额定值（Ω）
		ECU 线束插头端子代号	零部件线束插头端子代号	
13	活性炭罐电磁阀 N80	15	2	<0.5
		附加熔丝 S30	1	<0.5
14	氧传感器 G39	25	3	<0.5
		26	4	<0.5
		27	2	<0.5
		附加熔丝 S30	1	<0.5
15	点火线圈 N152	71	1	<0.5
		78	3	<0.5
		—	2 与 D23	<0.5
		2	4	<0.5
16	车速传感器	20	3	<0.5
17	空调压缩机	8	空调电磁离合器线圈插头	<0.5
		10	空调开关	<0.5

3.2.33　燃油喷射式发动机供油系统的检测项目有哪些？检测条件是什么？

电子控制燃油喷射式发动机供油系统的检修主要是检测供油系统的供油压力、密封性能、喷油器喷油量和喷雾形状。检测条件如下：

①燃油泵继电器工作正常。

②电动燃油泵工作正常。

③蓄电池电压高于 11.5V。

（1）检查供油压力和密封性能

在电子控制燃油喷射系统中，为了保证供油系统在发动机各种工况下都能供给足够数量的燃油，供油系统实际供给的燃油压力并非一固定值，桑塔纳系列轿车，天津—汽夏利 N3、威乐 Vela、威姿 Vizi、威志、天津—汽丰田威驰 VIOS、皇冠 CROWN、锐志 REIZ、花冠 COROL-LA 轿车发动机供油系统的技术要求见表 3-14 所示。供油系统供油压力和密封性能的检测方法如下：

表 3-14　电子控制燃油喷射式发动机供油系统技术标准

项目名称	检测条件	技术标准	
		桑塔纳系列轿车发动机	天津—汽夏利系列和天津—汽丰田系列轿车发动机
急速转速（r/min）	不能调整	800±50	700±50
断油转速（r/min）	—	6400（极限转速）	2500（断油）/1400（复供）
急速时燃油压力（kPa）	不拔下油压调节器真空管	250±20	206～255
	拔下油压调节器真空管	300±20	265～304
保持燃油压力（kPa）不低于	接回真空管、点火开关断开 10min	200	147
电磁喷油器	室温条件下电阻值（Ω）	14～15	14～15
	发动机工作时电阻值增量（Ω）	4～6	4～6
	15s 喷油量（ml）	40～50	40～50
	喷雾形状	小于 35°圆锥雾状	小于 35°圆锥雾状
	正常油压（300kPa）下漏油量	每分钟不多于 1 滴	每分钟不多于 1 滴

①拆开进油管接头,如图3-75a所示。拆下前,在燃油分配管附近铺垫一块棉布,以便吸收漏出的燃油。

②将燃油压力表串接在进油管路中,如图3-75b所示。

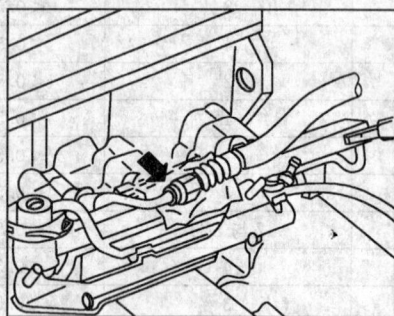

(a)

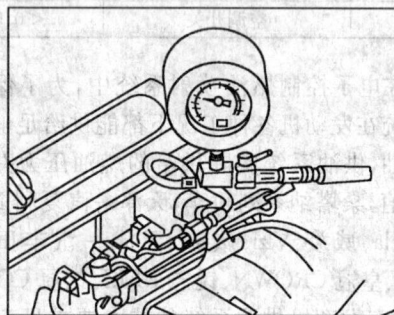

(b)

图3-75 测量燃油供给系统的供油压力
(a)拆卸进油管 (b)测量供油压力

③打开燃油压力表开关,起动发动机并息速运转,压力表显示的供油压力应为250kPa。

④踩一下加速踏板,燃油压力应在280~300kPa之间跳动。

⑤拔下压力调节器上的真空管,燃油表压力标准值应接近于300kPa。

⑥接上真空管,断开点火开关,利用压力表显示的压力降低值检查油路密封性和压力保持能力。点火开关断开10min后,燃油压力应当保持在200kPa以上。如果压力低于200kPa,则需检查燃油管路是否泄漏以及燃油分配管与喷油器的O形密封圈密封是否良好。如果管路无泄漏,密封圈也密封良好,则继续检查油压调节器。

⑦起动发动机息速运转,待压力升高到300kPa左右后,断开点火开关,同时用钳子夹住回油管观察压力表读数。如果压力在10min后低于200kPa,说明油压调节器失效,需要换用新品。如果燃油压力保持在200kPa以上,说明燃油泵单向阀失效,需要更换燃油泵。

(2)检测喷油器的喷油量和喷雾形状

测试喷油器的喷油量和喷雾形状时,燃油压力必须正常。检测方法和程序如下:

①拔下燃油压力调节器上的真空管。

②拔下所有喷油器的线束插头以及凸轮轴位置传感器线束插头。

③从进气支管上拆下燃油分配管和所有喷油器。

④将所有喷油器的喷嘴分别放入测量喷油量的量杯内。

⑤用专用线束(V·A·G1348/3-2)将遥控开关(V·A·G1348/3A)与喷油器接线插座上的一个端子连接,遥控开关另一端子与蓄电池正极连接,用测试线束(V·A·G1594)连接喷油器的另一个接线端子,测试线束另一端搭铁,如图3-76所示。

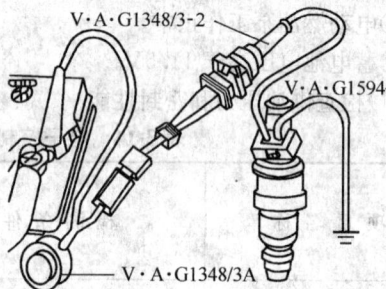

V·A·G1348/3-2

V·A·G1594

V·A·G1348/3A

图3-76 喷油器喷油量和喷雾形状的检测

⑥按读取故障代码的操作程序进入诊断测试"功能选择"状态。在检测仪屏幕上显示输入"功能选择代码"时,输入"执行机构测试"的功能选择代码"03",并单击"Q"键确认。此时燃油泵应当运转,检测仪显示屏显示如图3-77所示。

Final control diagnosis →

Injector valve cyl.1-N30

译文

执行机构诊断 →

第1缸喷油器-N30

图3-77 测试第一缸喷油器时显示的信息

⑦查看每只喷油器滴油情况。当燃油泵运转时,每只喷油器在 1min 内允许滴油 1 滴。如果滴油超过 1 滴,单击"→"键,结束诊断测试,并更换有故障的喷油器。

⑧如果喷油器均良好,按下遥控开关按钮 30s,使燃油泵泵出的燃油直接泵入量杯内,然后将量杯中的燃油量与额定值比较。与此同时,注意观察喷油器喷出燃油的喷雾形状,喷雾形状应为圆锥雾状,喷雾的圆锥角度应当小于 35°,且各只喷油器应当相同,否则应更换有故障的喷油器。当燃油泵电压为 9V(燃油泵电压比蓄电池电压约低 2V)时,每 30s 的输油量应为 100~220ml;当燃油泵电压为 10V 时,每 30s 的输油量应为 280~400ml。如果实际输油量低于下限值,应当检查供油系统油压是否正常。压力过高应当更换油压调节器;压力过低应检查油管及燃油滤清器是否堵塞或弯曲、压扁等。如果某只喷油器的喷油量没有达到额定值,则更换该喷油器。

⑨将燃油分配管和喷油器按拆卸时的相反顺序安装到进气支管上。注意更换喷油器的 O 形密封圈以及已经损坏的密封圈和密封垫。并在喷油器的 O 形密封圈上涂上润滑油,以便安装喷油器。

3.2.34 怎样检修桑塔纳 2000GSi 型轿车用爆燃传感器?

桑塔纳 2000GSi 型轿车采用了两只爆燃传感器,因此,电控单元能够将每一缸的点火提前角调节到爆燃极限提前角,从而提高动力性,降低油耗。爆燃极限提前角取决于燃油品质、发动机工况,以及运行条件。在桑塔纳 2000GSi 型轿车的电子控制器(J220)内部存储有两个点火特性脉谱图。发动机起动与正常工作时各使用一个脉谱图。当使用低辛烷值汽油时,电控单元将控制每缸点火提前角推迟量平均大于 8°。在发动机工作过程中,如果爆燃传感器信号中断,ECU 就会将各缸的点火提前角推迟约 15°,驾驶人会明显感到发动机动力不足。当爆燃传感器发生故障时,发动机 ECU 能够检测到,并将各缸点火提前角推迟约 15°运行,利用专用 V·A·G1551 或 V·A·G1552 故障阅读仪,通过诊断插座可以读取此故障的有关信息。

桑塔纳 2000GSi 型轿车爆燃传感器电路连接及插头与插座上端子位置如图 3-78 所示,检修时用万用表电阻 OHM×100kΩ 挡检测传感器电阻。检测时,断开点火开关,拔下传感器线束插头,检测结果应当符合表 3-15 规定。

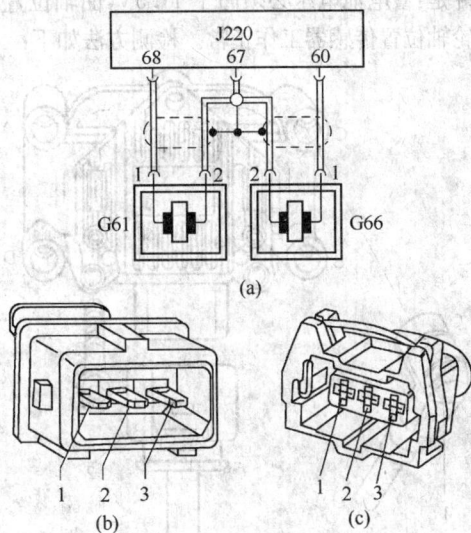

**图 3-78 爆燃传感器插接器端子
排列与电路连接**

(a)电路连接 (b)传感器插座 (c)传感器插头

表 3-15 桑塔纳 2000GSi 型轿车爆燃传感器检修标准

检测项目	检测条件	检测部位	标准值
爆燃传感器的电阻	断开点火开关,拔下传感器插头	传感器插座上端子"1"与"2"	>1MΩ
爆燃传感器的电阻	断开点火开关,拔下传感器插头	传感器插座上端子"1"与"3"	>1MΩ
爆燃传感器的电阻	断开点火开关,拔下传感器插头	传感器插座上端子"2"与"3"	>1MΩ
传感器信号正极线	拔下控制器、传感器插头	控制器"60"端子至传感器插头"1"端子	<0.5Ω
传感器信号正极线	拔下控制器、传感器插头	控制器"68"端子至传感器插头"1"端子	<0.5Ω
传感器信号负极线	拔下控制器、传感器插头	控制器"67"端子至传感器插头"2"端子	<0.5Ω
传感器屏蔽线	拔下传感器插头	发动机搭铁点(控制器模块旁边)至传感器插头"3"端子	<0.5Ω

当用万用表电阻 OHM×200Ω 挡检测线束电阻时,断开点火开关,拔下控制器线束插头和传感器线束插头,检测两插头上各端子之间导线电阻应当符合表 3-15 规定。如电阻值过大或为无穷大,说明线束与端子接触不良或断路,应予修理。

3.2.35 怎样检修桑塔纳 2000GSi 型轿车用点火控制组件?

桑塔纳 2000GSi 型轿车采用了直接点火系统,4 个气缸共用两只点火线圈,点火控制组件的结构如图 3-79 所示,内部电路如图 3-80 所示。在使用过程中,当任意一只点火线圈或点火控制器发生故障时,只能更换点火控制组件总成。点火控制组件的检测方法与其他点火系统不同,检测条件是:蓄电池电压必须高于 11.5V,曲轴位置与凸轮轴位置传感器工作正常。检测方法如下:

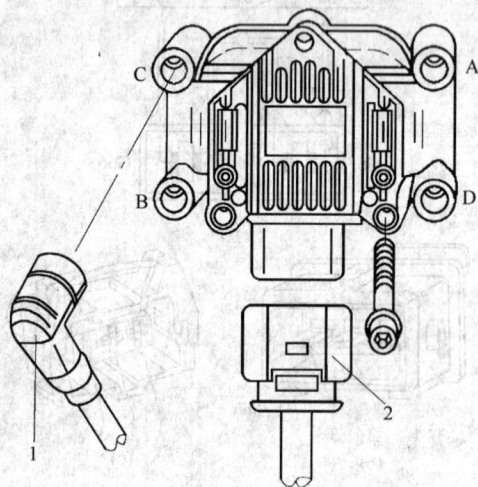

图 3-79 点火控制组件的结构
1. 第 3 缸高压线 2. 点火控制组件线束插头
A. 1 缸高压插孔 B. 2 缸高压插孔
C. 3 缸高压插孔 D. 4 缸高压插孔

①检查点火控制组件 N152 的电源电压。检测时,从点火线圈组件上拔下四端子线束插头,如图 3-81 所示。将数字式万用表的两只表笔分别连接插头上的端子"2"与端子"4",接通点火开关时,电源电压标准值应当大于或等于 11.5V。如电源电压为 0,说明点火控制组件至中央线路板(中央继电器盒)15 号电源线之间的线路断路,应逐段进行检修。点火控制组件系插头上的端子"4"与中央线路板 15 号电源线之间的导线电阻值应小于 1.5Ω。

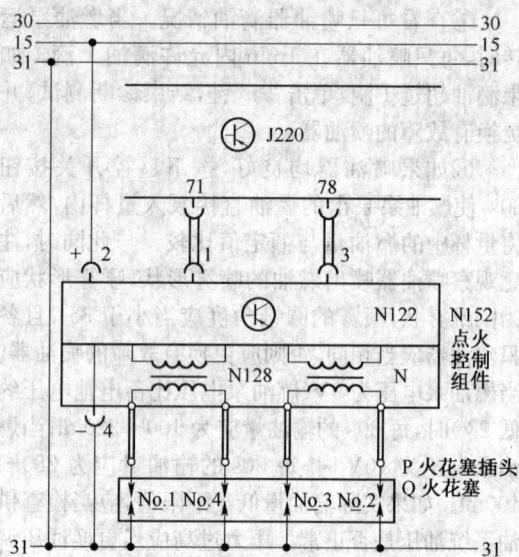

图 3-80 点火控制组件 N152 内部电路
J220. 电控单元 71.2、3 点火电流控制端子
78.1、4 缸点火电流控制端子 N.2、3 缸点火线圈
N122. 点火控制器 N128.1、4 缸点火线圈

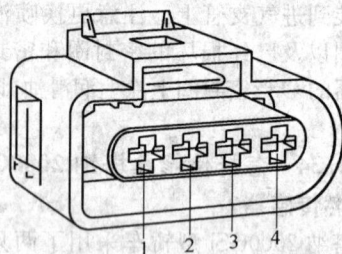

图 3-81 点火控制组件插头
1. 2、3 气缸点火控制信号端子
2. 点火控制器 N152 电源正极端子
3. 1、4 气缸点火控制信号端子 4. 搭铁端子

②检查电控单元 J220 对点火控制组件的控制功能。检测控制功能就是检查 J220 是否向 N152 发送控制脉冲信号。控制功能可用桑塔纳 2000GSi 型轿车专用检测仪器和工具检测,也可用发光二极管 LED 与串联 510Ω/0.25W 电阻器组成的 LED 调码器检测。检测时,首先拔下中央线路板上的燃油泵熔丝 S5(桑塔纳 2000GSi 为 10A 熔丝),使燃油泵停止转动(停止泵油)。然后拔下点火控制组件 N152 线束插头,将 LED 调码器分别连接线束插头端子"1"、"4"以及端子"3"、"4",分别检测 1、4 缸和 2、3 缸点火线圈的控制信号。起动发动机时,如发光二极管闪亮,说明电控单元 J220 的点火控制功能正常。当点

火系统发生故障时,如点火控制组件 N152 电源电压和电控单元 J220 的控制功能都正常,就说明点火控制组件 N152 有故障,需换用新品。

在检测电控单元 J220 控制功能时,如发光二极管不闪亮,说明电控单元 J220 至点火控制组件之间的导线断路或电控单元故障。可用数字式万用表检测线束插头上端子"1"至电控单元"71"号插孔、端子"3"至电控单元"78"号插孔之间的电阻值,标准阻值应当小于 1.5Ω。如电阻值为无穷大,说明导线断路,检修即可。再检查插头上端子"1"至电控单元"78"号插孔或插头上端子"3"至电控单元"71"号插孔之间的导线有无短路故障,电阻值为无穷大说明导线良好,电阻值为 0 说明导线短路。

在检查电控单元的控制功能时,如果发光二极管不闪亮,检查导线又无断路或短路故障,说明电控单元 J220 故障,应换用新品。

③检查点火线圈次级绕组电阻值。检测次级绕组电阻值时可参考图 3-79 进行,为了防止损坏点火控制器,检测必须使用高阻抗万用表(万用表内阻不小于 $10\mathrm{k}\Omega/\mathrm{V}$)。检测 1、4 缸线圈次级绕组的电阻值时,万用表的两只表笔分别连接高压插孔 A、D;检测 2、3 缸点火线圈次级绕组时,两只表笔分别连接高压插孔 B、C。在室温(20℃)条件下,1、4 缸或 2、3 缸点火线圈次级绕组的标准阻值均应为 $4000\sim6000\Omega$。如电阻值不符规定,应更换点火控制组件总成。

第 3 节　汽车发动机点火与辅助控制系统的结构组成

3.3.1　微机控制点火系统由哪些部件组成?

微机控制点火系统 MCI(Microcomputer Controlled Ignition System)主要由凸轮轴位置(上止点位置)传感器 CIS、曲轴位置(曲轴转速与转角)传感器 CPS、空气流量(负荷)传感器 AFS、节气门位置(负荷)传感器 TPS、冷却液温度传感器 CTS、进气温度传感器 IATS、车速传感器 VSS、各种控制开关、电控单元 ECU、点火控制器、点火线圈以及火花塞等组成。桑塔纳 2000GSi 型轿车微机控制直接点火系统的组成如

图 3-82 所示。

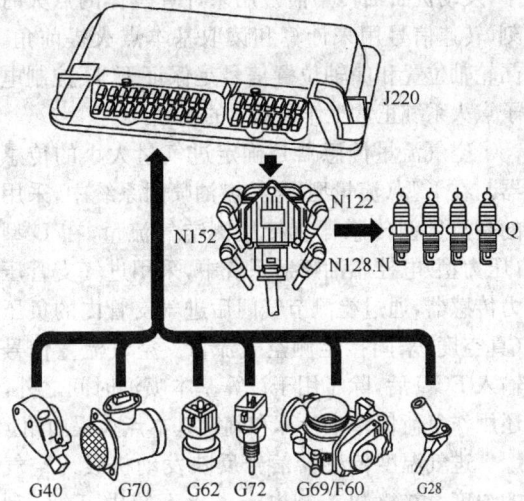

图 3-82　桑塔纳 2000GSi 型轿车微机控制直接点火系统组成

G40. 凸轮轴位置(上止点位置)传感器　G70. 空气流量传感器　G62. 冷却液温度传感器　G72. 进气温度传感器　G69. 节气门位置传感器　F60. 怠速触点开关　G28. 曲轴位置(曲轴转速与转角)传感器　J220. 电控单元　N152. 点火控制组件　N122. 点火控制器　N、N128. 点火线圈　Q. 火花塞

传感器是微机控制点火系统的重要部件,用来检测与点火有关的发动机工作和状况信息,并将检测结果输入 ECU,作为计算和控制点火时刻的依据。虽然各型汽车采用的传感器的类型、数量、结构及安装位置不尽相同,但其作用大同小异,而且这些传感器大多与燃油喷射系统和其他电子控制系统共用。

凸轮轴位置(上止点位置)传感器是确定曲轴基准位置和点火基准的传感器。该传感器在曲轴旋转至某一特定的位置(如第一缸压缩上止点前某一确定的角度)时,输出一个脉冲信号,ECU 将这一脉冲信号作为计算曲轴位置的基准信号,再利用曲轴转角信号计算出曲轴任一时刻所处的具体位置。

曲轴位置(转角与转速)传感器将发动机曲轴转过的角度变换为电信号输入 ECU,曲轴每转过一定角度就发出一个脉冲信号,ECU 通过不断地检测脉冲个数,即可计算出曲轴转过的角度。与此同时,ECU 根据单位时间内接收到的脉冲个数

计算出发动机的转速。在微机控制电子点火系统中，发动机曲轴转角信号用来计算具体的点火时刻，转速信号用来计算和读取基本点火提前角。凸轮轴位置和曲轴位置信号是保证 ECU 控制电子点火系统正常工作最基本的信号。

空气流量传感器是确定进气量大小的传感器。在 L 型（流量型）电控燃油喷射系统中，采用的是流量型传感器直接检测空气流量，在 D 型（压力型）电控燃油喷射系统中，采用进气支管压力传感器，通过检测节气门后进气支管内的负压（真空度）来间接检测空气流量。空气流量信号输入 ECU 后，除了用于计算基本喷油时间之外，还用作负荷信号来计算和确定基本点火提前角。

进气温度传感器信号反映发动机吸入空气的温度。在微机控制电子点火系统中，ECU 利用该信号对基本点火提前角进行修正。

冷却水温传感器信号反映发动机工作温度的高低。在微机控制点火系统中，ECU 除了利用该信号对基本点火提前角进行修正之外，还要利用该信号控制起动和发动机暖机期间的点火提前角。

节气门位置传感器将节气门开启角度转换为电信号输入 ECU，ECU 利用该信号和车速传感器信号来综合判断发动机所处的工况（怠速、中等负荷、大负荷、减速），并对点火提前角进行修正。

各种开关信号用于修正点火提前角。起动开关信号用于起动时修正点火提前角；空调开关信号用于怠速工况下使用空调时修正点火提前角；空档安全开关仅在采用自动变速器的汽车上使用，ECU 利用该开关信号来判断发动机是处于空档停车状态还是行驶状态，然后对点火提前角进行必要的修正。

3.3.2 微机控制点火系统怎样控制点火提前角和点火导通角？

微机控制点火过程可分为点火提前角控制和点火导通角控制两种情况。下面以桑塔纳 2000GSi 型轿车四缸发动机点火控制过程为例说明。发动机判缸信号在第 1 缸压缩上止点前 BTDC88°时产生，设曲轴转速 2000r/min 时最佳点火提前角为上止点前 BTDC30°曲轴转角，其控制过程如图 3-83 所示。

（1）点火提前角的控制

由凸轮轴位置传感器和曲轴位置传感器结构原理可知，凸轮轴位置传感器产生的判缸信号下降沿输入 ECU 时，表明第 1 缸活塞处于压缩上止点前 BTDC88°位置，如图 3-83a 所示。当 ECU 接收到判缸信号下降沿后，将对曲轴位置传感器 CPS 输入的转速与转角信号进行计数。计数开始时的信号称为基准信号，由 ECU 内部电路控制，曲轴每旋转 180°产生一个基准信号。因为曲轴位置传感器第一个凸齿信号在判缸信号下降沿后 7°时产生，所以基准信号对应于第 1 缸活塞压缩上止点前 BTDC81°位置，如图 3-83b 所示。

点火提前角的大小直接影响点火性能，提前角过大会导致发动机产生爆燃，提前角过小又会导致发动机过热，所以必须精确控制，一般精确到 1°。由于桑塔纳 2000GSi 型轿车凸轮轴位置传感器凸齿和小齿缺信号均占 3°曲轴转角，因此需要将曲轴位置传感器信号转换为 1°信号。因为 ECU 内部晶振频率一般设定为 $f=6MHz$，周期为 $T=1/f=0.00016ms$，当发动机转速为 2000r/min 时曲轴转过 3°经历的时间为 0.25ms $\left(\dfrac{60000ms \times 3°}{2000 \times 360°}=0.25ms\right)$，所以每 0.083ms 曲轴转过角度为 1°，相当于 518.75 个晶振周期（0.083ms/0.00016ms＝518.75），即 ECU 内部晶振每产生 518.75 个时钟脉冲信号，相当于曲轴转角 1°，如图 3-83c 所示。因为点火提前角为上止点前 BTDC30°，所以 ECU 计数到第 51 个 1°信号（即从接收到 CIS 信号 7°+51°＝58°）后，在第 52 个 1°信号时向点火控制器发出指令，使功率三极管截止（OFF），如图 3-83d 所示，切断点火线圈初级电流，次级绕组产生高压电并送到火花塞电极上跳火，从而将点火提前角控制在第 1 缸压缩上止点前 30°。因为基准信号每 180°产生一个，所以同理可按发动机气缸 1-3-4-2 的工作顺序将点火提前角控制在压缩上止点前 30°。

（2）点火导通角的控制

点火导通角是指点火线圈初级电路的功率三极管导通期间，发动机曲轴转过的角度。导通角的控制方法是：ECU 首先根据电源电压高低，从预先试验并存储在存储器中的导通时间脉谱图中查询导通时间，然后根据发动机转速确定导通角的大小。

已知条件：点火提前角为 BDTC30°；发动机转速为 2000r/min；导通时间为7.5ms，相当于 90°曲轴转角

图 3-83 点火提前角与导通角控制过程

(a)CIS 信号 (b)基准信号 (c)CPS 分频信号 (d)点火驱动信号

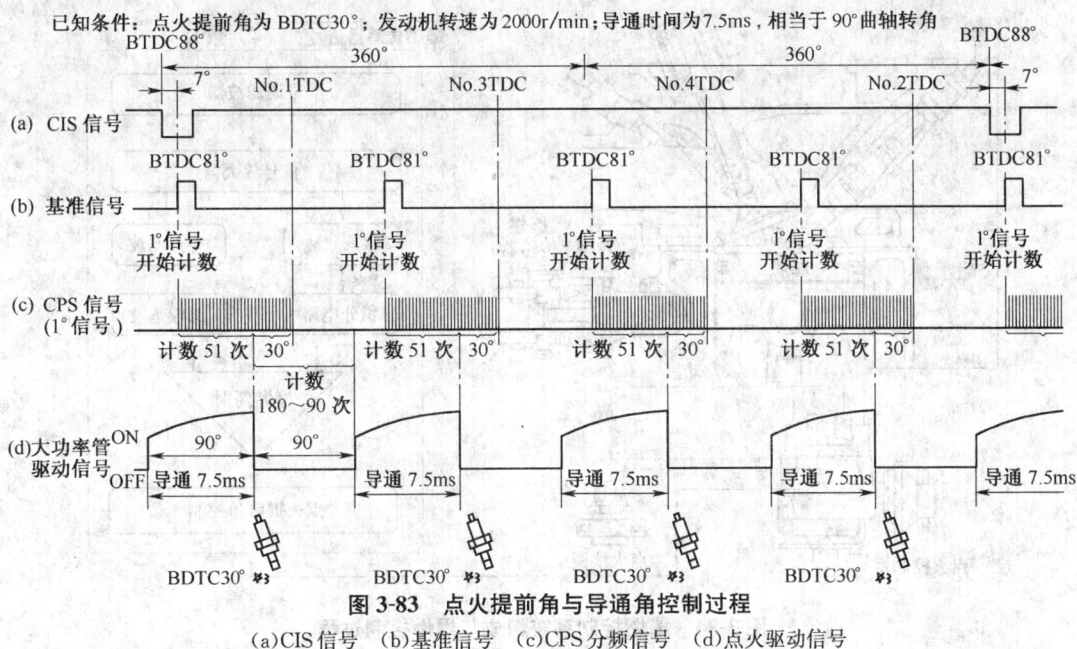

设电源电压为 14V 时，导通时间为 7.5ms。当发动机转速为 2000r/min 时，7.5ms 则相当于曲轴转角为 $\left(\dfrac{360°×2000}{60000}\right)×7.5=90°$，即在上述发动机工作条件下，功率管 VT 从导通至截止，必须保证 90°曲轴转角。因为四缸发动机跳火间隔角度为 180°曲轴转角，所以在功率管截止期间，需要曲轴转过的角度＝跳火间隔角度－导通角＝180°－90°＝90°。实际控制时，ECU 从发出功率管截止指令开始对 1°信号进行计数，计数 90次（180°－90°＝90°）1°信号后，在第 91 个 1°信号上升沿到来时向点火控制器发出指令，使三极管导通(ON)，接通点火线圈初级电流，保证导通角具有 90°，如图 3-83(d)所示。

3.3.3 什么是发动机爆燃？其危害是什么？爆燃控制系统的组成和原理是怎样的？

汽油发动机获得最大功率和最佳燃油经济性的有效方法之一是增大点火提前角。但是，点火提前角过大又会引起发动机爆燃，发动机爆燃是指气缸内的可燃混合气在火焰前锋尚未到达之前自行燃烧导致压力急剧上升而引起缸体振动的现象。爆燃的主要危害是导致发动机输出功率降低，并导致发动机使用寿命缩短甚至损坏。发动机在大负荷状态工作时，这种可能性更大。消除爆燃最有效的方法就是推迟点火提前角。

发动机爆燃控制系统是在点火控制系统的基础上，增设爆燃传感器、带通滤波电路、信号放大电路、整形滤波电路、比较基准电压形成电路、积分电路和提前角控制电路等组成点火提前角闭环控制系统，如图 3-84 所示。在发动机电子控制系统中，当点火时刻采用闭环控制时，就能有效地抑制发动机爆燃，并能提高动力性。

发动机爆燃的检测方法有三种：一是检测发动机缸体的振动频率；二是检测发动机燃烧室压力的变化；三是检测混合气燃烧的噪声。

检测混合气燃烧噪声为非接触式检测，其耐久性较好，但测量精度和灵敏度较低，实际应用很少。

直接检测燃烧室压力变化来检测发动机振动的测量精度较高，但传感器安装困难，且耐久性较差，一般用于测量仪器，实际应用的压力检测传感器均为间接检测式。

检测发动机缸体振动频率来检测爆燃的主要优点是测量精度较高、传感器安装方便（一般都安装在缸体侧面）且输出电压较高。因此，现代汽车广泛采用。

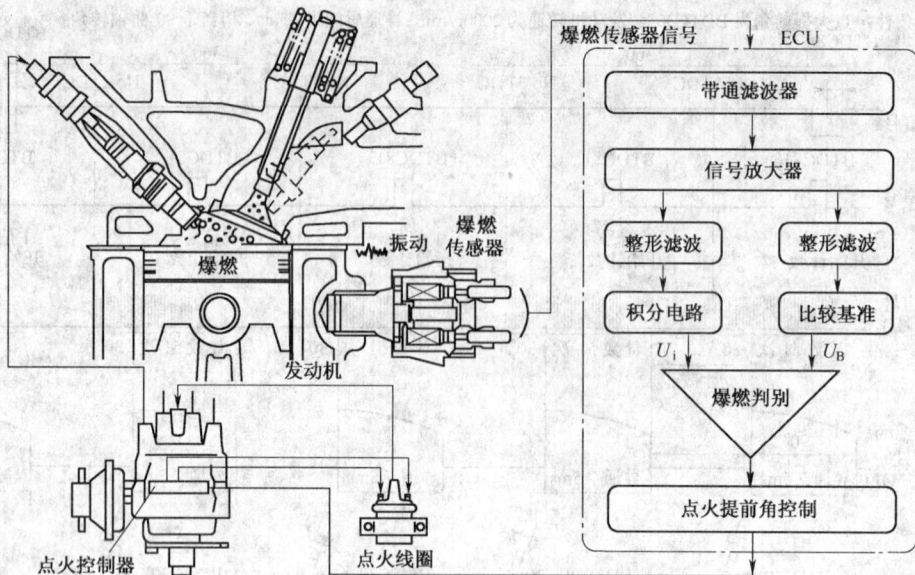

图 3-84　爆燃控制系统组成与爆燃控制过程

3.3.4　爆燃传感器分为哪些类型？各有什么特点？

发动机爆燃传感器 EDS(Engine Detonation Sensor)简称爆燃传感器，每台发动机一般安装 1～2 只，其功用是将发动机爆燃信号转换为电信号输入发动机 ECU，以便 ECU 通过修正点火提前角来消除爆燃。因此，爆燃传感器是点火提前角闭环控制系统必不可少的传感器。

带通滤波器只允许发动机爆燃信号(频率为 6～9kHz 的信号)或接近爆燃的信号输入 ECU 进行处理，其他频率的信号则被衰减。信号放大器的作用是对输入 ECU 的信号进行放大，以便整形滤波电路进行处理。接近爆燃的信号经过整形滤波和比较基准电路处理后，形成判定是否发生爆燃的基准电压 U_B。爆燃信号经过整形滤波和积分电路处理后，形成积分信号，用于判定爆燃强度。

爆燃传感器是一种振动加速度传感器。按检测方式不同，可分为共振型与非共振型两种；按结构不同，可分为磁致伸缩式和压电式两种。通用和日产汽车采用了磁致伸缩式爆燃传感器。桑塔纳 GLi、2000GLi、2000GSi、捷达 AT、GTX 型等国产轿车普遍采用了压电式爆燃传感器。

共振型爆燃传感器的显著特点是传感器的共振频率与发动机爆燃的固有频率相匹配，因此，其内部设有共振体，并且要使共振体的共振频率与爆燃频率协调一致。其优点是输出电压高，不需要滤波器，信号处理比较方便。由于机械共振体的频率特性尖且频带窄，因此，无法响应发动机结构变化引起的爆燃频率变化。换句话说，共振型爆燃传感器只适用于特定的发动机，不能与其他发动机互换使用，装车自由度很小。美国通用和日本日产汽车采用的磁致伸缩式爆燃传感器就属于共振型爆燃传感器。

非共振型爆燃传感器的突出优点是适用于各种型号的发动机，装车自由度很大。但其输出电压较低，频率特性平坦且频带较宽，需要配用带通滤波器(即只允许特定频带的信号通过，对其他频率的信号进行衰减的滤波器。带通滤波器一般由线圈和电容器组合而成)，信号处理比较复杂。中国、日本和欧洲汽车大都采用非共振型爆燃传感器。

①压电式爆燃传感器。国内外大多数汽车微机控制点火系统都采用了非共振型压电式爆燃传感器。桑塔纳 GLi、2000GLi、2000GSi、捷达 AT、GTX 型轿车采用的压电式爆燃传感器的结构如图 3-85 所示，主要由套筒底座、压电元件、惯性配重、塑料壳体和接线插座等组成。

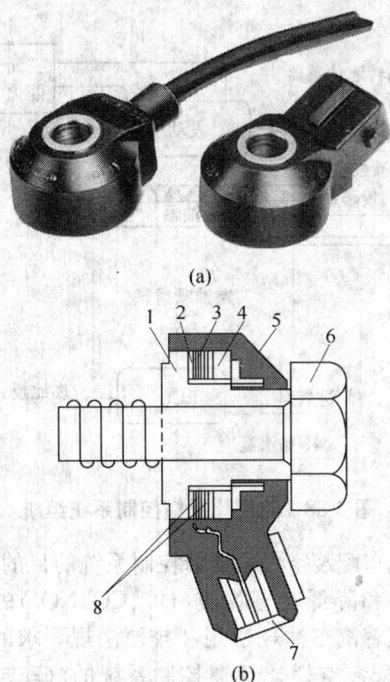

图 3-85　压电式爆燃传感器的结构

(a)传感器外形　(b)内部结构

1. 套筒底座　2. 绝缘垫圈　3. 压电元件

4. 惯性配重　5. 塑料壳体　6. 固定螺栓

7. 接线插座　8. 电极

桑塔纳 GLi、2000GLi 型轿车采用了一只爆燃传感器，安装在缸体右侧（车前视）2、3 缸之间；桑塔纳 2000GSi、捷达 AT、GTX 型轿车采用了两只爆燃传感器，分别安装在发动机进气道一侧缸体上 1、2 缸之间和 3、4 缸之间，一只检测 1、2 缸爆燃信号，另一只检测 3、4 缸爆燃信号。

压电元件是爆燃传感器的主要部件，由压电材料制成，制作成垫圈形状，在其两个侧面上安放有金属垫圈作为电极，并用导线引到接线插座上。惯性配重与压电元件以及压电元件与传感器套筒之间安放有绝缘垫圈，套筒中心制作有螺孔，传感器用螺栓安装固定在发动机缸体上，调整螺栓的拧紧力矩便可调整传感器输出的信号电压[注意：传感器的输出特性出厂时已经调好，如捷达 AT、GTX 型、桑塔纳 2000GSi 型轿车的标准拧紧力矩为(25±5)N·m，使用中拧紧力矩不得随意调整]。

惯性配重用来传递发动机振动产生的惯性力，惯性配重与塑料壳体之间安装有盘形弹簧，

借弹簧张力将惯性配重、压电元件和垫圈等部件压紧在一起。传感器插座上有三根引线，其中两根为信号线，一根为屏蔽线。

压电式爆燃传感器也可制作成共振型爆燃传感器，其结构与非共振型基本相同，有所不同的是在壳体内设有一个共振体。

②磁致伸缩式爆燃传感器。磁致伸缩式爆燃传感器为共振型爆燃传感器，结构如图 3-86 所示，主要由感应线圈、伸缩杆、永久磁铁和壳体组成。伸缩杆用高镍合金制成，在其一端设置有永久磁铁，另一端安放在弹性元件上。传感线圈绕制在伸缩杆的周围，线圈两端引出电极与控制线路连接。

磁致伸缩式爆燃传感器的外形结构与发动机润滑油压力传感器相似，不同之处在于旋入发动机缸体部分爆燃传感器为实心结构，而油压力传感器则设置有进油孔。

③压力检测式爆燃传感器。直接检测燃烧压力来检测发动机爆燃是测量精度最高的测量方法，但传感器安装困难且耐久性较差。汽车实用的是一种间接检测燃烧压力的方法，检测燃烧压力的传感器安装在火花塞垫圈下面，如图 3-87 所示。这种传感器又称为垫圈式爆燃传感器，曾在奥迪轿车上采用过这种传感器。

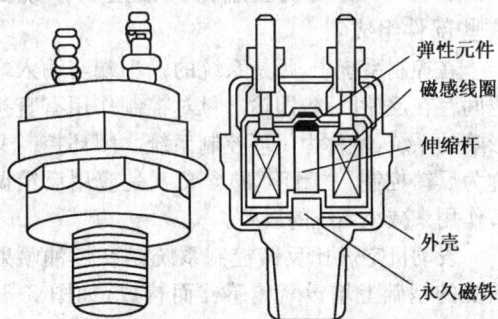

弹性元件
磁感线圈
伸缩杆
外壳
永久磁铁

图 3-86　磁致伸缩式爆燃传感器的结构

垫圈式爆燃传感器是一种非共振型压电效应式传感器，结构原理与前述压电式爆燃传感器相同。传感器安装在火花塞垫圈与发动机气缸盖之间，燃烧压力作用到火花塞上，经过火花塞垫圈传递给传感器。作用力变化时，传感器信号电压随之变化，从而间接地测量燃烧压力。

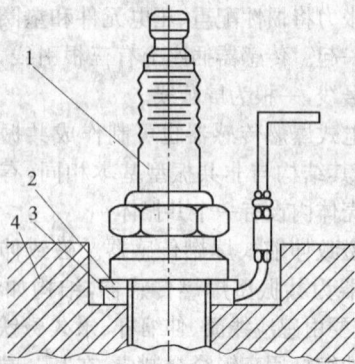

图 3-87　垫圈式爆燃传感器安装位置
1. 火花塞　2. 垫圈　3. 爆燃传感器　4. 气缸盖

3.3.5　汽车发动机采用的电子辅助控制系统有哪些？

汽车发动机采用电子控制技术的目的是提高汽车的动力性、经济性和排放性能。随着汽车技术的发展和人类社会的进步，汽车性能（动力性、经济性和排放性能）指标和法规（油耗法规和排放法规）要求不断提高，仅靠电子控制燃油喷射系统和微机控制点火系统对喷油与点火进行控制远远不能满足要求，还必须采用空燃比反馈控制系统、超速断油控制系统、减速断油控制系统、清除溢流控制系统、怠速控制系统和燃油蒸气回收系统等电子辅助控制系统，对发动机的状态参数进行综合控制。

3.3.6　发动机空燃比反馈控制系统由哪些部件组成？

在控制系统中，凡是系统的输出端与输入端之间存在反馈回路，即输出量对控制作用有直接影响的系统，就称为闭环控制系统。闭环控制又称为反馈控制。"闭环"的含义就是应用反馈调节作用来减小系统的误差。

发动机空燃比反馈控制系统是在燃油喷射系统的基础上增设氧传感器而构成，如图 3-88 所示。氧传感器是实现空燃比反馈控制的关键部件，安装在排气门至三元催化转换器之间的排气管上。如果在同一根排气管上安装两只氧传感器，如日本丰田凌志 LS400 型、天津一汽丰田皇冠 3.0 型轿车，则在三元催化转换器的前端和后端各安装一只氧传感器。

发动机工作时，电控单元 ECU 根据氧传感器的信号电压来判断可燃混合气是偏浓还是偏稀，再发出控制指令对喷油量进行修正。

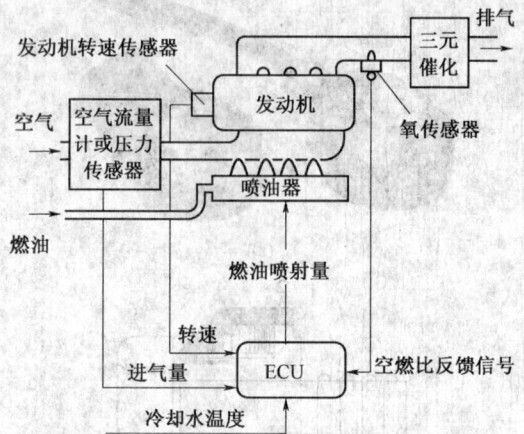

图 3-88　空燃比反馈控制系统组成

汽车配装空燃比反馈控制系统的目的是：节约燃油和降低有害物质（HC、CO、NO_x）的排放量。随着汽车油耗法规和排放法规要求的不断提高，配装空燃比反馈控制系统的汽车越来越多。桑塔纳 2000GLi、2000GSi、捷达 AT、GTX、天津一汽夏利 N3、威乐 Vela、威姿 Vizi、威志、天津一汽丰田威驰 VIOS、皇冠 CROWN、锐志 REIZ、花冠 COROLLA 等轿车以及切诺基 BJ2021 和北京 2020VJ 型吉普车等国产汽车都已配装空燃比反馈控制系统。

3.3.7　氧传感器的功用是什么？分为哪些类型？

氧传感器是排气氧传感器 EGO（Exhaust Gas Oxygen Sensor）的简称，又称为氧量传感器 O_2S 或拉门达（Lambda）传感器，其功用是通过监测排气中氧离子的含量来获得混合气的空燃比信号，并将空燃比信号转变为电信号输入发动机 ECU。ECU 根据氧传感器信号对喷油时间进行修正，实现空燃比反馈控制（闭环控制），从而将过量空气系数（λ）控制在 1.0（空燃比 14.7）左右，使发动机得到最佳浓度的混合气，从而达到降低有害气体的排放量和节约燃油之目的。

汽车发动机燃油喷射系统采用的氧传感器分为氧化锆（ZrO_2）式和氧化钛（TiO_2）式两种类型，氧化锆式又分为加热型与非加热型氧传感器两种，氧化钛式一般都为加热型传感器。由于实用的氧化钛式氧传感器价格便宜，且不易受到硅离子的腐蚀，因此越来越多的汽车采用氧化钛式氧传感器。

(1) 氧化锆式氧传感器

氧化锆式氧传感器的结构如图 3-89 所示，主要由钢质护管、钢质壳体、锆管、加热元件、电极引线、防水护套和线束插头等组成。

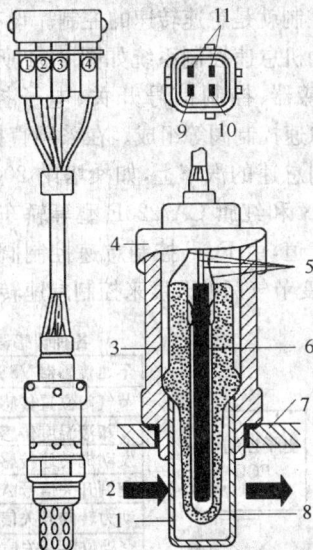

图 3-89　氧化锆式氧传感器的结构

1. 钢质护管　2. 排气　3. 壳体　4. 防水护套
5. 电极引线　6. 陶瓷加热元件　7. 排气管
8. 二氧化锆固体电解质陶瓷管（锆管）
9. 加热元件电源端子　10. 加热元件搭铁端子
11. 信号输出端子

锆管是在二氧化锆（ZrO_2）固体电解质粉末中添加少量的添加剂压力成形后，再烧结而成的陶瓷管，其加工工艺与火花塞绝缘体的成形工艺完全相同。二氧化锆晶体的体积变化量为 4% 左右，其体积变化容易导致晶体老化而失效（阻止氧离子扩散），加入添加剂的目的就是防止二氧化锆晶体老化。目前常用的添加剂是氧化钇（Y_2O_3）。锆管制作成试管形状，以便氧离子能均匀扩散与渗透。锆管内表面通大气，外表面通排气。为了防止发动机排出的废气腐蚀外层铂电极，在外层铂电极表面还涂敷有一陶瓷保护层。在锆管的内、外表面都涂覆有一层金属铂（Pt）作为电极，并用金属线与传感器信号输出端子连接。金属铂除了起到电极作用将信号电压引出传感器之外，另一个更重要的是催化作用。在催化剂铂的作用下，当发动机排气中的一氧化碳（CO）有害气体与氧气（O_2）接触时，就会生成二氧化碳（CO_2）无害气体。

氧化锆陶瓷管的强度很低，而且安装在排气管上承受排气压力冲击。为了防止锆管受排气压力冲击而造成陶瓷管破碎，因此将锆管封装在钢质护管内。护管上制作有若干个小孔，以便于排气流通。在钢质壳体上制作有六角螺边和螺纹，以便安装（拧紧力矩为 40～60N·m）和拆卸传感器。

氧化锆式氧传感器有加热型与非加热型两种。非加热型氧传感器的线束插头只有一个或两个接线端子。中高档轿车大都采用加热型氧传感器，其线束插头有三个或四个接线端子。

氧化锆式氧传感器必须满足以下三个条件，才能正常调节混合气浓度：

①发动机温度高于 60℃。
②氧传感器自身温度高于 300℃。
③发动机工作在怠速工况和部分负荷工况。

(2) 氧化钛式氧传感器

氧化钛式氧传感器的外形与氧化锆式氧传感器相似，结构如图 3-90 所示，主要由二氧化钛传感元件、钢质壳体、加热元件和电极引线等组成。二氧化钛（TiO_2）属于 N 型半导体材料，其电阻值大小取决于材料温度以及周围环境中氧离子的浓度，因此可以用来检测排气中的氧离子浓度。

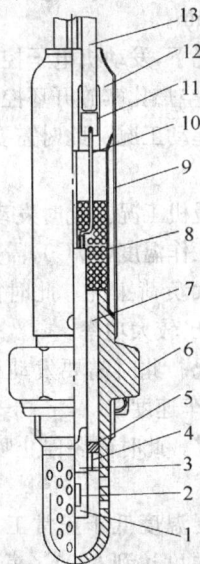

图 3-90　氧化钛式氧传感器结构

1. 加热元件　2. 二氧化钛元件　3. 基片　4. 垫圈
5. 密封圈　6. 壳体　7. 滑石粉填料　8. 密封釉
9. 护套　10. 电极引线　11. 连接焊点
12. 密封衬垫　13. 传感器引线

钢质壳体上制有螺纹,以便于传感器安装。与氧化锆式氧传感器不同的是,氧化钛式氧传感器不需要与大气压进行比较,因此传感元件的密封与防水十分方便,利用玻璃或滑石粉等密封即可达到使用要求。此外,在电极引线与护套之间设有一个硅橡胶密封衬垫,可以防止水汽浸入传感器内部而腐蚀电极。

氧化钛式氧传感器必须满足三个条件,才能正常调节混合气浓度:

①发动机温度高于60℃。

②氧传感器自身温度高于600℃。

③发动机工作在怠速工况和部分负荷工况。

3.3.8 汽车发动机电子控制系统对空燃比实施反馈控制的条件是什么?

为了保证发动机具有良好的动力性,混合气的空燃比并不是在发动机所有的工况下都进行反馈控制。发动机电控单元(ECU)对空燃比实施反馈控制的条件是:

①发动机冷却液温度达到正常工作温度(80℃)。

②发动机运行在怠速工况或部分负荷工况。

③氧传感器温度达到正常工作温度。

④氧传感器输入ECU的信号电压变化频率不低于10次/min。

在下述情况下,发动机电子控制系统的电控单元ECU将对空燃比实施开环控制:

①发动机起动工况。此时需要浓混合气,以便起动发动机。

②发动机暖机工况。此时发动机刚刚起动,温度低于正常工作温度(80℃),需要迅速升温。

③发动机大负荷工况。此时需要加浓混合气,使发动机输出较大功率。

④加速工况。此时需要发动机输出最大转矩,以便提高汽车速度。

⑤减速工况。此时需要停止喷油,使发动机转速迅速降低。

⑥氧传感器温度低于正常工作温度。氧化锆式氧传感器温度达到300℃、氧化钛式氧传感器温度达到600℃时才能输出信号。温度低于正常工作温度时不能输出电压信号。

⑦氧传感器输入ECU的信号电压持续10s以上时间保持不变。信号电压持续10s以上不

变说明氧传感器失效,ECU将自动进入开环控制状态。

3.3.9 汽车发动机怠速控制系统由哪些部件组成?各部件的功用是什么?

怠速控制就是怠速转速的控制。设有旁通空气道的发动机怠速控制系统如图3-91所示,主要由各种传感器、控制信号开关、电子控制单元(ECU)和怠速控制阀等组成。在采用直接控制节气门来控制怠速的汽车上,如桑塔纳2000GSi、捷达AT、GTX和红旗CA7220E型等轿车,没有设置旁通空气道,由ECU控制怠速控制阀(或电动机)直接改变节气门的开度来控制怠速转速。

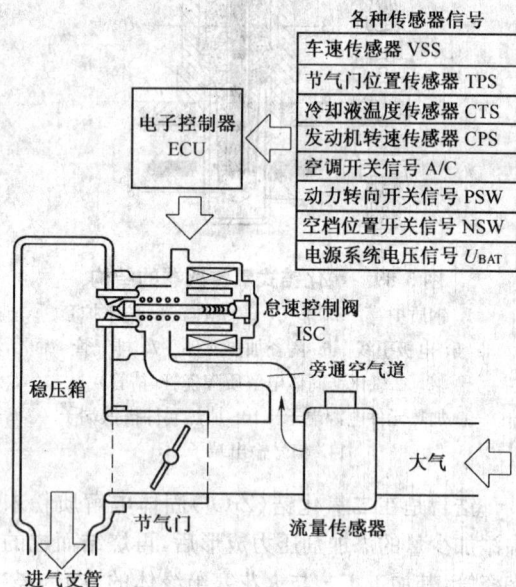

图3-91 怠速控制系统组成

车速传感器提供车速信号,节气门位置传感器提供节气门开度信号,这两个信号用来判定发动机是否处于怠速状态。发动机怠速时,节气门关闭,节气门位置传感器的开度小于1.2°或怠速触点闭合。怠速触点闭合时,传感器输出端子IDL输出低电平信号。因此,当节气门开度小于1.2°或IDL端子输出低电平信号时,如果车速为0,就说明发动机处于怠速状态;如车速不为0,则说明发动机处于减速状态。

冷却液温度信号用于修正怠速转速。在发动机冷机起动后的暖机过程中,ECU根据发动机温度信号,通过控制怠速控制阀的开度来控制相应的快怠速转速,并随发动机温度升高逐渐降

低怠速转速。当冷却液温度达到正常工作温度时,怠速转速恢复正常。

空调开关、动力转向开关、空档起动开关信号和电源电压信号等向 ECU 提供发动机负荷变化的状态信息。在 ECU 内部,存储有不同负荷状况下对应的最佳怠速转速。

3.3.10　怠速控制阀的结构有何特点?

(1)步进电机式怠速控制阀

步进电机是一种由脉冲信号控制其转动方向和转动角度的电动机。利用同性相斥、异性相吸原理即可使转子步进旋转。步进电机式怠速控制阀由步进电机、螺旋机构、阀心、阀座等组成,结构如图 3-92 所示。步进电机的功用是产生驱动力矩,结构与其他电动机一样,也是由永磁转子、定子绕组等组成。螺旋机构的作用是将步进电机的旋转运动变换为往复运动,由螺杆(又称丝杠)和螺母组成。螺母与步进电机的转子制成一体,螺杆的一端制有螺纹,另一端固定有阀心,螺杆与阀体之间为滑动花键连接,只能沿轴向作直线移动,不能作旋转运动。

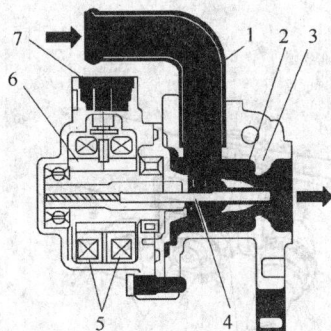

图 3-92　步进电机式怠速控制阀 ISCV 的结构
1. 旁通空气道　2. 阀心　3. 阀座　4. 螺杆
5. 定子绕组　6. 永磁转子　7. 线束插座

当步进电机的转子转动时,螺母将带动螺杆作轴向移动。转子转动一圈,螺杆移动一个螺距。因为阀心与螺杆固定连接,所以螺杆将带动阀心开大或关小阀门开度。ECU 通过控制步进电机的转动方向和转动角度来控制螺杆的移动方向和移动距离,从而达到控制怠速阀开度,调整怠速转速之目的。

(2)旋转滑阀式怠速控制阀

上海联合汽车电子有限公司开发的旋转滑

阀式怠速控制阀 ISCV 的结构如图 3-93 所示,结构与上述旋转滑阀式怠速控制阀大同小异,也是由旁通空气阀(即旋转滑阀)和电动机两部分组成。这种怠速控制阀的工作电压为 6～16V,最大空气流量大于 $50m^3/h$,空气泄漏量小于 $2.5m^3/h$,线圈电阻约 15Ω,定位时间小于 30ms,质量仅为 0.2kg。具有能耗低、结构紧凑、对尘垢污染不敏感等优点。

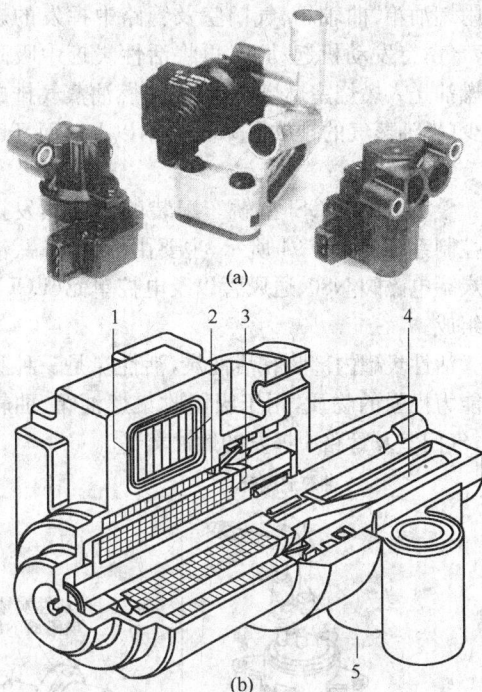

图 3-93　联合汽车电子公司旋转滑阀式 ISCV 的结构
(a)外形　(b)内部结构
1. 线圈　2. 铁轭　3. 永久磁铁
4. 旋转滑阀　5. 调节窗口

旋转滑阀式怠速控制阀的显著特点是定子线圈通电电流的大小由控制脉冲信号的占空比决定。转子为永久磁铁,且套装在轴上,在电磁线圈的驱动下,永久磁铁可在轴上自由转动。永久磁铁上刚性地连接着一块旋转滑块,当电磁线圈驱动永久磁铁转动时,滑块将随永久磁铁一同转动,滑块的角位移就决定了旁通空气通道的开度,从而调节旁通进气量的大小。

3.3.11　燃油蒸发排放控制系统的功用是什么? 其组成有何特点?

燃油蒸发排放控制系统又称为燃油蒸气回

收系统。汽车发动机燃油特别是汽油是一种挥发性很强的物质,燃油箱、曲轴箱、气门室和燃油管路内部的燃油受热后,表面就会产生蒸气,如不妥善处理,就会散发到大气之中造成环境污染。燃油蒸发排放控制系统的功用就是防止燃油蒸气排入大气而污染环境,同时还可节约能源。到目前为止,国产桑塔纳、捷达、夏利等轿车都已设置燃油蒸发排放控制系统,利用活性炭罐吸附燃油箱、曲轴箱、气门室及管路中挥发的燃油蒸气,待发动机起动后,再将活性炭罐中吸附的燃油送入燃烧室燃烧,不仅能使燃油蒸气排放减少(燃油蒸气的排放量降低 95% 以上),而且还能节约能源。

桑塔纳 2000GSi 型轿车配装的燃油蒸发排放控制系统如图 3-94 所示,主要由活性炭罐、活性炭罐电磁阀 N80、通风管以及电控单元(ECU)等组成。

活性炭罐内部装有活性炭,活性炭是一种吸附能力极强的物质,用于吸附收集燃油箱、曲轴箱、气门室及管路中挥发的燃油蒸气。

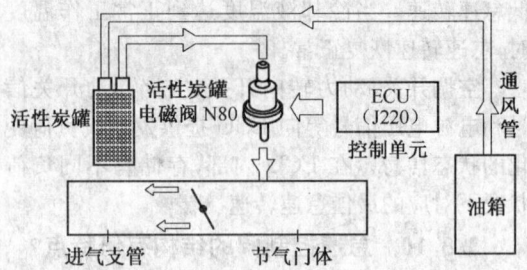

图 3-94 燃油蒸发排放控制系统的组成

活性炭罐电磁阀又称为再生电磁阀或油箱通风阀,结构原理与普通电磁阀基本相同。活性炭罐电磁阀受控于电控单元 J220,桑塔纳系列轿车用活性炭罐电磁阀的工作电压为 9～16V,工作温度为 -30℃～+120℃,燃油蒸气流量为 2～3m³/h(压力 200kPa),控制频率为 30Hz,最小控制脉冲为 7ms,电磁阀线圈电阻值为 26Ω,消耗电流为 0.5A(电压 13.5V 时)。

活性炭罐电磁阀安装在活性炭罐与节气门体之间,桑塔纳 2000GSi 型轿车活性炭罐与电磁阀、通风管的连接情况如图 3-95 所示。

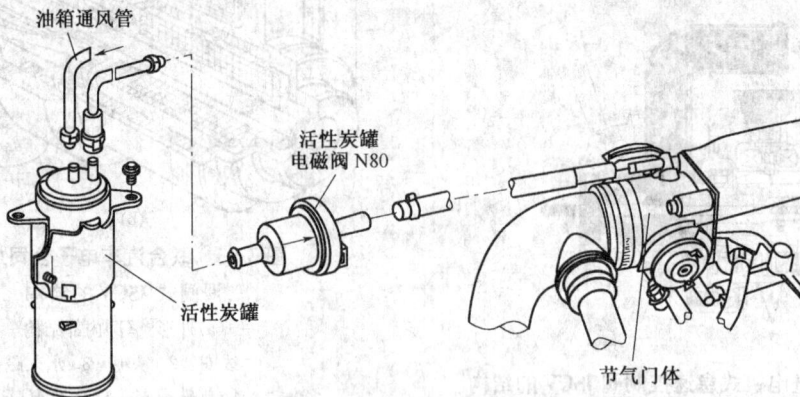

图 3-95 活性炭罐与电磁阀、通风管的连接

第 4 节 汽车电器的技术性能与装复试验

3.4.1 什么是汽车交流发电机的输出特性?什么是试验电压?汽车用交流发电机的试验电压是多少?

汽车交流发电机的使用条件与一般工业用交流发电机的最大区别在于转速变化范围很大(0～18000r/min),因此其工作特性的表示方法与工业用交流发电机有所不同。根据我国汽车行业标准 QC/T 424—2005《汽车用交流发电机电气特性试验方法》规定,汽车交流发电机的电气特性是以转速为基准的输出特性来表示。

输出特性是指发电机电压维持在试验电压 U_t 时,输出电流 I 与转速 n 之间的关系,因此又称为电流-转速特性,即 $U_t=C$ 时,$I=f(n)$。实测桑塔纳、奥迪轿车用 JFZ1913Z 型交流发电机的输出特性如图 3-96 所示。由输出特性曲线可见,当发电机电压一定时,输出电流的变化规律是随转速升高和负载增多而增大,且在转速达到一定值时不再随转速的升高而增大。

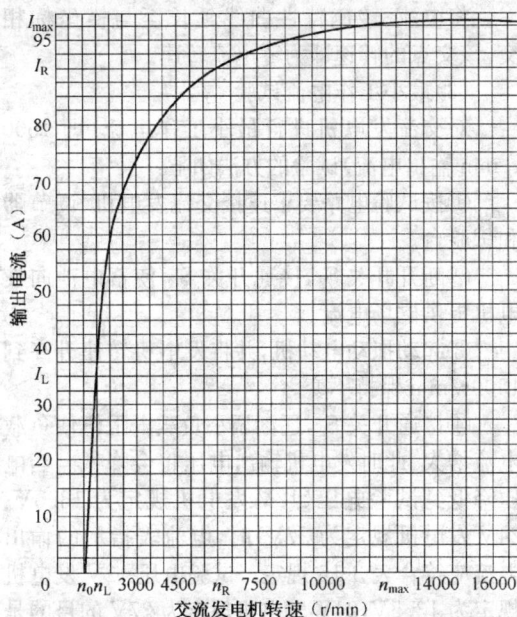

图3-96　JFZ1913Z型交流发电机的输出特性

试验电压是指测试输出电流时规定的电压值。根据我国汽车行业标准 QC/T 729—2005《汽车用交流发电机技术条件》规定:对于配用电子式调节器的交流发电机,为使调节器处于非工作状态,即防止调节器工作对发电机输出电流产生影响,将 12V 发电机的试验电压规定为 13.5V;24V 发电机规定为 27V。

3.4.2　汽车用交流发电机的性能用哪些指标来描述? 试验电路有何特点?

根据我国汽车行业标准 QC/T 424—2005《汽车用交流发电机电气特性试验方法》规定,汽车用交流发电机的性能用空载转速 n_A、零电流转速 n_0、最小工作电流 I_L、额定电流 I_R 和最大电流 I_{max} 五个指标来描述。

①空载转速。发电机转速逐渐升高到充电指示灯(或电流表)指示充电开始时的转速,称为空载转速,用字母“n_A”表示。发电机转速 n 低于空载转速 n_A 时,其端电压低于蓄电池电压,发电机不能对外(用电设备)输出电流,只有当 $n > n_A$ 时,发电机才能对外输出电流,所以将转速 n_A 称为空载转速。空载转速的实用意义是:选择发电机与发动机之间传动比的主要依据。

空载转速高低取决于预励磁功率(输入)、转速变化率、蓄电池电压以及转子的剩余磁通密度。充电指示灯的额定功率直接影响励磁电流的大小,因此其额定功率值规定为 2W。

②零电流转速。发电机电压达到规定的试验电压,但尚无电流输出时的转速,称为零电流转速,用字母“n_0”表示。在电流-转速特性曲线上,零电流转速点与横坐标相交。

③最小工作电流。发电机电压保持在试验电压 U_t、转速 $n_L = 1500 r/min$ 时的输出电流,称为最小工作电流,用字母“I_L”表示。转速 n_L 称为最小工作转速,相当于发动机怠速时发电机的转速。

最小工作电流反映了发电机低速充电性能的好坏。现代汽车选用蓄电池的容量越来越小,要求怠速时发电机应对蓄电池充电。因此,最小工作电流越大,发电机的低速充电性能越好。

④额定电流和额定转速。发电机电压保持在试验电压 U_t、转速达到额定转速 n_R 时输出的最小电流,称为额定电流,用字母“I_R”表示。额定电流值由发电机制造厂规定,并标示在发电机铭牌上。

额定转速是交流发电机在环境温度(23±5)℃和试验电压下,输出额定电流时允许的最高转速,我国汽车行业标准 QC/T 729—2005 规定交流发电机的额定转速为 6000r/min。

⑤最大电流和最高工作转速。发电机电压保持在试验电压 U_t、转速达到最高工作转速 n_{max} 时的输出电流,称为最大电流,用“I_{max}”表示。最高工作转速是交流发电机在环境温度(23±5)℃、试验电压和输出最大电流条件下,至少正常并连续工作 15min 的最高转速。

最高工作转速一般由发电机制造厂根据发电机的实际情况确定,如桑塔纳夏利轿车用发电机规定为 15400r/min;奥迪轿车用发电机规定为 16000r/min;切诺基吉普车用发电机规定为 18200 r/min。

交流发电机性能优劣以及修理质量高低,均应通过交流发电机与调节器试验台检测确定。台架试验是检测交流发电机性能和质量的有效手段。如无试验台,也需装车进行试验。

根据我国汽车专业标准 QC/T 424—2005 规定,试验电路应按图 3-97 所示电路进行连接,即整体式交流发电机可直接进行试验,普通交流发电机需要连接调节器才能进行试验。

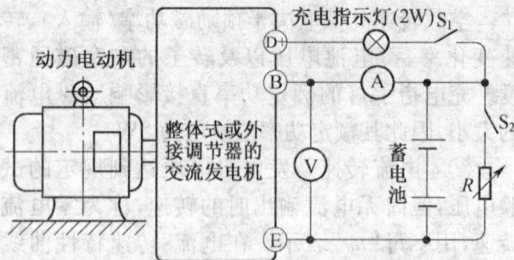

图 3-97 交流发电机与调节器试验电路

3.4.3 汽车交流发电机的技术条件是什么？其试验方法有哪些？

根据我国汽车专业标准 QC/T 729—2005《汽车用交流发电机技术条件》规定，交流发电机在环境温度为 (23±5)℃ 条件下，性能应当符合表 3-16 规定。

由此可见，交流发电机在使用过程中，不仅要进行空载转速、零电流转速、最小工作电流 (1500r/min 输出电流) 和额定转速试验，还要对调节器进行调节特性、转速特性和负载特性试验。

(1) 空载转速试验

对交流发电机进行空载转速试验的方法如下：

①按试验电路要求连接交流发电机、调节器和试验台。

②断开开关 S_2，再接通开关 S_1，使蓄电池向发电机提供磁场电流。

③起动拖动电动机，并缓慢升高发电机转速，当充电指示灯熄灭时发电机的转速即为空载转速。该转速应当低于表 3-16 规定的零电流转速。由于发电机性能与磁场电流大小有关，因此试验规定：调节器大功率三极管的管压降应低于或等于 1.5V。这是因为管压降越高，磁场电流越小，空载转速就越高。如空载转速高于规定数值，则说明发电机有故障，如磁场电路接触不良、定子绕组断路、整流二极管断路或短路等，需拆开发电机进行检修。

(2) 零电流转速试验

交流发电机的零电流转速是利用图解外延法获得，试验方法如下：

①按试验电路要求连接交流发电机、调节器和试验台。

②断开开关 S_2，再接通开关 S_1，使蓄电池向发电机提供磁场电流。

③起动拖动电动机，先将发电机转速升高到 1000r/min 以上，然后缓慢降低发电机转速，直至

输出电流介于额定电流的 5% 和 2A 之间 (不能低于 2A)，记录其转速和电流以供图解零电流转速使用。

将电流-转速特性曲线延长至与横坐标相交，该交点的转速即为零电流转速。

(3) 最小工作电流试验

对交流发电机进行最小工作电流 (即 1500 r/min 输出电流) 试验的方法如下：

①按试验电路要求连接交流发电机、调节器和试验台。

②断开开关 S_2，接通开关 S_1，使蓄电池向发电机提供磁场电流。

③起动拖动电动机，并将发电机转速升高到 1500r/min 保持不变。

④接通开关 S_2，逐渐调小负载电阻值使负载电流增大，此时发电机输出电压将会降低。当电压降低到试验电压 (12V 发电机规定为 13.5V；24V 发电机规定为 27V) 时，电流表指示的输出电流应符合表 3-16 规定。试验电压 12V 发电机规定为 13.5V，24V 发电机规定为 27V 的目的是使调节器处于非调节状态。

(4) 额定输出电流试验

交流发电机的某些故障会导致其输出的额定电流降低，因此还应进行额定输出电流试验。试验方法如下：

①按试验电路要求连接交流发电机、调节器和试验台。

②断开开关 S_2，接通开关 S_1，使蓄电池向发电机提供磁场电流。

③起动拖动电动机，并将发电机转速升高到 6000r/min 保持不变。

④接通开关 S_2，逐渐调小负载电阻值使负载电流增大，此时发电机输出电压将会降低。当输出电压降低到试验电压 (12V 发电机规定为 13.5V；24V 发电机规定为 27V) 时，电流表指示的输出电流应当符合表 3-16 规定。若电流能够达到额定输出电流值，说明发电机性能良好；若电流低于表中规定数值，则说明发电机性能降低或有故障，应修理或更换发电机。

3.4.4 汽车交流发电机调节器的技术条件是什么？应如何进行试验？

汽车交流发电机用电子式调节器在环境温度为 (23±5)℃ 条件下，其性能应当符合表 3-17 规定。

表 3-16　交流发电机技术条件

额定输出		配用调节器类型	零电流转速		最小工作电流		输出额定电流 I_R 时转速	
电压 U_R (V)	电流 I_R (A)		试验电压 U_t(V)	转速 (r/min) ≤	试验电压 U_t(V)	电流 I_L(A) ≥	试验电压 U_t(V)	转速 n_R (r/min) ≤
14	18、26、35、45、55、65	电子式	13.5	1150	13.5	25%I_R	13.5	6000
	75、90	电子式	13.5	1150	13.5	30%I_R	13.5	6000
	115	电子式	13.5	1000	13.5	35%I_R	13.5	6000
28	17、27、35	电子式	27	1150	27	25%I_R	27	6000
	45	电子式	27	1200	27	30%I_R	27	6000
	95、120	电子式	27	1050	27	35%I_R	27	6000

表 3-17　电子式调节器技术条件

试验项目	电压等级 (V)	试　验　条　件	调节电压或调节电压差值 (V)
调节特性	12	$n=6000$r/min	14.2±0.25
	24	$I=50\%I_R$	28.0±0.30
转速特性	12	$I=10\%I_R$(不低于 2A) $n_1=2000$r/min	$|\Delta U|\leqslant0.3$
	24	$n_2=10000$r/min	$|\Delta U|\leqslant0.5$
负载特性	12	$n=6000$r/min $I_1=10\%I_R$(不低于 2A)	$|\Delta U|\leqslant0.5$
	24	$I_2=85\%I_R$	$|\Delta U|\leqslant0.8$

3.4.5　如何对交流发电机调节器进行试验?

（1）调节特性试验

调节特性试验的目的是检测调节器的调节电压是否在规定值范围内。调节特性的试验方法如下:

①根据试验电路将调节器和发电机与试验台连接。

②接通开关 S_1,起动拖动电动机,将发电机转速升高到 6000r/min 并保持不变。

③接通开关 S_2,调节负载电阻值使发电机输出电流达到 50%I_R(即额定输出电流的一半),此时电压表指示的电压即为调节器的调节电压值,其值应当符合表 3-17 规定。

（2）转速特性试验

转速特性试验的目的是在检测调节器随发电机转速变化时,调节电压的变化幅度。试验电路与调节特性试验电路相同,试验方法如下:

①根据试验电路将调节器和发电机与试验台连接。

②接通开关 S_1,起动拖动电动机,并将发电机转速升高到 2000r/min。

③接通开关 S_2,调节负载电阻值使发电机输出电流达到 10%I_R(不低于 2A)保持不变,并记录此时电压表指示的发电机电压值。

④将发电机转速从 2000r/min 逐渐升高到 10000r/min,同时读取电压表指示的电压值。两种转速时调节电压的差值应当符合表 3-17 规定。

（3）负载特性试验

负载特性试验的目的是检测发电机负载变化时调节电压的变化幅度。试验电路与调节特性试验电路相同,试验方法如下:

①根据试验电路将调节器和发电机与试验台连接。

②接通开关 S_1,起动拖动电动机,将发电机转速升高到 6000r/min 并保持不变。

③接通开关 S_2,调节负载电阻值使发电机输出电流达到 10%I_R(不低于 2A),并记录此时电压表指示的发电机电压值。

④将负载电流从 $10\% I_R$ 增大到 $85\% I_R$，同时读取电压表指示的电压值。两种负载电流时调节电压的差值应当符合表3-17规定。

3.4.6 起动机的试验项目有哪些？

新生产的起动机必须在专用试验台上进行空载性能和制动性能试验。修复后的起动机，可用简易方法进行电磁开关和空载性能试验。

汽车起动机一般都设装在发动机侧面，将其安装到汽车上操作十分不便。为了检查起动机维修质量和减少维修工作量，修复后的起动机可固定在虎钳上进行简易的试验，试验之前先将蓄电池充足电。每项试验应在 3～5s 内完成，以防烧坏线圈。对起动机电磁开关进行简易试验的项目包括吸引动作试验、保持动作试验、复位动作试验和驱动齿轮端面间隙检测试验。

(1)电磁开关的吸引动作试验

对起动机电磁开关进行吸引动作试验的方法和程序如下：

①将起动机固定到台虎钳上。

②拆下起动机端子"C"上的磁场绕组电缆引线（永磁式起动机为正电刷引线）端子，用带夹电缆将起动机端子"C"和电磁开关壳体与蓄电池负极连接，如图3-98所示。

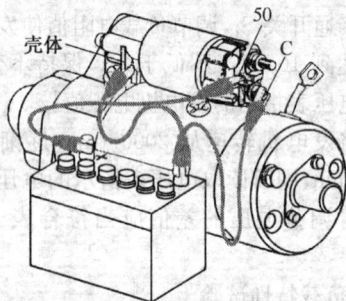

图 3-98 吸引动作试验方法

③用带夹电缆将起动机端子"50"与蓄电池正极连接时，驱动齿轮应向外移出。如果驱动齿轮不动，说明电磁开关故障，应予修理或更换。

(2)电磁开关的保持动作试验

试验保持动作时，在吸引动作试验的基础上，当驱动齿轮在伸出位置时，拆下电磁开关端子"C"上的电缆夹，如图3-99所示，此时驱动齿轮应保持在伸出位置不动。如驱动齿轮复位，说

明保持线圈断路，应予检修或更换电磁开关。

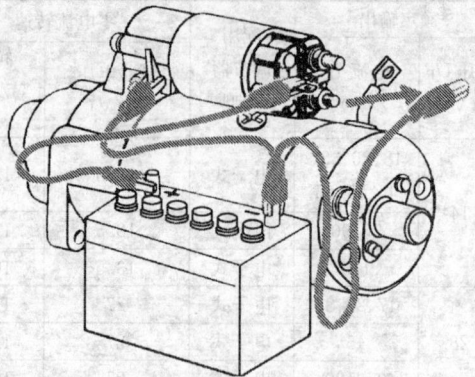

图 3-99 保持动作试验方法

(3)电磁开关的复位动作试验

进行复位动作试验时，在保持动作测试的基础上，再拆下起动机壳体上的电缆夹，如图3-100所示。此时驱动齿轮应迅速复位。如驱动齿轮不能复位，说明复位弹簧失效，应更换弹簧或电磁开关总成。

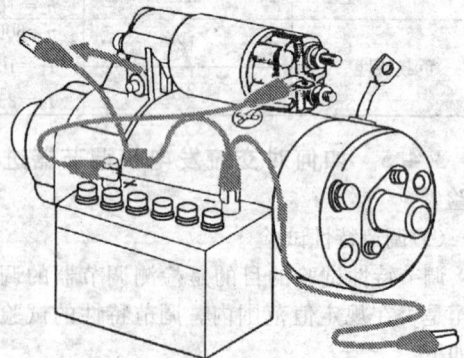

图 3-100 复位动作测试方法

(4)起动机驱动齿轮端面间隙的检测试验

检测驱动齿轮端面与止推垫圈之间间隙的试验方法和程序如下：

①将起动机固定到台虎钳上。

②将磁场绕组电缆引线（永磁式起动机为正电刷引线）连接到起动机端子"C"上，用带夹电缆将起动机壳体与蓄电池负极连接，如图3-101所示。

③用带夹电缆将起动机端子"50"与蓄电池正极连接时，驱动齿轮应向外移出，与此同时，用游标卡尺测量驱动齿轮端面与止推垫圈之间间隙，标准值应为 0.1～0.4mm。间隙不当时，可通

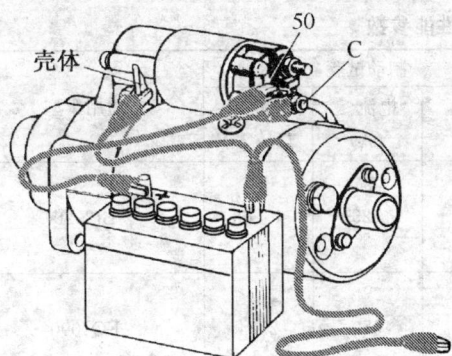

图3-101 齿轮端面间隙测试方法

过调整活动铁心连接移动叉挂钩的旋入量或旋出量进行调整。

(5)简易试验测试起动机的空载性能

测试起动机的空载性能时,先将蓄电池充足电,然后按下述方法和程序进行:

①将磁场绕组引线(永磁式起动机为正电刷引线)电缆连接到电磁开关端子"C"上。

②用带夹电缆将蓄电池负极与电磁开关壳体连接,将量程为0~100A以上的直流电流表连接在蓄电池正极与电磁开关的端子"30"之间,如图3-102a所示。

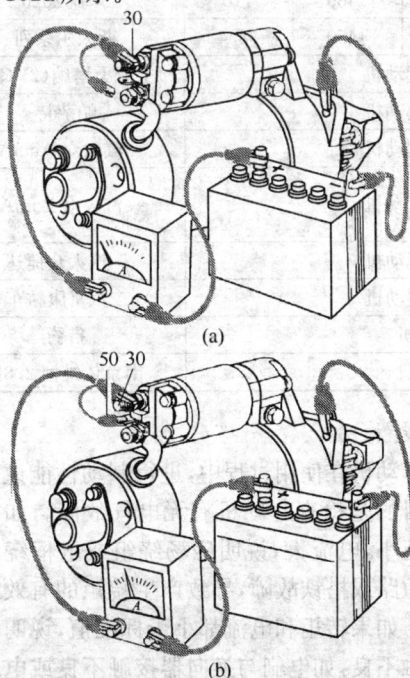

图3-102 起动机简易空载试验线路与方法
(a)试验线路 (b)试验方法

③将端子"50"与端子"30"连接时,如图3-102b所示,驱动齿轮应向外伸出,起动机应平稳运转。测量电流、电压和转速等各项指标应符合空载性能指标规定。一般说来,当蓄电池电压大于或等于11.5V时,消耗电流应不超过90A,转速不低于5000r/min(减速起动机不低于3000r/min)。

3.4.7 如何在专用试验台上进行起动机的性能试验?

起动机的性能试验包括空载性能与制动性能两项试验。根据中华人民共和国汽车行业标准QC/T 731—2005《汽车用起动机技术条件》规定,起动机的性能试验必须在专用试验台上进行,试验电路如图3-103所示。

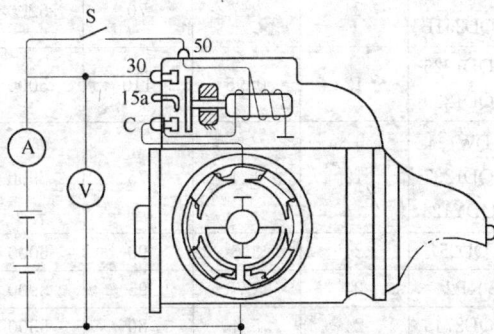

图3-103 起动机的试验电路

(1)空载性能试验

空载试验又称为空转试验。试验之前,先将蓄电池充足电。试验时接通开关S,待电动机运转稳定后,测量起动机消耗的电流、电压和转速等指标应当符合性能参数规定,常用起动机的空载性能参数见表3-18所示。

将测得参数与标准值进行比较,判断起动机有无故障。若电流大、转速低,说明起动机装配过紧使摩擦阻力矩过大或有电气故障。机械故障原因有轴承(或铜套)磨损过多使电枢轴与轴承不同心,电枢轴弯曲使电枢与磁极发生摩擦等。导致电流大、转速低的电气故障原因有磁场绕组、电枢绕组匝间短路或搭铁。

若电流和转速均低于标准值,则说明电动机电路接触不良或电源电力不足。如果蓄电池存电充足,则故障原因是电刷与换向器接触不良或电刷弹簧压力不足等。

表 3-18   常用起动机性能参数

起动机型号	额定参数		空转试验		制动试验			适用车型
	电压（V）	功率（kW）	电流≤（A）	转速>（r/min）	电压≤（V）	电流≤（A）	转矩>（N·m）	
QD121 QD1255 QD1277	12	1.1	100	5000	8	525	15.68	BJ2020
QD124 QD1211 QD1212	12	2.0	95	5000	8	650	29.4	EQ1090
QD1215 QD124A	12	2.0	90	5500	8	600	25.49	CA1091
QD122C	12	1.47	75	4700	8	600	29.4	EQ2100
QD1238A	12	1.1	75	7500	8	480	12.70	NJ1041C
QD251A QD251B	24	3.7	70	5200	10	560	19.60	NJ1061
QD1225 QD1229	12	0.95	110	5000	8	480	13.00	桑塔纳
DW1.4 QD1237 QDY124	12	1.4	75	2900	9.6	160	—	切诺基
QD251	24	3.5	90	6000	9	900	34.30	NJ1061D
KB24	24	4.78	95	3900	8	1430	110	奔驰 2026
QD2745	24	5.4	80	5500	12	1450	78.4	斯太尔系列
QDY1206	12	1.1	永磁式减速型起动机					上海桑塔纳(2VQS)
QDY1211	12	1.1	永磁式减速型起动机					帕萨特
QDY1216	12	1.4	永磁式减速型起动机					一汽大众 AudiA6
QDY1218 QDY1218A	12	1.1	永磁式减速型起动机					一汽大众 BoraA4
QDY1237D	12	1.1	永磁式减速型起动机					一汽大众捷达
QDY1208	12	1.1	永磁式减速型起动机					二汽富康轿车
QDY1245	12	1.3	永磁式起动机					猎豹
QDJ1302	12	2.4	减速型起动机					南京依维柯 2.8L

(2)制动性能试验

制动试验又称为转矩试验,是一种锁止起动机驱动齿轮,接通电枢电流使其输出转矩的试验。试验之前,先将蓄电池充足电。试验时,将起动机固定在专用试验台上,给驱动齿轮加上负载,接通开关 S,测量电源电压、起动机电流和输出转矩等指标应当符合标准规定,常用起动机制动性能参数见表 3-18 所示。由于起动机工作电流较大,因此制动试验应在 3～5s 内完成,以防烧坏线圈。

起动机在使用过程中,进行制动性能试验的主要目的是检查起动机有无电气故障。如果制动转矩小,电流大,说明磁场绕组或电枢绕组有匝间短路或搭铁故障,导致产生转矩的有效线圈减少。如果转矩和电流都小于标准值,说明主电路接触不良,如电刷与换向器接触不良或电刷弹簧压力不足等。如果在驱动齿轮锁止的情况下电枢轴仍能缓慢转动,则说明单向离合器打滑。

3.4.8　点火装置的试验项目有哪些?

为了保证发动机在最高转速工作时点火系统能够可靠点火,检修后的点火线圈、内装点火信号发生器的分电器和点火控制器,应在电器试验台上进行跳火性能、点火配角和点火提前性能试验。

(1)跳火性能试验

跳火性能试验的目的是检验点火线圈产生的高压电在电极间隙之间发出火花的强度以及电火花的连续性,因此又称为火花强度试验。电子点火装置跳火性能试验线路如图 3-104 所示,试验方法如下:

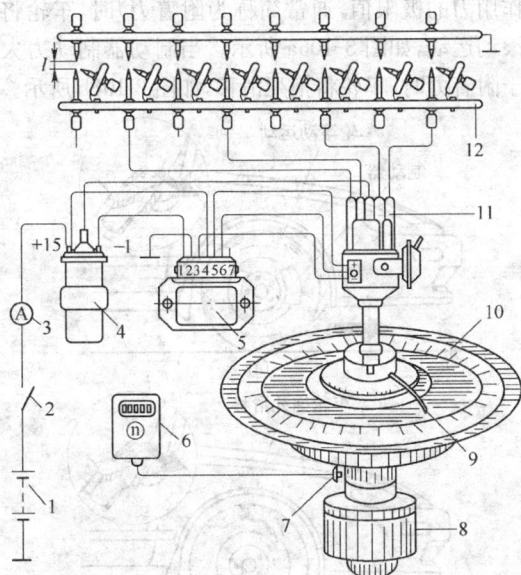

图 3-104　跳火性能试验线路

1.蓄电池　2.点火开关　3.电流表　4.点火线圈
5.电子控制器　6.转速表　7.转速传感器　8.电动
机　9.旋转放电针　10.刻度盘　11.分电器　12.三
针放电装置　l.放电间隙

①将内装点火信号发生器的分电器固装在试验台上,并配用相应的电源和点火线圈。

②用高压线将分电器的旁电极插孔分别与三针放电装置的电极连接。

③将三针放电装置的电极间隙调到 10mm (电极间隙 1mm,约需击穿电压 1500V)。

④先起动试验台拖动电动机并以低速运转,将点火线圈加热到 60℃～70℃ 正常工作温度后,再将分电器转速调节到规定数值(一般为 3000r/min),点火线圈应能在 30s 内连续地发出蓝色火花,且跳火响声清脆,无断火现象。

(2)点火配角试验

点火配角通常称为火花间隔角度。点火配角应均匀,否则点火时刻就会提前或推迟。对四缸发动机而言,点火信号发生器转子每旋转 90° 就应跳火一次;对六缸发动机而言,信号转子每旋转 60° 就应跳火一次。如果四缸发动机的第一缸在 0° 跳火,则其余各缸应分别在 90°、180°、270° 处跳火。电子点火装置火花间隔角度试验线路如图 3-105 所示。试验方法如下:

①将点火线圈上的中央高压线连接到刻度盘旁边的插孔中,旋转放电针尖端与刻度盘之间设有 2～3mm 的间隙,放电针搭铁并与蓄电池负极相通。

②起动试验台的拖动电动机,并将分电器转速调到 50～100r/min,查看试验刻度盘上火花跳火间隔角度。以任意一缸为基准,其余各缸在刻度盘上跳火间隔角度的误差值应不大于±1°。如角度误差超过标准,通常是由分电器轴松旷或弯曲所致。

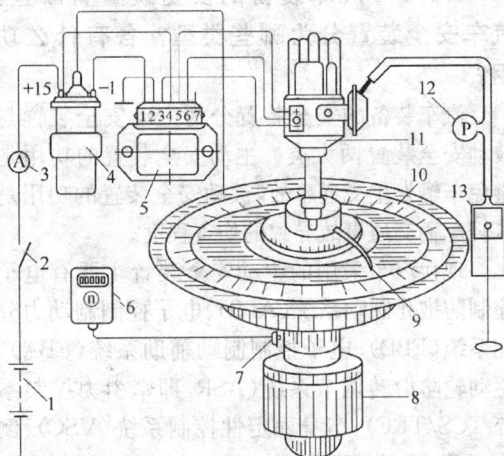

图 3-105　火花间隔角度试验线路

1.蓄电池　2.点火开关　3.电流表　4.点火线圈
5.电子控制器　6.转速表　7.转速传感器　8.电动
机　9.旋转放电针　10.刻度盘　11.分电器　12.真
空表　13.真空泵

(3)点火提前性能试验

点火提前性能试验包括离心提前性能试验和真空提前性能试验,目的是分别检查离心提前装置和真空提前装置的调节性能。试验线路与火花间隔角度试验相同,试验方法如下:

①离心提前性能试验。进行离心提前性能

试验时,真空提前装置上的真空管必须拆下。先将分电器转速调到最低转速(50~100r/min),然后将刻度盘上的"0"对准某一个火花,再逐渐升高分电器转速,同时查看规定转速时的点火提前角是否符合规定标准。如不符合标准,可通过改变离心弹簧的弹力进行校正。如校正无效,则需更换离心弹簧。

②真空提前性能试验。进行真空提前性能试验时,将分电器转速保持在1000r/min,使离心提前装置调节的点火提前角保持不变。然后抽动真空泵使真空度均匀地增大,再使真空度均匀地减小,同时查看规定真空度时的点火提前角是否符合规定标准。如不符合,可通过增减真空提前装置接头处的垫圈使弹簧的弹力改变进行校正。

第5节 汽车行驶安全电子控制系统的组成与检修

3.5.1 汽车装备的安全装置有哪些? 汽车安全装置分为哪些类型? 各有什么功用?

汽车装备的安全装置分为主动安全装置与被动安全装置两大类。主动安全装置的功用是避免车辆发生交通事故,被动安全装置的功用是减轻车辆交通事故导致的伤害程度。

现代汽车采用的主动安全装置主要有电子控制防抱死制动系统(ABS)、电子控制制动力分配系统(EBD)、电子控制制动辅助系统(EBA)、驱动轮防滑转调节系统(ASR,即牵引力控制系统TCS/TRC)、车身稳定性控制系统(VSC)、倒车报警系统(RVAS)、雷达车距报警系统(RPW)、防盗报警系统(GATA)、中央门锁控制系统(CLCS)和车辆保安系统(VESS)、车轮制动器、转向灯光信号与音响信号报警系统、挡风玻璃刮水与清洗控制系统(WWCS)、前照灯控制与清洗系统(HAW)等。采用的被动安全装置主要有安全气囊控制系统(SRS)、坐椅安全带与安全带紧急收缩触发系统(SRTS)、护膝垫、两节或三节式转向柱等。

3.5.2 电子控制防抱死制动系统(ABS)的功用及原理是什么?

防抱死制动系统的英文名称是 Anti-lock

Braking System(防锁死制动系统)或 Anti-skid Braking System(防滑移制动系统),缩写均为ABS。电子控制防抱死制动系统的功用是在汽车制动过程中,自动调节车轮的制动力,防止车轮抱死滑移,从而获得最佳制动性能(缩短制动距离,增强转向控制能力,提高行驶稳定性),减少交通事故。

由车轮受力分析可知:车轮在制动过程中,当制动器制动力(即轮胎周缘为了克服制动器摩擦力矩所需施加的力)小于或等于轮胎与道路间的附着力(即地面阻止车轮滑动所能提供的切向反作用力的极限值,通常简称为附着力)时,车轮将滚动运动,如图3-106a所示。当制动器制动力大于附着力时,车轮将抱死滑移,如图3-106b所示。

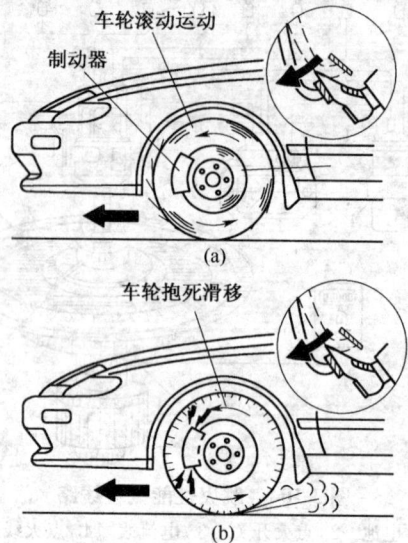

图3-106 制动车轮运动状态
(a)车轮滚动运动 (b)车轮抱死滑移

由此可见,只有具有足够的制动器制动力,同时地面又能提供较大的附着力时,汽车才能获得较好的制动效果。此外,在汽车制动过程中,除车轮旋转平面的纵向附着力外,还有垂直于车轮旋转平面的横向附着力。纵向附着力决定汽车纵向运动,影响汽车的制动距离;横向附着力则决定汽车的横向运动,影响汽车的转向控制能力和行驶稳定性。

在汽车实际运行过程中,当驾驶人踩下制动踏板后,在制动器摩擦力矩的作用下,车轮的角速度减小,实际车速与车轮速度之间会产生一个速度差,轮胎与地面之间就会产生相对滑移。轮胎滑移的程度用滑移率 S 来表示。车轮滑移率是指:实际车速 v 与车轮速度 v_w 之差同实际车速 v 的比率,其表达式为

$$S = \left(\frac{v - v_w}{v}\right) \times 100\% = \left(1 - \frac{v_w}{v}\right) \times 100\%$$
$$= \left(1 - \frac{r\omega}{v}\right) \times 100\%$$

式中:S 为车轮滑移率;v 为车速(车轮中心纵向速度,m/s);v_w 为车轮速度(车轮瞬时圆周速度,$v_w = r\omega$,m/s);r 为车轮半径(m);ω 为车轮转动角速度($\omega = 2\pi n$,rad/s)。

在制动过程中,车轮抱死滑移的根本原因是制动器制动力大于轮胎-道路附着力。因此,影响车轮滑移率的因素包括以下几个方面:

①汽车载客人数或载物量。

②前、后轴的载荷分布情况。

③轮胎种类及轮胎与道路的附着状况。

④路面种类和路面状况。

⑤制动力大小及其增长速率。

当车轮抱死时,横向附着系数接近于 0,汽车将失去行驶稳定性和转向控制能力,其危害程度极大。如果前轮抱死,虽然汽车能继续沿直线向前行驶,但是失去转向控制能力。由于维持前轮转弯运动能力的横向附着力丧失,因此,汽车仍将按原行驶方向滑行,可能冲入其他车道与迎面车辆相撞或冲出路面与障碍物相撞而发生恶性交通事故。如果后轮抱死,汽车的制动稳定性就会变差,抵抗横向外力的能力很弱,后轮稍有外力(如侧向风力或地面障碍物阻力)作用就会发生侧滑(甩尾),甚至出现调头(即突然发生 180° 转弯)等危险情况。

由此可见,为了获得最佳的制动性能,应将车轮滑移率控制在 10%～30% 范围内,采用电子控制防抱死制动系统(ABS)即可达到这一目的。电子控制防抱死制动系统防止前轮抱死制动的效果如图 3-107 所示。在装备 ABS 的情况下,因为前轮不会抱死,所以汽车具有转向控制能力,能够躲避前方的障碍物。在无 ABS 的情况下,由于汽车失去转向控制能力,维持前轮转弯运动能力的横向附着力丧失,因此,汽车仍按原行驶方向滑行而将前方障碍物撞倒。

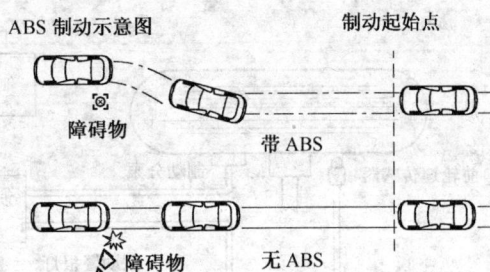

图 3-107　防抱死制动效果示意图

3.5.3　防抱死制动系统由哪几部分组成?

各型汽车防抱死制动系统的结构形式虽然各不相同,但都是在常规制动系统(液压制动系统或气压制动系统)的基础上,增设一个电子控制系统而构成。防抱死制动系统是由防抱死制动电子控制系统和制动压力调节系统两个子系统组成,如图 3-108 所示。

①防抱死制动电子控制系统。由车轮速度传感器(包括前轮和后轮轮速传感器)、制动灯开关、防抱死制动电控单元(ABS ECU)、ABS 指示灯和制动压力调节器等构成,控制部件的安装位置如图 3-109 所示。其中,制动压力调节器既是电子控制系统的执行元件,也是制动压力调节系统的始控元件。

②防抱死制动压力调节系统。由常规制动系统和制动压力调节器组成。常规制动系统主要由制动总泵、制动助力器、制动分泵、制动管路和制动器(盘式或鼓式制动器)等组成,桑塔纳与捷达轿车用 MK20-I型 ABS 的液压控制系统如图 3-110 所示。因为汽车制动的动力源分为液压式和气压式两种,所以制动压力调节系统相应地有液压调节系统和气压调节系统。小轿车普遍采用液压调节系统,载货汽车普遍采用气压调节系统。

在液压调节系统中,制动压力调节器又称为液压调节器,由电磁阀、单向阀、储液器和回液泵电动机组成。制动压力调节是 ABS 的执行元件,安装在制动总泵(主缸)与车轮制动分泵(轮缸)之间,主要功用是根据 ABS ECU 的控制指令,自动调节制动分泵(轮缸)的制动压力。

电磁阀是制动压力调节器的主要部件,通过电磁阀动作便可控制制动压力"升高"、"保持"和"降低"。ABS 常用的电磁阀有两位两通电磁阀和三位三通电磁阀两种。

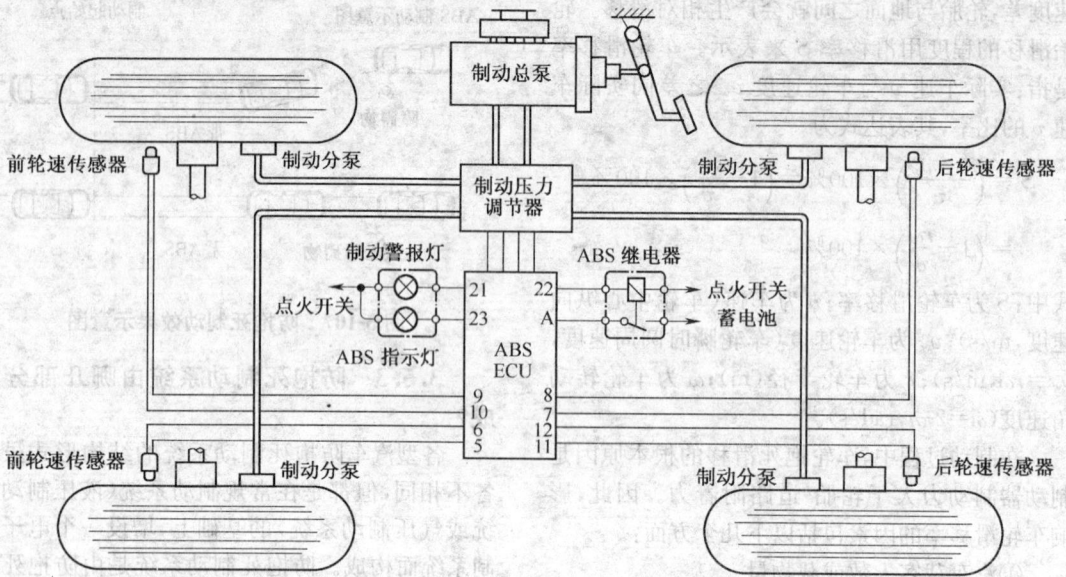

图 3-108 防抱死制动系统 ABS 组成简图

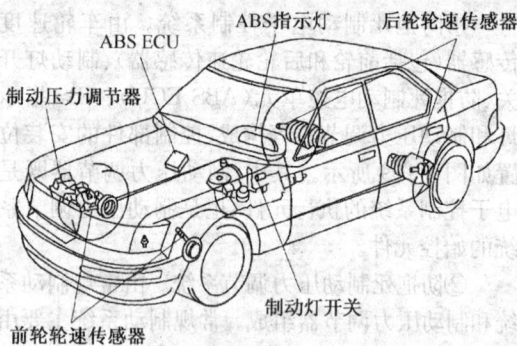

图 3-109 防抱死制动电子控制系统 控制部件的安装位置

3.5.4 制动压力调节器分为哪些类型？ 各有什么特点？

根据总体结构不同,制动压力调节器分为整体式和分离式两种。

①分离式制动压力调节器自成一体,通过制动管路与制动总泵(或制动助力器)相连。分离式在汽车上布置灵活,成本相对较低,但制动管路接头相对较多。目前,大多数 ABS 采用了分离式制动压力调节器,如博世 ABS 2S、ABS 2E、ABS 2U、ABS/ASR 2U 型、戴维斯 MKIV、MK20 型、德尔科 ABSVI、ABS/TRCVI 型,本迪克斯 ABS4、ABS6 型,本田 4WALB 型等。

②整体式制动压力调节器与制动总泵(或制动助力器)构成一个整体。整体式结构紧凑、管路接头少,但成本较高,大多用在将 ABS 作为标准装备的轿车上,如戴维斯 MKII 型、博世 ABS3 型、德尔科 ABSVI 型、本迪克斯 ABS9、ABS10 型、瓦布克 ABS 等。

根据调压方式不同,制动压力调节器分为流通式和变容式两种。

①流通式压力调节器。又称为循环式或环流式,其特点是在制动总泵(或制动助力器)与制动分泵之间串联一个或两个电磁阀,由电磁阀根据 ABS ECU 指令,通过控制制动液的流通情况来调节制动分泵压力。目前,博世、戴维斯系列 ABS 都采用这种形式。"减压"时使制动分泵的制动液回流到制动总泵(或储液器);"保压"时使制动分泵的制动液既不流出也不流入;"增压"时使制动总泵(或储液器)的制动液流入制动分泵。

②变容式制动压力调节器。其特点是在原制动管路中并联一套液压装置,该装置中有一个类似活塞的装置。ABS 工作时,该装置首先将制动分泵和总泵隔离,然后通过电磁阀的开闭或电动机的转动,控制活塞在调压缸中运动,使调压缸工作室至制动分泵的容积发生变化。容积增大,制动压力降低;容积减小,制动压力升高;容积不变,压力保持不变。德尔科 ABS、本田 4WALB 型 ABS 采用了此种调压方式。

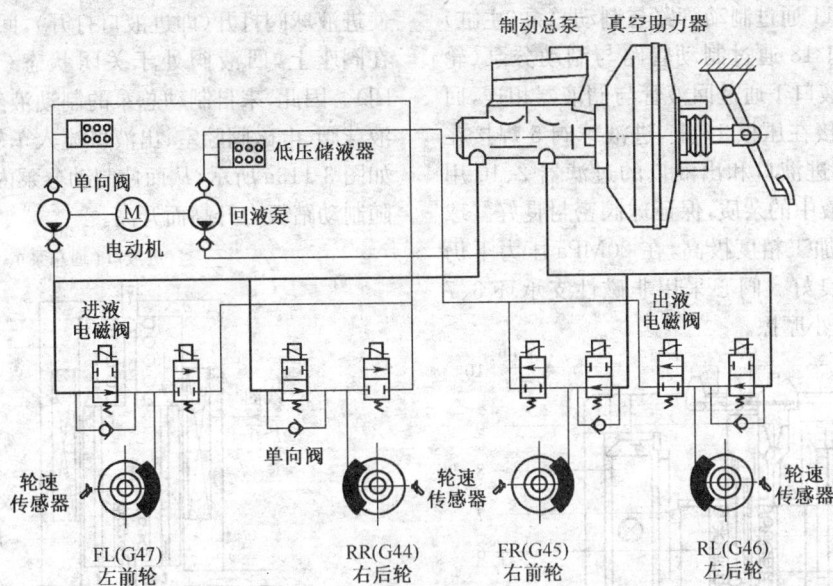

图 3-110　MK20-Ⅰ型 ABS 液压控制系统原理图

3.5.5　桑塔纳 2000GSi 型和红旗 CA7220E 型轿车 ABS 用两位两通电磁阀的结构有何特点？

桑塔纳 2000GSi 型和红旗 CA7220E 型轿车 ABS 的制动压力调节器采用了 8 只两位两通电磁阀。在通向每一个车轮制动分泵的管路中，都设有一个进液阀和一个出液阀，4 只进液阀为常开电磁阀，4 只出液阀为常闭电磁阀。两位两通常开电磁阀与常闭电磁阀的结构基本相同，如图 3-111 所示，主要由电磁铁机构、球阀、复位弹簧、顶杆、限压阀和阀体等组成。在电磁线圈未通电时，常开电磁阀的球阀与阀座处于分离状态，常闭电磁阀的球阀与阀座处于接触状态。

在常开电磁阀中，设有一根顶杆，顶杆和限位杆与活动铁心固定在一起，复位弹簧一端压在活动铁心上，另一端压在与阀体相连的弹簧座上。限压阀的功用是限制电磁阀的最高压力。当制动液压力过高时，限压阀打开泄压，以免压力过高损坏电磁阀。在两位两通常闭电磁阀中，一般不设置限压阀。

3.5.6　奥迪 100/200 型和丰田系列轿车 ABS 用三位三通电磁阀的结构和原理是怎样的？

奥迪 100/200 型和丰田系列轿车 ABS 采用了三位三通电磁阀，结构如图 3-112a 所示。电磁

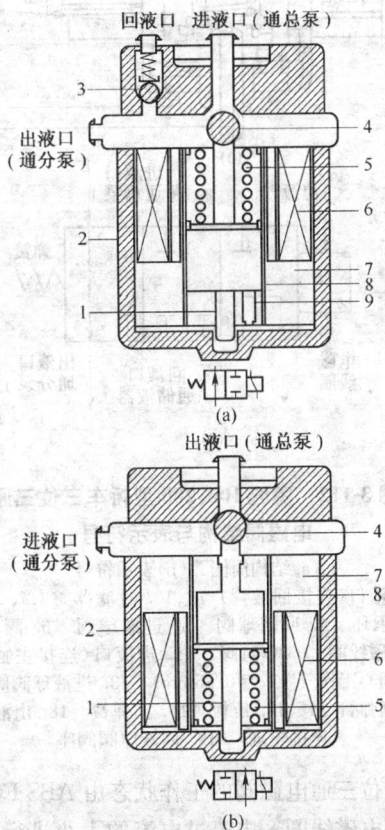

图 3-111　两位两通电磁阀的结构
(a)常开电磁阀　(b)常闭电磁阀
1. 顶杆　2. 壳体　3. 限压阀　4. 球阀　5. 复位弹簧
6. 电磁线圈　7. 阀体　8. 活动铁心　9. 限位杆

阀的进液口11通过制动管路与制动总泵(主缸)相连,出液口18通过制动管路与制动分泵(轮缸)相连,回液口1通过回液管与储液器相连,回液球阀4焊接在压板17上,进液球阀5焊接在压板15上。进液口和出液口的过滤器2、10用于过滤制动液中的杂质,保证球阀密封良好。球阀与阀座的加工精度极高,在20MPa压力下仍能保证密封良好。阀心采用非磁性支承环3、7导向,以便减小摩擦。

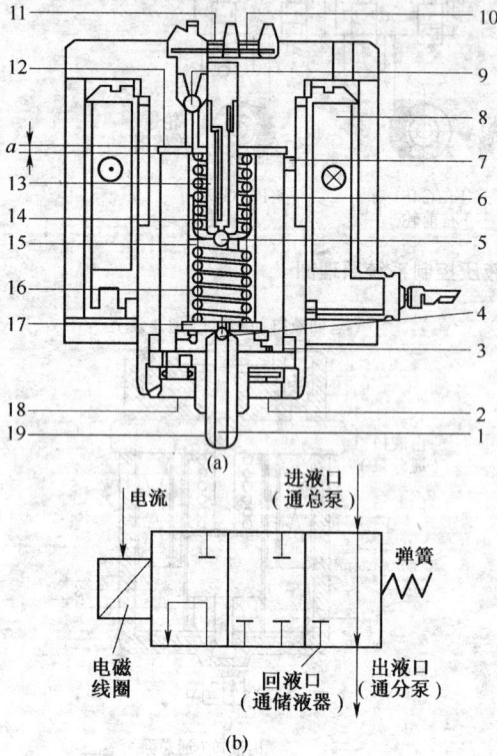

图3-112 奥迪100、200型轿车三位三通电磁阀结构与表示符号

(a)结构简图 (b)表示符号

1. 回液口(连接回液管) 2、10. 过滤器 3、7. 非磁性支承环 4. 回液球阀 5. 进液球阀 6. 阀心 8. 电磁线圈 9. 单向阀 11. 进液口(连接主缸) 12. 阀心工作气隙($a=0.25mm$) 13. 进液球阀阀座 14. 副弹簧 15、17. 压板 16. 主弹簧 18. 出液口(连接轮缸) 19. 回液球阀阀座

三位三通电磁阀的工作状态由ABS ECU通过控制电磁线圈8中流过电流的大小进行控制,工作情况如下:

①当电磁线圈未接通电流($I=0$)时,在主、副弹簧预紧力的作用下,阀心下移至极限位置,

使进液球阀打开(即进液口打开),回液球阀紧压在阀座上,回液阀处于关闭状态(即回液口关闭)。因此,来自制动总泵的制动液经进液口、进液球阀、电磁阀腔室、出液口流入车轮制动分泵,如图3-113a所示,从而使制动分泵内制动液压力随制动踏板力升高而升高。

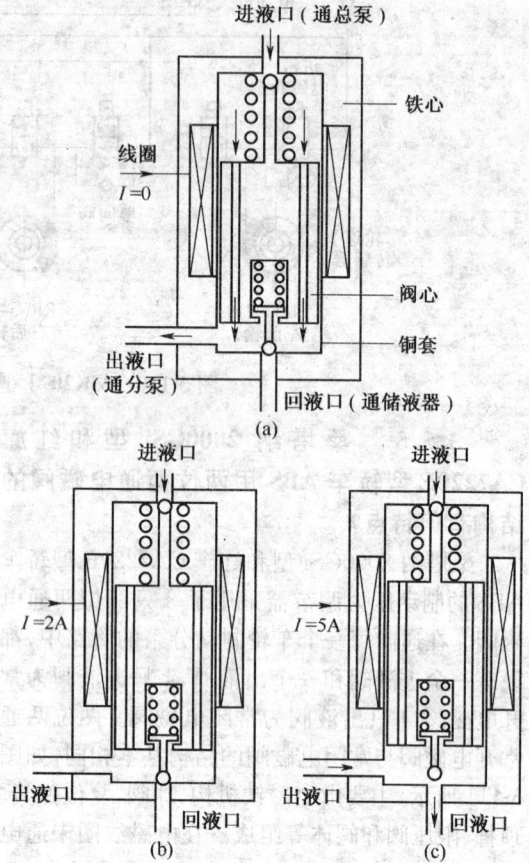

图3-113 三位三通电磁阀工作原理

(a)升压位置 (b)保压位置 (c)降压位置

②当电磁线圈通过电流较小($I=2A$)而产生的电磁吸力较小时,阀心向上位移量较小(约0.1mm)。阀心上移时,压缩刚度较大的主弹簧推动压板压缩刚度较小的副弹簧,使进液球阀关闭(即进液口关闭),但压板位移量很小,不足以使回液球阀打开。由于进液口和回液口都被关闭,制动液既不增加也不减少,因此制动分泵中制动液的压力"保持"不变,如图3-113b所示。

③当电磁线圈通过的电流较大($I=5A$)而产生的电磁吸力较大时,阀心向上的位移量较大(0.25mm)。阀心带动压板上移使回液阀开启

（即回液口打开），进液阀保持关闭状态。此时制动分泵的制动液经回液口、回液管流入储液器，使制动分泵压力"降低"，如图 3-113c 所示。单向阀 9 与进液阀并列设置，当电磁阀腔室内制动液压力高于进液口制动液压力时，腔室内制动液压力将克服单向阀弹簧的弹力将单向阀推开，制动液将从进液口流出而泄压，保证电磁阀腔室内制动液压力不会高于进液口制动液的压力。单向阀的另一个功用是在制动踏板放松时，使制动分泵中的制动液保持一定的压力。

由上可见，电磁阀在电磁线圈电流大小不同（较大电流、较小电流、零电流）时，其动作具有上、中、下三个工作位置。此外，由于该电磁阀具有进液口、出液口和回液口三个通路，所以称为三位三通电磁阀，简写为 3/3 电磁阀，在工程图上的表示符号如图 3-112b 所示。

3.5.7　电子控制制动力分配系统（EBD）由哪些部件组成？其控制原理是怎样的？

在前轮制动器制动力与后轮制动器制动力比值固定的制动系统中，其实际制动力分配曲线与理想的制动力分配曲线相差很大，制动效能较低，前轮可能因抱死而丧失转向控制能力，后轮也可能抱死而发生甩尾现象。为了防止发生这些危险，现代汽车普遍利用了制动力分配控制程序和比例阀、感载比例阀等制动力分配装置组成制动力分配系统，根据制动减速度（根据车轮速度传感器提供的车轮速度变化率求得）和车轮载荷变化（紧急制动时，汽车轴荷向前移动），自动改变前、后轮制动器制动力的分配，从而缩短制动距离并提高行驶稳定性。

电子控制制动力分配 EBD 曲线主要是兼顾制动稳定性和最短制动距离并优先考虑制动稳定性的原则进行控制。汽车制动时，制动力分配系统 EBD 根据前后车轮载荷的变化以及车轮抱死情况，利用制动压力调节装置来调节（即分配）前、后车轮制动器的制动力，分配情况如图 3-114a 所示，图中阴影范围为前、后车轮的制动力可调范围。

由阴影部分可见，装备 EBD 时，后轮制动力的大小可在轻载与重载分配曲线之间进行调节，随着前轮制动力增大，后轮制动力明显增大。除此之外，当汽车在弯道行驶时，制动力分配电控

单元 EBD ECU 还可根据转向盘转角传感器信号，自动调节左、右车轮的制动力，如图 3-114b 所示，图中箭头长短表示制动力的大小。为了保证汽车在弯道制动时的稳定性，EBD ECU 分配给外侧车轮的制动力明显大于内侧车轮的制动力，从而保证汽车沿弯道稳定行驶。

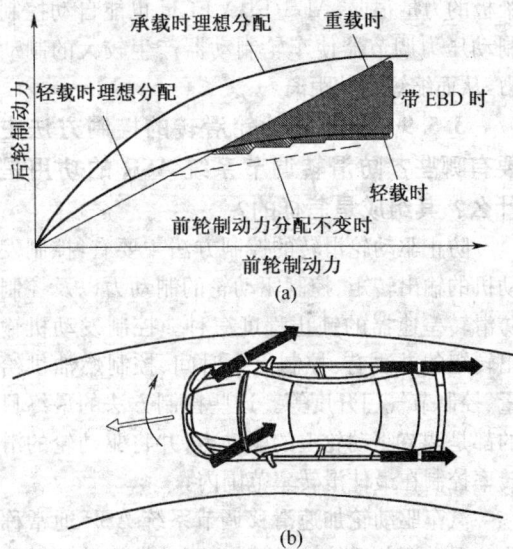

图 3-114　制动力分配控制效果
(a)前、后轮制动力分配曲线
(b)左、右轮制动力大小示意图

3.5.8　电子控制制动辅助系统（EBA）由哪些部件组成？其作用是什么？

电子控制制动辅助系统的英文名称是 Electronic Control Brake Assist System，缩写为 EBA、BAS 或 BA，其功用是根据制动踏板传感器信号和制动压力传感器信号，判断作用于制动踏板的速度和力量，增大汽车紧急制动时的制动力，从而缩短制动距离。

制动辅助系统 EBA 是在防抱死制动系统 ABS 的基础上，增设一只制动踏板行程传感器和制动压力传感器，并在防抱死制动电控单元 ABS ECU 中增设制动力调节软件程序（称为 ABS/EBA ECU）而构成。制动踏板行程传感器用于检测驾驶人操作制动踏板的速度，制动压力传感器用于检测制动主缸制动液压力的高低，ABS/EBA ECU 根据制动踏板的速度信号和制动液压力信号来计算和判断本次制动属于常规制动还是紧急制动，并向 ABS 液压调节器的电磁阀发出不同占空比的控制脉冲，以便控制制动力的大小。

装备制动辅助系统 EBA 后,ABS/EBA ECU 能够根据制动踏板传感器信号的变化率和制动压力传感器信号,计算确定驾驶人踩下制动踏板的速度和力量,从而判断出本次制动属于哪一类制动(常规制动或紧急制动)。当 ABS/EBA ECU 判断为紧急制动时,即使驾驶人踩下制动踏板的力量很弱,ABS/EBA ECU 也能自动控制制动压力调节器使车轮制动器产生较大的制动力,从而缩短制动距离。

3.5.9 防止驱动轮滑转的控制方法主要有哪些? 防滑转调节系统 ASR 的功用是什么? 其组成是怎样的?

防止驱动轮滑转的控制方法主要有:控制发动机的输出转矩、控制驱动轮的制动力以及控制防滑转差速器的锁止程度三种。控制发动机输出转矩的方法有:控制点火时间、控制燃油供给量、控制节气门开度等。这些控制方法的最终目的都是调节驱动轮上的驱动力,并将驱动轮的滑转率控制在最佳滑转率范围内。

汽车驱动轮加速滑移调节系统 ASR 通常称为防滑转调节系统,因为防止驱动轮滑转都是通过调节驱动轮的驱动力(牵引力)来实现,故又称为牵引力控制系统 TCS 或 TRC。汽车在起步、加速或冰雪路面上行驶时,容易出现打滑现象。这是因为汽车发动机传递给车轮的最大驱动力是由轮胎与路面之间的附着系数和地面作用在驱动轮上的法向反力的乘积(即附着力)决定的。当传递给车轮的驱动力超过附着力时,车轮就会发生打滑空转(即滑转)。

防滑转调节系统 ASR 的功用是:在车轮开始滑转时,通过降低发动机的输出转矩来减小传递给驱动车轮的驱动力,防止驱动力超过轮胎与路面之间的附着力而导致驱动轮滑转(或通过增大滑转驱动轮的阻力来增大未滑转驱动轮的驱动力,使所有驱动轮的总驱动力增大),从而提高车辆的通过性以及起步、加速时的安全性。

丰田凌志 LS400 型轿车牵引力控制系统 TRC(即防滑转调节系统)与 ABS 组合在一起,不仅具有防抱死制动功能,而且具有防滑转调节功能,系统组成如图 3-115 所示,控制部件的安装位置如图 3-116 所示。

实践表明:在控制驱动轮的制动力时,将 ASR 与 ABS 结合在一起是控制驱动轮制动力的最佳方案。驱动轮的制动力可直接使用 ABS 的液压系统进行调节,只需在 ABS 的液压控制系统中增设防滑转调节装置即可。在控制驱动轮制动力的过程中,ASR 通过调节副节气门的开度和对驱动轮施加制动力来实现驱动轮防滑转调节。丰田系列轿车的 TRC 同 ABS 一样,也是由液压控制系统和电子控制系统两个子系统组成。

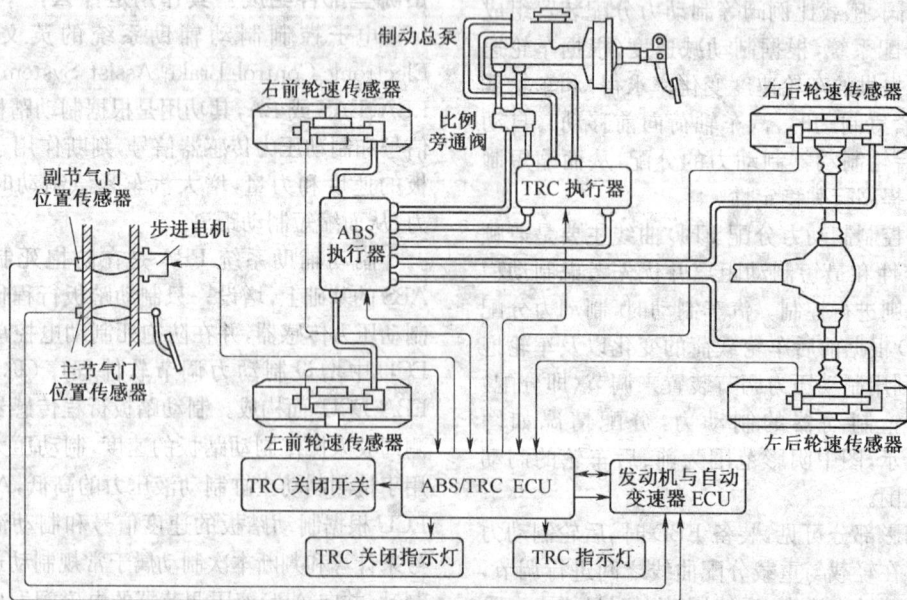

图 3-115　丰田汽车 ABS/TRC 控制系统组成简图

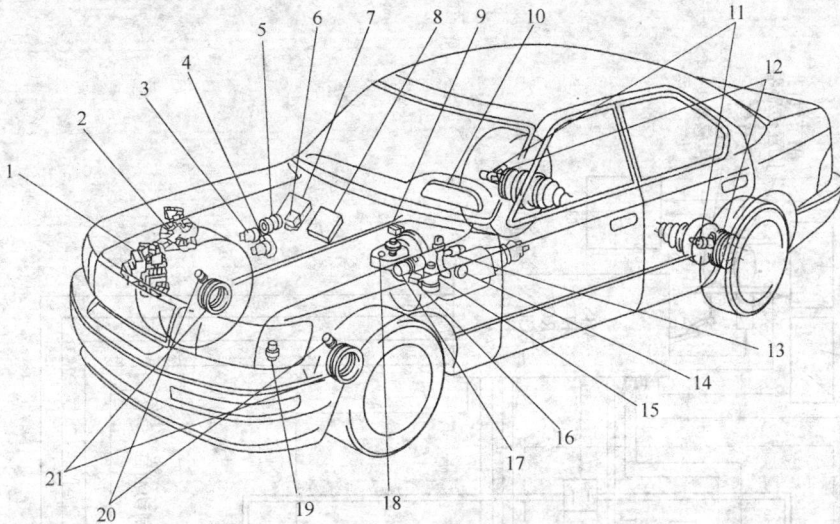

图 3-116　丰田汽车 ABS/TRC 控制部件安装位置

1. ABS 液压调节器　2. TRC 液压调节器　3. 副节气门位置传感器　4. 主节气门位置传感器　5. 副节气门位置控制步进电机　6. 副节气门步进电机继电器　7. 防抱死制动与防滑转调节电控单元 ABS/TRC ECU　8. 发动机与自动变速电控单元 ECU　9. 防滑转调节系统关闭开关　10. 防滑转调节指示灯与防滑转调节系统关闭指示灯　11. 后轮轮速传感器　12. 后轮轮速传感器信号转子　13. 停车灯开关　14. 空档起动开关　15. 防滑转调节液压泵　16. 防滑转调节液压泵继电器　17. 防滑转调节蓄压器　18. 制动液液位警告灯开关　19. 防滑转调节主继电器　20. 前轮轮速传感器　21. 前轮轮速传感器信号转子

（1）液压控制系统

丰田凌志 LS400 型轿车牵引力控制系统 TRC 的液压控制系统是在防抱死制动液压控制系统的基础上，增设 TRC 制动执行器（即 TRC 液压调节器）而构成，如图 3-117 所示。TRC 液压调节器由主制动油缸关断电磁阀、溢流阀、回液泵、回液泵电动机、蓄压器、蓄压器关闭电磁阀和储油罐关断电磁阀等组成。防滑转调节电控单元 TRC ECU 与 ABS ECU 组合为一体，称为 ABS/TRC ECU。

（2）电子控制系统

丰田凌志 LS400 型轿车牵引力控制系统 TRC 的电子控制系统也是由传感器、控制开关、电控单元 ABS/TRC ECU 和执行器组成。防滑转电子控制系统在 ABS 的基础上，增设了传感器、控制开关、电控单元和执行器。凌志 LS400 型轿车防抱死制动电子控制系统与防滑转电子控制系统电路如图 3-118 所示。

增设的传感器有发动机副节气门位置传感器和 TRC 制动执行器中的压力传感器（开关），左前、右前、左后、右后共四只轮速传感器与 ABS 公用。增设的控制开关有防滑转调节系统关闭开关。增设的执行器有副节气门位置控制步进电机、主制动油缸关断电磁阀、回液泵、回液泵电动机、蓄压器关断电磁阀、储油罐关断电磁阀、防滑转调节指示灯、防滑转调节系统关闭指示灯等。

3.5.10　车身稳定性控制系统 VSC 的功用是什么？VSC 如何组成？

车身稳定性控制系统 VSC（Vehicle Stability Control System）又称为车身动态稳定性控制系统 DSC（Dynamic Stability Control System），因为车身稳定性控制系统主要是在防抱死制动系统 ABS 和防滑转控制系统 ASR 的基础上，增设控制程序和个别传感器构成，所以又称为电子控制稳定性程序 ESP（Electronically Controlled Stability Program）。

车身稳定性控制系统 VSC 的功用是当汽车前轮或后轮在湿滑路面上发生侧滑时，自动调节各车轮的驱动力和制动力，确保车辆稳定行驶。当汽车在湿滑的路面上行驶时，如果前轮受到侧向力的作用而发生侧滑时，就会失去路径跟踪能力（又称为循迹能力）而偏离行驶轨迹；如果后轮受到侧向力的作用而发生侧滑（如转动转向盘用力过猛即转向过度，后轮产生较大的侧偏角）时，后轮就会侧滑甩尾而失去稳定性。控制内容包括两个方面：一是抑制前轮侧滑，保持汽车的路径跟踪能力；二是抑制后轮侧滑，防止车身出现甩尾现象，确保车辆稳定行驶。

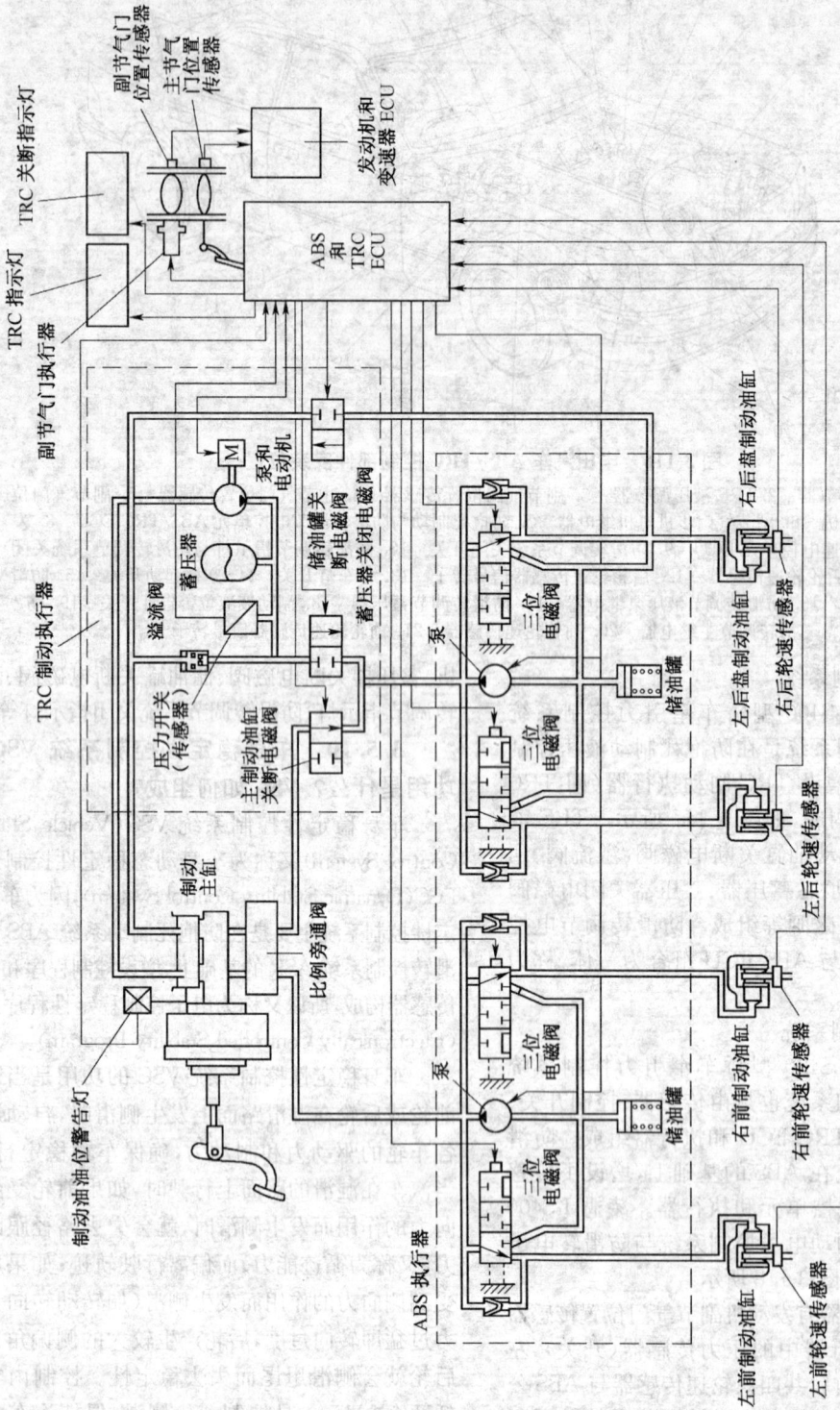

图 3-117 丰田汽车 ABS/TRC 液压控制系统

STOP　停车灯开关　制动指示灯　手制动器开关　制动油油位警告灯

停车灯　空档起动开关　换档位置指示灯（"P"档位）

GAUGE　ABS警告灯　换档位置指示灯（"N"档位）

AM₁ FL　IG₁　ECU-IG　IG　WA STP PKB LB LI PL

ECU+B　BAT　NL　TRC 关断开关　TDCL

TRC 制动主继电器　TSR　CSW

TRC制动器执行器　SAC　SMC　SRC　PR　E₂　TRC关断指示灯　WT　IND　TRC指示灯

Tc　D/G　Ts

TRC节气门继电器　BM　TTR　发动机检查警告灯　检查用连接器

ABS FL　TRC

ALT FL　TRC电动机继电器　TMR　ABS & TRC ECU

蓄电池　TRC泵驱动电动机　MTT　ML+　ML-

维修用接头　TRs　IDL₁　主节气门位置传感器　W　IDL₁

泵电动机继电器　MT　副节气门执行器　E₂　V_TA2

ACM　V_C　V_TA2

A　Ā　B　B̄　IDL₂

电磁继电器　MR　R-　BCM　IDL2　VTH　VSH　TR₂　Neo　副节气门位置传感器　IDL₂　VTH　VSH　TR₂　Neo

SR　SFR　SFL　SRR　SRL　FR+　FR-　右前轮速传感器　发动机和变速器ECU

AST　GND GND　E₁ E₁　FL+　FL-　左前轮速传感器

RR+　RR-　右后轮速传感器

ABS执行器　RL+　RL-　左后轮速传感器

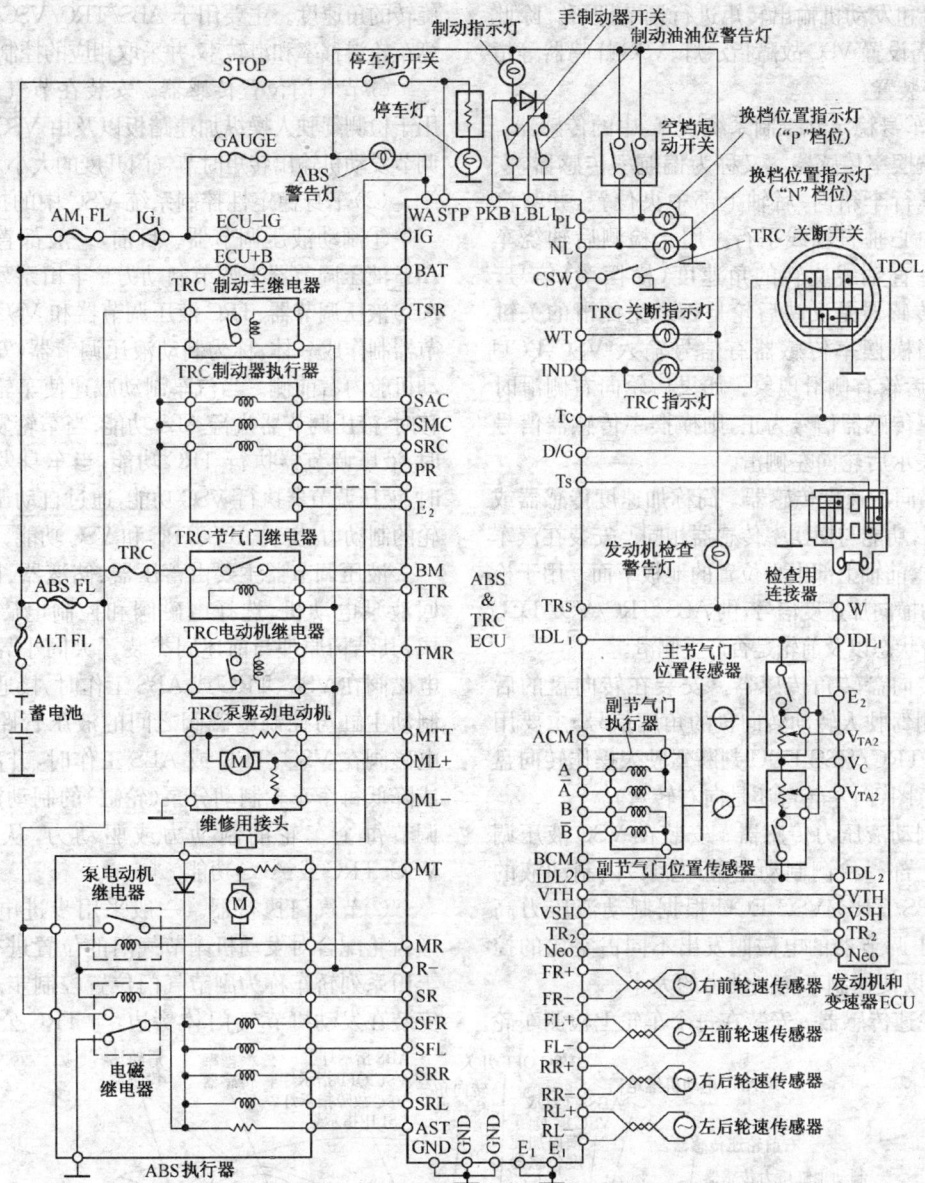

图 3-118　丰田汽车 ABS/TRC 电子控制系统

　　为了提高汽车行驶的安全性和稳定性，国产一汽马自达 Mazda6、天津一汽丰田皇冠 CROWN3.0、锐志 REIZ 型等高档轿车都采用了车身稳定性控制系统 VSC。如图 3-119 所示为丰田系列轿车车身稳定性控制系统 VSC 组成部件的安装位置。

　　车身稳定性控制系统 VSC 也是由传感器、电控单元（VSC ECU）和执行器三部分组成。因为 VSC 是 ABS 和 ASR 的完善与补充，所以 VSC 的大部分控制部件都可与 ABS 和 ASR 公用。为了实现防止车轮侧滑功能，VSC 在 ABS 和 ASR 的基础上，

传感器部分需要增设用于检测汽车状态的横摆率传感器、转向盘转角（转向角）传感器、横向加速度传感器以及检测制动主缸（总泵）压力的制动液压力传感器。电控单元 VSC ECU 需要增强运算能力、增加相应的信号处理电路、驱动放大电路和软件程序等，VSC ECU 一般都与 ABS ECU 和 TRC ECU 组合为一体，称为 ABS/TRC/VSC ECU。执行器部分既可像 ABS 或 TRC 那样单独设置压力调节器和发动机输出转矩调节器，也可对液压通道进行适当改进，直接利用 ABS 和 TRC 已有调节装置

对制动力和发动机输出转矩进行调节即可。除此之外,还需设置 VSC 故障指示灯、VSC 蜂鸣器等指示与报警装置。

(1)车身稳定性控制系统 VSC 中的传感器

①横摆率传感器。又称为偏航率传感器,安装在汽车行李箱内、后轴上部中央位置,并与汽车车身中心垂直轴线平行。用于检测后轴绕车身中心垂直轴线旋转的角速度(横摆率)信号。横摆率传感器是反映后轮是否产生侧滑的关键部件。当横摆率传感器有信号输入 VSC ECU 时,说明后轮有侧滑现象。如果后轮向右侧滑时的横摆率传感器信号为正,则横摆率传感器信号为负时表示后轮向左侧滑。

②横向加速度传感器。简称加速度传感器或 G 传感器,功能与横摆率传感器相同。安装在汽车重心前方、前轴上部中央位置的地板下面。用于检测前轴的横向加速度信号,供 ABS/TRC/VSC ECU 判断车身状态以及前轮是否产生侧滑。

③转向盘转角传感器。安装在转向盘的后侧。检测驾驶人转动转向盘的角度信号,主要用于 ABS/TRC/VSC ECU 判断驾驶人操作转向盘的转向意图(向左转弯还是向右转弯)。

④制动液压力传感器。安装在 VSC 液压调节器的上部。检测制动主缸(总泵)内制动液的压力,ABS/TRC/VSC ECU 根据制动液压力高低向液压调节器的电磁阀发出不同占空比的控制脉冲,以便控制车轮制动力的大小。

⑤轮速传感器。安装在每个车轮上检测车轮旋转的角速度。主要用于 ABS/TRC/VSC ECU 计算车轮滑移率和滑转率,并采取相应的控制措施。

⑥节气门位置传感器。安装在节气门体上。用于检测驾驶人操纵加速踏板以及由 VSC 执行器调节发动机输出转矩时节气门开度的大小。

(2)车身稳定性控制系统 VSC 中的执行器

①制动液压调节器。目前,一般都直接利用 ABS 液压调节器来调节制动力。丰田系列轿车将 ABS 液压调节器、TRC 液压调节器和 VSC 液压调节器制作成一体,称为制动液压调节器,安装在发动机舱内右前侧。当汽车制动减速使车轮发生滑移时,液压调节器执行 ABS 功能;当车轮发生滑转时,液压调节器执行 TRC 功能;当车身发生侧滑时,液压调节器执行 VSC 功能,通过自动调节各车轮的制动力,实现 ABS、TRC 和 VSC 功能。

液压调节器主要由蓄压器、储液器、回液泵、回液泵电动机、选择电磁阀和控制电磁阀等组成,其结构原理与前述同类装置大同小异。选择电磁阀在 VSC、TRC 或 ABS 工作时,接通或关闭制动主缸与控制电磁阀之间的液压管路。控制电磁阀在 VSC、TRC 或 ABS 工作时,升高、保持或降低每个车轮制动分泵(轮缸)的制动液压力,调节每个车轮的制动力或驱动力,从而实现 VSC、TRC 或 ABS 功能。

②节气门执行器。一般采用步进电机与扇形齿轮配合对发动机副节气门的位置进行控制。丰田系列轿车称为副节气门位置控制步进电机,安装在发动机节气门体旁边,与 TRC 公用。当

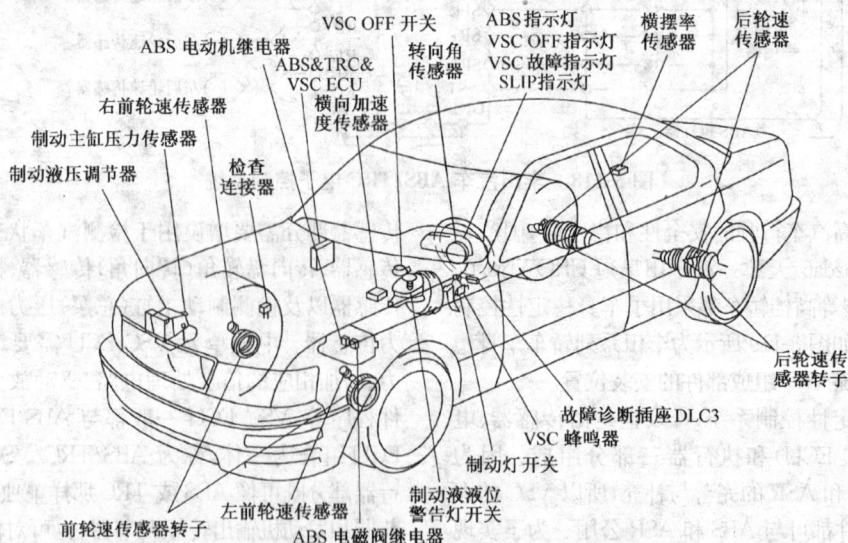

图 3-119 丰田系列轿车 VSC 控制部件安装位置

VSC 调节发动机输出转矩时,VSC ECU 向步进电机发出控制指令,步进电机步进转动,电动机轴一端的驱动齿轮驱动副节气门轴上的扇形齿轮转动,使副节气门开度减小(副节气门在 TRC、VSC 不起作用时处于全开状态),减少发动机的进气量,使发动机的输出转矩减小。

3.5.11　各汽车主动安全系统实现控制功能的共同特点是什么?

汽车 ABS、EBD、EBA、ASR 和 VSC 的共同特点是:通过调节车轮制动器的制动力来提高控制性能(缩短制动距离,增强转向控制能力和提高行驶稳定性)和减少交通事故。ASR 和 VSC 在调节车轮制动器制动力的同时,还要调节发动机的输出转矩。虽然 ABS、EBD、EBA、ASR 和 VSC 都可调节制动力,但其目的各不相同,ABS 是防止车轮制动力大于附着力而抱死滑移,EBD 是增大后轮载重时的制动力,EBA 是增大紧急制动时各个车轮的制动力,ASR 是通过施加制动力来增大总驱动力,VSC 是防止前、后轮发生侧滑。因为 EBD、EBA、ASR 和 VSC 等主动安全电子控制系统都是以 ABS 的轮速传感器和制动压力调节器为基础进行设计的,所以在学习汽车行驶主动安全技术过程中,首先熟悉 ABS 的结构原理和调节方法,对学习 EBD、EBA、ASR 和 VSC 等辅助电子控制系统,能够收到事半功倍的效果。

3.5.12　汽车安全气囊系统 SRS 的功用是什么? 主要由哪些部件组成?

安全气囊系统的确切名称是辅助防护系统(Supplemental Restraint System)或辅助防护气囊系统(Supplemental Restraint Air Bag System),英文缩写为 SRS。因为辅助防护系统 SRS 在汽车发生碰撞时能够起到安全防护作用,所以人们一直都将其称为安全气囊系统。安全气囊系统是坐椅安全带的辅助控制装置,只有在使用安全带的条件下,才能充分发挥保护驾驶人和乘员的作用。据美国通用 General 汽车公司研究表明:安全气囊系统 SRS 与安全带共同使用的保护效果最佳,可使驾驶人和前排乘员的伤亡率减少 43%～46%。由此可见,为了充分发挥 SRS 的保护作用,确保汽车驾驶人和乘员的人身安全,在汽车行驶时一定要系好安全带。

汽车安全气囊系统 SRS 的功用是:当汽车遭受碰撞导致驾驶人和乘员的惯性力急剧增大时,使气囊迅速膨胀,在驾驶人、乘员与车内构件之间铺垫一个气垫,利用气囊排气节流的阻尼作用来吸收人体惯性力产生的动能,从而减轻人体遭受伤害的程度。正面气囊保护驾驶人和乘员的面部与胸部,侧面气囊保护驾驶人和乘员的颈部与腰部,护膝气囊保护驾驶人和前排乘员的膝部,窗帘式气囊(即气帘)保护驾驶人和乘员的头部,各种气囊膨开时的状态如图 3-120 所示。

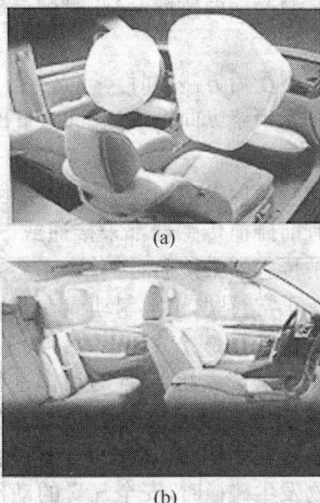

(a)

(b)

图 3-120　天津一汽丰田轿车 8 个气囊和气帘膨开时的状态

汽车安全气囊系统 SRS 主要由碰撞传感器、防护传感器、安全气囊电控单元(SRS ECU)、气囊组件和 SRS 指示灯等组成。正面 SRS 配装有左前碰撞传感器和右前碰撞传感器,侧面 SRS 配装有左侧碰撞传感器和右侧碰撞传感器,防护传感器一般都安装在 SRS ECU 内部,SRS 指示灯安装在组合仪表盘上。正面 SRS 控制部件的组成与安装位置如图 3-121 所示。

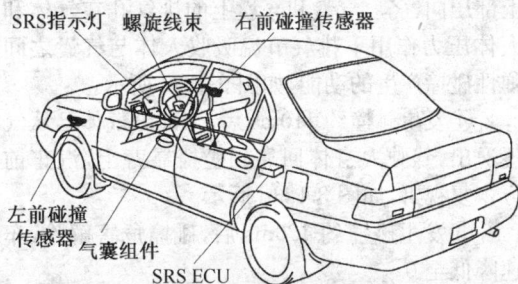

SRS指示灯　螺旋线束　右前碰撞传感器

左前碰撞传感器　气囊组件

SRS ECU

图 3-121　SRS 零部件安装位置

3.5.13　汽车安全气囊系统 SRS 的有效范围是什么? 其动作过程有何特点?

汽车安全气囊系统并非在所有碰撞情况下都

能起作用。正面 SRS 只有在汽车正前方或斜前方±30°角范围内发生碰撞,纵向减速度达到设定阈值,且防护传感器和任意一只前碰撞传感器接通时,才能引爆气囊充气,如图 3-122 所示。在下列条件之一的情况下,正面气囊不会引爆充气。

①汽车遭受侧面碰撞超过斜前方±30°角时(此时侧面气囊将引爆充气)。

②汽车遭受横向碰撞时(此时侧面气囊将引爆充气)。

③汽车遭受后方碰撞时。

④汽车发生绕纵向轴线侧翻时(此时侧面气囊将引爆充气)。

⑤纵向减速度未达到设定阈值时。

⑥所有前碰撞传感器都未接通或 SRS ECU 内部的防护传感器未接通时。

⑦汽车正常行驶、正常制动或在路面不平的道路条件下行驶时。

汽车安全气囊系统 SRS 的动作过程的显著特点是迅速快捷。根据德国博世公司在奥迪轿车上的试验研究表明:当汽车以车速 50km/h 与前方障碍物发生碰撞时,安全气囊的动作时序如图 3-123 所示。

①发生碰撞约 10ms 后,气囊达到引爆极限,点火器使点火剂引爆并产生大量热量,使充气剂(固态叠氮化钠)受热分解,驾驶人尚未动作,如图 3-123a 所示。

②发生碰撞约 40ms 后,气囊完全充满,体积最大,驾驶人身体向前移动,安全带斜系在驾驶人身上并拉紧,部分冲击能量被吸收,如图 3-123b 所示。

③发生碰撞约 60ms 后,驾驶人头部及身体上部压向气囊,气囊和气囊上的排气孔在气体和人体压力作用下排气节流吸收人体与气囊之间弹性碰撞产生的动能,如图 3-123c 所示。

④发生碰撞约 110ms 后,大部分气体已从气囊逸出,驾驶人身体回靠到坐椅靠背上,汽车前方恢复视野,如图 3-123d 所示。

⑤发生碰撞约 120ms 后,碰撞危害解除,车速降低至 0。

由此可见,气囊从开始充气到完全充满约需 30ms。从汽车遭受碰撞开始到气囊收缩为止,所用时间约为 120ms,而人们眨一下眼皮所用时间约为 200ms。因此,安全气囊在碰撞过程中的动作时间极短,气囊动作状态和经历时间无法用肉眼确认。

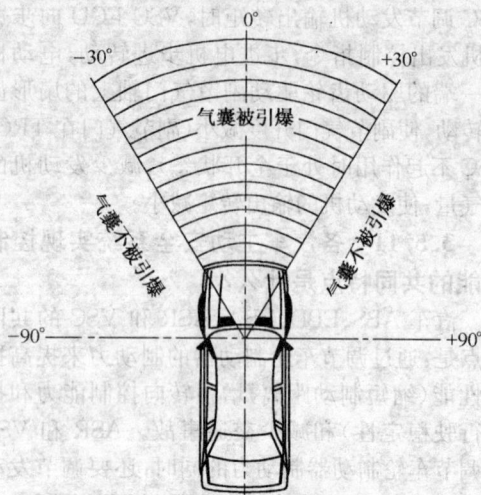

图 3-122 正面碰撞时 SRS 的有效范围

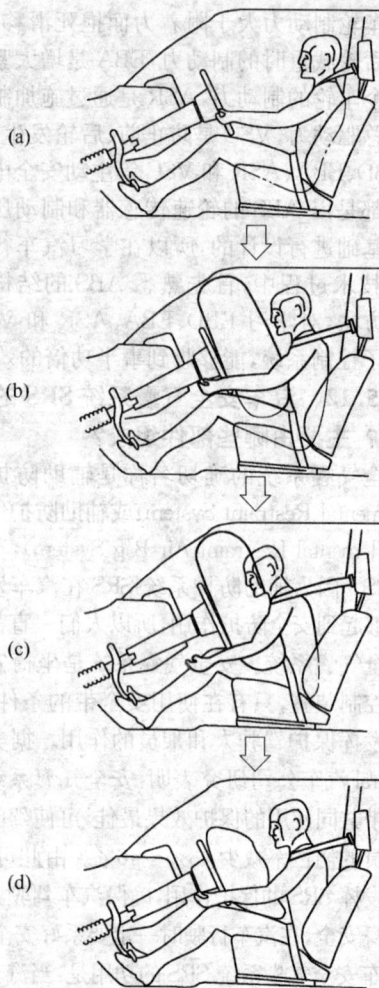

图 3-123 安全气囊动作时序

(a)10ms 后 (b)40ms 后 (c)60ms 后 (d)110ms 后

3.5.14　汽车安全气囊系统 SRS 用碰撞传感器分为哪些类型?

汽车安全气囊系统 SRS 用碰撞传感器实际上是一种减速度传感器,其功用是将碰撞信号输入安全气囊系统和坐椅安全带收紧系统电控单元 SRS ECU,以便 SRS ECU 确定是否引爆气囊点火器和安全带收紧点火器。

汽车安全气囊系统 SRS 用碰撞传感器按用途不同,可分为碰撞信号传感器和碰撞防护传感器两种类型。按结构不同,碰撞传感器可分为机电结合式、水银开关式和电子式三种类型。

碰撞信号传感器又称为碰撞烈度(激烈程度)传感器,安装在汽车左前与右前翼子板内侧,两侧前照灯支架下面,发动机散热器(水箱)支架左、右两侧,左右仪表台下面等。

碰撞防护传感器又称为安全传感器或保险传感器,简称防护传感器,一般都安装在 SRS ECU 内部。防护传感器和碰撞信号传感器的结构原理完全相同,唯一区别在于设定的减速度阈值有所不同。换句话说,一只碰撞传感器既可用作碰撞信号传感器,也可用作碰撞防护传感器,但是必须重新设定其减速度阈值。设定减速度阈值的原则是碰撞防护传感器的减速度阈值比碰撞信号传感器的减速度阈值稍小。当汽车以 35km/h 左右的速度撞到一辆静止、同样大小的汽车上或以 25km/h 左右的速度迎面撞到一个不可变形的障碍物上时,减速度就会达到碰撞信号传感器设定的阈值,传感器就会动作。

机电结合式是一种利用机械机构运动(滚动或转动)来控制电器触点动作,再由触点断开与闭合来控制气囊点火器电路接通与切断的传感元件。常用的有滚球式、滚轴式和偏心锤式三种碰撞传感器。

3.5.15　汽车安全气囊系统 SRS 的气囊组件分为哪些类型? 由哪些部件组成?

汽车安全气囊系统 SRS 的气囊组件按功用不同,分为正面气囊组件和侧面气囊组件。按安装位置不同,分为驾驶席、前排乘员席(副驾驶席)、后排乘员席和侧面气囊组件四种。驾驶席气囊组件安装在转向盘中央,前排乘员席气囊组件安装在副驾驶人坐椅正前方的仪表台上。

气囊组件都是由气囊、点火器和气体发生器等组成。

(1)SRS 用驾驶席气囊组件

驾驶席气囊组件的结构如图 3-124 所示,主要由气囊饰盖 2、气囊 3、气体发生器 4 和安装在气体发生器内部的点火器组成。

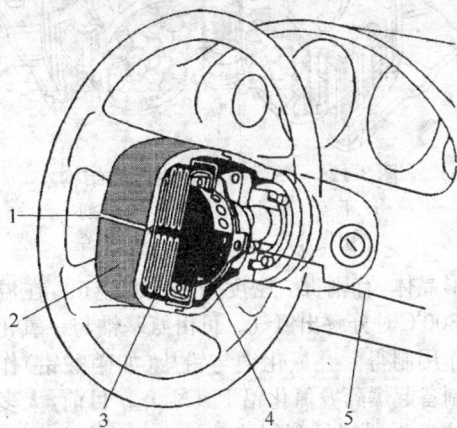

图 3-124　驾驶席气囊组件的结构
1. 饰盖撕印　2. 气囊饰盖　3. 气囊
4. 气体发生器　5. 点火器引线

①气囊。气囊一般采用聚酰胺织物(如尼龙)制成,内层涂有聚氯丁二烯,用以密封气体。早期气囊的背面制作有 2~4 个通气小孔,用以排气节流吸收动能,目前普遍采用透气性较好的织物制作,因此没有制作通气孔。气囊在静止状态时,像降落伞未打开时一样折叠成包,安放在气体发生器上部与气囊饰盖之间。气囊开口一侧固定在气囊安装支架上,先用金属垫圈与气囊支架座圈夹紧,然后用铆钉铆接。气囊饰盖表面模压有撕印,以便气囊充气时撕裂饰盖,减小冲出饰盖的阻力。驾驶席气囊充满氮气时的体积为 35L 左右。

②气体发生器。气体发生器又称为充气器,用专用螺栓与螺母固定在转向盘上的气囊支架上,结构如图 3-125 所示,由气体发生器盖、金属滤网、充气剂、点火器和引爆炸药组成,其功用是在点火器引爆点火剂时,产生气体向气囊充气,使气囊膨开。气体发生器的壳体由上盖和下盖两部分组成。在上盖上制有若干个长方形或圆形充气孔。下盖上制有安装孔,以便将气体发生器安装到转向盘上的气囊支架上。上盖与下盖用冷压工艺压装成一体,壳体内装充气剂、滤网和点火器。金属滤网安放在气体发生器壳体的内表面,用以过滤充气剂和点火剂燃烧产生的渣粒。

充气剂普遍采用叠氮化钠(Sodium Azide)片状合剂。叠氮化钠的分子式为 NaN_3,是无色六

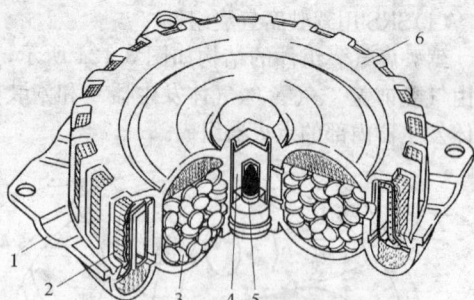

图 3-125 气囊气体发生器的结构

1. 下盖 2. 金属滤网 3. 充气剂
4. 引爆炸药 5. 点火器 6. 上盖

方形晶体,有剧毒。密度为 $1.846g/cm^3$,在温度约 300℃时分解出氮气。可由氨基钠与一氧化二氮作用制得。叠氮化钠与铅盐(如硝酸铅)作用可制备起爆药叠氮化铅 $Pb(N_3)_2$。目前,大多数气体发生器都是利用热效反应产生氮气而充入气囊。在点火器引爆点火剂瞬间,点火剂会产生大量热量,固态叠氮化钠受热立即分解释放氮气,并从充气孔充入气囊。虽然氮气是无毒气体,但是叠氮化钠的副产品有少量的氢氧化钠和碳酸氢钠(白色粉末)。这些物质是有害的,因此,在清洁气囊膨开后的车内空间时,应保证通风良好并采取防护措施。充气剂制作成片状合剂的目的是便于填装到气体发生器壳体内部。

③点火器。气囊点火器外包铝箔,安装在气体发生器内部中央位置,结构如图 3-126 所示,主要由引爆炸药 1、药筒 2、引药 3、电热丝 4、电极 10 和引出导线 7 等组成。

点火器的所有部件均装在药筒内。点火剂包括引爆炸药和引药。引出导线与气囊连接器插头连接,连接器(一般都为黄色)中设有短路片(铜质弹簧片)。当连接器插头拔下或插头与插座未完全接合时,短路片将两根引线短接,防止静电或误通电将电热丝电路接通使点火剂引爆而造成气囊误膨开。

点火器的功用是:当 SRS ECU 发出点火指令使电热丝电路接通时,电热丝迅速红热引爆引药,引药瞬间爆炸产生热量,药筒内温度和压力急剧升高并冲破药筒,使充气剂(叠氮化钠)受热分解释放氮气充入气囊。

(2)SRS 用乘员席气囊组件

所有乘员席气囊组件的组成和工作原理与驾驶席的基本相同,但结构尺寸有所不同。乘员席气囊组件的结构特点:一是体积比驾驶席气囊

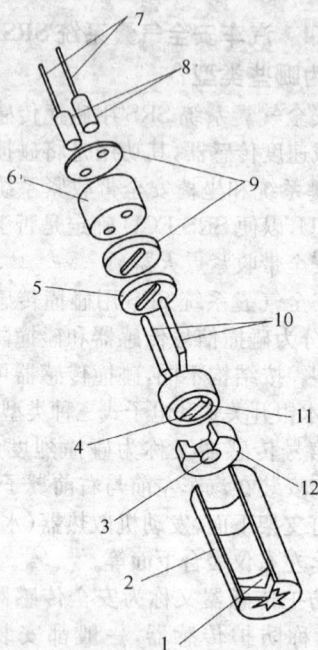

图 3-126 驾驶席气囊点火器零部件组成

1. 引爆炸药 2. 药筒 3. 引药 4. 电热丝 5. 陶瓷片 6. 磁铁 7. 引出导线 8. 瓷管 9. 瓷片 10. 电极 11. 电热头 12. 药托

体积大(因为气囊距离乘员的距离比距离驾驶人的距离长),二是气体发生器为长筒形。前排乘员席气囊组件安装在副驾驶人坐椅正前方的仪表台上。副驾驶席正面气囊膨开时,都是朝向乘员面部和胸部方向。

3.5.16 汽车坐椅安全带收紧系统的功用是什么? 由哪些部件组成?

坐椅安全带紧急收缩触发系统 SRTS(Seat-Belt Emergency Retracting Triggering System),简称为安全带收紧系统或安全带预紧系统。坐椅安全带收紧系统的功用是:当汽车遭受碰撞时,在气囊膨开之前迅速收紧安全带,缩短驾驶人和前排乘员身体向前移动的距离,防止人体遭受伤害。为了充分发挥安全带的保护作用,确保汽车驾驶人和乘员的人身安全,国产中高档轿车大都装备有安全带收紧系统。

安全带收紧系统是在安全气囊系统的基础上,增设防护传感器和左、右坐椅安全带收紧器构成,安全带收紧器为安全带收紧系统的执行机构。

3.5.17 汽车坐椅安全带收紧器分为哪些类型?

安全带收紧器又称为安全带紧急收紧收缩器,

安装在坐椅靠近左、右车身的两侧或左、右车门立柱旁边。按结构不同,安全带收紧器可分为活塞式和钢珠式两种类型。丰田和奔驰轿车采用了活塞式收紧器,捷达和宝来轿车采用了钢珠式收紧器。

(1)活塞式安全带收紧器

活塞式安全带收紧器由导管(又称为气缸)、活塞、钢丝绳、气体发生器、点火器和安全带收缩棘轮组成,结构如图 3-127 所示。

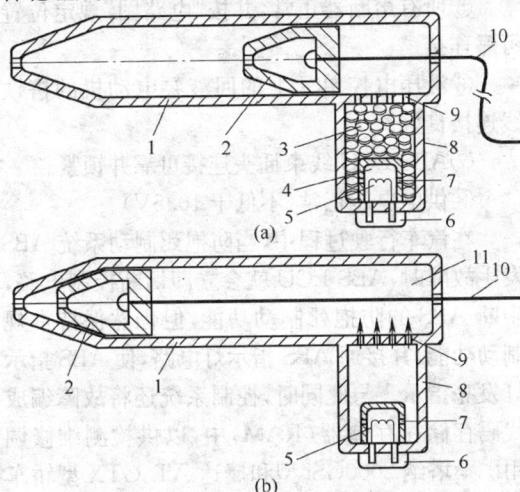

图 3-127 安全带收紧器结构原理
1. 导管(气缸) 2. 活塞 3. 充气剂(叠氮化钠药片)
4. 引爆炸药 5. 电热丝 6. 线束插座 7,9. 通气孔
8. 气体发生器 10. 钢丝绳 11. 气体

气体发生器和点火器的结构原理与安全气囊系统的气体发生器和点火器基本相同,有所不同的是体积很小,因此,充气剂的用量很少。点火器安放在气体发生器内部。活塞直径约 20mm,安装在导管(气缸)内。活塞上焊接有一根钢丝绳,钢丝绳的另一端固定在棘轮机构的一个棘爪上。棘轮机构设在安全带伸缩卷筒的一端,由三个棘爪、一个外齿圈和时钟弹簧组成。外齿圈固定在安全带伸缩卷筒的转轴上,可与转轴一同转动,棘爪安放在外齿圈周围的圆形固定架内。当钢丝绳不动时,棘爪在时钟弹簧作用下处于松弛状态,外齿圈可随安全带卷筒沿顺时针或逆时针方向转动;当拉动钢丝绳时,拉力力矩克服时钟弹簧弹力力矩使棘爪抱紧在外齿圈上,并带动安全带伸缩卷筒转动,从而便可使安全带收紧。

当点火器电路接通时,电热丝通电红热并引爆炸药,引爆炸药释放大量热量使充气剂受热分解并释放出大量无毒氮气充入收紧器导管。活塞在膨胀气体的推力作用下带动钢丝绳迅速移动。与此同时,钢丝绳通过棘轮机构带动安全带卷筒转动将安全带收紧,并在碰撞后 8ms 内将安全带收紧 15～20cm,使驾驶人和前排乘员身体向前移动距离缩短,防止面部、胸部与转向盘、挡风玻璃或仪表台发生碰撞而受到伤害。

(2)钢珠式汽车坐椅安全带收紧器

捷达和宝来轿车用钢珠式安全带收紧器的结构如图 3-128 所示,主要由气体发生器、点火器、钢珠、带齿转子、安全带卷筒和钢珠回收盒组成。

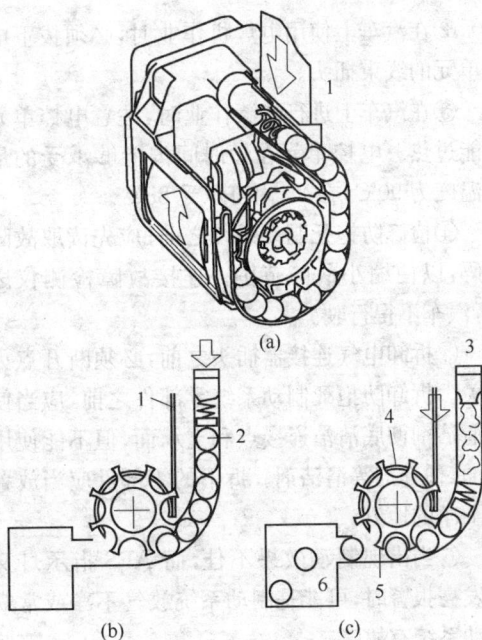

图 3-128 捷达、宝来轿车用钢珠式安全带
收紧器的结构原理
1. 安全带 2. 钢珠 3. 气体发生器 4. 安全带卷筒
5. 带齿转子 6. 钢珠回收盒

气体发生器和点火器的结构原理与安全气囊系统的气体发生器和点火器基本相同,但体积很小。点火器安放在气体发生器内部,钢珠安放在气体发生器前面的滚道内。带齿转子固定在安全带卷筒的一端,如图 3-128a 所示。

当点火器电路接通时,电热丝通电红热并引爆炸药,引爆炸药释放大量热量使充气剂受热分解并迅速释放出大量氮气冲击钢球。滚道内的钢珠在膨胀气体的推力作用下连续射向转子齿槽,从而驱动转子和安全带卷筒转动将安全带收紧,如图 3-128b 和图 3-128c 所示。

3.5.18 使用防抱死制动系统时,需要注意哪些问题?

汽车防抱死制动系统 ABS 无需进行维护。当车速超过 20km/h 行驶时,如果防抱死制动系统 ABS 工作正常,仪表盘上的 ABS 指示灯就不会发亮。如果 ABS 指示灯发亮,就说明防抱死制动系统有故障。汽车防抱死制动系统 ABS 在使用过程中,需要注意以下几点:

①拆卸液压调节器之前,必须断开蓄电池搭铁线。

②在汽车上使用电焊机作业时,必须拔下电控单元的线束插头。

③在汽车上进行喷漆作业时,注意电控单元不能过热。电控单元在短时间内能够承受的最高温度为 90℃,在 2h 内可承受 85℃。

④检修防抱死制动系统之前,应先读取故障代码,以便缩小故障范围。连接故障检测仪之后,汽车不得行驶。

⑤拆卸电气连接器插头之前,必须断开点火开关。拆卸防抱死制动系统零部件之前,应当使用清洁剂彻底清洁连接点和支承面,但不能使用汽油、稀释剂等清洁剂。拆下的零部件应当放置在干净的地方。

⑥当出现制动效果不佳,而 ABS 指示灯又未发亮报警时,可能是制动系统放气不净或常规制动系统有故障。

⑦当更换制动管路、制动压力调节器等总成部件时,必须使用故障检测仪测试整个系统的功能。由于某些故障只能在汽车行驶中发现,因此,在测试功能时要进行试车。试车时,应在 30s 内以不低于 60km/h 的车速行驶,并至少进行一次紧急制动。

⑧制动油液必须绝对清洁,绝对不能使用含有矿物油(如机油或油脂)的物质,应当使用 DOT4 制动液。

⑨更换防抱死制动系统的零部件时,必须使用原厂配件。

3.5.19 对防抱死制动系统进行自诊断测试时,需满足哪些条件? 需要注意哪些问题?

对防抱死制动系统进行自诊断测试时,必须满足以下条件:

①所有轮胎的型号和规格必须相同,且轮胎气压符合标准规定。

②制动灯开关和制动灯技术状态良好。

③制动液压系统无泄漏(观察液压电控单元、制动泵等有无泄漏)。

④轮速传感器安装位置正常。

⑤所有熔断器正常,并按“电路图”规定位置可靠连接。

⑥液压电控单元上的回液泵电动机的搭铁线连接良好。

⑦ABS ECU 线束插头连接可靠并锁紧。

⑧供电电压正常(不低于 10.5V)。

在汽车行驶过程中,当防抱死制动系统 ABS 发生故障时,ABS ECU 就会立即切断控制电路,中断 ABS 的防抱死制动功能,但仍然保持常规制动功能,并接通 ABS 指示灯电路,使 ABS 指示灯发亮指示。与此同时,控制系统还将故障编成代码存储在存储器(RAM)中,以供检测维修调用。桑塔纳 2000GSi 型和捷达 AT、GTX 型轿车用 MK20-Ⅰ型 ABS 可用故障诊断仪 V·A·G1551 或 V·A·G1552 进行自诊断测试。在进行自诊断测试时,需要注意以下几点:

①自诊断测试只能在汽车静止并接通点火开关(或起动发动机运转)时进入。如果车速大于 2.5km/h,则无法进入自诊断测试状态。如果车速大于 20km/h,自诊断程序将自动中断运行。

②在进行自诊断测试过程中,ABS 不能调节制动压力,ABS 指示灯 K47 将发亮指示。

③自诊断功能不仅可以读取和清除存储器中的故障信息,还可以提供“电控单元识别”和“读取测量数据块”等功能。

④自诊断的第一个检测步骤必须是读取故障存储器中的故障信息。

⑤从防抱死制动系统电控单元 ABS ECU 上拔下线束插头时,切勿开动汽车。只有当点火开关断开时,才能拔下或插上防抱死制动系统控制部件的线束插头。

⑥只有在更换电动回液泵和电磁阀继电器时,才允许拧开液压调节器固定螺栓。

⑦防抱死制动系统中的故障是通过 ABS 指示灯 K47 发亮显示。因为某些故障只有在汽车

行驶中才能被识别,所以在自诊断测试后要通过试车来检查系统的功能。试车时应在 30s 内以大于 60km/h 的车速行驶,并且至少进行一次紧急制动,以使 ABS 投入工作。

3.5.20 怎样读取 MK20-Ⅰ型防抱死制动系统 ABS 的故障代码?

利用故障诊断仪 V·A·G1551 或 V·A·G1552 读取桑塔纳 2000GSi 型和捷达 AT、GTX 型轿车用 MK20-Ⅰ型防抱死制动系统 ABS 故障代码的操作方法与程序如下:

①按发动机自诊断测试方法连接故障测试仪。

②接通电源进入诊断测试程序。首先接通点火开关或起动发动机怠速运行(如故障导致发动机不能起动,则接通点火开关),然后接通故障诊断仪电源开关。此时故障诊断仪进入"车辆系统测试"模式,显示如图 3-129 所示。

③输入"防抱死制动电子控制系统"的地址指令"03",并单击"Q"键确认,地址指令代表的系统名称就会出现在屏幕上(单击"C"键可以改变输入指令)。电控单元确认后将显示如图 3-130 所示的电控单元信息(注意:只有在点火开关接通或发动机运转时,才能显示电控单元的编号和代码。由于汽车使用的电控单元以及诊断仪使用

的程序卡型号不同,显示和打印的内容会有所不同)。

④单击"→"键,直到诊断仪屏幕上显示输入"功能选择代码",如图 3-131 所示。

⑤输入功能选择代码 01、02……08,并单击"Q"键确认,即可进入各项功能的测试。读取故障代码时,输入功能选择代码"02",并单击"Q"键确认,如果有故障代码,屏幕上将首先显示存储故障的数量,如图 3-132 所示。如果没有故障代码,显示屏将显示"没有故障被识别",如图 3-133 所示。如果使用 V·A·G1551 型测试仪,单击"Print"键接通打印机("Print"键上的指示灯将发亮),存储的一个或多个故障代码及其文字说明将按存储故障的顺序打印出来。为了使打印输出的故障代码与维修手册印制的故障代码表一一对应,故障代码均按 5 位数字排列,MK20-Ⅰ型 ABS 的故障代码见表 3-19 所示。在显示屏下面一行显示的是故障类型,如果故障类型后面显示有"/SP"字样,表明该故障为偶然性故障。故障代码及故障类型显示完毕,显示屏将显示输入"功能选择代码",此时输入其他"功能选择代码",可继续进行其他功能的诊断测试。

图 3-129 进入车辆系统测试模式时显示的信息

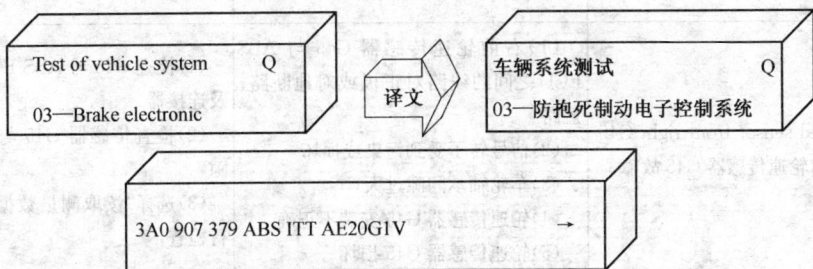

图 3-130 输入电控单元地址代码"03"后显示的信息

3A0 907 379. 电控单元零件编号 ABS. 防抱死制动系统 ITT. 公司名称 AE20G1V. 软件版本

图 3-131 单击"→"键后显示的功能选择信息

图 3-132   输入功能选择代码"02"且有故障代码时显示的信息

图 3-133   输入功能选择代码"02"但无故障代码时显示的信息

表 3-19   MK20-Ⅰ型防抱死制动系统 ABS 故障代码与故障排除方法

V·A·G1551 或 V·A·G1552 显示结果		可能的故障原因	故障排除方法
代码	显示内容及译文		
	No fault recognised 未发现故障	如果是在维修完毕后进行的测试,则结束自诊断 如果 ABS 不能正常工作,则按下述步骤进行检查 (1)以大于 20km/h 的车速进行紧急制动试车 (2)再次用故障诊断仪读取故障代码,如果仍无故障代码显示,则需对电气系统进行全面检查	
00668	Vehicle voltage terminal 30 signal outside tolerance 30 号电源端子电压信号超差	电源线路、连接插头或熔丝故障	检查 ABS 电源线路、熔丝和连接器
00283	Speed sensor front left-G47 左前轮速传感器 G47 故障	(1)左前轮速传感器 G47 与 ABS ECU 之间的线路对正极或对地断路、短路 (2)信号转子受到污染或损坏 (3)车轮轴承间隙过大 (4)轮速传感器 G47 安装不正确 (5)轮速传感器 G47 损坏	(1)检查 G47 与 ABS ECU 之间的线束及连接器 (2)检查传感器 G47 与齿圈之间的间隙 (3)选择"读取测量数据块"代码 08 进行检查
00285	Speed sensor front right-G45 右前轮速传感器 G45 故障	(1)右前轮速传感器 G45 与 ABS ECU 之间的线路对正极或对地断路、短路 (2)信号转子受到污染或损坏 (3)车轮轴承间隙过大 (4)轮速传感器 G45 安装不正确 (5)轮速传感器 G45 损坏	(1)检查 G45 与 ABS ECU 之间的线束及连接器 (2)检查传感器 G45 与齿圈之间的间隙 (3)选择"读取测量数据块"代码 08 进行检查
00287	Speed sensor rear right-G44 右后轮速传感器 G44 故障	(1)右后轮速传感器 G44 与 ABS ECU 之间的线路对正极或对地断路、短路 (2)信号转子受到污染或损坏 (3)车轮轴承间歇过大 (4)轮速传感器 G44 安装不正确 (5)轮速传感器 G44 损坏	(1)检查 G44 与 ABS ECU 之间的线束及连接器 (2)检查传感器 G44 与齿圈之间的间隙 (3)选择"读取测量数据块"代码 08 进行检查

续表 3-19

V·A·G1551 或 V·A·G1552 显示结果		可能的故障原因	故障排除方法
代码	显示内容及译文		
00290	Speed sensor rear left-G46 左后轮速传感器 G46 故障	(1)左后轮速传感器 G46 与 ABS ECU 之间的线路对正极或对地断路、短路 (2)信号转子受到污染或损坏 (3)车轮轴承间隙过大 (4)轮速传感器 G46 安装不正确 (5)轮速传感器 G46 损坏	(1)检查 G46 与 ABS ECU 之间的线束及连接器 (2)检查传感器 G46 与齿圈之间的间隙 (3)选择"读取测量数据块"代码 08 进行检查
01276	ABS hydraulic pump-V64 Signal outside tolerance ABS 电动回液泵 V64 信号超差	(1)电动回液泵 V64 与 ABS ECU 之间的线路对正极或对地断路、短路 (2)电动回液泵故障	(1)检查 V64 与 ABS ECU 之间的线束及连接器 (2)选择"执行元件测试"代码 03 进行检查
66535	Control unit 电控单元故障(如果同时显示电动回液泵 V64 有故障，则应先排除回液泵故障)	(1)ABS ECU 搭铁线断路或接触不良 (2)ABS ECU 故障	(1)检查 ABS ECU 搭铁线是否断路或接触不良 (2)更换 ABS ECU
01044	Control unit incorrectly coded 电控单元编码不正确	ABS ECU 的 25 端子线束插座上端子"6"与"22"连接的编码跨接线断路或搭铁	检查 ABS ECU 编码跨接线
01130	ABS operation Signal outside tolerance ABS 工作信号超差	有外界干扰信号(高频发射信号，如点火信号)干扰 ABS 工作	(1)检查 ABS 线路是否与点火线路搭接 (2)清除故障代码 (3)以大于 20km/h 的车速进行紧急制动试车 (4)再次读取故障代码

3.5.21　怎样清除 MK20-Ⅰ型防抱死制动系统 ABS 的故障代码？

故障排除后应及时清除故障代码，否则再次读取故障代码时，此次故障代码会一并调出，影响工作效率。如果电控单元电源切断(如控制器插头被拔下)或蓄电池极柱上的搭铁电缆端子被拆下，那么故障代码存储器中存储的故障信息将被清除。利用故障诊断仪 V·A·G1551 或 V·A·G1552 清除 MK20-Ⅰ型防抱死制动系统 ABS 故障代码的操作方法与程序如下：

①按读取故障代码的操作程序①～④进入诊断测试"功能选择"。当诊断仪屏幕上显示输入"功能选择代码"时，如图 3-131 所示，输入"读取故障代码"的功能选择代码"02"，并单击"Q"键确认。

②单击"→"键，直到显示出所有的故障代码，并在屏幕上显示输入"功能选择代码"时，输入"清除故障代码"的功能选择代码"05"，并单击"Q"键确认，显示如图 3-134 所示。

图 3-134　输入功能选择代码"05"时显示的信息

③单击"→"键,直到故障代码被清除,并在屏幕上显示输入"功能选择代码"时,输入"结束输出"功能选择代码"06",并单击"Q"键确认。

④重新试车并再次读取故障代码,不得有故障代码显示。

3.5.22 当防抱死制动系统发生故障时,怎样检查与排除?

当汽车防抱死制动系统 ABS 出现故障或感到 ABS 工作不正常时,可目视检查以下内容进行排除。

①手制动是否完全释放。

②制动液有无渗漏,制动液液面是否符合规定高度。

③ABS 熔断器、继电器是否完好,防抱死制动系统电控单元 ABS ECU 连接器插接是否牢固可靠。

④控制部件(轮速传感器、电磁阀、电动回液泵、压力指示开关和压力控制开关等)连接器插头与插座连接是否良好。

⑤防抱死制动系统电控单元 ABS ECU、压力调节器的搭铁线是否可靠搭铁。

⑥电源(蓄电池和交流发电机)电压是否符合规定。

⑦读取故障代码并根据代码指示情况进行检修。用故障诊断仪(如 V·A·G1551 或 V·A·G1552 等)能够检测到的故障,可根据故障代码表建议的检测项目有的放矢的进行检查;对于故障诊断仪检测不到的故障,必须对电气系统进行全面检查。

3.5.23 MK20-I 型防抱死制动系统的电控单元 ABS ECU 如何安装和连接?

MK20-I 型 ABS 的电控单元 ABS ECU 安装在发动机舱内,ABS ECU 线束插头上有 25 个端子,排列位置如图 3-135 所示,各接线端子连接的部件名称见表 3-20 所示。

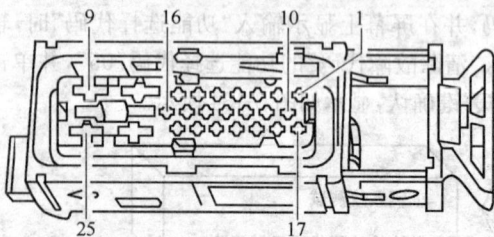

图 3-135 MK20-I 型 ABS ECU 线束
插头及端子排列

表 3-20 MK20-I 型 ABS ECU 插座
与零部件的连接情况

端子代号	连接部件的名称
1	右后轮速传感器 G44
2	左后轮速传感器 G46
3	右前轮速传感器 G45
4	左前轮速传感器 G47
5	备用端子
6	捷达轿车为备用端子(桑塔纳 2000GSi 型轿车为车型识别端子,与端子 22 连接)
7	备用端子
8	蓄电池负极(一)
9	蓄电池正极(+)
10	左后轮速传感器 G46
11	左前轮速传感器 G47
12	制动灯开关 F
13	诊断触发端子 K
14	备用端子
15	桑塔纳 2000GSi 型轿车为备用端子(捷达轿车为车型识别端子,与端子 21 连接)
16	ABS 指示灯 K47
17	右后轮速传感器 G44
18	右前轮速传感器 G45
19	备用端子
20	备用端子
21	桑塔纳 2000GSi 型轿车为备用端子(捷达轿车为车型识别端子,与端子 15 连接)
22	捷达轿车为备用端子(桑塔纳 2000GSi 型轿车为车型识别端子,与端子 6 连接)
23	中央继电器盒连接器 G 端子 G₃
24	蓄电池负极(一)
25	蓄电池正极(+)

3.5.24 MK20-I 型防抱死制动系统电控单元 ABS ECU 各端子之间的标准参数值分别是多少?

检修 MK20-I 型防抱死制动系统时,可先拔下其电控单元 ABS ECU 接线插座上的线束插头,再用检测仪器或仪表测量线束插头上各端子之间的电量参数值与标准值进行判断。在 MK20-I 型 ABS 电控单元 ABS ECU 的线束插头上,各端子之间的标准参数值见表 3-21 所示。

表 3-21　MK20-Ⅰ型 ABS ECU 线束插头上各端子之间的标准参数值

检查项目名称	点火开关位置	检查端子代号	标准值	备　注
回液泵电动机电源电压	OFF	25 与 8	10.1～14.5V	
电磁阀电源电压	OFF	9 与 24	10.1～14.5V	
电源端子绝缘性能	OFF	8 与 23	0.00～0.50V	万用表电压挡检测
搭铁端子绝缘性能	OFF	8 与 24	0.00～0.50V	
电源电压	ON	8 与 23	10.0～14.5V	
ABS 指示灯	OFF	插头与 ECU 断开	ABS 指示灯熄灭	目测
	ON		ABS 指示灯发亮	
	OFF	插头与 ECU 连接	ABS 指示灯熄灭	
	ON		ABS 指示灯发亮约 1.7s 后熄灭	
制动灯开关功能（制动踏板未踩下时）	ON	8 与 12	0.00～0.50V	万用表电压挡检测
制动灯开关功能（制动踏板踩下时）	ON	8 与 12	10.0～14.5V	
诊断插头	OFF	诊断插头 K 与 13	0.00～0.50V	
左前轮速传感器 G47 电阻值	OFF	11 与 4	1.0～1.3kΩ	万用表电阻挡检测
右前轮速传感器 G45 电阻值	OFF	18 与 3	1.0～1.3kΩ	
左后轮速传感器 G46 电阻值	OFF	10 与 2	1.0～1.3kΩ	
右后轮速传感器 G44 电阻值	OFF	17 与 1	1.0～1.3kΩ	
左前轮速传感器 G47 输出电压	OFF	11 与 4	3.4～14.8mV/Hz	用示波器检测
右前轮速传感器 G45 输出电压	OFF	18 与 3	3.4～14.8mV/Hz	
左后轮速传感器 G46 输出电压	OFF	10 与 2	>12.2mV/Hz	
右后轮速传感器 G44 输出电压	OFF	17 与 1	>12.2mV/Hz	
车型识别	OFF	15 与 21	0.0～1.0Ω	捷达 AT、GTX
	OFF	6 与 22	0.0～1.0Ω	桑塔纳 2000GSi

3.5.25　怎样检测 MK20-Ⅰ型防抱死制动系统轮速传感器？

(1)检测电阻值

MK20-Ⅰ型防抱死制动系统配装有四只磁感应式轮速传感器,检修时可先用万用表测量每只轮速传感器信号线圈的电阻值和信号电压值,再与标准电阻值和标准电压值进行比较来判断其技术状态。检测轮速传感器电阻值的方法和步骤如下:

①将点火开关拨到断开(OFF)位置。

②拔下防抱死制动系统电控单元 ABS ECU 的线束插头。

③将万用表拨到电阻(OHM×2kΩ)挡,分别检测 ABS ECU 线束插头(参见图 3-135)上端子 11 与 4、端子 18 与 3、端子 10 与 2、端子 17 与 1 之间四只传感器线圈的电阻值。标准电阻值应为 1.0～1.3kΩ。如电阻值偏差过大,应检查传感器导线是否断路或搭铁。端子 11 与 4 之间连接左前轮速传感器 G47,端子 18 与 3 之间连接右前轮速传感器 G45,端子 10 与 2 之间连接左后轮速传感器 G46,端子 17 与 1 之间连接右后轮速传感器 G44。

（2）检测电压值

检测 MK20-Ⅰ型 ABS 四只轮速传感器信号电压的方法和步骤如下：

①将点火开关拨到断开（OFF）位置。

②拔下发动机舱内 ABS ECU 的线束插头。

③用千斤顶（或举升机）将安装被测传感器的车轮顶起，使车轮离开地面且能够自由旋转，以便测量轮速传感器信号线圈产生的信号电压值。

④将万用表拨到交流电压（ACV×2V）挡。

⑤在使安装被测传感器的车轮以每秒钟约1转的速度旋转时，检测 ABS ECU 线束插头（参见图 3-135）上传感器线圈连接的两个端子之间的输出电压值。端子 11 与 4 之间连接左前轮速传感器 G47，端子 18 与 3 之间连接右前轮速传感器 G45。G47 和 G45 的输出电压应为 70～310mV 交流电压。端子 10 与 2 之间连接左后轮速传感器 G46、端子 17 与 1 之间连接右后轮速传感器 G44。G46 和 G44 的输出电压应为 190～1140mV 交流电压。

如果输出电压值偏差过大，应检查传感器导线是否断路或搭铁，以及传感器磁头与齿圈转子之间的气隙是否符合标准值（前轮气隙标准值为 1.10～1.97mm；后轮气隙标准值为 0.42～0.80mm）。检查传感器气隙时，应在齿圈转子上取 4 个对称点进行检查，以防止齿圈变形造成误差。

3.5.26 怎样检测 MK20-Ⅰ型防抱死制动系统回液泵电动机的供电电压？

MK20-Ⅰ型防抱死制动系统制动压力调节器的检修主要是回液泵电动机和电磁阀的检修。回液泵电动机的供电电压可按下述方法进行检测：

①点火开关拨到断开（OFF）位置。

②拔下发动机舱内 ABS ECU 的线束插头。

③将万用表拨到直流电压（DCV×20V）挡，检测 ABS ECU 线束插头（参见图 3-135）上端子 8 与 25 之间的供电电压值应当等于蓄电池电压（标准值为 10.0～14.5V）。如电压过低，说明 ABS ECU 搭铁线（8 号端子连线）搭铁不良，或蓄电池搭铁线搭铁不良，或蓄电池正、负极柱电缆接头接触不良，或蓄电池亏电，应分别进行检修。如电压为 0，可能是 ABS ECU 的 25 号端子连接

的熔断器 S123（30A）断路，或 25 号端子至蓄电池正极之间线路断路，或 ABS ECU 搭铁线（8 号端子连线）断路，应分别进行检修。

5.27 怎样检测 MK20-Ⅰ型防抱死制动系统液压调节器电磁阀的供电电压？

MK20-Ⅰ型防抱死制动系统制动压力调节器的检修主要是回液泵电动机和电磁阀的检修。液压调节器电磁阀的供电电压可按下述方法进行检测：

①点火开关拨到断开（OFF）位置。

②拔下发动机舱内 ABS ECU 的线束插头。

③将万用表拨到直流电压（DCV×20V）挡，检测 ABS ECU 线束插头（参见图 3-135）上端子 9 与 24 之间的供电电压值应当等于蓄电池电压（标准值为 10.0～14.5V）。如电压过低，说明 ABS ECU 搭铁线（24 号端子连线）搭铁不良，或蓄电池搭铁线搭铁不良，或蓄电池正、负极柱电缆接头接触不良，或蓄电池亏电，应分别进行检修。如电压为 0，可能是 ABS ECU 的 9 号端子连接的熔断器 S124（30A）断路，或 9 号端子至蓄电池正极之间线路断路，或 ABS ECU 搭铁线（24 号端子连线）断路，应分别进行检修。

3.5.28 怎样检测 MK20-Ⅰ型防抱死制动系统电控单元 ABS ECU 的供电电压？

MK20-Ⅰ型防抱死制动系统 ABS ECU 的供电电压可按下述方法进行检测：

①点火开关拨到断开（OFF）位置。

②拔下发动机舱内 ABS ECU 的线束插头。

③接通点火开关（即将点火钥匙拨到 ON 位置）。

④将万用表拨到直流电压（DCV×20V）挡，检测 ABS ECU 线束插头（参见图 3-135）上端子 23 与 8 之间的供电电压值应当等于蓄电池电压（标准值为 10.0～14.5V）。如电压过低，说明 ABS ECU 搭铁线（8 号端子连线）搭铁不良，或蓄电池搭铁线搭铁不良，或蓄电池正、负极柱电缆接头接触不良，或蓄电池亏电，应分别进行检修。如电压为 0，可能是 ABS ECU 电源端子（23 号端子）至中央继电器盒连接器 G 的 3 号端子 G3 之间的熔断器 S12（15A）断路，或 23 号端子至蓄电池正极之间线路断路，或 ABS ECU 搭铁线（8 号

端子连线)断路,应分别进行检修。

3.5.29　怎样检查 MK20-Ⅰ型防抱死制动系统制动灯开关 F 的功能是否良好?

桑塔纳 2000GSi 型和捷达 AT、GTX 型轿车用 MK20-Ⅰ型 ABS 制动灯开关 F 的功能可按下述方法进行检查:

①点火开关拨到断开(OFF)位置。

②拔下发动机舱内 ABS ECU 的线束插头。

③将万用表拨到直流电压(DCV×20V)挡。

④在制动踏板未踩下时,检测 ABS ECU 线束插头(参见图 3-135)上端子 12 与 8 之间的电压值应为 0.0~0.5V。如电压等于电源电压(10.0~14.5V),说明制动灯开关短路,应换用新品。

⑤在踩下制动踏板时,检测 ABS ECU 线束插头(参见图 3-135)上端子 12 与 8 之间的电压值应当等于电源电压(10.0~14.5V)。如电压过低,说明 ABS ECU 搭铁线(8 号端子连线)搭铁不良,或蓄电池搭铁线搭铁不良,或蓄电池正、负极柱电缆接头接触不良,或蓄电池亏电,应分别进行检修。如电压为 0,可能是 ABS ECU 的制动灯开关端子(12 端子)至中央继电器盒连接器 C 的 1 号端子 C1 之间的熔断器 S2(10A)断路或线路断路,或 ABS ECU 搭铁线(8 号端子连线)断路,应分别进行检修。

3.5.30　怎样检查 MK20-Ⅰ型防抱死制动系统电控单元 ABS ECU 的编码跨接线是否良好?

桑塔纳 2000GSi 型和捷达 AT、GTX 型轿车用 MK20-Ⅰ型 ABS 设有编码跨接线,又称为车型识别码跨线,桑塔纳 2000GSi 型轿车跨接在 ABS ECU 的端子 6 与 22 之间,捷达 AT、GTX 型轿车跨接在 ABS ECU 的端子 15 与 21 之间。检查编码跨接线是否良好时,可按下述方法与程序进行:

①点火开关拨到断开(OFF)位置。

②拔下发动机舱内 ABS ECU 的线束插头。

③将万用表拨到电阻(OHM×200Ω)挡,检测 ABS ECU 线束插头(参见图 3-135)上端子 6 与 22(捷达 AT、GTX 型轿车检测端子 15 与 21)

之间的电阻值应当小于 1.0Ω。如电阻值为无穷大,说明编码跨接线断路,应予更换。

3.5.31　怎样检查桑塔纳 2000GSi 型和捷达 AT、GTX 型轿车用 MK20-Ⅰ型防抱死制动系统指示灯的功能是否良好?

检查桑塔纳 2000GSi 型和捷达 AT、GTX 型轿车用 MK20-Ⅰ型防抱死制动系统指示灯(K47)的功能时,接通点火开关,仪表盘上的 ABS 指示灯应当发亮。如 ABS 指示灯不亮,其原因可能有以下几点,应分别进行检修。

①ABS 指示灯控制器插座上搭铁端子(31 端子)线路断路。

②ABS 指示灯控制器插座上端子 15 至中央继电器盒连接器 G 的 5 号端子 G5 之间的熔断器 S18(10A)断路或线路断路。

③ABS 指示灯控制器插座上"ABS"端子至电控单元端子 16 之间的线路断路。

④ABS 指示灯控制器插座上"EBV"端子至中央继电器盒连接器 C 的 11 号端子 C11 之间的线路断路。

3.5.32　怎样读取丰田系列汽车用安全气囊系统 SRS 的故障代码?

各型汽车安全气囊系统 SRS 的自诊断测试方法各有不同,丰田汽车 SRS 可用跨接线跨接诊断插座上的 T_c、E_1 两个端子,通过仪表盘上 SRS 指示灯的闪烁情况来读取与清除 SRS 的故障代码。读取故障代码的操作方法与程序如下:

①检查 SRS 指示灯。将点火开关转到 ON 或 ACC 位置,如 SRS 指示灯亮 6s(闪 6 下)后熄灭,说明 SRS 指示灯及其线路正常,可以读取故障代码。如 SRS 指示灯不亮,说明指示灯或其线路有故障,应在检修后才能读取故障代码。

②将点火开关转到 ON 或 ACC 位置,并等待 20s 以上时间。

③用跨接线将诊断插座上的 T_c、E_1 两个端子跨接。

④根据仪表盘上 SRS 指示灯闪烁规律读取故障代码,见表 3-22 所示。丰田车系 SRS 的故障代码均为两位数字,显示方法与发动机电子控制系统完全相同。

表 3-22 丰田车系安全气囊系统 SRS 故障代码及故障部位

故障代码	代码含义	故障部位	指示灯状态
正常	安全气囊系统 SRS 正常	—	OFF
	安全气囊系统 SRS 电源电压过低	1. 蓄电池 2. SRS ECU	ON
11	1. SRS 气囊点火器线路搭铁 2. 前碰撞传感器线路搭铁	1. 气囊组件 2. 螺旋线束 3. 前碰撞传感器 4. SRS ECU	ON
12	1. SRS 气囊点火器引线与电源线搭接 2. 前碰撞传感器引线与电源线搭接 3. 前碰撞传感器引线断路 4. 螺旋线束与电源线搭接	1. 气囊组件 2. 螺旋线束 3. 传感器线路 4. SRS ECU	ON
13	SRS 气囊点火器线路短路	1. SRS 气囊点火器 2. 螺旋线束 3. SRS ECU	ON
14	SRS 气囊点火器线路断路	1. SRS 气囊点火器 2. 螺旋线束 3. SRS ECU	ON
15	前碰撞传感器线路断路	1. 前碰撞传感器 2. SRS ECU 3. 气囊系统线束	ON
22	SRS 指示灯线路断路	1. SRS 指示灯 2. SRS ECU 3. 气囊系统线束	ON
31	1. SRS 备用电源失效 2. SRS ECU 故障	SRS ECU	ON
41	SRS ECU 曾记忆过故障代码	SRS ECU	ON

使用跨接线读取丰田车系安全气囊系统 SRS 的故障代码时,需要注意以下几点:

①当点火开关接通 ON 或 ACC 位置后,如果 SRS 指示灯一直发亮,读取故障代码时显示代码又正常,说明蓄电池电源电压过低或 SRS ECU 的备用电源电压过低(丰田汽车在设计 SRS ECU 程序时,未将此故障编成代码存入存储器 RAM)。当电源电压恢复正常约 10s 后, SRS 指示灯将自动熄灭。

②当 SRS 指示灯线路断路时,SRS ECU 便将故障编成代码 22 并存入存储器 RAM 中。因为 SRS 指示灯线路断路时不能显示故障代码,所以,在断路故障排除之前,SRS 指示灯无法显示故障代码(包括故障代码 22)。

③当 SRS 发生故障时,SRS ECU 就会将故障编成 11 至 31 之间的代码存入存储器 RAM 中。如果 SRS 指示灯显示出 11 至 31 以外的代码,说明气囊电控单元 SRS ECU 有故障。

④当排除故障代码 11 至 31 表示的故障并清除故障代码之后,SRS ECU 将把代码 41 存入存储器 RAM 中,SRS 指示灯将一直发亮,直到代码 41 清除为止。

丰田车系 SRS 故障排除之后,在清除故障代码 11 至 31 时,SRS ECU 将把代码 41 存入存储器 RAM 中,表示 SRS 发生过故障。代码 41 将使 SRS 指示灯一直发亮,直到代码 41 清除后,SRS指示灯才能恢复正常显示状态。代码41必须如图3-136所示时间间隔和操作方法才能清除,否则就不能清除。具体操作方法和程序如下:

a. 取两根跨接线,分别连接诊断插座 T_C、AB端子,分别称为 T_C 端子诊断线和 AB 端子诊断线,如图 3-136 所示。

b. 将点火开关转到 ON 或 ACC 位置并等待 6s 以上时间。

c. 首先将 T_C 端子诊断线搭铁 $(1.0 \pm 0.5)s$(如图 3-136 中①所示),然后离开搭铁部位,并在 T_C 端子诊断线离开搭铁部位后 0.2s 内,将 AB 端子诊断线搭铁 $(1.0 \pm 0.5)s$(如图 3-136 中②所示)。

d. 在将 AB 端子诊断线离开搭铁部位之前 0.2s 内,将 T_C 端子诊断线第二次搭铁 $(1.0 \pm 0.5)s$(如图 3-136 中③所示)。

e. 在将 T_C 端子诊断线第二次离开搭铁部位之后 0.2s 内,将 AB 端子诊断线第二次搭铁 $(1.0 \pm 0.5)s$(如图 3-136 中④所示)。

f. 在将 AB 端子第二次离开搭铁部位之前 0.2s 内,将 T_C 端子诊断线第三次搭铁(如图 3-136 中⑤所示)。

g. 将 T_C 端子保持搭铁,AB 端子保持离开搭铁部位,直到数秒钟之后,SRS 指示灯以发亮 64ms、熄灭 64ms(丰田花冠轿车发亮 50ms、熄灭 50ms)的闪烁周期闪烁时,代码 41 即被清除,此时再将 T_C 端子诊断线离开搭铁部位。

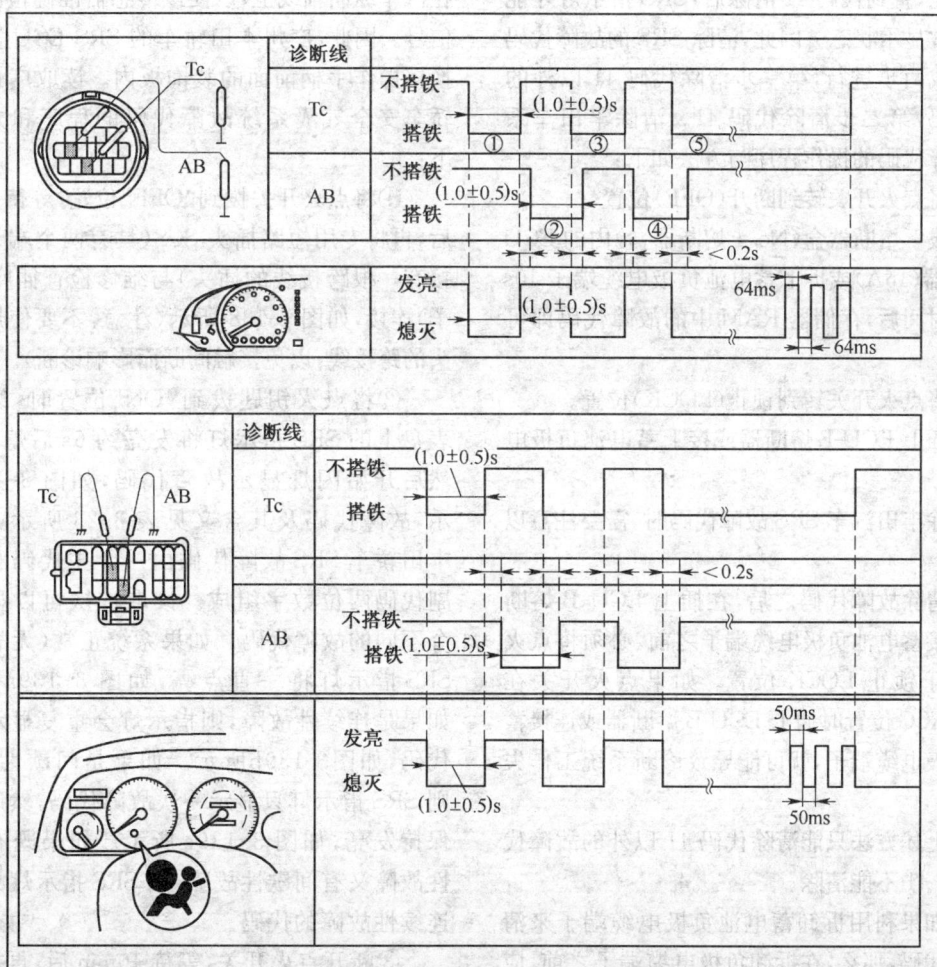

图 3-136　清除丰田车系 SRS 代码 41 的方法

3.5.33 怎样清除丰田系列汽车安全气囊系统 SRS 的故障代码？

安全气囊存储器中存储的故障代码全部清除之后，SRS 指示灯才能恢复正常显示状态。读取故障代码时，如 SRS 指示灯显示有故障代码，说明 SRS 发生过故障，但是无法显示故障发生在现在还是发生在过去。因此，每当排除故障之后，必须清除故障代码，并在清除故障代码之后，再次读取故障代码，确认 SRS 故障是否已经全部排除，这是检修 SRS 必须进行的工作。

丰田车系 SRS 故障代码的清除方法与其他电子控制系统有所不同。由于在故障代码 11 至 31 代表的故障被排除并清除故障代码之后，SRS ECU 将把代码 41 存入存储器中，使 SRS 指示灯一直发亮，直到代码 41 清除后，SRS 指示灯才能恢复正常显示状态。因此，清除 SRS 的故障代码需要分成两步进行，第一步清除代码 41 以外的故障代码，第二步清除代码 41。清除丰田车系 SRS 故障代码的操作程序与方法如下：

①将点火开关转到断开(OFF)位置。

②拔下熔断器盒(No.1 熔断器盒)内的 ECU-B 熔断器(15A)或拆下蓄电池负极电缆端子 10s 或更长时间后，存储器 RAM 中的故障代码即可被清除。

③将点火开关转到锁止(LOCK)位置。

④插上 ECU-B 熔断器或接上蓄电池负极电缆端子。

清除丰田汽车 SRS 故障代码时，需要注意以下几点：

①清除故障代码之后，在插上 ECU-B 熔断器或连接蓄电池负极电缆端子之前，必须将点火开关置于锁止 LOCK 位置。如果点火开关在 ON 或 ACC 位置时插上 ECU-B 熔断器或连接蓄电池负极电缆端子，就可能导致诊断系统工作失常。

②上述方法只能清除代码 41 以外的故障代码，代码 41 不能清除。

③如果利用拆卸蓄电池负极电缆端子来清除故障代码，那么，在拆卸负极电缆端子之前，应先通知汽车用户将音响和防盗系统的密码记录下来。这是因为音响和防盗等系统存储的密码以及时钟显示的内容在断电时会立即丢失。当读取故障代码并排除故障之后，需要重新设定音响和防盗等系统的密码并调整时钟。

3.5.34 怎样读取广州本田轿车安全气囊系统 SRS 的故障代码？

广州本田轿车装备有双安全气囊系统，由驾驶席气囊组件、前排乘员席气囊组件、安全气囊系统指示灯(SRS 指示灯)、螺旋线束、内装碰撞信号传感器和防护传感器的气囊电控单元(SRS ECU)组成，零部件安装位置如图 3-137 所示。该车 SRS 的显著特点是碰撞信号传感器和防护传感器均安装在 SRS ECU 内部。由于电控单元 SRS ECU 内部装有碰撞传感器，SRS ECU 安装在汽车纵向轴线上，以便该传感器准确检测碰撞信号。因此，广州本田轿车的 SRS ECU 安装在换档操作手柄前面的装饰板内。读取广州本田轿车安全气囊系统故障代码的程序和方法如下：

①将点火开关拨到"OFF"位置，等待 10s 以后，再将专用短路插头 SCS(具有两个端子并连接有一根跨接线的插头)与维修检查插座(2 端子)连接，如图 3-138 所示(注意：不要使用无插头的跨接线，以免接触间断而影响诊断)。

②将点火钥匙拨到"ON"位置时，组合仪表盘上的 SRS 指示灯将发亮约 6s 后熄灭 2s，然后开始闪烁显示故障代码，如图 3-139 所示，故障代码及其含义见表 3-23 所示。广州本田轿车 SRS 故障代码由一个主代码和一个副代码两位数字组成。读取一次可以显示三个不同的故障代码。如果系统正常(无故障)，SRS 指示灯将一直点亮，如图 3-139a 所示。如果是连续性故障，则指示灯会重复显示故障代码，如图 3-139b 所示。如果是间歇性故障，则 SRS 指示灯只显示一次故障代码，然后一直保持发亮，如图 3-139c 所示。如果既有连续性故障又有间歇性故障，则 SRS 指示灯只显示连续性故障的代码。

③断开点火开关，等待 10min 后，再拔下专用短路插头 SCS。

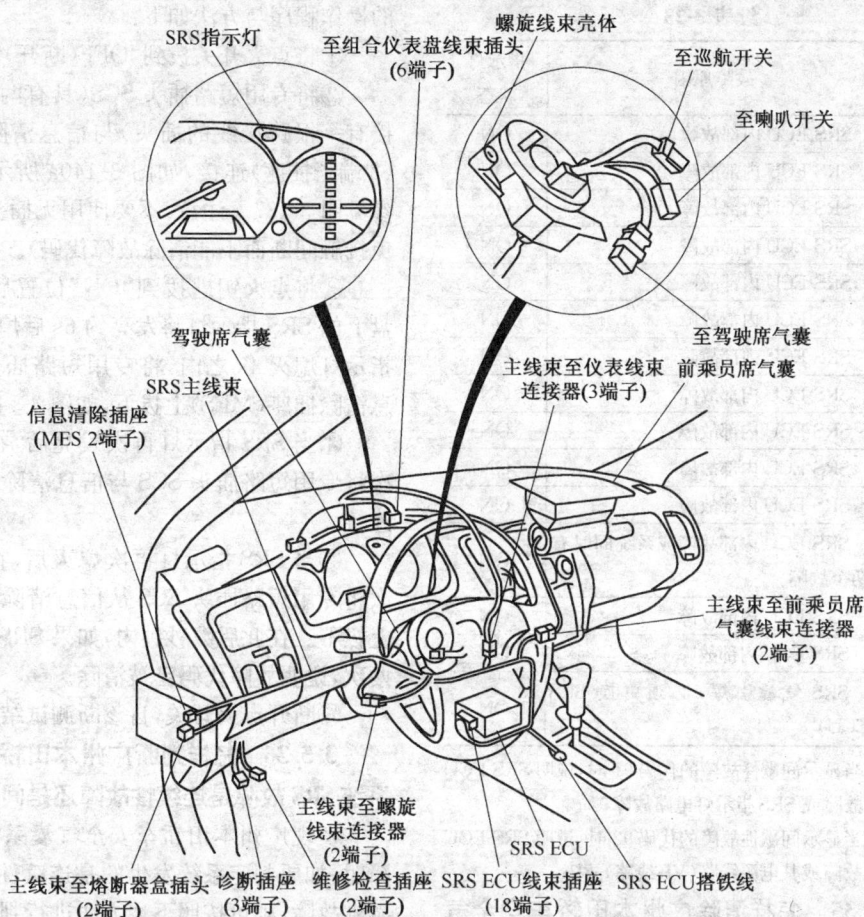

图 3-137 广州本田轿车双气囊系统控制部件安装位置

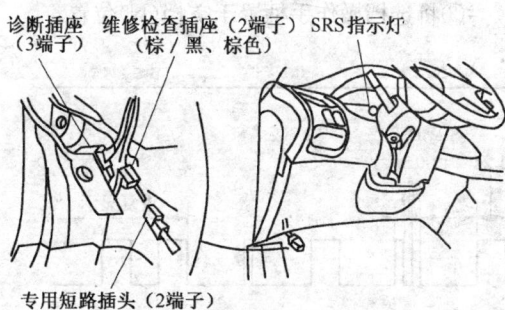

图 3-138 连接专用短路插头

表 3-23 广州本田轿车安全气囊系统
SRS 故障代码及其含义

故障代码	故障原因	指示灯状态
无	SRS 指示灯故障	不亮
无	SRS 指示灯故障、SRS ECU 故障或 SRS 电源线路(VB、VA 线路)故障	不熄灭
11	驾驶席气囊点火器线路断路	ON

续表 3-23

故障代码	故障原因	指示灯状态
12	驾驶席气囊点火器电阻过大	ON
13	驾驶席气囊点火器线路与其他导线短接或点火器电阻过小	ON
14	驾驶席气囊点火器线路与电源线搭接	ON
15	驾驶席气囊点火器线路搭铁	ON
21	前排乘员席气囊点火器线路断路	ON
22	前排乘员席气囊点火器电阻过大	ON
23	前排乘员席气囊点火器线路与其他导线短接或点火器电阻过小	ON
24	前排乘员席气囊点火器线路与电源线搭接	ON
25	前排乘员席气囊点火器线路搭铁	ON
51	SRS ECU 内部故障	ON
52	SRS ECU 内部故障	ON

续表 3-23

故障代码	故障原因	指示灯状态
53	SRS ECU 内部故障	ON
54	SRS ECU 内部故障	ON
61	SRS ECU 内部故障	ON
62	SRS ECU 内部故障	ON
63	SRS ECU 内部故障	ON
64	SRS ECU 内部故障	ON
71	SRS ECU 内部故障	ON
72	SRS ECU 内部故障	ON
73	SRS ECU 内部故障	ON
81	SRS ECU 内部故障	ON
82	SRS ECU 内部故障	ON
86	SRS ECU 内部故障或系统同时有两个故障	ON
91	SRS ECU 内部故障	ON
92	SRS ECU 内部故障	ON
10-1	SRS 气囊引爆（必须更换 SRS ECU）	ON

注：(1)当显示间歇性故障的代码91时，说明SRS ECU故障或SRS指示灯电路故障；

(2)当显示间歇性故障的代码92时，说明SRS ECU故障或其电源线路（VB线路）故障。

3.5.35　怎样清除广州本田轿车安全气囊系统 SRS 的故障代码？

清除广州本田轿车安全气囊系统故障代码的操作程序与方法如下：

①将点火开关拨到"OFF（断开）"位置。

②将专用短路插头 SCS（具有两个端子并连接有一根跨接线的插头）与信息清除插座 MES（2 端子插座）连接，如图 3-140a 所示（插座位置参见图 3-137。注意：不要使用无插头跨接线，以免接触间断而不能清除故障代码）。

③将点火钥匙拨到"ON"位置后，组合仪表盘上的 SRS 指示灯将发亮约 6s 后熄灭。在 SRS 指示灯熄灭 4s 之内，将专用短路插头 SCS 从信息清除插座（MES）上拔下，如图 3-140b 所示。

④当 SRS 指示灯再次发亮后，在 4s 之内再次将专用短路插头 SCS 与信息清除插座（MES）连接。

⑤当 SRS 指示灯再次熄灭后，在 4s 之内再次将专用短路插头 SCS 从信息清除插座（MES）上拔下。在此后数秒钟内，如果 SRS 指示灯闪烁两次，说明故障代码已被清除。

⑥断开点火开关，自诊断测试结束。

3.5.36　怎样判断广州本田轿车安全气囊系统 SRS 故障是连续性故障还是间歇性故障？

发现广州本田轿车安全气囊系统 SRS 有故障时，如要判定系统发生的是连续性故障还是间歇性故障，则可按照下述方法进行判断。

①按上述方法清除故障代码。

②将选档操作手柄置于空档（N）位置。

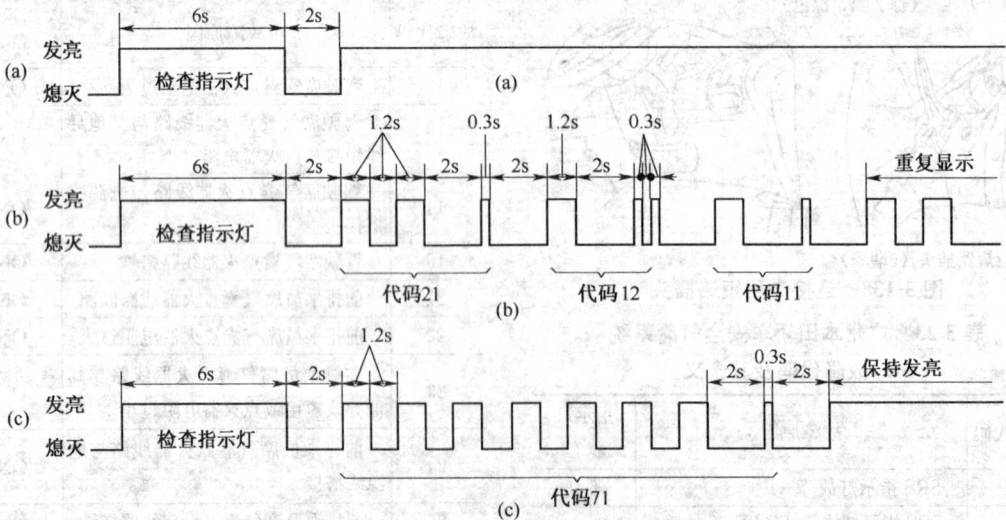

图 3-139　广州本田轿车 SRS 故障代码显示情况

(a)系统正常　(b)连续性故障代码　(c)间歇性故障代码

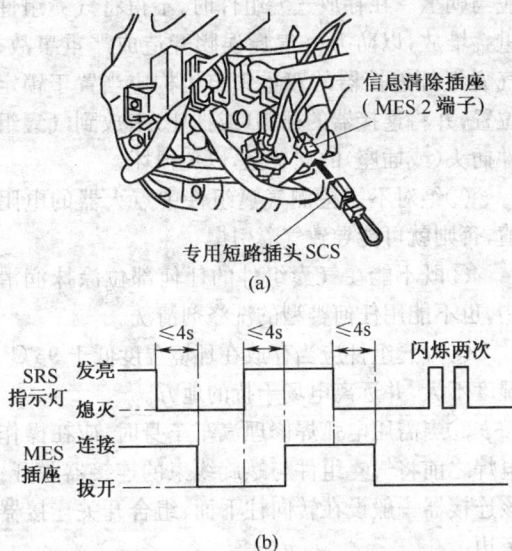

图 3-140　故障代码显示情况

(a)连接跨接线插头　(b)指示情况与操作时间

③起动发动机并怠速运转,并摇动线束及其连接器。

④进行路试(包括急加速、快速制动等),将转向盘向左、向右旋转到极限位置并保持 5～10s。

⑤再次读取故障代码,如果 SRS 指示灯闪烁故障代码,说明 SRS 有连续性故障;如果 SRS 指示灯不再显示故障代码,说明故障为间歇性故障,此时系统已恢复正常工作状态。

3.5.37　检查汽车被动安全系统时,需要注意哪些问题?

在检查安全气囊系统之前,首先应当仔细阅读制造厂家提供的《使用维修手册》。同时注意以下几点:

①充分利用故障自诊断系统获得故障信息。安全气囊系统的故障很难确认,自诊断系统保留在存储器中的故障代码是排除故障的重要信息来源。因此,在检查排除 SRS 故障时,必须在拆下蓄电池负极电缆端子之前读取故障代码。

②检查安全气囊系统和安全带收紧系统必须在整车电路断电的情况下进行,整车电路断电之前,必须做好有关的准备工作。检查工作务必在点火开关转到锁止(LOCK)位置,并将蓄电池负极电缆端子拆下 20s 或更长一些时间之后才能开始。这是因为 SRS 装备有备用电源,如果检查工作在拆下蓄电池负极电缆端子 20s 以内就

开始进行,气囊系统有备用电源供电,检查中就有可能导致气囊误膨开。另外,汽车音响系统、防盗系统、时钟、电控坐椅、坐椅安全带控制系统、驾驶位置设定的倾斜和伸缩转向系统、电控车外后视镜等系统均具有存储功能,当蓄电池负极电缆端子拆下之后,存储的内容将会丢失。因此,在检查工作开始之前,应通知汽车用户将音响、防盗系统的密码和其他控制系统的有关内容记录下来。当检查工作结束之后,再由维修人员或汽车用户重新设置密码和有关内容并调整时钟。绝不允许使用车外电源来避免各系统存储内容丢失,以免导致气囊误膨开。

③检查 SRS 时,即使只发生了轻微碰撞而气囊并未膨开,也应对前碰撞传感器、驾驶席气囊组件、乘员席气囊组件、坐椅安全带收紧器进行检查。

④SRS 对零部件的工作可靠性要求极高,所有零部件均为一次性使用部件,绝不允许修复碰撞传感器、气囊组件、SRS ECU、坐椅安全带收紧器等部件重复使用。如需更换零部件,则应使用新品,不允许使用不同型号车辆上的零部件。

⑤在检修汽车其他零部件时,如有可能对 SRS 的传感器产生冲击,则应在检修工作开始之前,先将碰撞传感器拆下,以防气囊误膨开。

⑥碰撞传感器或防护传感器采用有水银开关式传感器。由于水银蒸气有剧毒,因此,传感器更换之后,换下的旧传感器不能随意毁掉,应当作为有害废物处理。当车辆报废或更换装有水银开关式传感器的 SRS ECU 时,应当拆下水银开关式传感器总成并作为有害废物处理。

⑦当前碰撞传感器、SRS ECU 或气囊组件摔碰之后或其壳体、支架、连接器有裂纹、凹陷时,应换用新品。

⑧前碰撞传感器、SRS ECU 或气囊组件不得曝晒或接近火源。

⑨绝对不能检测点火器的电阻值,否则就可能导致气囊引爆。检测 SRS 其他零部件或线路电阻值时,必须使用数字式万用表(阻抗大于 $10k\Omega/V$),并确认在电阻挡的最小量程时,其输出电流不得超过 10mA。如果输出电流超过 10mA,就有可能引爆气囊。如果使用指针式万用表,由于其阻抗小,表内电源电压加到气囊点

火器上就可能引爆气囊。

⑩在 SRS 各个总成或零部件的表面上,均标有说明标牌或注意事项,使用与检查时必须照章行事。

⑪当安全气囊系统的检查工作完成之后,必须对 SRS 指示灯进行检查。当点火开关转到接通(ON)或辅助(ACC)位置时,SRS 指示灯亮 6s 左右后自动熄灭,说明安全气囊系统正常。

⑫碰撞传感器的动作具有方向性。安装前碰撞传感器和 SRS ECU 时,传感器和 SRS ECU 壳体上的箭头方向必须按使用说明书规定进行安装。

⑬拆卸或搬运气囊组件时,气囊装饰盖带有撕缝一面应当朝上。不得将气囊组件重叠堆放,以防万一气囊误膨开造成事故。

⑭气囊组件应当存放在环境温度低于 93℃、湿度不大,并远离电场干扰的地方。

⑮当需用电弧焊修理汽车车身时,应在进行电焊作业之前将气囊组件与螺旋线束之间的连接器拔开。

3.5.38　检查前碰撞传感器时,需要注意哪些问题?

检查汽车被动安全系统的前碰撞传感器时,需要注意以下几点:

①当汽车遭受碰撞、气囊已经引爆后,前碰撞传感器不得继续使用,应同时更换左前和右前碰撞传感器。

②碰撞传感器的动作具有方向性。安装前碰撞传感器时,传感器壳体上箭头所指方向必须按《使用说明书》规定进行安装。

③前碰撞传感器的定位螺栓和螺母必须经过防锈处理。拆卸或更换前碰撞传感器时,必须同时更换定位螺栓和螺母。

④前碰撞传感器引出导线的连接器装备有电路连接诊断机构。安装连接器时,插头与插座应当插牢。当连接器插头与插座连接不牢时,自诊断系统将会检测出来并将故障代码存入存储器中。

3.5.39　检查气囊组件时,需要注意哪些问题?

检查汽车安全气囊系统的气囊组件时,需要注意以下几点:

①拆卸或搬运气囊组件时,气囊装饰盖一面应当朝上。在存放气囊组件时,不得将气囊组件重叠堆放,以防万一气囊误膨开造成严重事故;气囊组件连接器的双重锁定机构应当置于锁定位置,并将连接器的插头(或插座)卡放到气囊组件插头(或插座)的支架上,以免损坏。

②绝对不能检测气囊组件中点火器的电阻值,否则就可能导致气囊引爆。

③既不能在气囊组件的任何部位涂抹润滑脂,也不能用任何类型的洗涤剂清洗。

④气囊组件应当存放在环境温度低于 93℃、湿度不大,并远离电场干扰的地方。

⑤当需用电弧焊修理汽车车身时,应在操作电焊之前将气囊组件与螺旋线束的连接器脱开。该连接器一般设在转向柱下面、组合开关连接器旁边。

3.5.40　检查安全气囊电控单元 SRS ECU 时,需要注意哪些问题?

检查汽车安全气囊系统的电控单元 SRS ECU 时,需要注意以下几点:

①汽车已发生过碰撞使气囊引爆膨开后,气囊电控单元 SRS ECU 就不能继续使用。

②在安装气囊电控单元 SRS ECU 时,应在固定 SRS ECU 之后,再连接 SRS ECU 连接器的插头与插座。因为防护传感器安装在 SRS ECU 内部,如果先连接插头与插座,防护传感器就起不到防护作用。同理,在拆下 SRS ECU 时,应先拔开 SRS ECU 连接器的插头与插座,然后再进行拆卸。

③在拆卸或更换 SRS ECU 过程中,不要使用冲击扳手或榔头等工具,以免气囊受到振动而意外引爆。在拆卸 SRS ECU 固定螺栓之前,必须将点火开关转到锁止"LOCK"位置,并在拆下蓄电池负极电缆端子 20s 之后再进行拆卸。

④SRS ECU 应当存放在阴凉(温度低于 40℃)、干燥(相对湿度小于 80%)的地方。

⑤当点火开关接通"ON"位置或断开时间不足 3min 时,切勿振动和撞击 SRS ECU。

3.5.41　检查坐椅安全带收紧器时,需要注意哪些问题?

检查汽车坐椅安全带收紧器时,需要注意以下几点:

①绝对不能检测安全带收紧点火器的电阻值,否则就可能导致安全带收紧器引爆而导致

意外伤害。

②安全带收紧器既不能沾水、沾油,也不能用任何类型的洗涤剂清洗。

③安全带收紧器应当存放在环境温度低于80℃、湿度不大,并远离电场干扰的地方。

④当需用电弧焊修理汽车车身时,应在操作电焊之前将安全带收紧器的连接器脱开。该连接器一般都设在左前和右前车门门框下地毯的下面。

⑤在报废汽车整车或报废安全带收紧器时,应在报废之前先用专用维修工具将收紧器的点火器引爆。引爆工作应在远离电场干扰的地方进行,以免电场过强而导致点火器误爆。引爆收紧器点火器的方法与引爆气囊点火器相同。

⑥在存放安全带收紧器过程中,其连接器上双重锁定机构的副锁应处于锁定位置,以防锁柄损坏。

3.5.42　检查汽车被动安全系统的连接器与线束时,需要注意哪些问题?

检查汽车被动安全系统的连接器与线束时,需要注意以下几点:

①安装转向盘时,其安装位置必须正确,即必须安装在转向柱管上,并使螺旋弹簧处于中间位置,否则会造成螺旋线束的电缆脱落或发生故障。

②安全气囊系统和安全带收紧系统的线束套装在特殊颜色(一般为黄色)塑料波纹管内,并与发动机舱线束、车颈线束和地板线束连成一体,所有线束连接器均为特殊颜色(一般为黄色)以便区分。当发生交通事故导致安全气囊系统线束或安全带收紧系统线束折断或连接器破碎后,必须换用新线束和新连接器,并对系统进行全面检查。

3.5.43　怎样进行汽车安全气囊组件报废处理?

在报废汽车整车或报废气囊组件时,应在报废之前使用专用维修工具将气囊组件的气体发生器和气囊引爆。汽车安全气囊组件报废处理的方法有车上引爆和车下引爆两种。有的厂家规定在汽车上引爆,有的厂家规定从汽车上拆下气囊组件后引爆。无论采用哪一种方法处理,都应按制造厂家规定的方法进行。引爆工作应在远离电场干扰的地方进行,以免电场过强而导致气囊误爆。在车上引爆的方法如图3-141a所示,

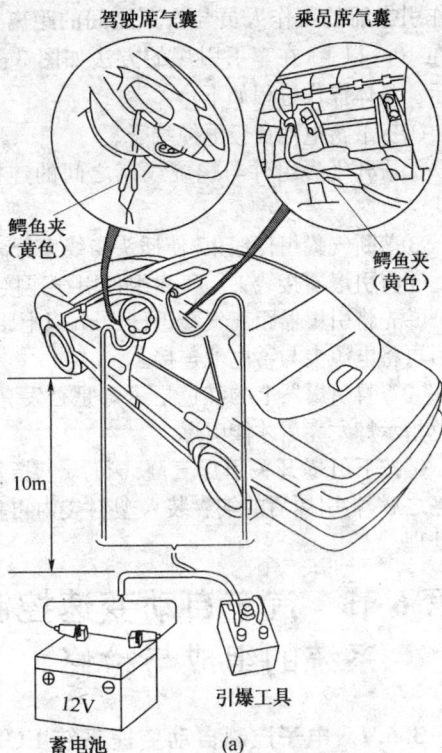

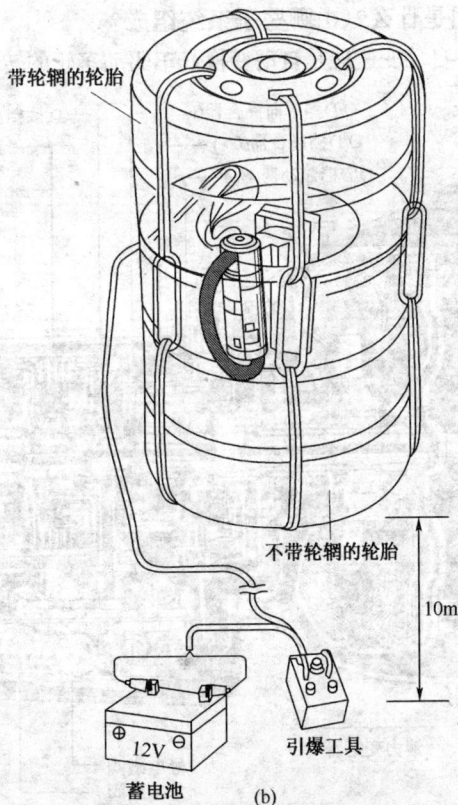

图3-141　气囊组件报废处理方法

(a)车上引爆气囊　(b)车下引爆气囊

操作引爆器的工作人员与汽车之间的距离至少应在 10m 以上，在车下引爆的方法如图 3-141b 所示。具体操作过程如下：

①拆下蓄电池负极电缆端子。

②拔开气囊组件与螺旋线束之间的连接器插头。

③剪断气囊组件线束，使插头与线束分离。

④将引爆器接线夹与气囊组件引线连接。

⑤先将引爆器距离气囊组件 10m 以上距离，然后再将电源夹与蓄电池连接。

⑥查看引爆器上的红色指示灯是否发亮，当红色指示灯发亮后才能引爆。

⑦按下引爆开关引爆气囊。待绿色指示灯发亮之后，将引爆后的气囊装入塑料袋内再作废物处理。

第 6 节　汽车自动变速控制系统的组成与检修

3.6.1　电子控制自动变速系统 ECT 的功用是什么？由哪些子系统组成？

自动变速就是自动变换汽车驱动车轮的转速与转矩，使其适应道路条件和汽车负载变化的要求。电子控制变速系统的主要功用是自动改变驱动车轮的转速和转矩，使车轮向前行驶、倒退行驶或停止行驶。

电子控制自动变速系统 ECT（Electronic Controlled Transmission System）又称为自动变速器 AT（Automatic Transmission），主要由变速系统、液压控制系统和电子控制系统三个子系统组成。丰田凌志 LS400 型轿车装备的 A341E、A342E 型电子控制四档自动变速器的组成如图 3-142 所示。

自动变速器的变速系统是由液力变矩器、齿轮变速机构和换档执行机构三部分组成。液力变矩器安装在发动机飞轮一端，其主要功用是将发动机输出的动力传递给变速器的输入轴。除此之外，液力变矩器还能实现无级变速，且具有一定的减速增矩作用。换档执行机构包括换档离合器和换档制动器，其功用是改变齿轮变速机构的传动比，从而获得不同的档位。齿轮变速机构又称为齿轮变速器，其功用是实现由起步至最高车速范围内的无级变速。

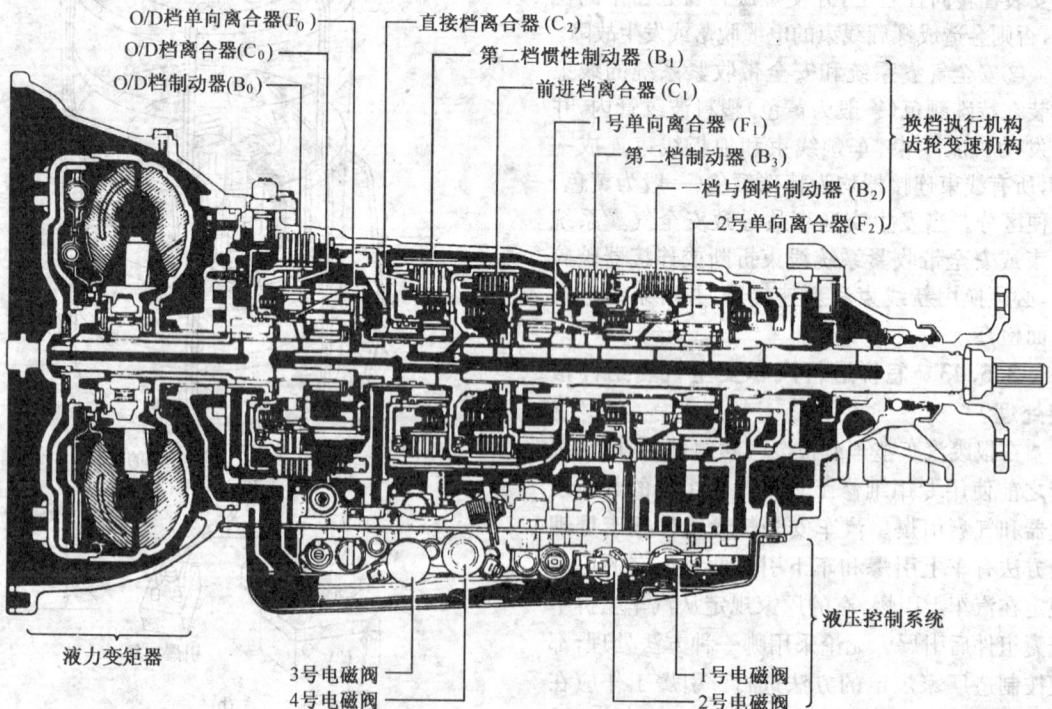

图 3-142　凌志 LS400 型轿车 A341E、A342E 型电子控制自动变速器组成

自动变速器的液压控制系统由液压传动装置(油泵、自动传动液)、阀体(电磁阀、换档阀、锁止阀和调压阀等)以及连接这些液压装置的油道组成。液压控制系统的功用是:根据电磁阀的工作状态,控制换档元件(换档离合器和换档制动器)的油路接通与切断,从而改变齿轮变速机构的传动比来实现自动换档。

自动变速电子控制系统与其他电子控制系统一样,也是由传感器与各种控制开关、自动变速电控单元(ECT ECU)和执行器三部分组成。传感器包括节气门位置传感器 TPS、车速传感器 VSS、冷却液温度传感器 CTS 等;控制开关包括换档规律选择开关(或驱动模式选择开关)、超速行驶 O/D(Over-Drive)开关、空档起动开关、制动灯开关等。执行器包括换档电磁阀和锁止电磁阀。换档电磁阀一般设有两只,即 1 号电磁阀和 2 号电磁阀;锁止电磁阀一般设有一只,即 3 号电磁阀。除此之外,变速系统的液力变矩器、换档离合器、换档制动器、齿轮变速机构以及液压控制系统的换档阀和锁止阀等都是电子控制系统的执行元件。自动变速电控单元 ECT ECU 是自动变速系统的控制中心,其主要功用一是根据开关控制信号选择相应的换档规律,二是根据传感器信号控制变速器的换档时机和液力变矩器的锁止时机。

3.6.2　在装备电子控制自动变速系统的汽车上,齿轮变速机构的传动比由哪些部件进行控制?

在装备电子控制自动变速系统的汽车上,发动机输出的动力是由液力变矩器和齿轮变速机构传递给驱动轮。齿轮变速机构传动比的改变受控于换档离合器和换档制动器等换档执行机构,换档执行机构受控于换档阀,换档阀受控于电子控制系统的换档电磁阀(No.1 电磁阀和 No.2 电磁阀);换档电磁阀又受控于自动变速电控单元 ECT ECU;液力变矩器中的锁止离合器受控于锁止阀,锁止阀受控于锁止电磁阀(No.3 电磁阀),锁止电磁阀受控于 ECT ECU。

3.6.3　汽车自动变速器的液压控制系统由哪些部件组成?

各型汽车自动变速器液压控制系统的结构大同小异,主要由液压传动装置(油泵、传动液 ATF)、液压控制装置(包括主副调压阀、节流阀、换档阀、手控阀、电磁阀、锁止阀)以及连接这些液压装置的油道组成。

(1)液压传动装置

自动变速器液压控制系统的液压传动装置主要包括液压油泵和传动液 ATF。液压油泵通常安装在液力变矩器的后面,由发动机飞轮通过液力变矩器壳体直接驱动,其功用:一是为液力变矩器和液压控制系统提供具有一定压力的传动油液;二是为齿轮变速机构和变速器运动部件提供润滑油液。油泵作为液压控制系统的动力源将油底壳中的自动传动液(ATF)泵出,经过调压阀将油压调节到规定值后,一部分输送到液力变矩器,其余输送到液压控制系统的控制机构、换档执行机构和齿轮变速机构,以便实现档位变换和润滑运动部件。

(2)液压控制装置

电子控制式自动变速器液压控制系统的控制装置主要由调压阀、控制阀和液压控制油道等组成。液压控制系统的调压阀和控制阀以及电子控制系统的电磁阀都安装在阀体中,阀体一般都安装在变速器下部或侧面,由上阀体、下阀体、阀体板(阀板)组成。丰田凌志 LS400 型轿车装备的 A341E、A342E 型电控四速自动变速器的阀体结构如图 3-143 所示。

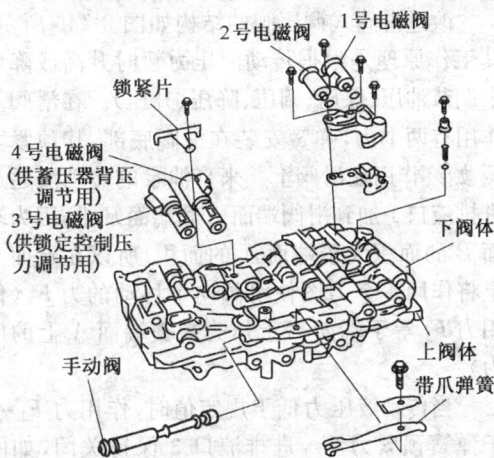

图 3-143　丰田 A341E、A342E 型
自动变速器阀体总成

液压阀安装在上、下阀体之间,各种液压阀的控制油道分别制作在上、下阀体和阀板上。丰田 A341E、A342E 型电控自动变速器上阀体剖面

如图 3-144 所示。下阀体结构及剖面与上阀体类似。当上、下阀体和阀板组装成一体时，便形成密密麻麻、弯弯曲曲、形似"迷宫"的控制油道。

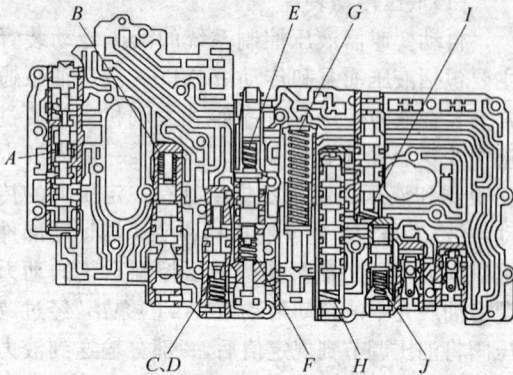

图 3-144 A341E、A342E 型变速器上阀体剖面图
A. 锁定继动阀 B. 副调压阀 C、D. 量孔控制阀
E、F. 节气门控制阀 G. 蓄压器 H. 2-3 档换档阀
I. 3-4 档换档阀 J. 倒档控制阀

①调压阀。在装备自动变速器的汽车上，发动机一旦转动，液压油泵在曲轴的带动下就开始运转，将变速器油底壳中的传动液泵入主油路，使主油路油压升高。如果主油路油压过高，就会导致换档冲击或传动液产生泡沫，影响变速器正常工作。调压阀的功用就是将主油路油压控制在一定范围内。根据总体结构不同，调压阀可分为球阀式、活塞式和滑阀式三种类型。

改进滑阀式调压阀的结构如图 3-145 所示，其工作原理是根据传动液压力暂时升高或降低来调节油压（保压、调压、降压、升压）。在滑阀上作用有两个力，弹簧安装在滑阀底部，其预紧力 F_2 始终作用在滑阀上。来自油泵的传动液通过进排液口 1 加到滑阀端面 A 和端面 B 上，因为端面 B 的面积大于端面 A 的面积，所以在端面 B 上将作用一个力图使滑阀向下移动的力 F_1（作用力 F_1 等于端面 B 上压力减去端面 A 上的压力）。

当传动液压力低于规定值时，作用力 F_1 小于弹簧预紧力 F_2，进排液口 3 保持关闭，如图 3-145a所示，来自油泵的传动液经过进排液口 1 直接从进排液口 2 排出，传动液压力不会改变（实现"保压"功能）。

当传动液压力超过规定值时，作用力 F_1 就会超过弹簧预紧力 F_2 并推动滑阀向下移动，将

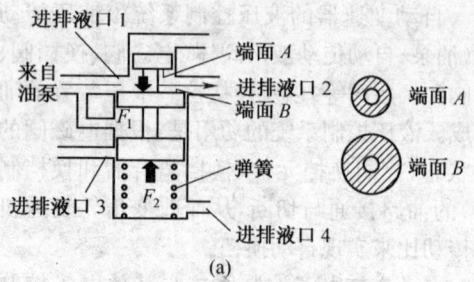

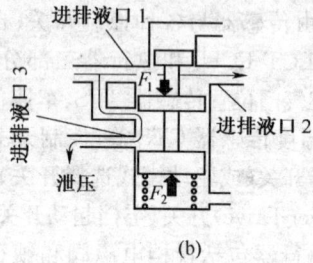

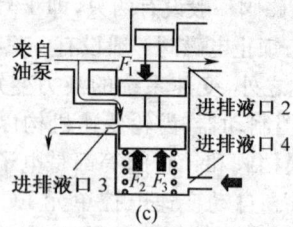

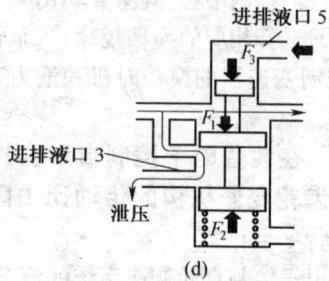

图 3-145 改进滑阀式调压阀结构原理
(a) $F_1 < F_2$，保压 (b) $F_1 > F_2$，调压
(c) $F_1 < F_2 + F_3$，升压 (d) $F_1 + F_3 > F_2$，降压

进排液口 3 打开，如图 3-145b 所示，来自油泵的部分传动液就会从进排液口 3 排出泄压，使进排液口 2 排出传动液的压力降低，从而实现"调压"功能。

如果将进排液口 4 与具有一定压力的油路接通，使滑阀底部增加一个向上的推力 F_3（相当于弹簧预紧力增大 F_3），如图3-145c所示，那么进排液口 3 的开启面积和传动液流量就会减小，相应的就会增大进排液口 2 处传动液的流量，使进排液口 2 处传动液的压力升高，从而起到"升压"

作用。

同理,如果将进排液口 5 与具有一定压力的油路接通,使滑阀顶增加一个向下的推力 F_3,如图 3-145d 所示,那么进排液口 3 的开启面积和传动液流量就会增大,相应的就会减小进排液口 2 处传动液的流量,使进排液口 2 处传动液的压力降低,从而起到"降压"作用。

②控制阀。在自动变速器的液压控制装置中,控制阀的功用是转换通向各换档执行元件(离合器、制动器)的油路,以便实现档位变换。控制阀分为手动控制阀(手控阀)、液压控制阀(液压阀)和电磁控制阀(简称电磁阀)三种类型。

手控阀是一种由人工手动操纵的换向阀,基本结构如图 3-146 所示,滑阀(阀心)通过机械连杆机构或缆索与操纵手柄连接。当操纵手柄处于不同位置时,滑阀随阀杆移动而移动至相应位置,从而接通相应的油路。

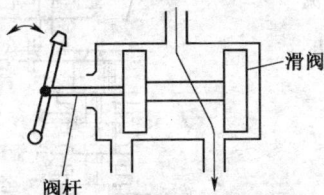

图 3-146　手控阀的结构原理

在自动变速器实际应用的阀体中,由选档操纵手柄操纵的选档阀就是一只多路手控阀。该手控阀通过连杆机构与驾驶室内的选档元件连接,并由选档元件选择档位位置。选档元件有按钮式和手柄式两种,手柄式如图 3-147 所示。按钮式一般布置在组合仪表盘上,通过操纵按钮来选择档位位置。选档操纵手柄既可布置在驾驶室地板上,也可布置在转向柱管上。

手控阀的功用是根据选档操纵手柄的位置或选择的操作按钮不同,接通主调压阀与不同档位("R"、"D"、"2"和"L")之间的油路。当驾驶人操纵选档操纵手柄时,连杆机构便带动手控阀的阀心移动,从而接通不同的油路。

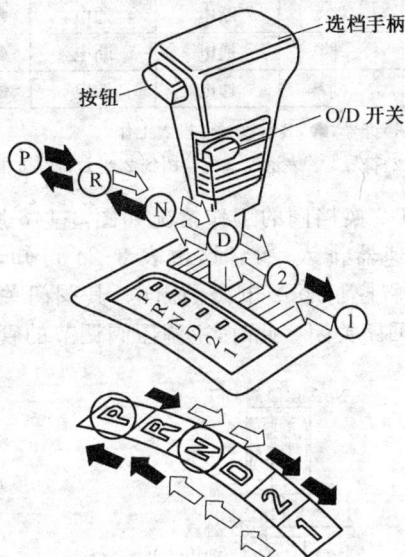

图 3-147　选档元件的布置

3.6.4　在自动变速器中,换档阀怎样控制档位变换?

自动变速器一般设有三只换档阀,分别用 1-2、2-3 和 3-4 换档阀表示,各种档位之间的变换依靠三只换档阀相互配合工作才能实现。换档阀的工作状态受换档电磁阀(即 No.1 和 No.2 电磁阀)控制,丰田 A340E 型自动变速器换档电磁阀以及换档执行元件的工作情况见表3-24所示。下面以 1-2 换档阀的工作情况为例,说明换档阀控制档位变换的过程。

表 3-24　丰田 A340E 型辛普森式四速自动变速器换档电磁阀及执行元件工作情况

档位	传动档位	No.1电磁阀	No.2电磁阀	换档执行元件									
				C_0	F_0	B_0	C_1	C_2	B_1	B_2	B_3	F_1	F_2
P	停车档	通电	断电	●									
R	倒档	通电	断电	●	●			●		●			
N	空档	通电	断电	●									
D	一档	通电	断电	●	●		●						●
	二档	通电	通电	●	●		●			●			
	三档	断电	通电	●	●		●		●				
	O/D档	断电	断电			●	●	●		●			

续表 3-24

档位	传动档位	No.1电磁阀	No.2电磁阀	换档执行元件									
				C_0	F_0	B_0	C_1	C_2	B_1	B_2	B_3	F_1	F_2
2	一档	通电	断电	●	●		●						●
	二档	通电	通电	●	●		●		●	●		●	
	三档*	断电	通电	●	●		●	●		●			
L	一档	通电	断电	●	●		●				●		●
	二档*	通电	通电	●	●		●		●			●	

注:(1)符号"●"表示该元件投入工作。

(2)符号"*"表示仅下行换档到2或L位时才能换入该档,在2或L位时不能换入该档。

1-2换档阀的工作情况如图3-148所示。当变速器排入一档时,由表3-24可知,ECT ECU将控制No.2电磁阀断电,其阀门关闭将泄流回路关闭。此时,主调压阀调节的管路油压作用到1-2换档阀阀心上部 A 处,管路油压对阀心上端面的作用力克服弹簧张力使阀心向下移动,1-2换档阀此时工作状态如图3-148a所示。

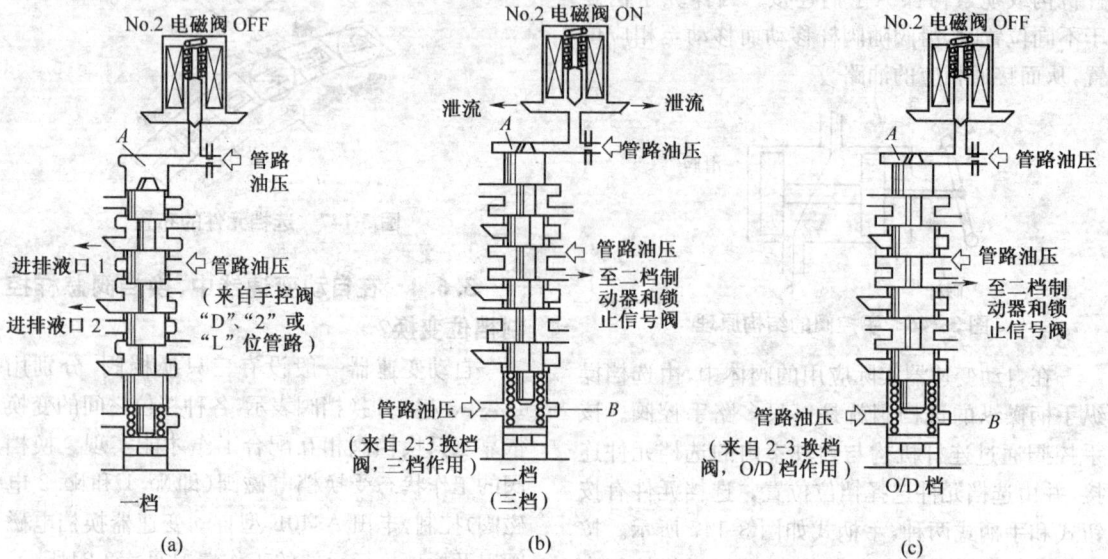

图3-148 1-2换档阀工作情况

(a)排入一档 (b)排入二档或三档 (c)排入O/D档

当变速器排入二档或三档时,由表3-24可知,ECT ECU 向 No.2 电磁阀发出通电指令,No.2电磁阀线圈通电,阀门开启泄流降压,1-2换档阀阀心上部 A 处的管路油压降低。在换档阀下部 B 处来自2-3换档阀的管路油压以及弹簧张力作用下,1-2换档阀阀心向上移动,从而接通二档制动器 B_2 油路,此时 1-2 换档阀工作状态如图3-148b所示。

当变速器排入超速档(O/D档)时,由表3-24可知,ECT ECU 将向 No.2 电磁阀发出断电指令。虽然No.2电磁阀断电时阀门关闭,管路油压将作用在 1-2 换档阀上部 A 处,但是,由于来自2-3换档阀的管路油压和弹簧张力一直作用在1-2换档阀阀心下部 B 处,因此 1-2 换档阀阀心保持在上述二档或三档时所处位置不变,二档制动器 B_2 油路保持接通,此时 1-2 换档阀工作状态如图3-148c所示。

3.6.5 丰田佳美 CAMRY 汽车用自动变速器的电子控制系统由哪些部件组成?

各型汽车自动变速器的电子控制系统都是

由传感器与控制开关、自动变速电控单元 ECT ECU 和执行器三部分组成，丰田佳美 CAMRY 型轿车装备的 A140E 型自动变速器电子控制系统组成框图如图 3-149 所示。

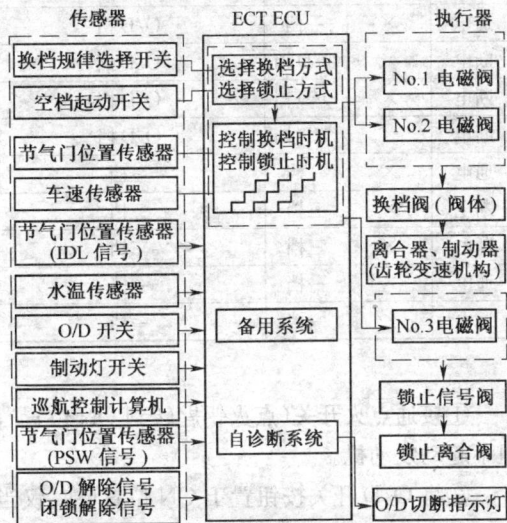

传感器　　ECT ECU　　执行器

- 换档规律选择开关
- 空档起动开关
- 节气门位置传感器
- 车速传感器
- 节气门位置传感器（IDL 信号）
- 水温传感器
- O/D 开关
- 制动灯开关
- 巡航控制计算机
- 节气门位置传感器（PSW 信号）
- O/D 解除信号 闭锁解除信号

选择换档方式 选择锁止方式

控制换档时机 控制锁止时机

备用系统

自诊断系统

No.1 电磁阀
No.2 电磁阀
换档阀（阀体）
离合器、制动器（齿轮变速机构）
No.3 电磁阀
锁止信号阀
锁止离合阀
O/D 切断指示灯

图 3-149　丰田 A140E 型 ECT 电子
控制系统组成框图

不同型号或不同年代生产的自动变速器，其电子控制系统采用的传感器或控制开关不尽相同。常用的传感器与控制开关有节气门位置传感器、车速传感器、水温（冷却液温度）传感器、换档规律选择开关（驱动模式选择开关）、超速 O/D 开关、空档起动开关、制动灯开关等。执行器有 No.1 电磁阀、No.2 电磁阀和 No.3 电磁阀。

3.6.6　什么是自动变速系统 ECT 的失效保护功能？当电磁阀及其电路失效时，自动变速系统怎样进行控制？

车速传感器和电磁阀是电控自动变速系统 ECT 的重要部件。当电磁阀或车速传感器及其电路出现故障时，ECT ECU 将利用其备用功能，配合选档操纵手柄和手控阀工作，使汽车继续行驶到维修站进行维修，此功能称为失效保护功能。

当 No.1、No.2 电磁阀正常时，在汽车行驶过程中，ECT ECU 通过控制 No.1 和 No.2 电磁阀通电或断电，即可控制换档阀切换换档元件油路，使变速器从一档升到 O/D 档或从 O/D 档降到一档。当 No.1、No.2 电磁阀中的某一只电磁阀电路发生短路或断路故障时，ECT ECU 仍能继续控制另一只电磁阀通电或断电，使变速器进行部分档位变换。电磁阀的失效保护功能见表 3-25

所示。

如果 No.1 电磁阀电路发生短路或断路，ECT ECU 将继续控制 No.2 电磁阀通电或断电，使变速器按表 3-25 中"No.1 电磁阀故障"时的档位换档；如果 No.2 电磁阀电路发生短路或断路，ECT ECU 将继续控制 No.1 电磁阀通电或断电，使变速器按表 3-25 中"No.2 电磁阀故障"时的档位换档；如果 No.1 和 No.2 电磁阀都发生故障，则电子控制系统不能控制换档，此时只能由手动操纵换档。手动换档时，选档操纵手柄将操纵手控阀按表 3-25 中"No.1、No.2 电磁阀故障"时的档位换档。

由表 3-25 可见，当电磁阀或其电路故障时，多数排档都比电磁阀正常时偏高。例如，当两只电磁阀都发生故障时，如果选档操纵手柄拨到"D"位，排档则为 O/D 档；如果拨到"2（或 S）"位，排档则为三档。因为排档越高，传动比越小，车速越快，所以在使用中，必须根据行驶条件（平坦路面、坡道弯道、城市道路或野外公路等）慎重选择选档操纵手柄位置，以免车速过高而导致发生事故。

3.6.7　怎样诊断与排除汽车自动变速系统故障？

各型汽车自动变速系统的控制原理及部件结构大同小异，故障检修与排除程序也基本相同。当自动变速系统发生故障时，可按图 3-150 所示程序进行诊断与检修，主要内容包括初步检查、故障自诊断测试、手动换档测试、机械系统测试、电控系统测试、按故障征兆表检查排除故障等。

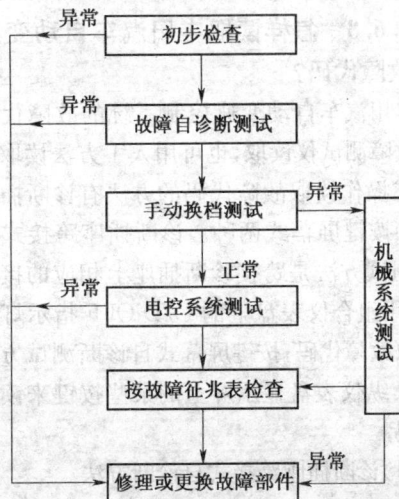

图 3-150　ECT 故障检修与排除程序框图

表 3-25　ECT 换档电磁阀№.1、№.2 失效保护功能表

档位	正常状态			№.1 电磁阀故障			№.2 电磁阀故障			№.1、№.2 电磁阀故障
	传动档位	电磁阀		电磁阀		传动档位	电磁阀		传动档位	手动操纵时换档执行元件的排档
		№.1	№.2	№.1	№.2		№.1	№.2		
D	一档	通电	断电	×	通电	三档	通电	×	一档	O/D 档
	二档	通电	通电	×	通电	三档	断电	×	O/D 档	O/D 档
	三档	断电	通电	×	通电	三档	断电	×	O/D 档	O/D 档
	O/D 档	断电	断电	断电	通电	O/D 档	断电	×	O/D 档	O/D 档
2 或 S	一档	通电	断电	×	通电	三档	断电	×	一档	三档
	二档	通电	通电	×	通电	三档	断电	×	三档	三档
	三档	断电	通电	×	通电	三档	断电	×	三档	三档
L	一档	通电	断电	断电	断电	一档	通电	×	一档	一档
	二档	通电	通电	×	通电	二档	通电	×	一档	一档

注:"×"号表示失效。

在通过自诊断测试读取丰田汽车自动变速系统的故障代码之前,为了防止出现错误结果,首先应当检查超速切断指示灯(O/D OFF 指示灯)及其电路工作是否正常。检查方法是:接通点火开关(点火钥匙转到 ON 位置),当按下选档操纵手柄上的超速(O/D)开关按钮(O/D 开关置于 ON 位置)时,O/D OFF 指示灯应当熄灭;再按一下 O/D 开关按钮(即 O/D 开关置于 OFF 位置)时,如果 O/D OFF 指示灯闪亮,说明 ECT ECU 存储器中有存储故障代码。如果 O/D OFF 指示灯不亮,说明 O/D OFF 指示灯、指示灯线路、O/D 开关或蓄电池有故障,应分别进行检查。

3.6.8　怎样读取丰田汽车自动变速系统的故障代码?

丰田汽车自动变速控制系统的故障代码既可用故障测试仪读取,也可用人工方法读取。利用人工操作读取故障代码的方法有诊断插座跨接式和按键屏幕式两种。诊断插座跨接式的自诊断测试方法是跨接诊断插座上相应的接线端子,利用组合仪表盘上的 O/D OFF 指示灯闪烁来读取故障代码;按键屏幕式自诊断测试方法是通过操纵仪表盘显示屏上的某些按键来读取故障代码。

(1)诊断插座跨接式自诊断方法

利用跨接线跨接诊断插座上相应端子来读取丰田汽车自动变速系统故障代码的方法如下:

①接通点火开关(点火钥匙转到 ON 位置),但不起动发动机。

②将 O/D 开关按钮置于 ON 位置(注:仅当 O/D 开关按钮置于 ON 位置时,O/D OFF 指示灯才能向驾驶人发出报警信号和显示故障代码)。

③用跨接线将诊断插座上的诊断触发端子"TE1"与"E1"(或"ECT"与"E1")跨接。

④根据仪表盘上 O/D OFF 指示灯的闪烁规律读取故障代码。如果系统功能正常,则 O/D OFF 指示灯的闪烁波形及时间将如图 3-151a 所示,每秒钟将闪烁两次,每次灯亮与灯灭时间均为 0.25s,高电平时灯亮,低电平时灯灭。如果 ECT ECU 中有存储故障代码,O/D OFF 指示灯的闪烁波形及时间将如图3-151b 所示。

故障代码为两位数字,故障内容见表 3-26 所示。O/D OFF 指示灯先显示十位数字,后显示个位数字。同一数字灯亮与灯灭时间均为 0.5s,十位数字与个位数字之间间隔 1.5s。如有多个故障代码,则按代码大小由小到大顺序显示,代码之间间隔时间为 2.5s。故障代码全部输出后,间隔 4.5s 后重复显示。

⑤故障代码读取完毕,拆下跨接线,盖好诊断插座护盖,断开点火开关。

(2)按键屏幕式自诊断测试方法

利用按键屏幕式自诊断测试方法读取丰田汽车自动变速系统故障代码的程序如下:

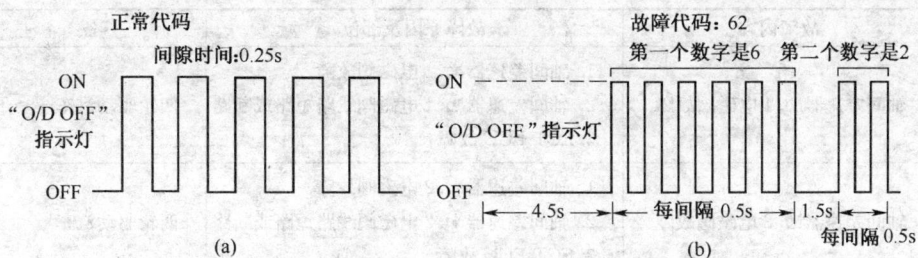

图 3-151　丰田汽车 ECT 故障代码显示波形(单位:秒)

(a)正常代码　(b)故障代码"62"

表 3-26　丰田汽车 ECT 控制系统故障代码的含义与故障原因

代码	故障内容	故障原因及部位	备　注
42	No.1 车速传感器(组合仪表盘内)故障	1. No.1 车速传感器故障或车速表故障 2. No.1 车速传感器线路短路或断路 3. ECT ECU 故障	
44	后车速传感器(分动箱上)故障	1. 后车速传感器故障 2. 后车速传感器线路短路或断路 3. ECT ECU 故障	四轮驱动汽车
46	No.4 电磁阀(阀体上)故障	1. No.4 电磁阀故障 2. No.4 电磁阀线路短路或断路 3. ECT ECU 故障	凌志 LS400 型轿车蓄压器背压调节电磁阀
61	No.2 车速传感器(ECT 内)故障(磁感应式或舌簧开关式)	1. No.2 车速传感器故障 2. No.2 车速传感器线路短路或断路 3. ECT ECU 故障	四轮驱动汽车在差速器内
62	No.1 电磁阀(阀体上)故障	1. No.1 电磁阀故障 2. No.1 电磁阀线路短路或断路 3. ECT ECU 故障	换档电磁阀
63	No.2 电磁阀(阀体上)故障	1. No.2 电磁阀故障 2. No.2 电磁阀线路短路或断路 3. ECT ECU 故障	换档电磁阀
64	No.3 电磁阀(阀体上)故障	1. No.3 电磁阀故障 2. No.3 电磁阀线路短路或断路 3. ECT ECU 故障	锁止电磁阀出现此故障时,O/D OFF 灯不闪亮
65	No.4 电磁阀(阀体上)故障	1. No.4 电磁阀故障 2. No.4 电磁阀线路短路或断路 3. ECT ECU 故障	蓄压器背压调节电磁阀
67	O/D 离合器的转速传感器故障(磁感应式)	1. O/D 离合器转速传感器故障 2. O/D 离合器转速传感器线路短路或断路 3. ECT ECU 故障	凌志 LS400 型轿车
68	自动跳合开关(降档开关)故障	1. 自动跳合开关(降档开关)故障 2. 自动跳合开关线路短路或断路 3. ECT ECU 故障	凌志 LS400 轿车出现此故障时,O/D OFF 灯不闪亮报警

续表 3-26

代码	故障内容	故障原因及部位	备 注
73	轴间差速器No.1电磁阀故障	1. 轴间差速器No.1电磁阀故障 2. 轴间差速器No.1电磁阀线路短路或断路 3. ECT ECU 故障	四轮驱动汽车
74	轴间差速器No.2电磁阀故障	1. 轴间差速器No.2电磁阀故障 2. 轴间差速器No.2电磁阀线路短路或断路 3. ECT ECU 故障	四轮驱动汽车

注：表中虽然列出了"ECT ECU 故障"，但是其可能性很小，汽车行驶 10 万公里 ECT ECU 故障约占总故障的千分之一。

①接通点火开关（点火钥匙转到 ON 位置），但不起动发动机。

②同时按下显示屏上的"SELECT"和"IN-PUT M"按键 3~5s。

③再按下"SET"按键 3s 以上时间，显示屏上就会显示出故障代码。

如果 ECT ECU 中存储有两个或两个以上故障代码，则代码显示将间隔 5s。采用按键屏幕式进行自诊断测试时，不要踩踏加速踏板，否则控制系统就会自动退出自诊断测试程序。

3.6.9　怎样清除丰田汽车自动变速系统的故障代码？

根据 O/D OFF 指示灯闪烁规律或屏幕显示的故障代码将丰田汽车自动变速系统的故障排除后，故障代码仍将存储在 ECT ECU 的存储器中，并不能随故障的排除而自动消除。因此，为了便于以后检修，排除故障后应将故障代码清除。

丰田汽车清除故障代码的方法：一种是在断开点火开关时，将熔断器盒中的"EFI"熔断器（20A）拔下 10s 以上时间即可清除；另一种方法是将蓄电池搭铁线拆下 10s 以上时间，故障代码也可清除，这种方法会清除 RAM 中存储的所有信息（包括发动机 ECU 与 ABS ECU 的故障信息以及音响和防盗密码等等），因此必须慎重使用。

3.6.10　检修汽车自动变速系统时，进行初步检查的目的是什么？初步检查的内容有哪些？

对汽车自动变速系统进行初步检查的目的是检查自动变速系统的工作条件是否正常。初步检查的内容主要包括发动机怠速转速、传动液 ATF 油位与油质、变速器节气门拉索位置和空

档起动开关等。

（1）检查发动机怠速

装备自动变速系统的汽车起步时，如果发动机怠速转速过低，发动机就容易熄火，影响汽车正常使用；如果发动机怠速转速过高，汽车起步就会快速前冲，影响乘坐舒适性。因此，检修汽车自动变速系统时，需要检查发动机的怠速，方法如下：

当选档操纵手柄从"P"、"N"位拨到"D"、"2"、"L"或"R"位时，如果车身发生抖动现象，就说明怠速转速过低，需要重新设定；如果不踩住制动踏板车身就快速移动，说明怠速转速过高；如果不踩制动踏板车身能够慢速移动，车速能随节气门（油门）开度增大而逐渐升高，说明怠速转速适中。

检查发动机怠速时，将选档操纵手柄拨到"N"位，断开所有用电设备（包括空调、冷却风扇），怠速转速应当符合被测车型《使用手册》规定。

（2）检查传动液 ATF 的油位和油质

自动变速器传动液 ATF 油位的高低，直接影响自动变速系统的工作性能。油位过低时，油泵吸入空气混入传动液后，会使油压降低，从而会导致液压阀工作失常，离合器和制动器打滑。摩擦片打滑会加速磨损和急剧升温，磨损颗粒又会污染传动液。油位过低还会加速传动液氧化，降低传动液的品质，使运动部件不能良好润滑和充分冷却，从而导致产生噪声和卡住现象。如果油位过高，当汽车高速行驶时，变速器内部压力就会升高，容易造成变速器出现漏油现象。影响传动液油位高低有油温和变速器工作情况两个因素。油温升高时，传动液膨胀，油位升高。因为汽车行驶时，传动液正常工作油温为70℃~

80℃,所以检查油位应在变速器达到正常工作温度时进行。当换油或发动机不运转时,检测的油位仅供粗略参考。变速器工作时,油泵将传动液泵入液力变矩器、换档离合器、制动器等液压元件的油道中,油底壳内油位降低。发动机熄火后,部分传动液又会流回油底壳,使油位升高。

检查 ATF 油位的方法如下:

①将车辆停放在平坦地面上并拉紧驻车制动器。

②起动发动机怠速运转。

③踩下制动踏板,将选档操纵手柄从"P"位拨到"L"位,使传动液油温达到正常工作温度(70℃~80℃),然后拨回到"P"位。

④拉出变速器量油尺并将其擦拭干净,然后再将量油尺全部插入套管中。

⑤将量油尺拉出,检查油位是否处于量油尺上的"HOT"范围内,如图 3-152 所示。注意:量油尺上有"COOL(冷)"、"HOT(热)"两个刻度范围,"COOL"刻度范围仅供粗略参考,"HOT"刻度范围才是标准范围;检查油位必须在传动液油温达到正常温度(70~80℃)时进行;油位降低应当添加规定品牌的传动液,加油切勿过量,油位不得超出"HOT"范围的最高刻度。在检查油位的同时,还应检查传动液质量。如果传动液有焦味(烧焦的气味)或发黑,则应换用新品。

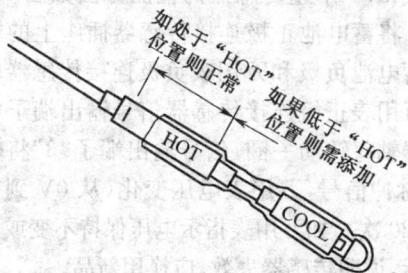

图 3-152　检查传动液 ATF 油位

(3)检查和调整节气门拉索的位置

调整节气门拉索位置的目的是检查发动机负荷信号是否适当的传递到节气门阀。当加速踏板踩到底时,如果节气门不能全开,就会导致加速不良,车速达不到最高车速。当变速器节气门拉索过松时,加速踏板控制的液压就会低于正常值,将导致换档时机提前而造成发动机功率损失;反之,当拉索过紧时,加速踏板控制的液压就

会高于正常值,将导致换档时机推迟而造成换档冲击。

在自动变速器节气门拉索上都设有调整标记,即在拉索上嵌有一个限位标记,如图 3-153所示。

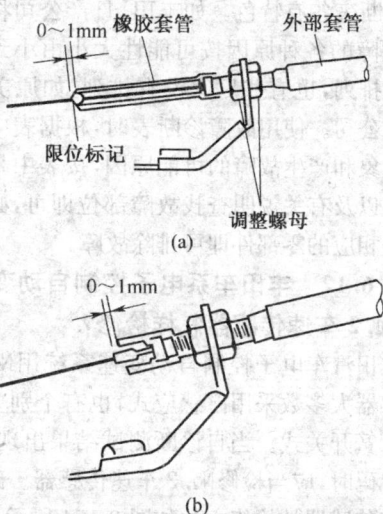

图 3-153　ECT 节气门拉索的调整
(a)带防尘套管　(b)无防尘套管

调整拉索位置时应当注意拉索的类型。如果拉索上有橡胶防尘套管,则将加速踏板踩到底(节气门全开)时,套管端面与限位标记之间有0~1mm 间隙为正常,如图 3-153a 所示,否则需要转动调整螺母进行调整;如果拉索上没有橡胶防尘套管,则需要在节气门全关时检查调整,使拉索罩套端面与限位标记之间有 0~1mm 间隙为正常,如图 3-153b 所示,否则需要转动调整螺母进行调整。

(4)检查空档起动开关

自动变速系统空档起动开关的功能是否正常,可按下述方法进行检查:

当选档操纵手柄从"N"位换入其他位置时,检查变速器能否平稳而精确的换入相应的档位,同时查看档位指示灯能否正确指示选择位置。如果选档操纵手柄在"P"或"N"位以外的位置时,发动机仍能起动,就必须检修或更换空档起动开关。

3.6.11　怎样利用自动变速系统的故障征兆表来排除故障?

故障征兆表又称为故障诊断表,利用故障诊

断表能够容易的排除故障。当变速器发生故障时,如在上述检查测试中仍未发现异常或根据检查测试结果很难判定故障部位,则为疑难故障。对于疑难故障的检查诊断,应当按照车型《维修手册》提供的故障诊断表进行。不同厂家编制的故障诊断表各有特色。如丰田、日产公司将可能产生故障的各种原因按可能性大小由小到大编成号码排列,也有些厂家没有排列,如原美国克莱斯勒公司。使用故障诊断表时,根据表中所列故障现象和产生故障的可能原因,按表中号码大小顺序以及有关说明查找故障部位即可,必要时再更换相应的零部件即可排除故障。

3.6.12　丰田车系电子控制自动变速系统用№.2车速传感器怎样检修?

丰田汽车电子控制自动变速系统用№.2车速传感器大多数采用磁感应式,也有个别变速器采用舌簧开关式。当自诊断测试结果出现61号故障代码时,应当检修№.2车速传感器。磁感应式车速传感器的检修方法如图3-154所示。

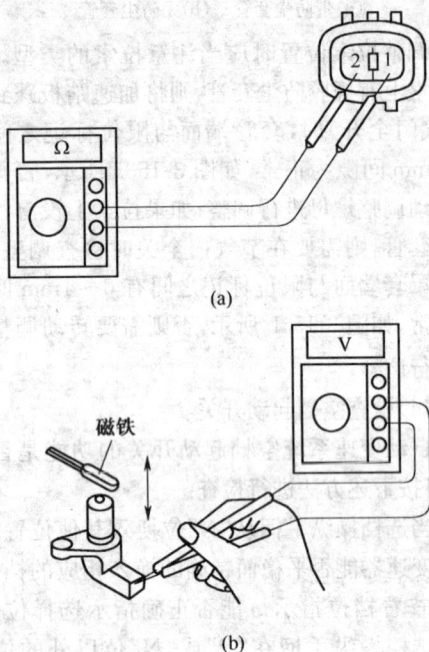

图3-154　№.2车速传感器的检查
（磁感应式传感器）
(a)检测电阻值　(b)检测功能

①检测断路和短路故障。传感器信号线圈有无断路或短路故障,可通过检测其电阻值进行判断。检测方法是将万用表的两只表笔分别连接传感器插座上的端子"1"、"2",如图3-154a所示,正常电阻值约为620Ω。如电阻值为无穷大,说明信号线圈断路,应予更换传感器。如电阻值过小,说明线圈短路,也应更换传感器。

②检测搭铁故障。检测传感器线圈有无搭铁故障时,将万用表的一只表笔连接传感器插座上任意一个端子,另一只表笔连接传感器壳体,正常电阻值应为无穷大。如电阻值为0Ω,说明信号线圈搭铁,需要更换传感器。

③检查传感器功能。检查传感器功能时,将万用表挡位转换开关拨到交流电压挡,两只表笔分别连接传感器插座的"1"、"2"端子,如图3-154b所示。当用一块磁铁迅速靠近和离开传感器磁头时,万用表应当指示3~5V电压。如无电压指示或电压过低,说明传感器失效,应换用新品。

3.6.13　丰田车系电子控制自动变速系统用№.1车速传感器怎样检修?

丰田汽车电子控制自动变速系统用№.1车速传感器有舌簧开关式、磁感应式和霍尔效应式三种。当自诊断测试结果出现42号故障代码时,应当检修№.1车速传感器。磁感应式和霍尔效应式№.1车速传感器的检测方法如图3-155所示。将蓄电池正极连接传感器插座上的端子"1",蓄电池负极和万用表负极连接传感器端子"2",万用表正极连接传感器信号输出端子"3"。传感器轴每转动一圈,信号输出端子"3"将输出20个脉冲信号,万用表电压变化(从0V到11V以上)20次。如万用表指示电压保持不变或无电压指示,说明传感器失效,应换用新品。

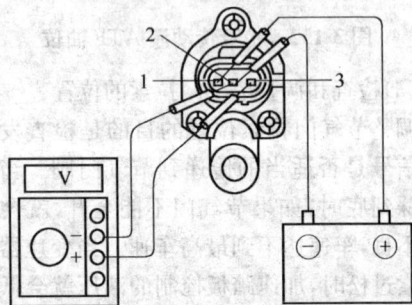

图3-155　№.1车速传感器的检查

3.6.14　丰田车系电子控制自动变速系统用换档电磁阀№.1 和№.2 怎样检修？

当丰田车系电子控制自动变速系统的自诊断测试结果出现 62、63 号故障代码时，应当检修换档电磁阀№.1、№.2，检测方法如图 3-156 所示。

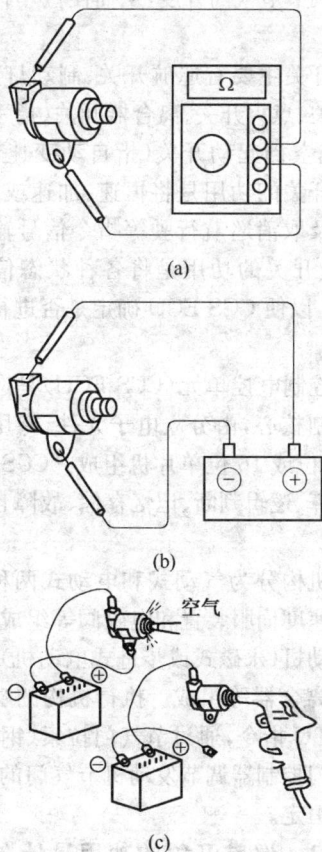

(a)

(b)

(c)

图 3-156　№.1、№.2 电磁阀的检查
(a)检测电阻　(b)检测功能　(c)检查密封性能

①检测№.1、№.2 电磁阀断路和短路故障。电磁阀线圈断路与短路故障可用万用表电阻挡检测线圈电阻值进行判断。将万用表的两只表笔分别连接电磁阀接线插座上的接线端子和电磁阀壳体，如图 3-156a 所示，线圈电阻值应为 11～15Ω。如电阻值为无穷大，说明线圈断路；如电阻值过小，说明线圈短路，无论断路还是短路，都应更换电磁阀。

②检查№.1、№.2 电磁阀的功能。将蓄电池正极连接电磁阀接线端子，负极连接电磁阀壳体，如图 3-156b 所示，此时电磁阀阀心应当移动并发出"咔嗒"响声；当切断蓄电池电路时，阀心

应当迅速复位。如阀心不动或不能复位，说明电磁阀有故障，应予修理或换用新品。

③检查№.1、№.2 电磁阀的密封性能。检查方法如图 3-156c 所示，对电磁阀施加压力约为 490kPa 的压缩空气，电磁阀阀门应不漏气。如果漏气，应换用新品。当将蓄电池电压加到电磁阀接线端子与壳体上时，电磁阀阀门应当畅通，如果不通，应换用新品。

3.6.15　丰田车系电子控制自动变速系统用锁止电磁阀№.3 和蓄压器背压调节电磁阀№.4 怎样检修？

当丰田车系电子控制自动变速系统的自诊断测试结果出现 64 号故障代码时，应当检修锁止电磁阀№.3，出现 46 号故障代码时，应当检修蓄压器背压调节电磁阀№.4(№.4 电磁阀只有部分自动变速器，如凌志 LS400 型轿车 A341E 型、A342E 型 ECT 装备。当变速器换档时，№.4 电磁阀通过控制作用在换档离合器和制动器上的油压使换档平稳)。№.3、№.4 电磁阀线圈通过的电流都是线性连续变化的，由自动变速电控单元 ECT ECU 通过调节控制信号的占空比进行控制，两只电磁阀的检修方法完全相同，如图 3-157 所示。

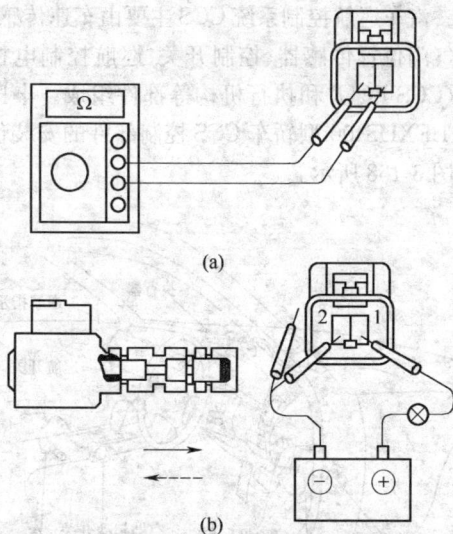

(a)

(b)

图 3-157　№.3 电磁阀的检查
(a)检测电阻　(b)检测功能

①检测№.3、№.4 电磁阀断路和短路故障。用万用表电阻挡检测电磁阀线圈电阻值进行判

断。万用表的两只表笔分别连接电磁阀插座上的两个接线端子,如图 3-157a 所示,No.3 电磁阀电磁线圈电阻值应为 3.6～4.0Ω,No.4 电磁阀电磁线圈电阻值应为 5.1～5.5Ω。如电阻值为无穷大,说明电磁线圈断路,应换用新品。如电阻值过小,说明电磁线圈短路,也应换用新品。

②检查 No.3、No.4 电磁阀的功能。将蓄电池正极串接一只 8～10W/12V 灯泡后连接到电磁阀端子"1"上,负极连接电磁阀接线端子"2",如图 3-157b 所示,此时电磁阀阀心应当向右移动(注意:通电电流不得超过 1A);当切断蓄电池电路时,阀心应当向左移动。如阀心不动,应予修理或更换。

第7节 汽车巡航与悬架电子控制系统的组成与检修

3.7.1 汽车巡航控制系统由哪些部件组成? 各部件的功用是什么?

汽车巡航控制系统的功用是根据汽车行驶阻力的变化,自动调节发动机节气门开度的大小,使汽车保持恒定速度行驶。

汽车巡航控制系统 CCS 主要由车速传感器、节气门位置传感器、控制开关、巡航控制电控单元(CCS ECU)和执行机构等部件组成。丰田凌志 LEXUS400 型轿车 CCS 控制部件的安装位置如图 3-158 所示。

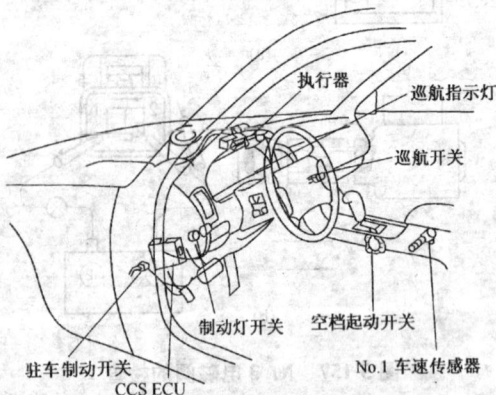

图 3-158 凌志 LEXUS400 型轿车巡航控制部件安装位置

巡航控制系统的车速传感器 VSS、节气门位置传感器 TPS 既可与发动机控制系统或电子控制自动变速系统公用,也可专门独立设置。在 CCS 中,车速传感器和节气门位置传感器的功用分别是向 CCS ECU 提供汽车行驶速度信号和发动机节气门开度信号,以便 CCS ECU 根据车速变化量来调节节气门开度,从而使汽车行驶速度保持恒定。

控制开关主要有巡航开关、制动灯开关、驻车制动开关、点火开关、离合器开关(指手动变速器汽车)或空档起动开关(指自动变速器汽车)等。巡航开关的功用是将恒速、加速或减速、恢复原速以及取消巡航行驶等指令信号输入 CCS ECU,其他开关的功用是将各种状态信息输入 CCS ECU,以便 CCS ECU 确定是否进行恒速控制。

巡航控制电控单元(CCS ECU)是巡航控制系统的控制核心,由分立电子元件、专用集成电路 IC 和 8 位或 16 位单片机组成。CCS ECU 具有数学计算、逻辑判断、记忆存储、故障自诊断等功能。

执行机构分为气动式和电动式两种。气动式主要由速度伺服装置和电磁阀等组成;电动式主要由电动机(永磁式或步进式电动机)、减速机构和电磁离合器等组成。执行机构的功用是根据 CCS ECU 指令,通过节气门拉索(钢索)或电子式节气门控制器调节发动机节气门的开度,使车速保持恒定。

3.7.2 巡航开关的功用是什么? 其结构有何特点?

巡航开关是巡航控制系统的主要控制开关,其功用是将恒速、加速或减速、恢复巡航车速以及取消巡航行驶等指令信号输入 CCS ECU,以便 CCS ECU 确定是否进行恒速控制。

巡航开关实际上是一个类似于风窗玻璃刮水与洗涤开关的组合手柄开关,一般都由"MAIN"(主开关)、"SET/COAST"(设定/巡航)、"RES/ACC"(恢复/加速)和"CANCEL"(取消)四个功能开关组成。巡航开关一般都安装在转向盘右下侧偏上位置,并随转向盘一同转动,以便于驾驶人操作。在驾驶人转动转向盘的同时,即可用右手手指拨动组合手柄开关进行巡航控制的有关操作。在每项功能开关的旁边,标注有完成相应功能时开关手柄的操纵方向。各型汽车用巡航开关的工作原理基本相同。但是,巡航开关的外形结构各不相同,在设定巡航功能时,操纵手柄开关的方向也不尽相同。丰田凌志 LEXUS400 型轿车用巡航开关的外形结构与内部电路如图 3-159 所示。

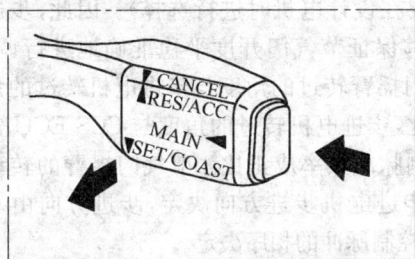

(a)

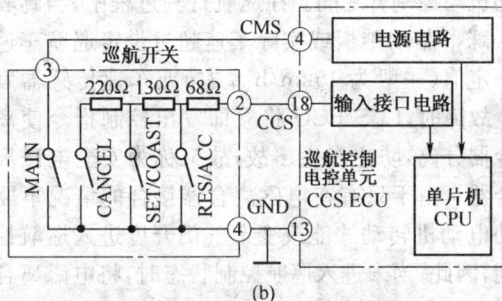

(b)

**图 3-159　巡航开关操纵手柄的
外形结构与内部电路**

(a)操纵手柄外形图　(b)巡航开关电路图

(1)主开关(MAIN)

　　丰田凌志 LS400 型轿车用巡航主开关(MAIN)为按钮式开关,设在开关操纵手柄的端部,是巡航控制系统的总开关。当单击操纵手柄端部的主开关(MAIN)按钮时,MAIN 触点接通,组合仪表盘上的巡航指示灯将发亮指示,此时巡航控制系统处于待命状态,可以进行恒速控制。再次单击主开关(MAIN)按钮时,按钮将弹起,MAIN 触点断开,巡航指示灯将熄灭,指示巡航控制系统处于关闭状态,不能进行恒速控制。由图 3-159b 所示电路可见,当主开关(MAIN)触点接通时,巡航电控单元 CCS ECU 的巡航主开关端子 CMS(即 CCS ECU 线束插座上第 4 号端子)通过主开关触点搭铁,CCS ECU 得到一个低电平(0V)信号。此时 CCS ECU 便控制巡航执行机构处于待命状态。与此同时,CCS ECU 还要控制巡航指

示灯电路接通,使巡航指示灯发亮指示系统所处状态。如果主开关(MAIN)按钮按下时,巡航指示灯不亮,说明巡航控制系统有故障。

(2)"设定/巡航"开关(SET/COAST)

　　丰田凌志 LS400 型轿车巡航控制系统的"设定/巡航"开关(SET/COAST)为巡航速度设定开关。将巡航开关操纵手柄向下拨动并保持在向下位置时,巡航速度设定开关即可接通。当"设定/巡航"开关处于接通位置时,只要按住操纵手柄不动,汽车就会不断加速。当车速达到驾驶人想要巡航行驶的车速(注:车速应在 40km/h 以上,低于 40km/h 不能进行巡航行驶)时松开操纵手柄,手柄将自动复位,此时巡航控制系统就会使汽车以松开操纵手柄时的车速保持恒速行驶。

(3)"恢复/加速"开关(RES/ACC)

　　丰田凌志 LEXUS400 型轿车巡航控制系统的"恢复/加速"开关(RES/ACC)为恢复(RESUME)巡航速度开关。向上拨动操纵手柄时,巡航速度"恢复/加速"开关即可接通。在汽车以设定的巡航速度行驶过程中,当驾驶人踩下加速踏板超车或踩下制动踏板制动,或将自动变速器选档手柄拨到前进档"D"以外的位置时会导致车速升高或降低,如果此时想要恢复到原来设定的巡航车速,那么,将巡航开关操纵手柄向上抬起并保持在该位置使"恢复/加速"开关保持接通,汽车即可迅速加速或减速并恢复到原来设定的巡航车速行驶。但是,如果行驶车速已经低于 40km/h,则巡航车速不能恢复。

(4)"取消"开关(CANCEL)

　　丰田凌志 LEXUS400 型轿车巡航控制系统的"取消"开关(CANCEL)为取消巡航的操纵开关。将巡航开关操纵手柄向驾驶人方向拨动时,即可接通巡航速度"取消"开关来解除巡航行驶。由图 3-159b 所示电路可见,"SET/COAST"(设定/巡航)、"RES/ACC"(恢复/加速)和"CANCEL"(取消巡航)三只开关的信号均从同一个端子(即"CCS"端子或 18 端子)输入电控单元 CCS ECU。三只开关中的任意一只接通时,都是接通搭铁回路。但是,由于各开关之间连接有不同阻值的电阻器,因此,当接口电路以恒流源供给恒定电流时,不同开关接通时输入 CCS ECU 的信

号电压并不相同,CCS ECU 根据信号电压高低即可判定是哪一只开关接通。

3.7.3 汽车巡航控制系统执行机构的功用是什么? 巡航控制执行机构有哪几种?

汽车巡航控制系统的执行机构又称为速度伺服装置,其功用是根据 CCS ECU 的控制指令,通过操纵节气门拉索来改变发动机节气门开度,使汽车加速、减速或保持恒定的速度行驶。

汽车巡航控制执行机构根据结构形式不同,可分为电动式和气动式两种。电动式采用直流电动机或步进式电动机驱动,如丰田系列轿车巡航控制系统和摩托罗拉 Motorola 巡航控制系统;气动式采用真空装置驱动,如切诺基吉普车巡航控制系统。

(1)电动式巡航执行机构

电动式巡航执行机构的结构组成如图3-160所示,主要由驱动电动机、安全电磁离合器、减速机构和电位计等组成,各部件的结构特点与功用如下。

①驱动电动机。驱动电动机是执行机构的动力源,既可采用永磁式直流电动机,也可采用步进式直流电动机。电动机转动时通过减速机构和电磁离合器带动控制臂转动,控制臂又通过专用节气门拉索拉动节气门摇臂转动。改变流过电动机电枢绕组电流的方向,就可改变电枢轴的转动方向,从而即可调节节气门摇臂转动角度的大小。为了限定控制臂转动角度,防止发动机发生"飞车"事故,在电机电路中安装有限位开关。

当电动式执行机构采用步进电机作为动力源时,由于步进电机能将 CCS ECU 发出的数字信号指令转变为一定角度的位移量。CCS ECU 每发出一个控制脉冲,步进电机就可带动节气门摇臂转过一个微小角度(即步进角,其大小可根据需要在设计电机时进行选择)。因此,步进电机能够保证节气门开度平稳准确地进行调节。节气门摇臂转过的角度与步进电机转过的角度成正比,步进电机转过的角度与 CCS ECU 发出的控制脉冲频率成正比。节气门摇臂的转动方向由步进电机步进方向决定,步进方向由 CCS ECU 控制脉冲的相序决定。

②电磁离合器。电磁离合器安装在驱动电动机与控制臂之间。在巡航行驶过程中,当驾驶人踩下制动踏板或实际车速超过设定巡航车速一定值(一般为 15km/h 左右)或车速传感器发生故障时,CCS ECU 将立即发出控制指令使离合器分离,防止发生事故,故又称为安全电磁离合器。由于只有在电磁离合器接合的情况下驱动电动机转动才能改变节气门开度进入巡航控制,因此,当未进入巡航控制状态时,将电磁离合器线圈电路设计为接通状态,使离合器初始状态为接合状态。如此设计的目的是提高巡航执行机构的响应速度,防止车速突然变化而发生"游车"(即车速时快时慢)现象。如果将电磁离合器的初始状态设计为分离状态,由于离合器接合的

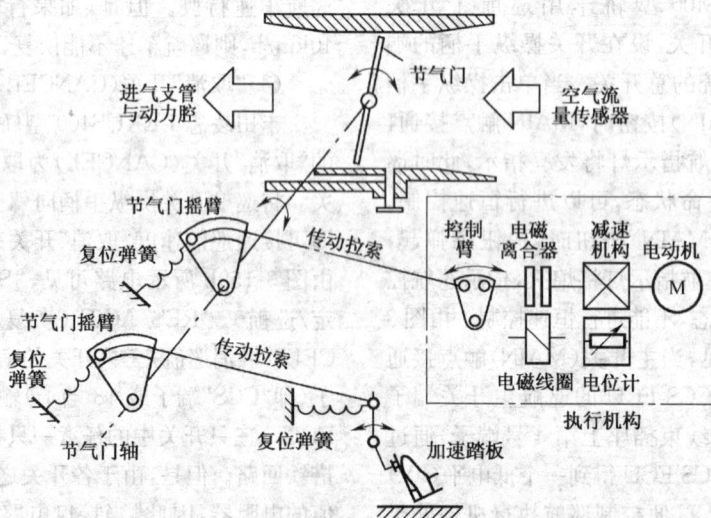

图 3-160 电动式巡航控制执行机构的结构组成

机械惯性动作滞后于 CCS ECU 驱动电动机的电驱动动作,因此,待离合器接合时,电动机将突然拉动节气门摇臂转动较大一个角度,使车速突然升高甚至超过设定车速;当超过设定的巡航车速时,CCS ECU 又会发出指令使车速降低,这就会导致"游车"现象。将离合器初始状态设计为接合状态时,节气门摇臂将随驱动电动机转动而转动,不仅能够保证巡航执行机构迅速响应,而且能够防止发生"游车"现象,从而提高巡航行驶稳定性和乘坐舒适性。

③电位计。在电动式执行机构中,一般都装有一只由滑片电阻器构成的电位计(即转角或位移传感器),其功用是检测执行机构中控制臂转动的角度或拉索的位移量,并将信号输入巡航电控单元 CCS ECU。该信号主要用于 CCS ECU 诊断执行机构是否发生故障。当 CCS ECU 向执行机构发出控制指令后,如果电位计信号没有变化或超过设计值,则将判定执行机构有故障。

(2)气动式巡航执行机构

气动式巡航执行机构的结构组成如图3-161所示,主要由三只电磁阀(真空电磁阀、通风电磁阀和安全电磁阀)、膜片、复位弹簧和密封壳体等组成。

三只电磁阀的初始状态如图 3-161 所示,真空电磁阀为常闭电磁阀,阀门用橡胶管与发动机进气支管连接;通风电磁阀和安全电磁阀均为常

开电磁阀,其阀门与大气相通。三只电磁阀电磁线圈的一端均与制动灯开关常闭触点连接,真空电磁阀线圈和通风电磁阀线圈的另一端分别与巡航电控单元 CCS ECU 的控制端连接;安全电磁阀线圈的另一端直接搭铁。膜片将壳体内空间分隔为两个腔室,左腔室与大气相通,右腔室与三只电磁阀阀门相通。膜片上连接有一根拉索,拉索与控制臂和节气门摇臂连接。

气动式巡航执行机构是利用发动机进气支管的真空吸力吸引膜片,膜片再通过拉索拉动节气门摇臂使节气门开度改变来调节车速,工作情况如下:

①升高车速。当点火开关和巡航"主开关"接通时,三只电磁阀线圈电路便通过制动灯开关常闭触点接通电源。因为安全电磁阀线圈一端直接搭铁,所以安全电磁阀线圈电流接通,产生电磁吸力克服其复位弹簧弹力将阀门闭合,使巡航控制系统处于待命状态。

当 CCS ECU 根据车速传感器和巡航开关等信号判定需要提高车速时,CCS ECU 将向驱动电路发出接通通风电磁阀线圈电路和真空电磁阀线圈电路的指令,通风电磁阀线圈电流产生的电磁吸力克服其复位弹簧弹力将通风电磁阀阀门吸引闭合,从而切断右腔室与大气的通路;真空电磁阀线圈电流产生的电磁吸力克服其复位弹簧弹力将真空阀阀门吸开,使右腔室与进气支

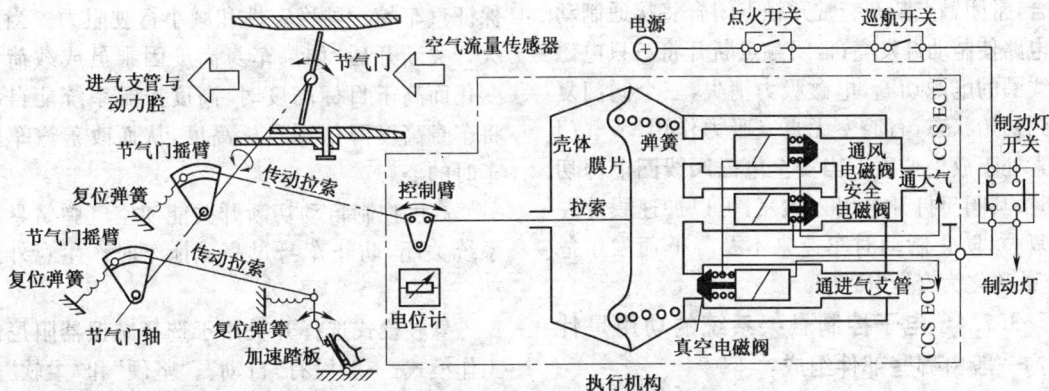

图 3-161　气动式巡航控制执行机构的结构组成

管之间的气路接通。由于此时真空电磁阀和安全电磁阀阀门均处于关闭状态,使右腔室与大气隔绝,因此,真空阀阀门打开将使右腔室形成真空状态,膜片在进气支管真空吸力作用下,通过

控制臂和拉索带动节气门摇臂转动使节气门开度增大,汽车将加速行驶。

②保持车速。当 CCS ECU 根据车速传感器信号判定汽车实际行驶速度与设定巡航车速一

致时,为了保持该车速行驶,CCS ECU 将向驱动电路发出接通通风电磁阀线圈电流和切断真空电磁阀线圈电流指令,使通风电磁阀和真空电磁阀阀门关闭。由于此时三只电磁阀阀门均关闭,右腔室的真空度保持不变,因此,节气门摇臂保持在通风电磁阀和真空电磁阀阀门关闭时的位置,从而使车速保持在设定车速恒速行驶。

③降低车速。当 CCS ECU 根据车速传感器信号判定汽车实际行驶速度高于设定巡航车速时,CCS ECU 将向驱动电路发出切断通风电磁阀线圈电流(使阀门保持常开)和接通真空电磁阀线圈电流(使阀门打开)指令。通风电磁阀阀门打开时,部分大气进入右腔室,膜片在弹簧张力作用下向左拱曲复位,使节气门摇臂放松,开度减小,车速降低。真空电磁阀阀门打开时,进气支管真空吸力继续作用到膜片上,膜片向左拱曲的位移量取决于弹簧张力与真空吸力的平衡位置。

由此可见,在恒速控制过程中,安全电磁阀阀门始终处于"关闭"状态。当升高车速时,通风电磁阀阀门处于"关闭"状态,真空电磁阀阀门处于"打开"状态;当保持车速时,通风电磁阀阀门和真空电磁阀阀门均处于"关闭"状态;当降低车速时,通风电磁阀阀门和真空电磁阀阀门均处于"打开"状态。

当踩下制动踏板时,制动灯开关的常开触点闭合,常闭触点断开。常开触点闭合将接通制动灯电路使制动灯发亮;常闭触点断开将三只电磁阀线圈的电源切断,电磁吸力消失,三个阀门复位到初始状态,右腔室无真空吸力作用,节气门拉索处于放松位置。当安全电磁阀线圈电源切断时,其阀门打开并引入大气,可以加速膜片左移复位,防止制动时车速来不及降低而发生危险,故称之为安全电磁阀。

3.7.4 电子控制悬架系统的功用是什么?一般由哪些部件组成?

电子控制悬架系统 ECSS(Electronic Controlled Suspension System)通常称为电子调节悬架系统(Electronic Modulated Suspension System),英文缩写为 EMS,其功用是在汽车行驶路面、行驶速度和载荷变化时,自动调节车身高度、悬架刚度和减振器阻尼的大小,从而改善汽车的行驶平顺性(即乘坐舒适性)。阻尼指的是当振动的物体或振荡电路的能量逐渐减少时,振幅相应减小的现象。

在装备电子控制悬架系统的汽车上,当汽车急转弯、急加速或紧急制动时,乘坐人员能够感到悬架较为坚硬,而在正常行驶时能够感到悬架比较柔软;电控悬架还能平衡地面反力,使其对车身的影响减小到最低程度。因此,随着汽车电子技术的发展与进步,许多中高档轿车、大客车以及越野汽车都装备了电子控制悬架系统。

不同汽车电子调节悬架系统的功能与零部件组成各不相同,丰田汽车电子调节悬架系统的组成如图 3-162 所示,主要由前后车身高度传感器、转向盘转向与转角传感器、高度控制开关、高度控制自动切断开关、驾驶模式选择开关、制动灯开关、悬架调节电控单元 EMS ECU、前后悬架控制执行器、前后高度控制继电器、前后高度控制阀、储气筒与调节阀、高度控制空气压缩机、干燥器与排气阀总成等组成。

高度控制开关设有"High(车身高)"和"Normal(车身高度正常)"两个档位,操纵高度控制开关能使汽车车身的目标高度变为"正常"状态或"高"状态。但是由于高速行驶时车身过高会降低车身的稳定性,因此当高度控制开关处于"High"位置且车速达到一定值时,高度控制系统能自动将车身高度降低到"正常"状态,保证汽车的行驶稳定性和减小行驶阻力。当点火开关断开后,如果车身高度因乘员或载荷量变化而高于目标高度时,高度控制系统能自动将车身高度降低到目标高度,从而改善汽车驻车时的姿态。

高度控制自动切断开关能使空气弹簧悬架系统关闭,防止车身过高或拖车时产生意外运动。

驾驶模式选择开关用于选择减振器阻尼的工作模式,一般设有"自动"、"坚硬"和"柔软"等工作模式。

当驾驶人踩下制动踏板时,制动灯开关信号将送到控制单元 EMS ECU,EMS ECU 将控制前部空气弹簧刚度和减振器阻尼变成"坚硬"状态,以便抑制汽车制动时的点头现象,使汽车姿态变化最小。

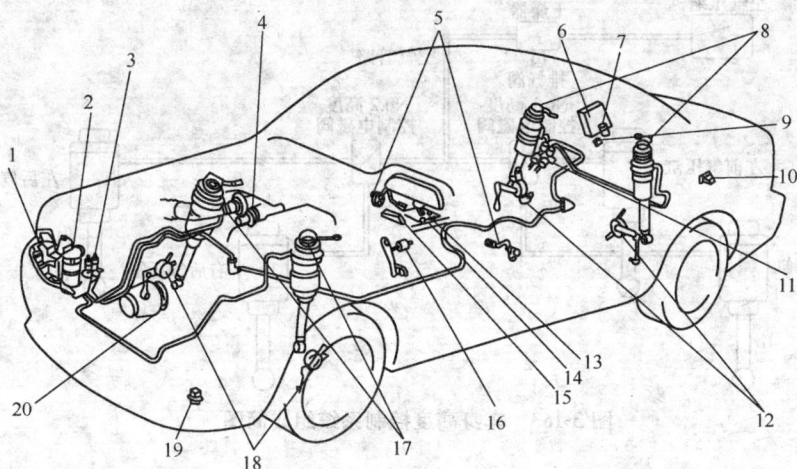

图3-162 丰田汽车电子调节空气悬架系统的组成

1. 干燥器与排气阀总成 2. 高度控制空气压缩机 3. No.1高度控制阀 4. 主节气门位置传感器
5. 门控开关 6. EMS ECU 7. No.2高度控制继电器 8. 后悬架控制执行器 9. 高度控制连接器
10. 高度控制自动切断开关 11. No.2高度控制阀与溢流阀 12. 后高度传感器 13. 驾驶模式选择开关
14. 高度控制开关 15. 转向盘转向与转角传感器 16. 制动灯开关 17. 前悬架控制执行器
18. 前高度传感器 19. No.1高度控制继电器 20. 储气筒与调节阀

3.7.5 车身高度电子控制系统由哪些部件组成？怎样调节车身高度？

汽车车身高度控制系统的组成如图3-163所示，由4只高度传感器(每个减振器下面各设1只)、控制开关、电控单元EMS ECU、高度调节执行器(包括4个气压缸、两只高度控制电磁阀、空气压缩机、干燥器和空气管路)等组成。

车身高度控制系统自动调节悬架(车身)高度的原理：当乘员或载荷增加时，EMS ECU将自动调高悬架使车身高度升高；反之，当乘员或载荷减小时，EMS ECU将自动调低车身高度，控制过程如图3-164所示。

①车身高度不变时悬架系统的控制情况。当车身高度传感器输入EMS ECU的信号表示车身高度在设定高度范围内时，EMS ECU将发出指令使空气压缩机停止转动，空气减振器内空气量保持不变，车身高度保持在正常位置。

②车身高度降低时悬架系统的控制过程。当汽车乘员或载荷增加使车身高度"偏低"或"过低"时，高度传感器将向EMS ECU输入车身"偏低"或"过低"的信号。EMS ECU接收到车身高度降低的信号时，立即向压缩机继电器和高度控制电磁阀发出电路接通指令，在接通高度控制空气压缩机继电器电路使压缩机运转的同时，接通高度控制电磁阀线圈电路使电磁阀打开，压缩空气进入空气弹簧的气压腔(气室)，气压腔充气量增加，从而使车身高度上升。

空气压缩机继电器触点接通时，直流电机带动空气压缩机运转，从压缩机输出的压缩空气进入干燥器干燥后进入储气罐，储气罐的气体压力由调压阀进行调节。

③车身高度升高时悬架系统的控制过程。当汽车乘员或载荷减少使车身高度"偏高"或"过高"时，高度传感器将向EMS ECU输入车身升高的信号。EMS ECU接收到升高的信号时，立即向空气压缩机继电器发出电路切断指令，并向排气阀和高度控制电磁阀发出电路接通指令，压缩机继电器触点迅速断开使电动机电路切断而停止运转，排气阀和高度控制电磁阀线圈电路接通使电磁阀打开，空气从减振器气压腔经高度控制电磁阀、空气软管、干燥器、排气阀排出，气压腔空气量减少使车身高度降低。

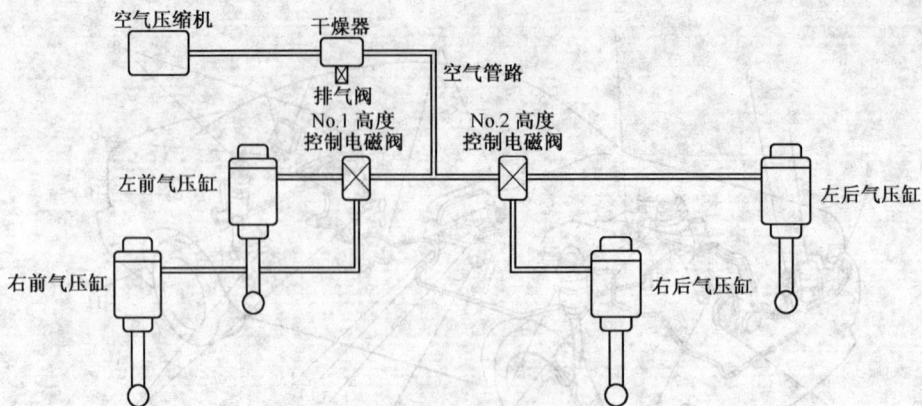

图 3-163 车身高度控制系统组成简图

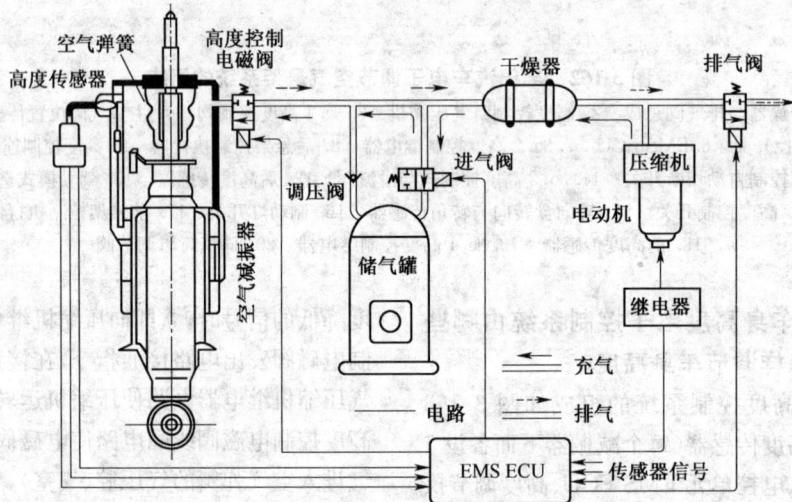

图 3-164 车身高度调节原理

3.7.6 车身高度电子控制系统具有哪些保护措施?

为了防止车身高度电子控制系统失效或产生错误动作,在系统中应采取以下措施:

①设有空气干燥器。从减振器中放出的空气经过干燥器时,带走了干燥剂中的湿气。这样,干燥剂经过一段时间使用后不会被湿气浸透。这种保护干燥剂的再生干燥系统为许多空气悬架系统所采用。干燥器中空气的最小压力保持在 55~165kPa,从而保证系统中有一定量的空气。这样在乘员或载荷减少使减振器伸长时,空气弹簧的气压腔不致凹瘪。

②为了防止悬架系统正常运动时 EMS ECU 使车身升高或降低,在高度传感器发出车身高度变化信号 7~13s 以后,EMS ECU 才会向执行元件发出控制信号。在这段时间内,如果高度传感器没有输入信号,EMS ECU 就不会改变车身高度。另一个预防措施是 EMS ECU 控制空气压缩机一次运转时间最长不超过 2min,排气电磁阀打开最长时间不超过 1min。这样可以防止系统泄漏时压缩机不停地工作,并阻止排气孔不停地放气。

③在行李箱中设有一个高度控制自动切断(ON/OFF)开关。当车身高度上升到极限值时,高度控制自动切断(ON/OFF)开关将切断系统控制电路,使高度调节系统停止工作,防止后部车身升高过多或拖车时产生意外运动。

3.7.7 悬架刚度电子控制系统由哪些部件组成?

在部分小轿车、越野汽车和大型豪华客车上采用的电子控制悬架系统中,每个车轮上都采用了空气弹簧和普通减振器。改变空气弹簧气压腔中压缩空气的压力(实际上是改变空气密度),即可改变空气弹簧悬架的刚度。悬架刚度电子控制系统又称为变刚度空气弹簧悬架系统,由高度传感器、控制开关、电控单元 EMS ECU、刚度调节执行器(气压缸、高度控制电磁阀、空气压缩机、干燥器和空气管路)等组成。

丰田汽车变刚度空气弹簧悬架系统的组成如图 3-162 和图 3-163 所示,由 4 只高度传感器(每个减振器下面各设 1 只)、控制开关、EMS ECU、刚度调节执行器(包括 4 个气压缸、2 只高度控制电磁阀、空气压缩机、干燥器和空气管路)等组成。由此可见,变刚度空气弹簧悬架系统与变高度空气弹簧悬架系统的组成基本相同,主要区别在于空气弹簧气压缸的内部结构及其调节机构有所不同。变刚度空气弹簧气压缸的内部结构如图 3-165 所示,空气弹簧气压腔分为主、辅两个气压腔,并在主气压腔与辅气压腔之间设有一个由步进电机驱动的空气调节阀。主、辅气压腔设计为一体,不仅节省空间,而且质量减轻。悬架上端与车身相连,下端与车轴相连,随着车身与车轮的相对运动,主气压腔的容积将不断变化。因此,调节主气压腔的空气量(即空气压力和密度),即可调节空气弹簧的刚度。如果主气压腔与辅气压腔之间的气体可以流动,那么改变主、辅气压腔之间气体通路的大小,使主气压腔被压缩的空气量发生变化,就可改变空气弹簧悬架的刚度。

3.7.8　怎样调节空气弹簧悬架的刚度?

在汽车行驶过程中,为了防止或抑制车身出现"点头"、"侧倾"、"后坐"等现象,需要调节相应悬架的高度和减振器的阻尼。例如,当汽车紧急制动时,为了抑制"点头"现象,EMS ECU 将根据制动灯开关接通信号和车速传感器提供的车速高低信号,向前空气弹簧执行元件发出指令使其气压升高,增大前空气弹簧的刚度,同时控制后空气弹簧执行元件使后空气弹簧放气,减小其刚度。当控制单元计算的车速变化量表明无需抗"点头"控制时,就使前后空气弹簧恢复到原来的压力。空气弹簧悬架刚度的调节原理如图 3-166所示,在主气压腔与辅气压腔之间的气阀阀体上设有大小两个通道。气阀控制杆由步进电机驱动,控制杆转动时,阀心随之转动。阀心转过一定角度时,气体通道的大小就会改变,主、辅气压

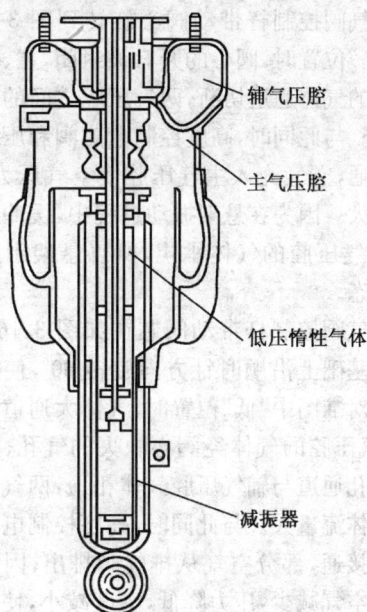

图 3-165　变刚度空气弹簧悬架的结构

腔之间气体的流量就会改变,从而使空气弹簧悬架的刚度发生变化。空气弹簧悬架的刚度分为"低"、"中"、"高"三种状态。

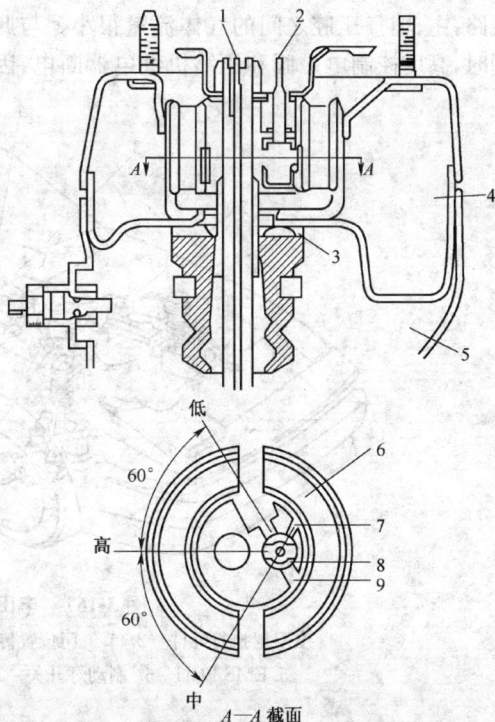

图 3-166　空气弹簧悬架刚度调节原理

1. 阻尼调节杆　2. 空气阀控制杆　3. 主辅气压腔通道
4. 辅气压腔　5. 主气压腔　6. 气阀阀体　7. 小通道
8. 阀心　9. 大通道

当气阀控制杆带动阀心旋转到图 3-166 中所示"高"位置时,阀心的开口被封闭,主、辅气压腔之间的气体通道切断,两气压腔之间的气体不能流动。与此同时,高度控制电磁阀和压缩机继电器接通,空气充入主气压腔使空气压力升高,密度增大。因为在悬架振动过程中,缓冲任务主要由主气压腔的气体承担,所以悬架刚度处于"高"状态。

当气阀控制杆带动阀芯在如图 3-166 所示位置的基础上沿顺时针方向旋转 60°,使阀心开口转到对准图中"低"位置时,气体大通道构成通路,主气压腔的气体经阀心中央的气孔、阀体侧面的气孔通道与辅气压腔气体相通,两气压腔之间的气体流量大。与此同时,高度控制电磁阀和排气阀接通,部分空气从排气阀排出,因此主气压腔的空气减少,压力降低,密度减小,使悬架刚度处于"低"状态。

当气阀控制杆带动阀心在如图 3-166 所示位置的基础上沿逆时针方向旋转 60°,使阀心开口对准图 3-166 中"中"位置时,气体小通道构成通路,主、辅气压腔之间的气体流量很小。与此同时,高度控制电磁阀和压缩机继电器断电,因此主气压腔空气量变化很小,从而使悬架刚度处于"中"状态。

3.7.9 汽车悬架变阻尼电子控制系统由哪些部件组成?变阻尼悬架系统有何优点?

丰田公司采用的变阻尼电子控制悬架系统如图 3-167 所示,由车速传感器、转向与转角传感器、节气门位置传感器、减振器工作模式选择开关(在仪表板上)、制动灯开关、空档起动开关(装备自动变速器的汽车)、电控单元和阻尼调节执行器等组成。节气门位置传感器的信号并不是直接传递给悬架系统的电控单元,而是直接传递给发动机电控单元,再由发动机电控单元向悬架系统电控单元发送指令。

在电子控制悬架系统中,最常用的是变阻尼悬架系统。改变减振器阻尼的悬架系统相对于使用空气弹簧的悬架系统有许多优点,最突出的优点是质量轻,因为空气弹簧悬架系统需要空气压缩机和干燥器,使整车质量大大增加,而变阻尼悬架系统只增加电子控制元件和改变减振器阻尼的执行元件的质量。

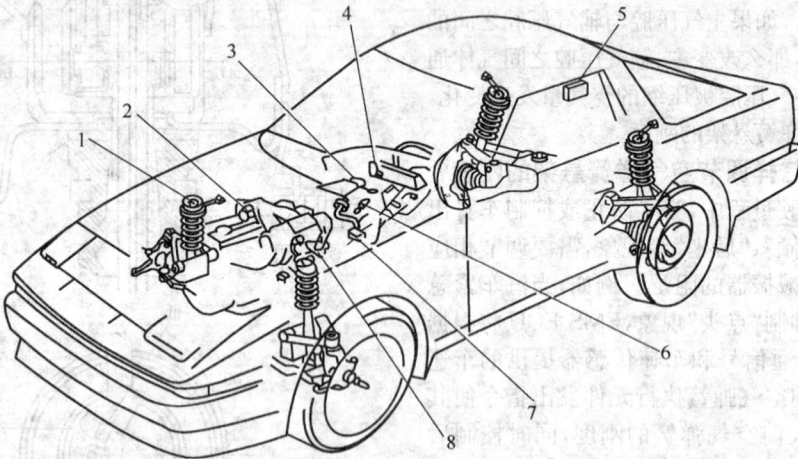

图 3-167 丰田汽车变阻尼悬架系统
1. 变阻尼执行元件 2. 节气门位置传感器 3. 工作模式选择开关 4. 车速传感器
5. EMS ECU 6. 制动灯开关 7. 转向与转角传感器 8. 空档起动开关

3.7.10 汽车变阻尼悬架系统采用的控制方式有哪些?怎样进行调节?

汽车变阻尼悬架系统采用的控制方式分为根据汽车行驶状况进行控制、根据驾驶人选择的运行模式进行控制以及根据汽车行驶状况与驾驶人选择的运行模式进行控制三种。

在现代汽车电子控制悬架系统中,通常都同时采用了空气弹簧和变阻尼减振器。同前述悬架系统一样,减振器的螺旋弹簧用于支承汽车的质量,减振器控制系统用于调节减振器的阻尼,空气弹簧用于调节车身高度和刚度。

在汽车行驶过程中,各种传感器和控制开关将车身状态信息输入 EMS ECU,传感器和控制开关主要包括转向盘转角与转向传感器、横向加速度传感器(又称为侧向惯性力传感器)、节气门位置传感器、车速传感器、车身高度传感器、运行模式选择开关、车身高度选择开关、制动灯开关、门控灯开关、倒车灯开关、前照灯开关、空气供给系统的压力传感器和压力开关等。EMS ECU 根据这些信息计算判断驾驶人所选择或希望的车身高度、刚度、减振器的阻尼、汽车的转向方向及转向角度、转弯时侧向惯性力的大小、汽车是否在加速、驾驶人是否在踩制动踏板、实际车身高度、车门是否打开、汽车是否倒车行驶、前照灯是否接通等,并控制执行元件执行相应的动作,从而达到自动调节车身高度、空气弹簧刚度和减振器阻尼的目的。

3.7.11　怎样对汽车巡航控制系统进行自诊断测试?

汽车巡航控制系统都具有故障自诊断功能。在汽车巡航行驶过程中,如果车速传感器或执行机构等部件发生故障,巡航电控单元 CCS ECU 就会自动解除巡航控制功能,并发出指令使巡航指示灯(CRUISE 或 CRUISE MAIN)闪亮报警,提醒驾驶人巡航控制系统发生故障,应予及时检修。与此同时,CCS ECU 还将故障内容编成代码存入随机存储器 RAM 中,以便维修时通过读取故障代码了解故障类型,从而有的放矢的进行检修。

将故障检测仪、调码器或跨接线等自诊断测试工具与汽车上的诊断插座连接后,接通点火开关,即可触发自诊断系统进行诊断测试。根据读取的故障代码查阅被测车型的《维修手册》,即可知道故障代码表示的故障内容与故障原因。诊断插座(TDCL)是故障诊断通信接口的简称。在装备电子控制系统的汽车上,都设有诊断插座,一般安装在熔断器盒上、仪表盘下方或发动机舱内。

在进行故障自诊断测试时,首先应检查巡航指示灯电路是否正常。巡航指示灯又称为巡航控制指示灯,设置在组合仪表盘上。

3.7.12　怎样利用跨接线读取丰田车系巡航控制系统的故障代码?

日本丰田 TOYOTA、马自达 MAZDA、本田 HONDA,美国通用 GENERAL、福特 FORD、克莱斯勒 CHRYSLER,以及欧洲各汽车公司生产的大部分轿车均可利用"跨接线"跨接诊断插座上某两个或某几个指定的接线端子,即可触发自诊断系统来读取故障代码。由于各型汽车诊断插座的形状、安装位置、端子分布、跨接端子的名称,以及故障代码的显示方式各不相同,因此,自诊断测试方法各有不同。利用跨接线读取丰田凌志 LEXUS400 型轿车电子控制巡航系统故障代码的方法如下:

①检查巡航指示灯电路。当点火开关、巡航主开关接通时,巡航指示灯发亮 3~5s 后应当自动熄灭。如果巡航指示灯不亮或常亮不灭,说明指示灯或其电路有故障,应予检修后再进行诊断测试。

②将点火开关转到接通点火"ON"位置。

③用跨接线连接诊断插座(TDCL)的端子"TC"与"E1",如图 3-168 所示。

④利用巡航指示灯闪烁规律读取故障代码。如果巡航控制系统功能正常,则指示灯闪烁波形及时间如图 3-169a 所示,每 0.52s 闪烁一次,每次灯亮与灯灭时间均为 0.26s,高电平时灯亮,低电平时灯灭。如果控制系统存储有故障代码,指示灯的闪烁波形及时间将如图3-169b 所示。故障代码均为两位数字。故障指示灯先显示十位数字,后显示个位数字。同一数字灯亮与灯灭时间均为 0.52s,十位数字与个位数字显示间隔 1.5s。如有多个故障代码,则在故障代码与故障代码显示间隔为 2.5s,并按故障代码的大小由小到大顺序显示。故障代码全部输出后,间隔 4.5s 再重复显示。只要诊断插座上端子"TC"与"E1"保持跨接,就会继续重复显示。故障代码包含的故障内容见表3-27所示。

⑤故障代码读取完毕,断开点火开关,拆下跨接线,盖好诊断插座护盖。

3.7.13　怎样清除丰田车系巡航控制系统的故障代码?

根据巡航指示灯 (CRUISE 或 CRUISE MAIN)显示的故障代码将故障排除之后,故障代

(a)

(b)

(c)

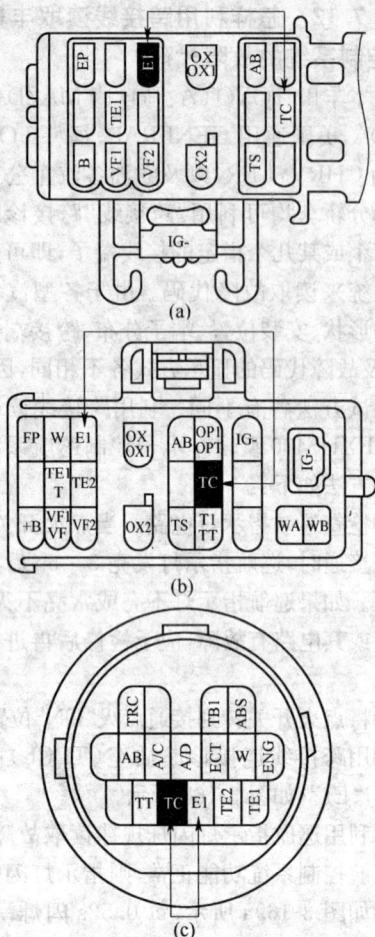

**图 3-168 丰田车系诊断插座形式与
接线端子排列位置**

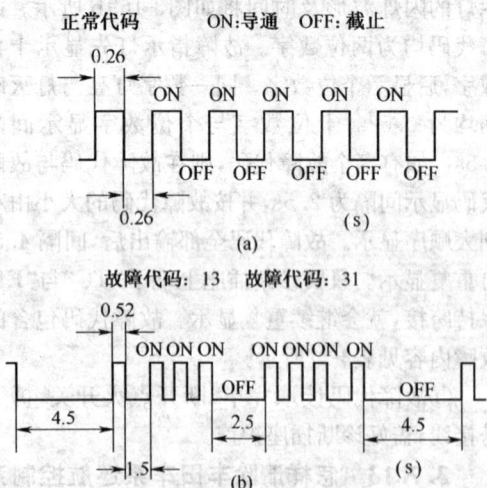

正常代码   ON:导通 OFF:截止

(a)

故障代码: 13 故障代码: 31

(b)

图 3-169 故障代码显示时间

(a)正常代码显示时间

(b)故障代码"13"、"31"显示时间

表 3-27   丰田凌志轿车巡航控制系统
故障代码的含义

故障代码	故障内容
11	电动机电流过大或电路短路
12	电磁离合器或其线圈电路故障
13	电动机电路断路或电磁离合器线圈电路断路
21	车速传感器或其线路故障
23*	实际车速低于设定车速 16km/h 以上
31	控制开关电路故障
32	控制开关电路故障
34	控制开关电路故障

注:表中"*"号表示当汽车上坡行驶速度降低时不属于故障,可重新设定车速继续巡航行驶。

码仍将存储在巡航电控单元 CCS ECU 的存储器中,并不能随故障排除而自动消除。因此,为了便于以后检修,排除故障之后必须清除故障代码。

丰田轿车清除故障代码的方法是:将熔断器盒中的"DOME"熔断器拔下 10s 以上时间,即可清除存储器中的故障代码。清除故障代码的另一种方法是将蓄电池搭铁线拆下 10s 以上时间,这种方法同时也会清除存储器 RAM 中存储的所有信息(包括时钟、音响和防盗系统的密码),因此,必须慎重使用。

3.7.14 丰田凌志轿车巡航控制系统的驱动电动机怎样检修?

汽车巡航控制系统的传感器大都与其他电子控制系统公用,所以检修巡航控制系统主要是检修执行器。当丰田凌志轿车巡航控制系统出现故障代码"11"时,说明驱动电动机电路的电流过大。主要原因是 CCS ECU 发送给驱动电动机的信号电压占空比过大且不能调节或电动机电路有短路故障等。驱动电动机电路包括驱动电动机、节气门控制臂位置传感器以及连接线路等。检修方法如下:

①拔开电动机与电控单元之间的线束连接器。

②将蓄电池正极接到连接器端子"5"上,蓄电池负极接到连接器端子"4"上,使电磁离合器接通电源,如图 3-170 所示。

③将蓄电池电压加到其余每两个端子之间

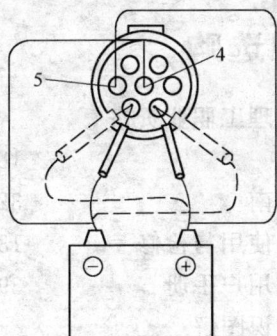

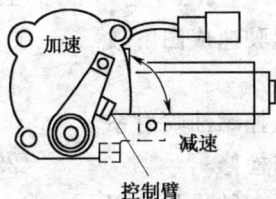

图 3-170　驱动电机的检查

时,电动机应平稳转动,控制臂应平稳摆动。

④驱动电动机转动使控制臂摆动到加速或减速的限位点时,电动机应停止转动,控制臂应停止摆动。

如上述检查结果正常,说明电动机技术状态良好。否则说明电动机故障,应予修理或换用新品。

3.7.15　丰田凌志轿车巡航控制系统的电磁离合器怎样检修?

当丰田凌志轿车巡航控制系统出现故障代码"12"时,说明电磁离合器电路有故障,检修方法如下:

①测量电磁离合器线圈的电阻值是否正常。拔开电动机与电控单元之间的线束连接器,将万用表拨到 OHM×200Ω 挡,测量接线端子"3"与搭铁之间的电阻值,正常阻值应为 40Ω。如果电阻值为 0 或无穷大说明有短路或断路故障,应予修理或换用新品。

②检查节气门控制臂的动作情况。拔开电动机与电控单元之间的线束连接器,当电磁离合器断电时,用手应能转动控制臂,如图 3-171 所示;当电磁离合器通电时,用手则不能转动控制臂。如果用手转动控制臂的动作情况与此不符,说明电磁离合器有故障,应予修理或换用新品。

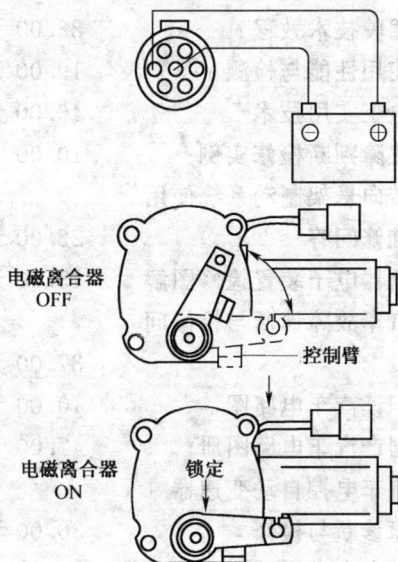

图 3-171　节气门控制臂的检查

金盾版图书，科学实用，
通俗易懂，物美价廉，欢迎选购

新编汽车驾驶员自学读本		中级汽车修理工职业资格	
（第二次修订版）	31.00 元	考试指南	18.00 元
汽车维修工艺	46.00 元	汽车维修指南	32.00 元
汽车电子控制装置使用维		汽车传感器使用与检修	13.00 元
修技术	33.00 元	轿车选购与用户手册	39.00 元
柴油汽车故障检修 300 例	15.00 元	汽车驾驶常识图解	
汽车发机机构造与维修	30.00 元	（修订版）	12.50 元
汽车底盘构造与维修	26.50 元	新编轿车驾驶速成图解教	
汽车电气设备构造与维修	29.00 元	材	17.00 元
汽车驾驶技术教程	22.00 元	新编汽车电控燃油喷射系	
汽车使用性能与检测	19.00 元	统结构与检修	25.00 元
汽车电工实用技术	46.00 元	东风柴油汽车结构与使用	
汽车故障判断检修实例	10.00 元	维修	29.00 元
汽车转向悬架制动系统使用		机动车机修人员从业资格	
与维修问答	22.00 元	考试必读	27.00 元
汽车电器电子装置检修图解	45.00 元	机动车电器维修人员从业	
新编汽车故障诊断与检修问		资格考试必读	23.00 元
答	37.00 元	机动车车身修复人员从业	
怎样识读汽车电路图	10.00 元	资格考试必读	20.00 元
新编国产汽车电路图册	47.00 元	机动车涂装人员从业资格	
新编汽车电控自动变速器		考试必读	16.00 元
故障诊断与检修	30.00 元	机动车技术评估（含检测）	
国产轿车自动变速器维修		人员从业资格考试必读	16.00 元
手册	29.00 元	汽车驾驶员技术图解	27.00 元
北京福田系列汽车使用与		汽车维修电工技能实训	19.00 元
检修	19.00 元	汽车维修工技能实训	20.00 元
汽车故障诊断检修 496 例	15.50 元	汽车驾驶员技能实训	18.00 元
新编解放系列载货汽车使		汽车驾驶节油技巧	10.00 元
用与检修	15.00 元	汽车涂装工等级考试必读	15.00 元
新编东风系列载货汽车使		汽车涂装美容技术问答	17.00 元
用与检修	17.00 元	夏利系列轿车故障诊断排	
新编汽车修理工自学读本	33.50 元	除实例	14.50 元

以上图书由全国各地新华书店经销。凡向本社邮购图书或音像制品，可通过邮局汇款，在汇单"附言"栏填写所购书目，邮购图书均可享受 9 折优惠。购书 30 元（按打折后实款计算）以上的免收邮挂费，购书不足 30 元的按邮局资费标准收取 3 元挂号费，邮寄费由我社承担。邮购地址：北京市丰台区晓月中路 29 号，邮政编码：100072，联系人：金友，电话：(010)83210681、83210682、83219215、83219217（传真）。